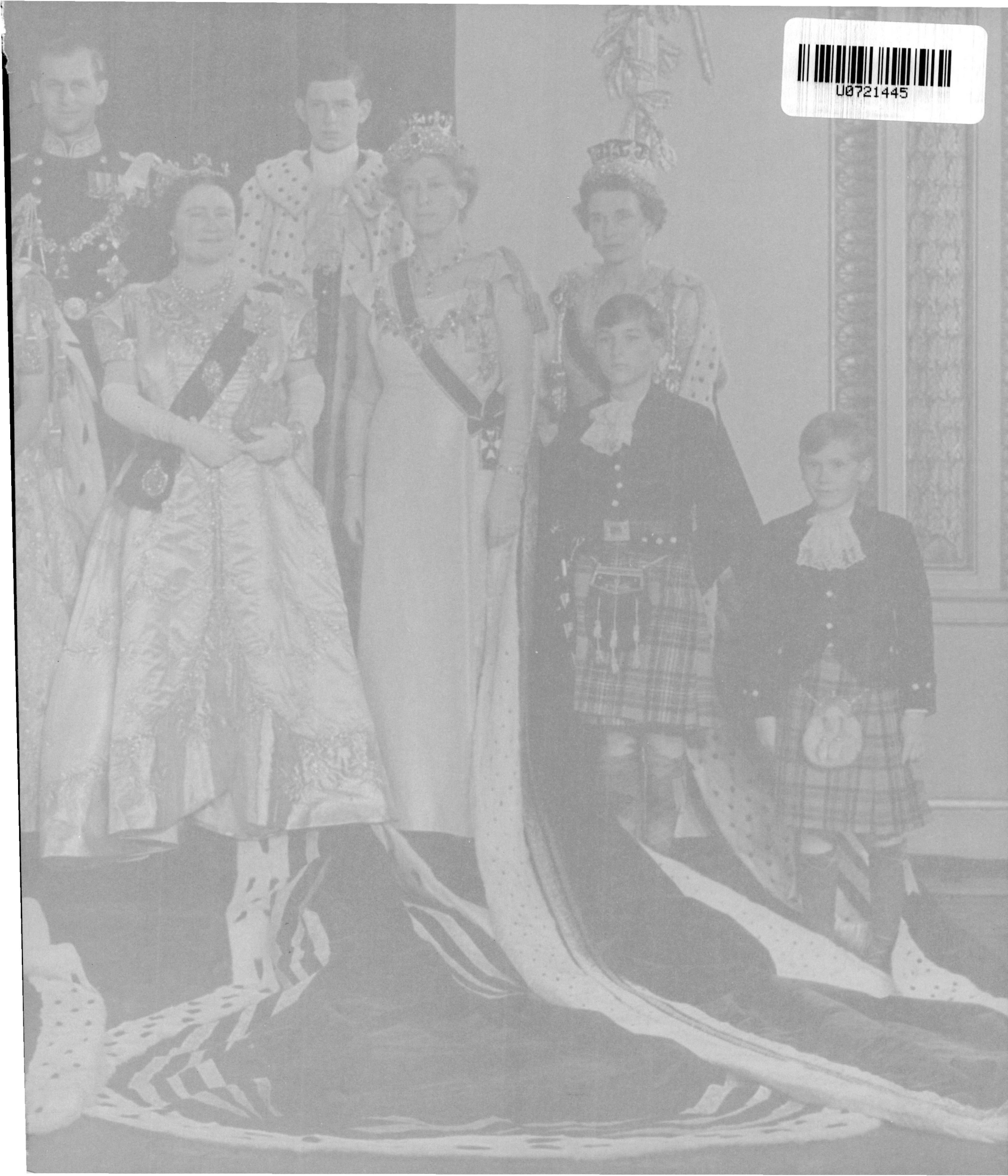

DK

伊丽莎白二世

二世

与

英国王室家族

艾萱 译

DK

伊丽莎白二世

与英国王室家族

中国大百科全书出版社

DK | Penguin Random House

Original Title: Queen Elizabeth II and the Royal Family
Copyright © Dorling Kindersley Limited, 2015, 2016, 2021, 2022
A Penguin Random House Company

北京市版权登记号：图字：01-2023-1444

图书在版编目（C I P）数据

伊丽莎白二世与英国王室家族 / 英国DK公司编著；艾萱译.——北京：中国大百科全书出版社，2023.11
书名原文：Queen Elizabeth II and the Royal Family
ISBN 978-7-5202-1403-2

Ⅰ．①伊… Ⅱ．①英… ②艾… Ⅲ．①皇室—史料—英国 Ⅳ．①K561.06

中国国家版本馆CIP数据核字（2023）第150580号

译　者：艾　萱
策 划 人：杨　振
责任编辑：汪萧然
封面设计：殷金旭

伊丽莎白二世与英国王室家族
中国大百科全书出版社出版发行
（北京阜成门北大街17号　邮编：100037）
http://www.ecph.com.cn
新华书店经销
惠州市金宣发智能包装科技有限公司印制
开本：787毫米×1092毫米　1/8　印张：43
2023年11月第1版　2023年11月第1次印刷
ISBN 978-7-5202-1403-2
定价：328.00元

FOR THE CURIOUS

目 录

1

6

今日王室

顾问

乔·利特尔任《王室》杂志执行编辑已有20多年。1994年，
伊丽莎白二世女王对俄罗斯进行具有历史意义的国事访问，
他首次担任海外报道任务，此后又多次随行报道王室出访。
2011年，他也在爱尔兰亲自见证了当地热烈欢迎女王和菲
利普亲王到访。乔曾在多次王室重要活动中担任英国广播公
司顾问，如：2005年威尔士亲王与卡米拉·帕克·鲍尔斯
的婚礼，次年女王80岁寿辰庆祝活动，威廉王子与凯瑟琳·
米德尔顿的婚礼，以及皇家卫队阅兵式等。

作者

苏珊·肯尼迪曾在出版业担任百科全书及历史地图编辑。她
参与了15本以上的成人和青少年书籍制作，尤其关注历史与
现代文化。

斯图亚特·罗斯是教师、演讲人，为成人和学生编写的历史
书籍曾获奖。他关于英国国王和女王的著作包括《亨利八世
之后的英国君主》《苏格兰君主》和《斯图亚特王朝》。

R. G. 格兰特是历史作家，已出版30多部著作，其中很多涉及
军事冲突。他写作的题材包括美国革命、第一次世界大战、
第二次世界大战和越南战争等。他是DK出版社《战役、逃
亡、海战和士兵》一书的作者。

乔·利维既是作家，又是记者，历史写作经验丰富。他写有多
部历史著作，包括《史上恶战之最》《史上伟大发现之最》
和DK出版社的《逐年史记》。

罗斯·贝尔福德为DK出版社编写过大量旅游书籍，兼顾了
她对历史、地理和传记的兴趣和对旅行的热爱。她还特别热
衷于探索女性历史——从古代的女族长到当代君主。

1

英国君主制

400~1911年

英国君主制
年表 400~1911年

5世纪	11世纪	12世纪	13世纪	14世纪	15世纪	
410年 罗马放弃不列颠；罗马不列颠人必须自己全力以赴抵抗盎格鲁-撒克逊人的进攻。		**1100年** 亨利一世即位，他统一了英国和诺曼底。	**1215年** 约翰国王签署《大宪章》，将王权置于法律之下。	**1314年** 苏格兰罗伯特一世（布鲁斯）在班诺克本大败爱德华二世率领的英军。	**1415年** 亨利五世在阿金库尔战役中大胜法军，震惊欧洲，为儿子当上法国国王铺平道路。	
597年 圣奥古斯丁到达肯特王国，受命劝说英国南部人民皈依基督教。		**1135年** 王位传到亨利一世之女玛蒂尔达王后手中后，贵族们支持斯蒂芬国王，揭竿而起。		**1337年** 爱德华三世进攻法国，从此两国冲突不断，史称百年战争。		
793年 维京人开始袭击英国大陆。	**1016年** 仓促王埃塞尔雷德去世后，克努特成为英国第一位斯堪的纳维亚国王。	∧ 克努特大帝 》《大宪章》最后版本 1225年颁布				
	1018年 苏格兰国王马尔科姆二世将南部国境线划在特威德河。	**1154年** 亨利二世继位，这是金雀花王朝第一位国王，他的妻子埃莉诺为他带来法国大量土地。		》亨利五世		
	1042年 忏悔者爱德华继位，盎格鲁-撒克逊王室血统回归。		**1265年** 西蒙·德·蒙德福特邀请"平民"与贵族开会——首次议会。			
	1066年 诺曼底公爵威廉在黑斯廷斯杀掉哈罗德国王后夺取英国王位。	**1170年** 教会与国家不和，托马斯·贝克特大主教因此在坎特伯雷大教堂遇刺。	**1272年** 苏格兰之锤爱德华一世即位，他的儿子将成为首位威尔士亲王。	**1381年** 黑死病导致劳动力短缺，爆发农民起义，年轻的理查二世与叛军周旋。	**1455年** 亨利六世能力有限，治国无方，约克家族与兰开斯特家族爆发冲突，史称玫瑰战争。	
∧ 阿尔弗雷德 大帝的宝石， 时间约为9世 纪末期	**1086年** 《末日审判书》中介绍了英国全国土地的调查结果。	**1189年** 十字军骑士英雄狮心王理查一世即位。			**1461年** 约克的爱德华成为爱德华四世国王。	
871年 阿尔弗雷德登上威塞克斯王国王位，这是唯一一个不在维京人手中的英格兰王国。			**1290年** 挪威少女玛格丽特之死令苏格兰王位空悬；爱德华一世要求裁决，引发苏格兰独立战争。	**1399年** 波林布鲁克的亨利废黜并杀害堂兄理查二世，称亨利四世，王权地位受到严重削弱。	**1485年** 约克家族的理查三世国王在博斯沃思战役中阵亡，亨利·都铎登基，称亨利七世。	
973年 埃德加举行英格兰国王加冕典礼，奠定了现代英国加冕典礼的基础。		《《末日审判书》临摹本				

英国的君主制在与其类似的制度中几乎是历史最久的。从中世纪初期到20世纪早期，英国君主制在1500多年间经历了种种起伏。在此期间，英国历代国王和女王——有些生性无赖，有些相当正常，还有少数真正的英雄——地位不断提升，从尊贵的部落首领转变为神授君权的统治者。此后，国王的角色慢慢转变，政治上保持中立，成为国家的象征。这段故事同英国历史一样漫长而曲折。故事主题是实用主义大获全胜——适者生存。

16世纪 | 17世纪 | 18世纪 | 19世纪 »

1553年
亨利八世之女玛丽一世登基，英国再度回到罗马天主教怀抱。

《 1545年刻有亨利八世头像的金复兴勋章

1603年
斯图亚特家族的苏格兰国王詹姆斯六世成为英国国王，称英格兰詹姆斯一世。英格兰和苏格兰两国王位合二为一。

1660年
查理二世复辟，11年的共和统治时期结束。

1714年
信奉新教的汉诺威（德国）选帝侯登上英国王位，称乔治一世。

1832年
威廉四世批准《改革法案》，扩大选民基础。

1509年
亨利八世上台，开始了英国历史上最重要的一段时期。

1513年
苏格兰詹姆斯四世在弗罗敦惨败后阵亡，他的妻子是亨利八世的姐姐玛格丽特。

1558年
伊丽莎白一世登基，开始了她漫长的统治；英国回归新教，享受着重新找回的民族自豪感。

❯ 伊丽莎白一世身着加冕长袍

1628年
查理一世与议会发生冲突，议会起草《权利请愿书》。

1685年
信奉罗马天主教的詹姆斯二世登基，他准备实行欧洲大陆式的君主专政。

1745年
美王子查理领导流亡的斯图亚特家族为夺回英国王位发起最后一次重大行动。

❯ 1838年维多利亚加冕纪念杯

1637年
查理一世和劳德大主教试图将英格兰风格的祈祷书强加给苏格兰，引发苏格兰起义。

1688年
玛丽二世和她的荷兰丈夫威廉三世抵达英国；詹姆斯二世逃离。

1760年
乔治三世登基，决心在政治上大展宏图。

1689年
《权利法案》为君主立宪制奠定基础。

1775年
美洲殖民地起义，开始成功反抗英国王室统治。

1837年
维多利亚女王的长期统治开始，英国国力达到巅峰。

1642年
国王与议会之间爆发内战。

1694年
英格兰银行成立，将富裕阶层与新政权结合在一起。

1793年
法国大革命，与拿破仑的长期战争开始。

1861年
阿尔伯特亲王去世后，维多利亚开始隐居；共和主义崛起。

1901年
维多利亚女王去世，一个时代就此结束。

1534年
议会推举亨利八世为英格兰教会最高领袖。

1547年
爱德华六世登基，在位六年，其间英格兰教会改奉新教。

1587年
在英国囚禁的苏格兰玛丽女王被处决。她信奉罗马天主教，是伊丽莎白一世的表亲。

1588年
西班牙无敌舰队入侵英国，因天气原因被皇家海军击败。

1649年
查理一世被处决；英格兰成为共和国。

❯ 英国查理一世与亨莉埃塔·玛丽亚肖像

1910年
上院议员权力问题引发宪政危机，深受爱戴的爱德华七世就在此刻驾崩。

早期英国国王

从阿尔弗雷德大帝 871 年即位至 1066 年诺曼征服，盎格鲁－撒克逊和挪威君王们合并诸多小国，发展出一个繁荣有序的国家，称为英格兰。

公元 43 年罗马人入侵后，成为统一英格兰的最早统治者。然而，当 5 世纪初罗马军团撤离英国（见 10 页），盎格鲁人、撒克逊人与朱特人等日耳曼部落占领了英格兰南部，英格兰再次分裂。

此后 3 个世纪中，诸多盎格鲁－撒克逊小王国逐渐合并为数个大国，以威塞克斯、麦西亚和诺森布里亚为首。597 年，罗马派出圣奥古斯丁前

往英格兰传教，皈依基督教促进了英格兰的统一——宗教上统一后有利于联合更为广泛的世俗力量，宗教加冕又进一步加强了王权。负责编写盎格鲁－撒克逊编年史的修道士们称 7 位早期盎格鲁－撒克逊国王为"布莱特瓦达"（Bretwalda，不列颠统治者），暗示他们比其他国王地位更高。这一称号并非正式头衔，因为直到 10 世纪统一方才到来。

阿尔弗雷德大帝

威塞克斯王国国王阿尔弗雷德（849~899）于 871 年即位，自称"盎格鲁－撒克逊之王"，是唯一得到"大帝"称号的英国国王。阿尔弗雷德在极其艰难的情况下拯救了英国君主政体，因此人们通常认为他是英国第一位国王。这是时势造英雄，并非精心谋划的结果，因为在他即位时，维京人已入侵英格兰大部分领土。

阿尔弗雷德最为重要的成就是击退丹麦大军，迫使丹麦头领古特伦于 879 年皈依基督教。英格兰此后分为盎格鲁－撒克逊辖区和斯堪的纳维亚人控制的丹麦法区。他在各城镇修建防御工事，称为堡，使他能够击退后来维京人的袭击，更好地保护自己的领土。无论战争还是和平时期，阿尔弗雷德都有出色表现，他是英国首位受过教育的国王，颁布法典，大力促进文学发展，将 4 部拉丁文著作翻

译为古英文。

英格兰国王

盎格鲁－撒克逊的国王们既有称号，又有实权，而威塞克斯得天独厚，数代国王勇武善战。阿尔弗雷德之子长者爱德华（899~924 在位）及孙辈阿瑟尔斯坦、艾德蒙和爱德瑞德逐渐向东北两个方向扩大

阿尔弗雷德大帝的宝石
这块稀世之宝上刻有铭文"阿尔弗雷德御制"，已有 1100 多年历史。纯金底座上的釉彩人像带黄金镶边，上饰水晶，可能原来装在一根仪式权杖顶部。

领土范围，从而开创了英格兰王国。爱德华的姐姐埃塞弗莉塔（911~918 年统治麦西亚）在英格兰中部地区领导抗击丹麦的战斗时，长者爱德华占领了

> **"今年，英吉利统治者埃德加在万众瞩目下成为神圣国王。"**
>
> 《盎格鲁－撒克逊编年史》，973 年

东盎格利亚，向北推进至亨伯河。他的儿子阿瑟尔斯坦于 924~939 年在位，当时夺取了维京人的约克王国。进军诺森布里亚后，他比罗马时期以来的所有君王更有权势。

雄者艾德蒙 939~946 年在位，继任者爱德瑞德执政至 955 年，这两位国王进一步加强了对诺森布里亚的控制。王位一度悬而未决，直到 959 年，和平者埃德加（约 942~975）即位，时年 17 岁。他即位多年后加冕典礼才于 973 年在巴斯举行，同时举行涂油礼，接受不列颠其他小国王的效忠，英格兰王国宣告成立。值得一提的是，现代英国加冕典礼即遵循圣邓斯坦 1000 多年前为埃德加设计的仪式。

仓促王埃塞尔雷德

兄终弟及的继承原则反映了盎格鲁－撒克逊王族继承权的不确定性。血缘关系密切是关键，但前任国王提名以及贵族支持同样必不可少。因此，国王去世后自然常常局势动荡，

此 前

威塞克斯王国统一英格兰之前，盎格鲁－撒克逊的领地上有多个小王国并存。

七国时代
7 世纪末（见 10~11 页），盎格鲁人、撒克逊人与朱特人等诸多小部族逐渐合并为七大王国，即肯特王国、萨塞克斯王国、威塞克斯王国、埃塞克斯王国、诺森布里亚王国、东盎格利亚王国和麦西亚王国。肯特王国第一个崛起，与欧洲大陆的密切关系是其长期强盛的原因之一。到了 8 世纪，奥发国王领导的麦西亚王国（757~796）最为强大。

今日郡县，昔日王国
肯特、埃塞克斯和萨里等昔日王国延续至今，已成郡县。赫威赛（格洛斯特附近）和德拉（约克郡东南）等其他王国则完全消失。

维京船
在早期英国国王生活的时期，维京人占据不列颠群岛和欧洲西北部很多地区。这个航海民族来自瑞典、丹麦和挪威。这艘船就曾深埋在那里。

度颁布埃德加国王的法典，将势力范围拓展到丹麦和挪威——不过这些功绩转眼烟消云散。他给儿子取名怪异：飞毛腿哈罗德（1015~1040）和哈德克努特（约1018~1042）分别于1035年和1040年即位，均死于盛年，王位在1043年回到威塞克斯家族手中，艾玛王后与仓促王埃塞尔雷德之子忏悔者爱德华即位。

圣爱德华（英格兰唯一一封圣君王）早年大多数时间在诺曼底度过，因此尊重当地人民。他是否格外虔诚不得而知。无论封圣原因如何，他统治期间与威塞克斯哥文伯爵父子摩擦不断，死后无嗣，结果是英格兰王位任人争夺。

明智者克努特
这是14世纪绘制的英国第一位丹麦王克努特的画像。克努特国王可以命令大海退后的故事广为流传；实际上这位国王是世俗君王，能力有限。

此后

盎格鲁－撒克逊人对英国的语言、文化和君主政体影响深远。

英国的盎格鲁－撒克逊遗产
最为明显的遗产是英格兰（Angle-and）这一地名，而历代盎格鲁－撒克逊国王的雄心韬略最终成就了一个完整的君主制国家。盎格鲁－撒克逊先祖还为英国留下了郡县制和主教教区框架，以及陪审团这一体制。

新语言诞生
现代英语的核心词汇可以上溯至盎格鲁－撒克逊时期。然而，维京人和诺曼征服（见16~17页）改变了使用这些词汇的语法。到了12世纪，一门新语言诞生了。这种盎格鲁－撒克逊－挪威－诺曼语被称为中世纪英语，现代英语使用者仍基本能够理解。

哈罗德国王之死
这幅著名的贝叶挂毯上书"哈罗德国王被杀"。挂毯上的画面及文字表明，最后一位盎格鲁－撒克逊国王一目中箭，被刺穿大脑而亡。

有时还会出现暴力事件。声名狼藉、遭人厌憎的殉道者爱德华（962~978）去世时正是如此，他是埃德加第一任妻子所生，于975年加冕，后来在科夫城堡被埃德加第二任妻子之子埃塞尔雷德的支持者所杀。埃塞尔雷德（约966~1016）即位时12岁，名字意为"尊贵决策"，他的绰号"Un-read"（决策无方）是文字游戏，后来被误译为"unready"（仓促）。事实上，980年挪威人重新开始攻击英格兰时，埃塞尔雷德已做好准备，但未能有效应对。他组织了有力的军事抵抗，采

用了久经考验的战术（正是阿尔弗雷德大帝曾用过的战术），向来袭者支付"丹麦赎金"，让他们撤退。不过，

17900 千克
埃塞尔雷德1012年为阻止丹麦人进攻英国而支付的银子总重量。

他自己统治的国家并不团结，他去世时英格兰大部分领土再次落入丹麦人手中。

英格兰王位任人争夺

丹麦王克努特（约985~1035）于1016年加冕就任英国国王，尽管他并不像众人传说的那样能够主导时势，但他却是英国早期诸位国王之中的佼佼者。他与埃塞尔雷德遗孀、诺曼底的艾玛结婚，赶走了王位竞争者，听取忠实贵族的意见，与教会保持良好关系，再

贝叶挂毯

贝叶挂毯可能在英国坎特伯雷制成，既是一件壮观的艺术品，又是一份独特的史料。它相当于一份 11 世纪的视觉资料，刺绣而成的彩图讲述了征服者威廉入侵英国，在黑斯廷斯大败哈罗德的故事。

1066 年发生的事情永远改变了不列颠及其君主政体的历史。对这一重要年份有很多史料记载可供历史学家参考，但都不及这件挂毯。它是征服者威廉同父异母的兄弟、贝叶的厄德主教为装饰他位于法国贝叶的新大教堂下令织造的。

贝叶挂毯长约 70 米，宽约 50 厘米，以亚麻布为底，用染色毛线织成，是一件杰出的罗马风格艺术品。如此巨大的挂毯应为多个能工巧匠历经数月完成。挂毯绘有 58 幅图景，每幅均有拉丁文标题解释图景内容。挂毯主题明确：最后一位盎格鲁－撒克逊君王哈罗德是篡位者，上帝和正义站在诺曼底的威廉公爵一边，支持他夺回王位。

贝叶挂毯从诺曼人的角度记述了这段历史，以 1066 年 10 月 14 日哈罗德兵败黑斯廷斯外围的森莱克山丘后身亡为终结。同时它又是一份 11 世纪生活习俗的珍贵记录，独具风格的图景提供了关于武器、战术、服装、烹饪和造船等方面的大量信息。

贝叶挂毯和它记录的重大事件同样历史悠久。挂毯在贝叶大教堂里默默无闻地存放了 500 多年后，历经 16 世纪法国宗教战争而幸存，18 世纪初期开始受人瞩目。法国军事领袖拿破仑·波拿巴打算入侵英国时用它进行宣传，但计划搁浅后再次将它束之高阁。德国纳粹海因里希·希姆莱不知为何觊觎这件挂毯，认为它记录了"光辉的日耳曼历史"，1944 年差点儿将它运往柏林。第二次世界大战后挂毯回到贝叶，现在一家专门博物馆展出。

"英国人在失去国王后处境极其**艰难**……但是他们继续战斗……直到**夜幕落下**。"

诺曼诗人瓦斯，节选自《鲁的传奇》

哈罗德二世加冕
贝叶挂毯的这一部分描绘了哈罗德二世在 1066 年戴上英国王冠后接受宝剑和权杖的情景。拉丁语注释中写道："英国国王哈罗德宝座。斯蒂甘德大主教。"

SIDET HAROLD
GLORVM:
STIGANT
ARChI EPS

此前

1066年诺曼征服之前，大多数国王和臣民一样说古英语，有同样的传统习俗。

强行登基的异国君王
哈罗德一世（见12~13页）是最后一位盎格鲁－撒克逊君王，来自威塞克斯家族，在英国元老确认其王位之前为威塞克斯伯爵。诺曼征服改变了一切，恭顺的臣民不得不接受异国君王和贵族。

北方帝国
异国统治对英国来说并不陌生。克努特国王（见12~13页）所辖北海帝国涵盖了丹麦、挪威和瑞典部分领土。

诺曼人

诺曼人永远改变了英国疆土。威廉一世、威廉二世和亨利一世通过巩固边防、重组政府、改革教会、重构语言、重塑国家架构，使英国在亨利一世死后的动荡中屹立不倒。

忏悔者爱德华（见12~13页）1066年1月5日去世后，英国王位有3人问鼎。爱德华去世前在病榻上指名传位于威塞克斯伯爵哈罗德·哥德文（1022~1066），得到贤人会议承认。诺曼公爵私生子威廉（1028~1087）称1051年爱德华曾许诺传位给他，并且在访问诺曼底时发誓遵守这一诺言。第三位王位候选人是挪威国王哈罗德三世（1015~1066），又称哈罗德·哈德拉达（意为"无情统治者"），他称王的依据是近30年

> "国王……迫使……贵族……如果**他死时没有儿子，他们会……接受他的女儿**。"

> 马姆斯伯里的威廉谈到亨利一世时说，1127年

前签署的一份协议。

哥德文于当年1月6日登基，称哈罗德二世，但他的统治在10月就宣告结束了。9月25日，他向北进军，在斯坦福德桥击退哈德拉达军队，哈德拉达战死。3天后消息传来，威廉公爵在英国南部海岸登陆。哈罗德二世在13天之内急行军386千米，直面新的危机。

两军在黑斯廷斯附近的森莱克山丘对垒。威廉麾下骑兵力量占优。哈罗德被杀，王位落入威廉手中。威廉沿着英国海岸烧杀劫掠，接受伦敦投降后入城，于当年圣诞加冕登基。

征服者威廉
夺取英国让征服者威廉成为北欧最为强大的统治者之一。不过，权力并未带来和平，统治期间他花费大量精力保卫自己在英国和法国的领地。

用仅仅1万名法国人统治一两百万的英国人绝非易事，威廉即位后的前四年每年都发生叛乱。对此，他的回应包括实施"北方掠夺"，即在1069~1070年的冬季发动一系列战役，镇压北部地区，将叛军与丹麦军队的联盟扼杀在摇篮之中。威廉付钱给丹麦人，让他们回国，同时又销毁北部郡县存粮和庄稼，迫使陷入饥荒的当地人民臣服。他采用的策略还有修建城堡，残酷报复，掠夺盎格鲁－撒克逊人手中的财产。威廉将法国人安插

100000 人 1069~1070年"北方掠夺"期间饿死的人数。

教会与国家
这幅富于想象力的小画像选自13世纪拉丁文编年史《历史之花》，描绘了亨利一世为教士所包围的情景，强调了国王与教会之间保持良好关系的益处。

伦敦塔
这幅英国版画描绘了泰晤士河上的伦敦塔，年代大约是 1700 年。伦敦塔在 11 世纪 70 年代末修建，是诺曼征服期间的工程。它雄踞天际，每天提醒伦敦人违抗君王的可怕风险。

攻击，但至少罗贝尔已被囚禁，余生在牢中度过，28 年后郁郁而终。

亨利一世比前任国王们更具外交手腕，他与安瑟伦大主教达成共识：教会可以保留名义叙任权，但实权属于国王。教会至少拥有英国财富的四分之一，国王因而不可能让教会完全独立。

亨利一世坚定支持法律和秩序。他推行行政改革，索尔兹伯里主教罗杰也参与了此事，一个重要的财政机构由此萌芽，即财政署。

亨利一世唯一婚生子威廉亲王过早去世之后，在他统治的最后几年，继承人问题一直如阴云般笼罩着这位国王。多数贵族反对其女儿玛蒂尔达继承王位（见左下图），亨利一世的焦虑心情可谓合情合理；此后的 19 年间，国家内部倾轧，秩序混乱。

教需要获得国王的任命和授权。安瑟伦反对这一做法，认为教会高于一切世俗权力。不过，教会里支持他的人寥寥无几，1107 年安瑟伦被迫离开。无须与安瑟伦争吵时，鲁弗斯还要应付长兄罗贝尔·柯索斯。罗贝尔认为父亲将英国传给鲁弗斯对他不公，因此兄弟之间长期冲突不断，直到 1096 年罗贝尔加入十字军方告结

在教会和政府的重要位置上，逐渐将英国纳入自己的掌控之中。

法国国王和安茹伯爵对邻国新崛起的力量感到不安，意图动摇威廉在法国的地位。征服者威廉同父异母的兄弟厄德野心勃勃，和敏感易怒的威廉长子罗贝尔·柯索斯（绰号，意为"短裤"）都反对威廉，迫使威廉不得不把更多的精力放在欧洲大陆而不是自己的新王国上。也许是认识到同时统治诺曼底和英国并不容易，威廉将诺曼底传给罗贝尔，英国传给次子威廉·鲁弗斯。

威廉·鲁弗斯
威廉二世（1056~1100）自 1087 年起为英国国王，直到逝世。"鲁弗斯"得名于他的红头发或红皮肤。据某些记载，他是一位骁勇善战的国王。他在位期间，宫廷追逐时尚，长发流行一时。不仅如此，他从未结婚，没有合法后代，因而有人认为威廉二世是同性恋。同样可能的是，所有关于这位国王的丑闻都是负责编写历史的教士臆想的，因为鲁弗斯与坎特伯雷大主教安瑟伦曾激烈争吵过。两人之间的最大分歧与"叙任权"有关，即新任修道院院长或主

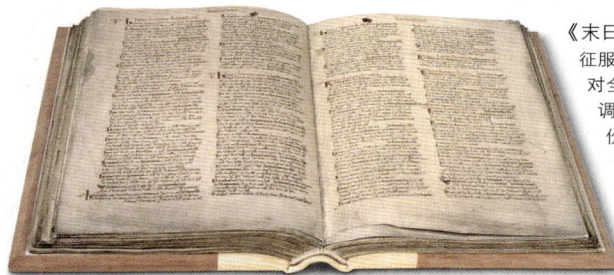

《末日审判书》
征服者威廉在 1085~1086 年下令对全国土地进行一次全面细致的调查，了解所有地产的性质和价值，包括各份地产所包含的牲畜数量。调查结果记录在这部共 913 页的《末日审判书》中。

束；鲁弗斯以诺曼底为抵押借给他 1 万马克作为路费。1100 年，威廉二世在森林打猎时身亡。法庭认为是事故，而教会说这是神的正义。

亨利一世与玛蒂尔达
鲁弗斯和罗贝尔的幼弟、贤明者亨利（1068~1135）是诺曼王朝最聪明博学的国王。无情残忍和淫荡好色也是他的特点，这位国王至少有 20 个私生子女。

鲁弗斯神秘身亡后，他立刻抢占温切斯特的国库，两天后加冕，称作亨利一世。罗贝尔·柯索斯自然反对，两人之间的战争以亨利一世在廷切布雷取胜（1106）而告终，亨利一世赢得诺曼底公国，并抓住其兄长。尽管亨利一世还要继续抵御诺曼底公国的

皇后（1102~1167）
玛蒂尔达皇后

自公元 61 年领导英国人民反抗罗马人的布迪卡女王以来，玛蒂尔达是最具权势的女性。她嫁给神圣罗马帝国皇帝（成为皇后），第二次结婚嫁给安茹伯爵杰弗里。但最关键的是，1127 年亨利一世要求英国贵族宣誓支持她继承王位。

中世纪君主应该自身也是一名战士，因此这一大胆之举无人支持。亨利去世后，布鲁瓦家族的斯蒂芬夺走了表亲的王位。皇后为维护自身权利奋力拼争，但未能成功。她在安享晚年的同时所发挥的影响力仍然不小觑。

此 后

诺曼人之后是数量远超他们的金雀花家族。他们长期占据英国王位，共有 14 位国王。

建立国家
以前任国王建立的北方王国为基础，金雀花王朝的国王们（见 20~21 页）把疆土拓展到爱尔兰，征服威尔士，几乎将苏格兰也纳入版图，还试图问鼎法国王位。

终结异国统治
到了理查二世（见 21 页）统治期间，君主政体完全恢复原样，国家和法庭均使用中世纪英语。这是"英国文学之父"诗人杰弗里·乔叟（1343~1400）使用的语言。

金雀花王朝

金雀花家族 1154~1399 年一直占据英国王位，比其他任何王室家族的时间都长。历任国王能力有高有低，这一家族历经各种危机仍权力在握，如签署《大宪章》，遭遇黑死病，以及与苏格兰和法国长期作战，等等。

此前

金雀花家族的历史最早可以追溯至821年的一对夫妇，布列塔尼雷恩斯的帖土罗和彼得罗妮拉。

安茹伯爵与金雀花家族
安热尔热（约850~899）是帖土罗和彼得罗妮拉之子，是第一任安茹伯爵（安茹帝国由此得名）。爵位的传人有红发富尔克和安茹的杰弗里。杰弗里与英国国王亨利一世之女、盎格鲁－撒克逊血统的玛蒂尔达结婚生子，安茹、诺曼和威塞克斯家族的血脉合为一体。不过，这一家族直到200年以后才开始冠以金雀花之名。

金雀花王朝历代君王可谓良莠不齐。英国最为杰出的国王来自这一家族，如亨利二世（1133~1189）、爱德华一世（1239~1307）、爱德华三世（1312~1377）和具有骑士精神的伟大英雄、狮心王理查一世（1157~1199），但这一家族也有恶名昭彰的约翰（1167~1216）和可怜而愚蠢的爱德华二世（1284~1327）。

安茹帝国

作为安茹伯爵、玛蒂尔达皇后（见16~17页）之子，金雀花王朝的亨利二世是安茹帝国横跨哈德良长城和比利牛斯山脉之间这片广阔土地的主人。庞大的帝国疆土是他1152年与阿基坦的埃莉诺（见18~19页）联姻、两年后继承英国王位的结果。

亨利二世精力旺盛，他在1154~1189年执政期间，用了20年先后占领爱尔兰，进军威尔士、苏格兰和布列塔尼，迫使图卢兹伯爵臣服，帝国领土不断扩张。同时，他通过一套法庭体系促进了英国习惯法的形成，并

狮心王理查一世加冕
这幅14世纪插图描绘了1189年9月3日狮心王理查一世在伦敦威斯敏斯特大教堂的加冕典礼。在位10年，大多数时间他不在英国，据某些资料称，他在英国仅仅度过6个月。

加强了中央政府的职能。但一切好景不长。国王与坎特伯雷大主教托马斯·贝克特在教会权力的问题上发生冲突，1170年贝克特因此在坎特伯雷大教堂被杀，国王声誉受损。殉难的贝克特最终被封为殉教圣徒，亨利的声誉则一落千丈。晚年，亨利二世大幅提高税赋，官员任命腐败横行，他的妻子和好战的儿子们多次叛乱，造成很大破坏。

狮心王和无地王

狮心王理查一世在1189~1199年执政，在那个时代他已成为一个传奇。这位慷慨而无畏的战士成功地领导了第3次十字军东征（1189~1192），他不在英国期间仍能保证国家治理良好，巨大的安茹帝国遗产也基本保留下来。最终，他也毁在自己的勇敢上：因不屑穿铠甲，他在包围恰卢斯时被十字弩击中；伤口化脓生疽，他原谅了射出致命一箭的小伙子，在母亲埃莉诺的怀中死去。

登基之前，约翰国王（绰号"无地"和"软剑"，颇具讽刺意义）趁父亲亨利二世患病、兄长

安放贝克特遗体

基督在天堂迎接贝克特

法国遗骨匣 1180~1190 年
这件利摩日制造的遗骨匣里安放的残片据说是贝克特的头发、衣物和遗骨。遗骨匣上的场景描绘的是震惊基督教世界的贝克特遇刺事件。贝克特被追封为殉教圣徒，他遇刺的大教堂也成为朝圣之地。

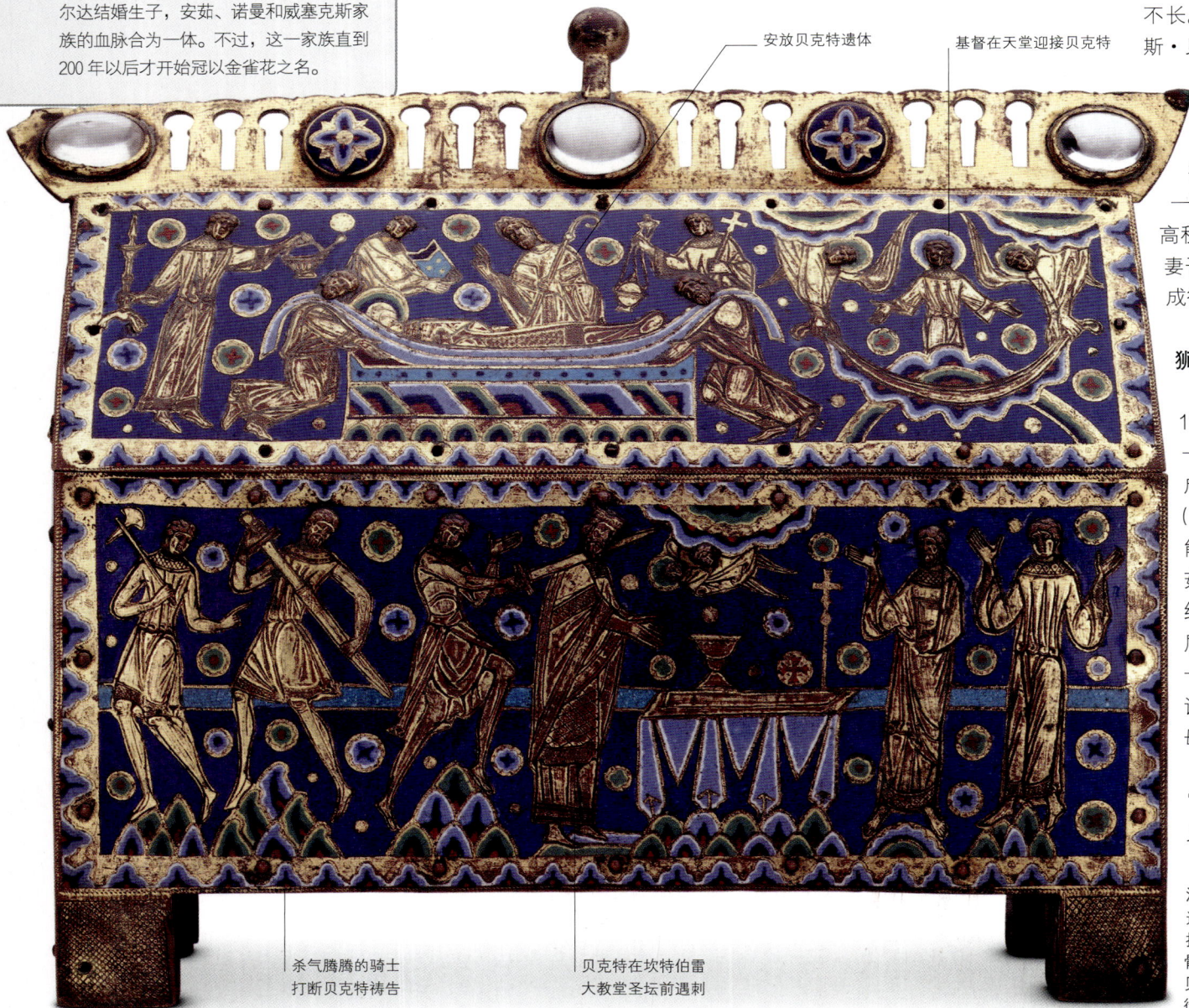

杀气腾腾的骑士打断贝克特祷告

贝克特在坎特伯雷大教堂圣坛前遇刺

"为王者无安宁。"

威廉·莎士比亚，
《亨利四世》第二幕，1597 年

狮心王理查不在时发动叛乱，因此声望受损。登基后，约翰任性妄为，失去安茹帝国大部分领地，与教皇和英国贵族争端不断。因此约翰被迫签署《大宪章》（见右栏）。《大宪章》明确君王也要受法律制约。一年后约翰去世。

国王与议会

1216 年，亨利三世（1207~1272）登上国王宝座，年仅 9 岁。这位国王行为幼稚，性格和善，能力有限。他在位时间相当长，其间麻烦不断。亨利三世夺回法国领地的努力以失败告终，1258 年又被迫同意按照《牛津条例》限制王权。在贵族战争（1264~1268）期间，亨利三世的妹夫西蒙·德·蒙德福特一度将王权纳入囊中（见下图），亨利三世全靠自己的儿子、勇往直前的继承人爱德华亲王才保住王位。

1274 年爱德华一世加冕后，他向新成立的议会寻求支持，以批准他的税收。他利用议会推行法规，整顿地方政府，进一步提高了议会地位。自 5 世纪以来，所有君王在治理国家时都需要贵族的支持。然而，下议院的出现意味着国王还需要获得所有能够影响政治经济的人士的支持。爱德华一世主要因骁勇善战而著称。除了参

加十字军东征，他还为保卫阿基坦艰苦奋战（耗资甚巨）。在英格兰本土周围，他征服了威尔士，封长子为威尔士亲王。他还试图把苏格兰纳入英格兰版图，结果，他可怜而无能的儿子爱德华二世在 1308 年加冕时为债务所困，与苏格兰的战争取胜无望。

缺乏政治才能，依赖无能的男宠，种种作为让爱德华二世完全失去人心。1326 年，他的妻子及其情夫罗杰·莫蒂默入侵英格兰，国王几近众叛亲离。他被废黜后囚于伯克利城堡，不久被害身亡。

战争、瘟疫和叛乱

爱德华三世于 1327 年加冕，他在位时的一系列军事胜利让金雀花王朝再现辉煌。百年战争（1337~1453）早期，他在克雷西大败法军（1346），

傅华萨所著《闻见录》中的克雷西战役
15世纪让·傅华萨所著《闻见录》中的这幅插图描绘了百年战争中克雷西战役的情景。1346 年 8 月 26 日，爱德华三世大胜法军。

在普瓦捷俘虏法国国王（1356）。放弃收服苏格兰后，他给英格兰本土带来长期和平。爱德华三世还充分利用了"太平绅士制度"——始于 1195 年，骑士等人士负责在居住地为皇家维护法律和秩序，无偿服务。爱德华三世对这一制度的鼓励加强了国王与绅士阶层的纽带关系。

当 1348 年来自海上的鼠疫（又称黑死病）传播开来，爱德华三世与议会同心协力，安然渡过这场紧急危机。这次疫情导致人口数量急剧下

3500000 人
英国 1348~1349 年死于黑死病的估计人数。

降，后果是劳动力短缺，物价上涨，社会动荡不安。

爱德华三世之子黑王子爱德华（1330~1376）逝于其父之前，因此爱德华三世之孙理查二世（1367~1400）于 1377 年加冕为英格兰国王。可惜，理查傲慢自负，祖父的功绩葬送在他手中。1381 年农民起义（见 22~23页）时，他勇敢直面叛军，从此以君王地位自负，与人民的想法背道而驰。1387~1388 年，他失去实权。最终，理查二世的堂弟亨利·波林布鲁克（1367~1413）于 1399 年加冕，成为亨利四世（见 24页）。理查被废黜并囚禁，次年在狱中被杀。

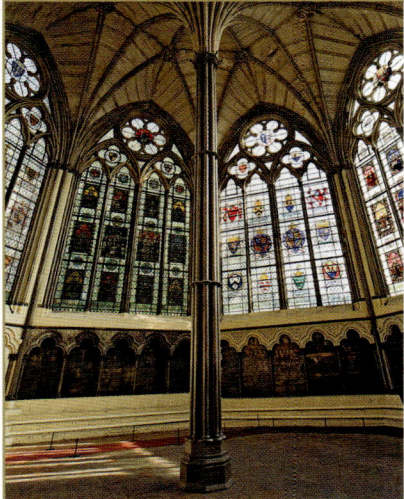

议会制始于 13 世纪 30 年代，当时是在法庭举行的大型集会，目的是讨论国家大事，评论政府各项政策，特别是税收政策。1264 年，叛军领袖第六代莱切斯特伯爵西蒙·德·蒙德福特（约 1208~1265）召开议会，各郡派四名骑士参加。次年，他邀请各大城镇派两名杰出公民与各郡骑士（平民）一起参会，与贵族和高级教士（贵族）比肩。这次集会可能在威斯敏斯特大教堂的礼拜堂（左图）举行。不久，这种议会集会成为惯例，因此后人称西蒙·德·蒙德福特的集会标志着现代议会的诞生。

1215 年，王室家族中没有能够抗衡约翰国王的人。因此，当年 6 月 15 日，反对国王的贵族们逼迫国王签署《大宪章》（下图），这份文件规定了"英国所有自由民"享有不可剥夺的权利和基本自由权。在 17 世纪，《大宪章》启发人们摒弃王室的霸道行为。一个世纪以后，美国也受到影响。

此后

在纷纷扰扰的 15 世纪，英国内外交困，"金雀花"这个名字几乎有了神话般的地位。

突出历史联系
爱德华三世曾孙、约克的理查（见 24~25 页）首先使用"金雀花"作为家族称号。他是后来爱德华四世（见 24~25 页）和理查三世（见 24~25 页）之父，也是所谓玫瑰战争（见 26~27 页）中的重要人物之一，他自称"金雀花"可能是为了强调与安茹的杰弗里及 12 世纪王室家族之间的联系。到了下个世纪，人们回顾亨利二世及其所有后裔时都冠以这一称号。

约克的有毒圣杯
尽管亨利七世（见 28~29 页）是金雀花王朝的后代，但他对竞争者约克家族使用的称号不屑一顾。他开创了新的时代——都铎王朝（见 28~29 页）。

农民起义

黑死病疫情后劳动力出现短缺，1381 年因此爆发的农民起义对年轻的理查二世来说是个考验。面临重大危机，他不乏勇气，但行为出尔反尔，起义遭到镇压。

黑死病疫情暴发，各地死亡人数激增，劳动力出现短缺。供需关系的紧张自然会导致工资上涨，农奴不可能继续为封建领主提供无偿劳务。《劳工法令》（1351）颁布后暂时把工资标准控制在疫前水平，但随着疫情卷土重来，劳动力进一步减少，民怨沸腾。同时，英法百年战争仍在进行，挫折不断。理查二世为了这场旷日持久的战争筹措军费，开始征收数项苛捐杂税，包括 1380 年的人头税。这对农民来说无疑是压下来的最后一根稻草。

1381 年初夏，英国两个较为富饶的郡县——肯特郡和埃塞克斯郡的民众揭竿而起。起义者杀死律师和贪婪的地主们，烧毁法律文件，接着向伦敦进发。在伦敦，叛军和当地农民一起打开监狱，国王叔父——冈特的约翰等不受欢迎的达官贵人宅邸被毁。年仅 14 岁的理查二世和大臣们被困伦敦塔，身边只有一小队士兵，惊骇不已地注视着起义者作乱。

6 月 14 日，理查带着侍卫走出伦敦塔与起义者对话。他听取起义者的要求，并颁布命令废除农奴制。这时，部分起义者离开伦敦回乡。但是，当国王回去，伦敦塔门打开时，数百名起义者涌入塔中。他们拖出大法官西蒙·萨得伯里、财务大臣罗伯特·海尔斯等官员处以斩首。次日，理查在史密斯菲尔德会见留下的起义者。富于感召力的首领沃特·泰勒在混战中被杀，追随者溃散离开。叛乱后，理查撤销了之前的让步决定，并下令围捕起义领袖，处以绞刑。

> "……**时机**已经到来……（如果愿意）你们可以**挣脱束缚**，恢复**自由**。"

英国激进神父约翰·保尔在布莱克希斯面对起义农民布道，1381 年 6 月 12 日

安抚起义民众
此图选自让·傅华萨所著《闻见录》，描绘了理查二世在 1381 年 6 月会见起义者，讨论叛军要求的情景。两名谈判代表和群众交谈时国王在船上等候。画面背景可以看到起义者攻占伦敦塔。

兰开斯特家族与约克家族

废黜理查二世让金雀花家族走向分裂，主要形成了兰开斯特和约克两大派系。大批旧贵族在两派争斗中丧生，但英国君王中的大英雄亨利五世和大反派理查三世也应运而生，这当然要部分归功于天才的威廉·莎士比亚。

随着英国国力增长，政府体制更加完善，身为君王需要更多技能，才能制衡各派系强势贵族，管理议会，争取士绅商贾的支持，监督中央政府运作，战时运筹帷幄甚至亲自上阵。亨利五世（1387~1422）对此

颇为擅长，爱德华四世（1442~1483）次之。对这份工作力所不逮的人无法胜任，比如无能的亨利六世（1421~1471）。没有强悍君王制约时，野心勃勃的贵族们不顾身份陷入疯狂的杀戮。

兰开斯特先祖

兰开斯特公爵亨利·波林布鲁克从理查二世手中夺走王位，并指使人将其杀害，1399年登基为王，称亨利四世（见21页）。他在位期间麻烦不断，一直努力保住他偷来的荣耀。理查二世的同父异母兄弟亨廷顿伯爵和曾经帮助亨利四世登上王位的诺森伯兰的珀西家族发动叛乱。苏格兰人和威尔士人在英格兰有麻烦时急于从中渔利，自然愿意帮助叛军。而与议会的财务争执，以及名为罗拉德的激进新教派想要改革西方基督教，无异于给亨利四世的统治雪上加霜。

亨利四世曾是受人爱戴的十字军骑士，晚年却疾病缠身羸弱不堪。1413年，他终于离开人世，其子亨利五世加冕称王，后者可以称得上是英国最杰出的君王。身为一丝不苟的民族主义者，亨利五世坚持官方文件

此前

约克家族与兰开斯特家族的分歧可以追溯到1386年。

国王废黜、王储受骗

理查二世是爱德华三世（见20~21页）长子的儿子，没有后裔。1386年，他宣布马奇伯爵、爱德华三世次子后裔罗杰·莫蒂默为王储。兰开斯特公爵、爱德华三世三子后裔亨利·波林布鲁克将理查二世废黜，自己登基，称亨利四世。此刻，家族中莫蒂默一支得到约克公爵的头衔。

第一代沃威克伯爵（1428~1471）
理查·内维尔

内维尔为人精明，财产丰厚，他战死一个世纪后被称为"造王者"。1455年，他与约克家族结盟，推翻了亨利六世。6年后，他帮助约克的爱德华登上王位，即爱德华四世。1469年，内维尔俘虏了爱德华四世，又把他放走。1470年，他再度谋反（与兰开斯特家族联手），放逐爱德华四世，让精神失常的亨利六世复辟。1471年，爱德华四世回到英国，在巴尼特战役中杀死内维尔，终于结束了他弄权的一生。

同时代对比鲜明的国王肖像
这两幅肖像取自画板油画，左为亨利五世，右为理查三世。亨利五世相当受人爱戴，而约克家族和金雀花王朝的最后一位国王理查三世的支持者则寥寥无几。

使用英语，而不是法语或拉丁语，他还鼓励人们崇拜英国圣徒，如坎特伯雷的托马斯·贝克特（见 20 页）和亨利圣洁的前辈、忏悔者爱德华（又称圣爱德华，见 13 页）。

1414 年，亨利五世及时有效地镇压了罗拉德教派起义，1415 年又击破了想要将艾德蒙·莫蒂默推上王位的阴谋。此后，他决定用战争来争夺法国王位。

亨利的成功故事可以谱写一部传奇。他在阿金库尔以少胜多，痛击法军，征服了诺曼底，根据 1420 年的《特鲁瓦条约》成为法国王位继承人。他原本还能走多远，我们无从得知。1422 年 8 月 31 日，亨利因痢疾身亡。

1415 年阿金库尔战役
插图选自 1484 年马西亚·奥佛涅手稿《查理七世彻夜不眠》，描绘了亨利五世在百年战争（1337~1453）期间在阿金库尔战役中以少胜多，大败法军的情景。

兰开斯特后裔

法国国王查理六世之女、瓦卢瓦的凯瑟琳为亨利生下的儿子登基时只有 9 个月大，称亨利六世，是继位时最为年幼的英国君王。几周后，英国宣告亨利为法国国王，但在 1437 年他成年之前，都是由其叔父、贝德福公爵约翰为他管理法国领土，领导摄政理事会。

好景不长，1429 年，有预言能力的圣女贞德（1412~1431）召集法军反攻。虔诚的亨利六世爱好和平，完全不关心政治，他亲政后局面急转直下，1453 年，整个王国陷入一片混乱。

萨塞克斯的杰克·凯德发动大规模叛乱，政府镇压叛军付出了巨大代价，血流成河，英国几乎失去所有法国领地。国王娶了一位极其不得人心的法国妻子——安茹的玛格丽特，贵族们怨声载道，国王完全不能控制局面。更雪上加霜的是，亨利六世在此关头精神崩溃（可能是因为精神分裂症）。内战如火如荼，1461 年，继承权优先于亨利六世的马奇伯爵时年 19 岁，被加冕为爱德华四世（1442~1483），而亨利六世被关进了伦敦塔。

常便饭，但屠杀儿童极其少见。格洛斯特公爵于 1483 年加冕，称理查三世，登基后叛乱不断。他只当了两年国王就成为最后一位战死沙场的英国君王。博斯沃思战役的胜者亨利·都铎（见 28~29 页）是瓦卢瓦的凯瑟琳之孙，传说他在灌木丛中找到理查三世的王冠后立即戴在自己头上。

"兰开斯特和约克家族**不和**让这一地区**遭受了**多少**痛苦**……"

选自爱德华·霍尔所著《编年史》，1548 年

约克家族分裂

爱德华四世身材修长，贪图享受，善于作战，他的王位从战场中得来，1469~1471 年也几乎在战场中失去。他与一手遮天的第一代沃威克伯爵（见左栏）失和，后者因此将亨利六世拖出伦敦塔复辟。不过亨利六世精神失常，无人支持。斗争进一步加剧，亨利六世及其独子于 1471 年被害身亡，爱德华四世再次登基。他治国有方，有人认为他开创了"新型君

4 人 1399~1485 年被杀或死于暴力的国王人数。

主制"。不过，他与平民伊丽莎白·伍德维尔的婚姻激起贵族反感，而他的英年早逝又带来了更多的流血事件。

爱德华四世之子爱德华五世在 1484 年共执政 78 天，年仅 12 岁，并未加冕。爱德华五世及其幼弟约克的理查被叔父格洛斯特的理查（1452~1485）关进伦敦塔，从此再无音信。15 世纪末成年贵族被害是家

此后

理查三世之死让约克家族和兰开斯特家族走向和解。

都铎王朝联合两大家族

亨利·都铎（见 28~29 页）是兰开斯特家族远亲，他战胜理查三世，让两大家族走向和解，登基成为亨利七世。他娶了理查三世的侄女——约克的伊丽莎白，自此，象征约克家族的白玫瑰和象征兰开斯特家族的红玫瑰合在一起，成为都铎王朝的新徽章。

停车场里的国王

500 年来，理查三世的遗骸不知所踪。2013 年，他的遗骸在一个曾为方济会教堂遗址的停车场出土，DNA 证据确认了其国王身份。尽管他屠杀儿童，臭名昭著，但 2015 年国王遗骸被运往莱斯特大教堂重新安葬，列队行进时仍有数千人瞻仰。

玫瑰战争

1455~1487 年，金雀花王朝两大家族势不两立，双方为了权势、为了最高奖赏——王位，你争我夺，英国政局长期动荡不安。

爱德华三世的次子和第三子分别属于约克家族（以白玫瑰为象征）和兰开斯特家族（以红玫瑰为象征），两大家族后裔对王位的竞争是双方冲突的焦点。通常以 1455 年为战争的起点，不过在此之前已经发生过暴力事件。当时王位由兰开斯特家族的亨利六世占据，但由于他精神状态不稳，约克公爵理查摄政——实际统治者。

后来的形势发展事实上不应用"战争"这一名称来形容。此后 30 年里，打仗的时间只有 60 周。除了在陶顿，双方军队规模很小，战斗伤亡并不严重。不过，大量贵族在冲突中丧生，两位国王被害，还有一位国王战死沙场。

在战争的第一阶段（1455~1461），亨利六世落入约克家族手中。他的妻子玛格丽特王后召集军队救出国王。但英国本土最为血腥的一次战斗——陶顿战役（1461）之后，亨利和玛格丽特逃往苏格兰，爱德华四世趁机加冕称王。1465 年，亨利再次被俘，在图克斯伯里战役（1471）后被杀。

爱德华四世上台后经历了 12 年的和平时期。1483 年他去世后战斗再度打响，他的兄弟理查监禁了他 12 岁的儿子——王嗣爱德华五世。据说王嗣被理查杀害，之后理查登基，称理查三世。理查三世的政变引起诸多不满，因此当亨利·都铎（见 25、28 页）率领小批人马在威尔士登陆时得到不少支持，最终他在战斗中打败并杀掉理查三世。亨利·都铎成为亨利七世，在斯托克战役（1487）中为保卫王冠而战，这场战役标志着玫瑰战争的结束。都铎王朝的支持者后来为了让人们更加忠于新上台的统治家族，刻意夸大战争的苦难。

> "……**兰开斯特和约克**两大家族之间的**分歧和争斗**让这个著名的地区遭受了多少可怕的苦难。"

律师兼历史学家爱德华·霍尔，1548 年

巴尼特战役
这幅 15 世纪的绘画作品描绘了 1471 年爱德华四世（戴王冠者）在生死攸关的巴尼特战役中用长矛刺中兰开斯特军队指挥官理查·内维尔。这一战以及之后的图克斯伯里战役为爱德华四世保住了王位。

都铎王朝

都铎王朝是公认的第一个现代式王朝，因而小说家、剧作家和电影人一直热衷于这一题材。艺术家和作家们也为英国历代君王中两位巨人亨利八世和伊丽莎白一世的丰富个性所吸引。

在所有王朝中，都铎王朝可谓最为丰富多彩的一个，1485~1603 年都铎王朝统治期间，英国从中世纪晚期走向初步现代化。此外，都铎王朝的统治恰逢前所未有的好时机，此后人们一说到都铎就会想起当时蓬勃发展的艺术和文化，特别是文学戏剧。

无疑，1603 年，伊丽莎白一世交到她的苏格兰继承人手中的国家与其祖父亨利·都铎（1457~1509）仅仅118 年前夺取的国家大不相同。

父与子

1485 年，亨利·都铎加冕，称亨利七世，为著名的都铎王朝奠定了基础。他的成就来之不易。约克家族（见 24~25 页）还想指望两个冒牌货收回王位：兰博特·西姆内尔，号称是爱德华四世侄子；伯金·沃贝克，自称伦敦塔所囚小王子（见 25 页）的弟弟。西姆内尔最终获得赦免，并获准在皇家厨房工作，但沃贝克于1497 年被处决。亨利七世鼓励贸易，打击权臣，到了 1500 年终于坐稳王位。为巩固自己的地位，他把女儿玛格丽特嫁给苏格兰詹姆斯四世（见 35 页），儿子亚瑟则娶了西班牙公主——阿拉贡的凯瑟琳。

1502 年，亚瑟英年早逝，亨利七世次子成为王嗣，后为亨利八世（1491~1547）。这位国王在位期间经历之曲折几乎无人能及。登基时他相貌英俊、聪慧博学，爱好运动和音乐，一副完美的文艺复兴时期王子形象。晚年则体重暴增，与年轻时判若两人。经教皇许可，他娶了亚瑟遗孀凯瑟琳。才干出众的大主教沃尔西管理着日常朝政事务，这位年轻国王腾出手来在法国打了一小仗，还沉迷于骑士比武大赛、打猎、作曲和风流韵事。不过，当王后凯瑟琳诞下一女玛丽，而不是他期盼已久的王嗣，亨利无情的本性暴露无遗，从此成为他统治的污点。

教皇拒绝同意他离婚，因此亨利八世聘请了律师托马

主教的阿谀奉承
在英国沙堡之上，在龙、狮和灰狗（均为都铎王朝象征）的守护下，奇切斯特主教献给亨利八世的颂词对句被兰开斯特、约克和都铎的玫瑰所包围。

军权的象征
亨利八世这张肖像为他 49 岁那年由小汉斯·荷尔拜因绘制，当时他与克里维斯的安妮刚刚结婚。肖像隐含的信息绝不含糊：冒犯此人，风险自负。

此 前

从 871 年阿尔弗雷德大帝即位到 1485 年第一位都铎王朝国王加冕，在这 614 年间英国王位只有一次曾由女性占据。

即位之争

布鲁瓦的斯蒂芬（见 17 页）对表亲玛蒂尔达（见 17 页）的王位继承权提出争议。玛蒂尔达反击未果，斯蒂芬登上王位。都铎王朝时期，一半以上时间由女性占据王位（玛丽一世及伊丽莎白一世），这成为绝好先例，此后人们对女性君王的抵制心理减弱了。

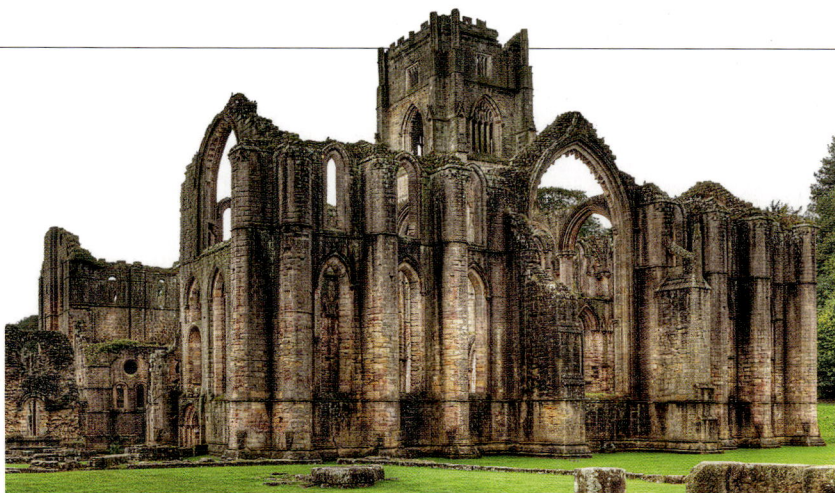

北约克郡喷泉修道院遗址
众所周知，亨利八世对修士的行为大失所望，他和托马斯·克伦威尔解散修道院，收益归为己有。喷泉修道院曾是西多会繁荣发展的中枢。

斯·克伦威尔，通过议会与罗马脱离关系，成立英格兰教会，国王为最高领袖。英国开始参加新教改革，反对分子均被消灭，修道院解散，财产被王室据为己有。

亨利的第二位妻子安妮·博林又生下一个女儿，取名伊丽莎白。他后来又结了四次婚，但只有1537年珍·西摩生了唯一一个男孩，称爱德华王子。不过产后数日珍就离开人世。

与法国和苏格兰的战争耗资甚巨，英国财力耗尽，当亨利八世去世时，国家陷入宗教分裂之中。爱德

被处决，次年珍·格蕾步其后尘。

"加来"铭刻于心

1553年，玛丽一世加冕成为英国女王。为复辟罗马天主教，她下令烧死300名新教徒，许多臣民因此不喜欢这位女王。她与异国君王西班牙腓力二世的婚姻饱受诟病，没有留下子嗣。在她统治末期，为了支持西班牙，她与法国打了一场不必要的战争，唯一位于欧洲大陆的英属领土加来因此陷落。玛丽一世因胃癌即将离开人世时，宣称"加来"这个词已经铭刻在她心上。

了自己未婚的事实以及因此而来的"童贞女王"这一称号。

伊丽莎白一世对宗教异议者的迫害也不严苛，她处决罗马天主教徒的罪名是叛国而不是表明信仰。

女王的大臣们精明能干，如威廉·塞西尔爵士、尼古拉斯·培根爵士和弗朗西斯·沃尔辛厄姆爵士，女王自己也避免与议会冲突，避免在外交事务中的分歧。例外情况也有，当议会威胁说除非女王订下婚约，否则将扣留王室的收入时，女王用强有力的修辞方式明确表示，英国的福祉是她最关心的事情，是否结婚纯属个人私事。

不过，与西班牙和法国的罗马天主教政权多年紧张的关系最终走向战争。1587年，伊丽莎白一世因苏格兰玛丽女王（1542~1587）一直阴谋颠覆她的统治而处决了她这位信仰罗马

此后

伊丽莎白的长期统治硕果累累，此后英国的动荡不安使得这位女王的成就显得更加灿烂，对于女性称王的顾忌从此烟消云散。

女王万岁

从伊丽莎白一世驾崩到2020年，在这417年期间英国出现了4位女王（玛丽二世、安妮、维多利亚和伊丽莎白二世），统治时间共计149年。根据《王位继承法》的决定，自2015年3月26日起男性和女性具有同等继承权，女王的比例未来可能会更高。

1554年玛丽一世女王肖像
历史很少善待失败者，玛丽·都铎，又称血腥玛丽，也不例外。固执己见，又无领导才能，臣民憎恨她严格信奉天主教，又嫁给西班牙国王，最终对这位女王本人也深恶痛绝，玛丽却缺乏悟性，对此一无所知。

"亨利八世国王比基督教国家任何一位君王都要英俊帅气……非常俊朗，整个身材比例极好。"

一位威尼斯人访问伦敦后曾这样说，1519年

华六世（1537~1553）在其父去世时年仅10岁。亨利八世遗命爱德华六世舅父萨默塞特公爵及十六人枢密院摄政。萨默塞特公爵和大主教托马斯·克兰默力图让英格兰教会全面奉行新教，鼓励打破旧习，准许采用英国自己的祈祷书，因此遭到不少批评。

12000人 亨利八世解散修道院后流离失所的修士、修女数量。

1549年，萨默塞特公爵被罢免，取而代之的是约翰·达德利。达德利被封为诺森伯兰公爵，他让政府收支平衡，在年轻国王的鼓励下推动英国新教改革。当爱德华病入膏肓时，诺森伯兰让儿子与亨利八世侄孙女珍·格蕾结婚，宣布珍·格蕾为女王。政变遭到舆论反对，1553年诺森伯兰

脱离天主教

如果说宗教迫害是玛丽一世时期的基调，她的妹妹，于1558~1603年在位的伊丽莎白一世（见32~33页）统治的基调就是慎重。从小信仰新教的伊丽莎白，引导英格兰教会脱离天主教，转向温和的新教，把新教信仰和罗马天主教的一些特点相结合，如牧师法衣和主教制度。英国脱离罗马天主教的速度相对较快，很多臣民因此怀念熟悉的仪式和信仰，特别是对塑像遍布英国教堂的圣母玛丽的崇拜。圣母玛丽怎能被取而代之？伊丽莎白一世从未给出任何明确答案，但是她巧妙利用

天主教的表亲，这一事件点燃了战争导火索。

女王统治的亮点出现在1588年，皇家海军在暴风天气的配合下阻挡了强大的西班牙无敌舰队入侵。不过，此后胜仗并不好打。在海上、在苏格兰以及支持欧洲新教的战争中军费庞大，耗尽了国库资金。经济衰退加上庄稼收成不好，英国整体陷入贫困。所有这些因素结合起来，"荣光女王"和"英明女王"统治末期并不光彩夺目，而是惨淡收场。

海上霸王
这枚英国金币十分稀有，铸造时期大概在1558~1603年，上刻伊丽莎白一世和战舰。在都铎王朝最后一位君王统治期间，英国开始自诩海上军事强国。

关键时刻

英格兰教会

1521年，利奥十世教皇赐予亨利八世"Fidei Defensor"（信仰守护者）的称号，其首字母缩写至今还铭刻在英国硬币上。亨利八世曾著书维护罗马天主教教会的地位，因此获得这一称号。亨利八世后来与罗马教廷决裂，创建英格兰教会并自任最高领袖，这也就格外出人意料。

确实，与罗马决裂是英国历史上少数真正具有革命意义的事件之一。亨利八世之举为英国新教奠定了基础，也大大提高了自己的声望。

1535年，《至尊法案》宣布国王为英格兰教会最高领袖，亨利八世因此获得巨大财富，并达到准精神领袖的地位。大约同时，人们开始称他为"陛下"，这绝非巧合，他是第一位获得这一称呼的英国君王。

迫害者被害
安托万·卡隆的画作记录了大法官托马斯·莫尔因国罪被捕并处决的情景（1535）。莫尔是备受尊敬的学者，曾不遗余力地追捕新教徒。

生于1533年 卒于1603年

伊丽莎白一世

"虽身为**弱质女流**，我却有一颗**帝王之心**。"

伊丽莎白一世在提尔伯利的演讲，1588 年

伊丽莎白一世女王甫一落地便面临各种危险和阴谋。女儿的出生让亨利八世（见28~29页）感到失望，等到伊丽莎白两岁半时，其母安妮·博林因犯通奸罪被处决。伊丽莎白名义上成为私生女，从此行事低调，直到1543年恢复合法地位。

1547~1549年，伊丽莎白再次遭受打击，在继母凯瑟琳·帕尔默许下，比她年长数倍的托马斯·西摩试图引诱伊丽莎白。我们无从知晓此事是否与伊丽莎白终生未婚有关。

从囚犯到女王的旅程

同父异母的姐姐玛丽一世（1516~1558）信奉罗马天主教，其统治期间伊丽莎白的地位岌岌可危，因涉嫌颠覆玛丽的阴谋而被囚于伦敦塔。她的罪名没有证据支持，因此被转到牛津郡伍德斯托克软禁。玛丽临去世前接受伊丽莎白为王位继承人，这对于伊丽莎白来说是个好消息。她于1558 年 11 月顺利登基。

1559 年 1 月，伊丽莎白加冕的队伍在伦敦街头蜿蜒而行，前往威斯敏斯特大教堂，一路受到伦敦人民喜不自禁的欢迎。这位25 岁的女士到底是何等人物呢？她给同时代人留下的最主要印象是庄严肃穆。伊丽莎白天生会演戏，尽显王者风范。所有场合中她都举止庄严，尊贵神圣，同时她也会喜

怒无常，甚至暴躁易怒。生气时，高亢尖锐的嗓音让她的言辞更显尖刻。随着年龄增长，她用厚厚的铅粉（一种混合白铅和醋的有毒化妆品）掩盖岁月和天花留下的痕迹，但女王并非上了妆的人偶。她骑术精湛，在马上无所畏惧，女王的勇气令很多人敬畏不已。在舞场上，女王身姿灵活，不知疲倦。她活跃的身体里还潜藏着同样活跃的大脑。伊丽莎白由专业老师教授，学习了语法、

无敌肖像

这幅引人注目的肖像据传为乔治·高尔（1540~1596）所作，画中的女王刚刚击溃西班牙无敌舰队。身边有各种皇家象征环绕，女王散发出权力的气势，极其威严。

英国军舰对峙西班牙无敌舰队
1588年，一支西班牙舰队受命运载军队入侵英国，大海都被形容为在这支舰队的"重压下呻吟"。无敌舰队落败具有决定性意义，是伊丽莎白一世最光荣的时刻。

数学、音乐、神学、历史、哲学和文学。她学习速度极快，有口皆碑，11岁时已掌握了法语、威尔士语、西班牙语、古典拉丁语和希腊语。

"单身乞妇"

伊丽莎白29岁那年身患天花，病愈后很多人确信她会为保证王位继承而结婚。她一直未婚的原因无从得知。从姐姐统治期间起，伊丽莎白就看到与异族通婚会让臣民离心；她也知道嫁给英国人会引来嫉妒纷争。因此，种种原因让她决定终身不嫁，但这样做存在风险。如果她50岁之前就离开人世，继承人未定，英国会陷入动荡不安。

1559年，女王爱上罗伯特·达德利，这是她离婚姻最近的时刻。然而，当达德利之妻艾米从楼梯上跌落身亡后，谣言四起，称艾米之死是谋杀，因为她的丈夫为了伊丽莎白需要摆脱她。此情此景，女王的婚姻显然已成泡影，不过她与达德利的密切关系仍然维持了10年。

女王的其他婚姻选择大多带有政治色彩。在众多求婚者中，她考虑过，或者说假装考虑过的人选有西班牙的腓力二世（她姐姐去世前的丈夫）、瑞典国王埃里克十四世、奥地利查尔斯大公、安茹公爵亨利及亨利的兄弟弗朗西斯。1563年，伊丽莎白自称"更愿做一名单身乞妇，而不是已婚女王"，果不其然，她拒绝了所有求婚。女王自嘲说其实她已经结婚：嫁给了英国人民。

她"荣光女王"的形象与现在人们心中的黄金时代不可分割。伊丽莎白一世处于民族觉醒的核心位置，海军指挥官弗朗西斯·德雷克爵士（约1540~1596）曾单次航行绕世界一周，人们为这样的人物所取得的成就而深感自豪。女王不仅大力扶植文学艺术，自己也成为艺术家的灵感源泉。英语这门语言在威廉·莎士比亚（1564~1616）、克里斯多弗·马洛（1564~1593）和诗人埃德蒙·斯宾塞（1552/1553~1599）等人的作品中展现了前所未有的丰富用法，这些作家的创造力在当时达到了巅峰。

尽管其统治末期曾经的辉煌迅速消逝，女王仍然有能力鼓舞人民。"虽然上帝赋予我高位，"在议会的最后一次演讲中，女王不乏动人之词，"我认为这是王位带来的荣光，我的统治与你们的爱同在。"伊丽莎白生前深受人民爱戴。女王去世时公众哀悼之深史无前例。

伊丽莎白一世到达萨里郡无双宫
无双宫由亨利八世建造，玛丽一世将其卖给阿伦德尔伯爵，1590年重回伊丽莎白一世手中。这座宫殿是都铎王朝建筑最为辉煌的标志。

作家兼诗人（1564~1616）
威廉·莎士比亚

威廉·莎士比亚出生在雅芳河畔的斯特拉福，父亲是一位信奉罗马天主教的商人，他是伊丽莎白一世最喜欢的宫廷大臣剧团成员。在伊丽莎白一世的庇护下，英国戏剧蓬勃发展。莎士比亚是英国文学中公认的最伟大作家，至少编写了38个剧本、154首十四行诗以及长诗。他杰出的喜剧、悲剧和历史剧探讨了人生种种体验。他的剧作《第十二夜》专门为圣诞季结束时在伊丽莎白一世宫廷演出而写，时间大概在1601年。

年表

- **1533年9月7日** 安妮·博林在格林尼治宫生下后来的伊丽莎白一世；伊丽莎白成为王位继承人。
- **1536年5月19日** 安妮·博林被处决，伊丽莎白成为非婚生子，失去王位继承权。
- **1543年6月** 议会通过法案，恢复伊丽莎白的王位继承权，排在她的兄弟爱德华六世和姐姐玛丽后面。
- **1547年1月28日** 亨利八世驾崩；伊丽莎白由其父遗孀凯瑟琳·帕尔监护。亨利八世之子爱德华六世继承王位。

伊丽莎白的签名

- **1549年3月20日** 凯瑟琳·帕尔的第四任丈夫托马斯·西摩因叛国罪被处决，伊丽莎白与其关系密切。
- **1553年7月19日** 伊丽莎白信奉天主教的姐姐玛丽登上王位。
- **1554年3月18日** 伊丽莎白因涉嫌参加托马斯·怀特爵士领导的叛乱被囚禁于伦敦塔；5月19日释放。
- **1554年7月25日** 玛丽在温彻斯特大教堂与西班牙腓力二世结婚；罗马天主教在英国恢复统治地位。
- **1558年11月17日** 伊丽莎白在玛丽去世后登上王位；1559年1月15日，她在威斯敏斯特大教堂加冕。
- **1559年5月8日** 《至尊法案》宣称女王为英格兰教会最高领袖，恢复英国国教。
- **1564年** 伊丽莎白封宠臣罗伯特·达德利为莱斯特伯爵。
- **1569年11月9日** 笃信天主教的诺森伯兰伯爵和威斯特摩兰伯爵领导北方叛乱反对伊丽莎白。
- **1570年2月20日** 北方叛乱平息。
- **1581年4月4日** 伊丽莎白在弗朗西斯·德雷克完成环球航行后授予其爵士爵位。
- **1585年** 英国与西班牙开战；伊丽莎白支持荷兰反抗西班牙统治。
- **1588年7月** 西班牙腓力二世派西班牙无敌舰队攻击英国，大败。
- **1590~1596年** 埃德蒙·斯宾塞歌颂伊丽莎白（诗中称格罗里亚娜）的史诗巨作《仙后》出版。
- **1598年8月4日** 自伊丽莎白登上王位起就担任女王高级顾问的威廉·塞西尔（后称伯利勋爵）去世。
- **1601年11月30日** 伊丽莎白在议会做最后一次演讲。
- **1603年3月24日** 伊丽莎白在萨里的里士满宫去世。

苏格兰君王

设得兰群岛与蒂斯河之间的土地之所以成为独立国家，并非出于地理或人类学原因，而是某些君王雄心勃勃图谋的结果。数百年来，各路英雄与恶棍轮番登场，共同造就了苏格兰这个国家。

此前

尽管多次被罗马人占领，接受东部和南部军团要塞的统治，苏格兰从未隶属于罗马帝国。

民族融合

中世纪初期，苏格兰散落着许多部落和小规模王国，因此国家统一进程缓慢。在这些小王国中，达里尔它（意为"苏格兰人的土地"）王国吞并了所有其他部落和王国，包括当地土著皮克特人。皮克特民族起源不明，逐渐融入达里尔它王国的苏格兰民族后慢慢从历史中消失。

起源之谜

达里尔它的苏格兰人（又称斯科特人）起源不明。他们和爱尔兰的斯科特人使用同样的爱尔兰盖尔语，拥有同样的文化传承。他们是否从爱尔兰移居到苏格兰西部群岛，这个问题没有明确答案。

肯尼思·阿尔平国王（约841~859年在位）及其继任者逐渐拓展达里尔它的苏格兰人领土，包括了如今苏格兰东部从特威德河到中央高地的大部分地区。

王国的形成

亚尔宾王朝的最后一位国王是马尔科姆二世（1005~1034年在位），这位国王在1019年打败诺森布里亚伯爵阿特莱德，巩固了南疆。新上台的统治家族邓凯尔德从1034年的邓肯一世（约1001~1040）开始，1040年麦克白（约1005~1057）继任，下

一位国王马尔科姆三世（1034~1093）与英国的诺曼征服者家族来往，并娶了盎格鲁－撒克逊公主玛格丽特，这位公主后来封圣，苏格兰与欧洲主流社会联系因此更加密切。玛格丽特有4个儿子接连登上王位，其中最小的儿子大卫一世生于1083年，1124~1153年在位，可以说是最为杰出的苏格兰君王。大卫一世利用盎格鲁－诺曼贵族建立了封建制度。威廉一世（1143~1214）1165年加冕，号称"狮

子王"，继续发展封建制度，王权势力拓展到加洛威及苏格兰最北部地区。亚历山大二世（1198~1249）于1214年加冕，他在拉格斯战胜了挪威国王哈康，3年后将整个西部群岛纳入王国版图。这样，到了亚历山大二世之子、7岁加冕的亚历山大三世（1241~1286）去世时，苏格兰已成为相对统一、治理有方的中世纪国家。

亚历山大二世国玺
亚历山大二世不愿与他国君王团结一致，站到了反叛英国约翰国王（见20~21页）的贵族一边，1216年，他挥师南下，最远至海峡岸边的多佛。

书写历史的城堡今日已成中世纪遗址
不列颠群岛历史最悠久的王室珍宝"苏格兰荣光"曾被偷偷运出邓诺特城堡，以免落入奥利弗·克伦威尔的新模范军（见40~41页）手中。

遗憾的是，亚历山大三世之死引发了一场危机，国家发展几乎前功尽弃。当亚历山大三世的继承人、孙女玛格丽特（1283~1290）在前往苏格兰的路上去世时，继承权发生争议，最终交由英国爱德华一世（见21页）决定。爱德华一世选择了约翰·巴里

奥（约1248~1314）成为苏格兰国王，其在位时间从1292年到1296年。不过，爱德华一世把巴里奥视为家臣。苏格兰发起叛乱，但很快被平息，约翰遭废黜并被送往南方。

此后10年，王位空悬，苏格兰一直反抗爱德华一世兼并苏格兰的图谋，威廉·华莱士（其祖先与斯图亚特家族一同来到苏格兰）和罗伯特·布鲁斯（1274~1329）先后领导了苏格兰的抵抗运动。

斯图亚特王朝的起源
图中为罗伯特·布鲁斯，后称罗伯特一世，还有他的第一任妻子马尔的伊莎贝拉。斯图亚特王朝始自两人之女马里与第六任苏格兰总管沃尔特·斯图亚特的联姻。

21 人 841~1603年，43位苏格兰君王中非正常死亡人数。

尽管布鲁斯曾与英国人结盟，但1306年他自封为苏格兰国王，号罗伯特一世。此后的历史颇具传奇色彩。爱德华一世想要教训布鲁斯，却在北上途中身亡。爱德华二世（见21页）能力平平，优柔寡断，1314年他率领的军队在班诺克本大败于苏格兰。虽然英国在1328年承认布鲁斯的王位，但在1331年加冕的苏格兰大卫二世（1324~1371）统治期间战火再起，直到爱德华三世（见21页）因百年战争而转移视线。

斯图亚特家族

大卫二世之后，苏格兰王位由布鲁斯之女玛乔丽的儿子罗伯特二世（1316~1390）继承，罗伯特为第七任苏格兰总管（王室家族仍然保留这一头衔：查尔斯王子是第29任总管）。罗伯特二世加冕时已经54岁，统治期间国内法治败坏。罗伯特三世（1337~1406）于1390年加冕，局面进一步恶化。罗伯

特三世去世前不久，其子詹姆斯一世（1394~1437）12岁时被俘，在英国关押了18年。独断专行的詹姆斯一世于1424年加冕，由于税收过高并为王室大量搜刮财产而引起众怒，被一位愤怒的骑士杀害。

1437年，6岁的詹姆斯二世（1430~1460）加冕。他少年时期生活动荡，侥幸生存，成年后却在围攻罗克斯堡时因自己的大炮走火而被炸身亡。

詹姆斯二世之子詹姆斯三世（1451~1488年）在斯特灵附近的萨奇本被儿子领导的叛军打败并阵亡。

詹姆斯四世（1473~1513）于1488年加冕，苏格兰终于有了一位具有国际影响力的国王。詹姆斯四世长于建造，热爱海军，宫廷里艺术家云集。可惜他无法抗拒苏格兰的传统娱乐方式——攻击英国。1513年，詹姆斯四世在弗罗敦阵亡，全军覆没。信奉天主教和新教的各派贵族相互敌对，在之后斯图亚特王朝三位君王——詹姆斯五世（1513~1542）、玛丽（1542~1567年在位）和詹姆斯六世（1567~1625年在位）——统治期间不断争权夺利。詹姆斯五世成年后巩固了自己的统治。他的女儿玛丽信奉天主教，这位苏格兰女王没有父亲

的韬略，最终失去了王位和生命（见29页）。玛丽的儿子詹姆斯六世（见38~39页）治国有方，1603年继承英国王位，迁居伦敦，称詹姆斯一世。

金制空心球

殉道的装饰
这是笃信罗马天主教的苏格兰女王玛丽女王在1587年因阴谋颠覆信奉新教的表亲伊丽莎白一世而被处决的前夜使用的祈祷书和念珠串。

带有珍珠吊坠的十字架

泥金装饰手抄祈祷书

火脸詹姆斯
詹姆斯二世的绰号得自他脸上的红色大胎记。尽管这样的胎记据说代表着性格暴躁，但这位国王其实性格温和，是斯图亚特王朝最受爱戴的国王之一。

此后 ≫

詹姆斯六世／一世身兼苏格兰和英格兰两国国王之后，苏格兰君王在异国安家。苏格兰的独立日益受到威胁。

与英格兰合并

17世纪晚期，苏格兰难以同英格兰强大的商业力量竞争。最终，1707年，苏格兰议会接受了《联合法案》（见39页），两国政府合并。

权力移交苏格兰人

20世纪苏格兰民族主义复兴，《1988年苏格兰法案》通过。苏格兰经全民公决同意，成立新苏格兰议会和中央行政管理机构，权力回归。

苏格兰玛丽女王卧室
历史上最著名的谋杀案之一在荷里路德宫发生。18世纪以来，对案件着迷的游客们开始访问犯罪现场——苏格兰玛丽女王居住的橡木镶板卧室。

皇家宫殿

荷里路德宫

荷里路德宫位于爱丁堡，1603 年王国联合之前就是一处重要寓所。苏格兰玛丽女王等人曾居住在这里，英格兰和苏格兰之间的关系错综复杂，很多动乱事件在这里上演。

苏格兰的圣玛格丽特是一位盎格鲁-撒克逊公主，她在诺曼被征服后逃亡至苏格兰。她的儿子大卫一世在 1128 年修建了一所奥斯定会修道院，即后来的荷里路德宫。传说中，国王在圣十字架日那一天打猎时看到十字架——"耶稣受难的圣十字架"在一头雄鹿的鹿角间闪烁，因此在那片土地上建起修道院。

塔楼和骚乱

1437 年，爱丁堡成为苏格兰首都，后来的君王们认为修道院的御用房间比爱丁堡城堡舒服得多。为了取悦新娶的王后、亨利七世之女玛格丽特·都铎，詹姆斯四世（1473~1513）把修道院客房改建为宫殿。詹姆斯还决定扩大庭院：1507 年，为修建花园和网球、鹰猎、射箭等运动场地而抽干了一片湖水。

詹姆斯五世（1512~1542）进一步改建这所宫殿，修建了一座巨大塔楼，内设新的住宿空间，外有护城河和吊桥守护。他设置的防御工事极其明智：在 16 世纪 40 年代与英国发生冲突期间，荷里路德宫不止一次遭袭甚至被焚，但这座塔楼依然屹立。就

是在这座塔楼里，詹姆斯五世之女苏格兰玛丽女王（1542~1587）于 1566 年亲眼目睹意大利裔秘书大卫·里齐奥被杀，传说此人是女王的情人。里齐奥被玛丽的丈夫达恩利勋爵带领的团伙连刺 56 剑，据说今天在西北塔楼仍然能看到他的血迹。

1567 年，女王被迫逊位，逃往英格兰后，这座宫殿成为其子詹姆斯六世的居所，他是苏格兰第一位信奉新教的国王。1603 年他登上英格兰王位时，整座宫殿已有 600 人居住。不过，宫廷迁往伦敦后，荷里路德宫的地位下降了：查理一世于 1633 年在这里加冕，成为苏格兰国王，但是从 1646 年起，这座宫殿就交由汉密尔顿公爵照管（其后裔现在仍在这里担任看守人）。英格兰内战期间克伦威尔曾占据这里，1650 年宫殿再次被焚，残留下来的宫殿被用作兵营。

1660 年王室复辟后，荷里路德宫再次兴盛起来。1679 年，根据建筑师威廉·布鲁斯的设计，这里重建为一座优雅对称的文艺复兴式宫殿，各种曲折的故事仍在继续。查理二世从未在他下令修建的宫殿中居住，但是他的兄弟詹姆斯七世/二世与这里有着

千丝万缕的联系。1686~1687 年，詹姆斯力排众议在这旦设立了一所耶稣派学院，让修道院重新信奉天主教，1688 年"光荣革命"中这里成为暴民攻击的目标。1745 年，詹姆斯之孙美王子查理为了让英国王室再次信奉天主教而占领了爱丁堡，将宫廷设在荷里路德宫，这个地方再次与詹姆斯二世党人联系起来。

现代传统

尽管多年以来荷里路德宫与王室家族关系密切，但直到 20 世纪 20 年代这里才正式成为王室在苏格兰的官方居所。"荷里路德周"是王室日历上一年最重要的时刻，按惯例这一周以苏格兰的历史与文化为主题举行庆祝活动。在皇家弓箭手连队随侍下，女王举办各类花园派对和一次授勋仪式，邀请数千名苏格兰各行各业的嘉宾参加。这座宫殿全年对外开放，王室成员来访下榻时除外。

正式陈列
巴洛克风格楼梯装饰有各类挂毯、壁画和石膏装饰图案，楼梯引向国事厅，"荷里路德周"期间在那里举办一次授勋仪式。每年的"荷里路德周"开始时，市长会将爱丁堡城市钥匙交给女王。

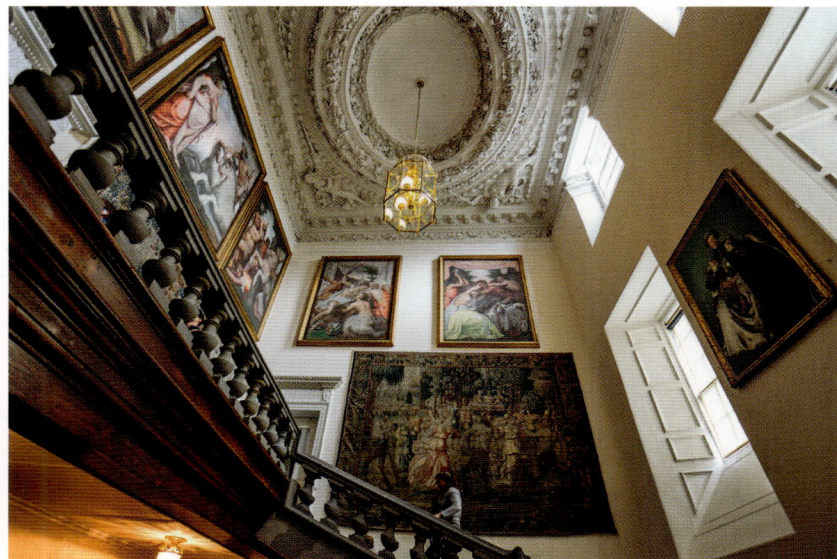

大楼梯

16世纪建的西北塔楼

2014年交钥匙仪式

此 前

登上英国王位之前，斯图亚特家族统治着欧洲边缘一个相对较小的王国。

暴亡

在苏格兰，暴力从来不会隐藏得太深，詹姆斯六世众多的祖先（见34~35页）都过早去世。

牧师和钱包双重压力

詹姆斯六世的烦恼之一就是国内严苛的基督教长老会，通称KIRK（苏格兰教会）。教会1560年成立，由总会管理，也有自己的法庭。詹姆斯认为长老会不适合君主制，他争取到任命两位主教的权力，但必须经过长老会批准。同样丢脸的是，苏格兰国王都经济窘迫到令人尴尬的地步。因此，伊丽莎白一世（见28~29、32~33页）去世后英国王位落入詹姆斯手中时，难怪这位国王不敢相信这样的好运。

> "国王的**权威**如**拱心石**，让**政府**结构契合，秩序良好。"
>
> 英国政治家托马斯·温特沃斯，
> 1628 年

詹姆斯一世

苏格兰国王詹姆斯六世兼英格兰国王詹姆斯一世可谓英国最博学的君王。他接受的教育严格粗暴，思维却得到启迪，从而写出一系列著作：关于王权的《王室礼物》（1599），讲述巫术的论文（名为《恶魔学》，1597），以及他著名的反吸烟宣传专著《反烟草》（1604）。

斯图亚特王朝

斯图亚特家族统治苏格兰 230 年后，又作为联合王国的君王统治了 111 年。在此期间，他们的地位发生了巨大变化。1714 年，神封的国民"慈爱君父"已转变为立宪君王。

斯图亚特是诺曼家族之后影响最为深远的统治家族。第一位斯图亚特集苏格兰和英格兰王位于一身：因身为亨利八世姐姐玛格丽特（见28 页）的后代，詹姆斯六世成为英格兰詹姆斯一世（1566~1625），一代王朝就此开始。

40 年后，两国爆发内战（见40~41 页），最终查理一世接受审判，后被处决（见右图）。共和政体昙花一现，查理二世（1630~1685）和信奉罗马天主教的詹姆斯二世（1633~1701）建立欧洲式专制王权的想法也失败了。后来发生了"光荣革命"，斯图亚特王朝后期君王——玛丽二世（1662~1694）、威廉三世（1650~1702）和安妮女王（1665~1714）——实行立宪制。

共和政体之路

詹姆斯六世/一世是个不同寻常的人物，充满矛盾，不能说有魅力，却极具吸引力。在很长一段时间里，他被看作"基督教国家最聪明的笨蛋"，部分原因是朝臣们痛心疾首，诋毁他的性格。现代历史学家所持观点则更加友好。他确实与议会争吵，在男宠问题上丢人现眼，金钱方面一无是处；同时，面临战争也是能不打

160000 人 英格兰和苏格兰内战伤亡人数粗略估计。

就不打，还为世界带来无与伦比的钦定版《圣经》。但 1605 年，当一群信奉天主教的英国人实施所谓"火药阴谋"，计划炸毁议会，杀掉国王，事情败露时，他阻止了罗马天主教徒和新教徒之间发生大规模流血事件。

詹姆斯六世/一世之子查理一世（1600~1649，又译作查尔斯一世）于1626 年加冕。用今天的话来说，他是个有信念的政治家。遗憾的是，他并非一位伟大的政治家，他的信念属于

关键时刻

查理一世被处决

1649 年 1 月 30 日，英国历史——君主制本身的历史——随着查理一世在伦敦被处决而永远改变。与人称"血手"的国王谈判破裂后，奥利弗·克伦威尔与议会众领袖以重大叛国罪将查理一世推上审判台。国王不承认法庭有权力审判他，但依旧被判有罪并处决，此后开始了 11 年的共和制。

尽管 1660 年英国又恢复了君主制，但处决带来的阴影无法抹去。最终，国王不再是神圣的超级英雄，其命运由人民的意愿决定。

火药阴谋

这张图上的人物就是几位计划炸飞詹姆斯一世的共谋者，恶名昭著。1605 年 11 月 5 日这一天阴谋败露，如今英国依旧每年燃放焰火，点燃篝火，以示纪念。

欧洲大陆君王而不是英国君王。

查理一世与臣民有两大分歧：他认为自己是上帝指定的国王，有"国王的神圣权力"；另外，他没有钱，又不愿意用传统方式筹款。他想强迫苏格兰人使用一种几乎与英国祈祷书完全一样的祈祷书，使问题更加严重。苏格兰人发动起义，查理一世派兵镇压，国王的军队战败了，而且引发了更大规模的内战。失败的国王受到审判并被处决。

天主教专制主义的幽灵

英国曾有 11 年（1649~1660）是共和政体，大多数时间由奥利弗·克伦威尔这位杰出人物统治。尽管身为护国公，他拒绝登上王位，但除了名分，他拥有国王的一切实权。作为统治者，他也十分成功，统一了不列颠群岛，对外大振国威，治理国家手段严厉但效果良好，还支持"信仰自由"。他去世后，没有人能够取代这位杰出人物的地位，1660 年，查理一世之子查理二世（1630~1685）接过其父的王位。

查理二世渴望建立信奉罗马天主教的君主专制政权，但他对此并不张扬。和父亲一样，财务上要依赖议会让他感到烦恼，因此他避开议会，秘密从法国筹措资金。不过对于查理二世来说，更为棘手的问题在于继承人——他的弟弟，酷肖其父的约克公爵詹姆斯（1633~1701）。

詹姆斯改信罗马天主教让政界为之哗然，这种信仰在 17 世纪人们心目中等同于暴政、火药阴谋、恣意征税等罪恶。1685 年詹姆斯二世加冕，其亲天主教政策是臣民的噩梦。他第二任妻子是信奉天主教的意大利人，1688 年产子后，宗教领袖和议会成员担心未来君王都信仰罗马天主教，决定反对国王。

立宪君主制

詹姆斯二世第一任妻子安妮·海德所生的两个女儿是新教徒。反对派的目标转向姐姐玛丽。1688 年，反对派邀请原定居荷兰的玛丽及其荷兰丈夫威廉回国，请求二人出兵废黜国王。威廉和玛丽按计划回国，詹姆斯逃往法国。1689 年，国王被女儿女婿取而代之，即玛丽二世和威廉三世，史称"光荣革命"。新王的统治持续到 1702 年。

1689 年的《权利法案》确定了英国君主立宪制的基础，也纪念了这场不流血革命的实用主义思想。王位仍有权力，但王室和政府的开支从此分开，君王必须任命议会支持的大臣人选。这意味着英国的商业利益更加符合政府的利益，经济就此繁荣起来。

苏格兰无力与英格兰的商业能力竞争，因此接受了《联合法案》（1707），英格兰和苏格兰的议会合并成为大不列颠议会，位于伦敦。这项法案首次把英格兰、苏格兰和威尔士联合成为大不列颠。

玛丽二世的妹妹安妮 1702 年加冕后，英法两国再燃战火。安妮女王幸运得到约翰·丘吉尔的辅佐，这位军事指挥官能力出众。动荡不安的局面已持续了几乎一个世纪，斯图亚特王朝出人意料地实现了前所未有的稳定与繁荣。

最后一位斯图亚特统治者

安妮女王与第一代马尔博罗公爵约翰·丘吉尔的夫人萨拉·丘吉尔私交甚笃，因而无意中促成英国最知名政治王朝之一的诞生。

此后

苏格兰詹姆斯六世身兼苏格兰和英格兰两国王位后一个多世纪，詹姆斯二世的天主教信仰让斯图亚特家族曾赢来的一切几乎消失殆尽。

流亡朝廷

路易十四让流亡中的詹姆斯二世在巴黎附近的一座王室城堡设朝。法国政府认为斯图亚特家族政治上无能，路易十四死后，教皇克雷芒十一世救出詹姆斯一家，在罗马立詹姆斯二世之子为"詹姆斯三世"。

不满的焦点

尽管不再居于大不列颠领土之上，斯图亚特家族在英格兰、苏格兰和爱尔兰仍有一些拥护者。詹姆斯二世党又称雅各派，参与其中的有政府支对分子、狂热的罗马天主教徒和伤感的保守主义者，喝酒时会向"海那边的国王们"致敬。

此 前

1487 年玫瑰战争结束，此后的一个半世纪中，英格兰没有发生内战。

女王的谨慎让和平延续

都铎王朝经历过重大叛乱，其中最出名的有"恩赦朝圣运动"（1536~1537）、凯特起义（1549）、怀亚特叛乱（1554）和北方叛乱（1569~1570），但规模均逊于法国宗教战争（1562~1598）和欧洲的三十年战争（1618~1648）。这主要是由于地方政府管理有方以及伊丽莎白一世女王执行谨慎的宗教政策。

11 年专制？

1629~1640 年，查理一世没有召集议会。这完全合法，因此国王的做法得到不少人认可。但是国王利用王室特权筹款（因此不需要议会）的行为让反对派认为国王在实行专制。例如，要求内陆郡县缴纳传统上仅由沿海郡县缴纳的造船税，这是欧洲大陆天主教专制统治的风格。

马斯顿荒原战役，1644 年
在这场内战中最大规模的战役中，领导保皇派的指挥官鲁珀特亲王和"铁骑军"指挥官奥利弗·克伦威尔均参与其中。后者获胜的部分原因是亲王鲁莽冒进。

英国内战

1639~1651 年，不列颠群岛在内战中风雨飘摇。无论将三国之战看作一次伟大起义还是第一次现代革命，这场冲突永远改变了英国历史，迎来了英国第一次也是唯一一次共和统治。

要理解 17 世纪内战的原因，我们要记住查理一世（见 38~39 页）是统治三大领土的国王：英格兰、苏格兰和爱尔兰。我们还必须理解那个时代人民对于宗教的强烈情绪，特别是对于天主教与新教分歧的感受。

笼统地说，天主教徒认为新教尤其是清教极其危险，无法无天，因为新教把最高权威交给个人和他手持的《圣经》；而新教徒把天主教（"教皇制度"）看作暴君的信仰，不信任人民，重视服从更甚于真理。英格兰的新教教会采取折中的态度，因此受到天主教徒和清教徒双方的攻击。

苏格兰以基督教长老会（属于新教教派）为主，而爱尔兰以天主教为主。信仰冲突的火药桶必须用最精巧的方法处理才能避免爆炸。查理一世看起来对这一点并不理解，这是他本人及国家的遗憾。

苏格兰祈祷书起义

查理一世和坎特伯雷大主教威廉·劳德想要改革英格兰教会，更强调仪式、圣洁感和艺术。很多英国国民觉得这种新政策貌似改头换面的天主教，对此不能接受，毕竟，查理一世的妻子信奉天主教。他行为专横，1629 年后意图摆脱议会，利用某

护国公，军事政治领袖（1599~1658）

奥利弗·克伦威尔

克伦威尔出生于亨廷顿一个小乡绅家庭，在 17 世纪 30 年代成为新教徒。选入议会后，在内战期间他脱颖而出，成长为出色的军事指挥官。他是处决查理一世一事的主要幕后推手。迅速征服爱尔兰和苏格兰后，他可谓不列颠群岛最有权势的人。1653 年，他接受了"护国公"这一职位。不过，克伦威尔死后共和政体很快瓦解。

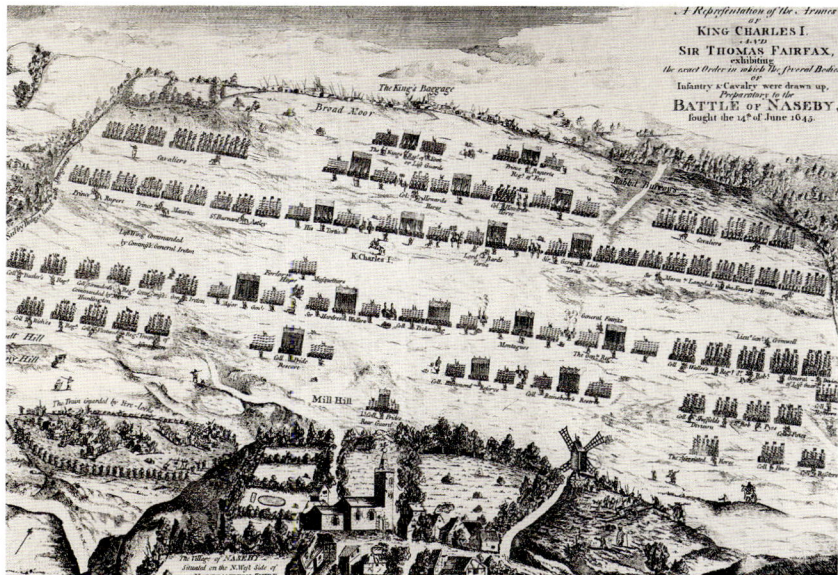

新模范军胜利
议会重组的新模范军由托马斯·费尔法克斯指挥，1645年6月在内兹比战役中消灭查理一世的军队，保皇派失利就此成为定局。

些有争议的方式筹款，让反对派更加不满。

1637年，当国王和劳德想强迫苏格兰接受英国国教祈祷书时，苏格兰人民发动武力反抗，起草了《民族公约》来保卫长老会。查理一世因此不得不每天交给苏格兰人850镑，否则苏格兰军队就会入侵英格兰。苏格兰人明白，筹措如此规模的资金就要召集议会。

关系破裂，走向绝路

议会通过一系列措施限制王权。最终，议会推出《大抗议书》（1641），详细列举反对派对国王的各种不满。此时传来消息，数千名爱尔兰新教徒在反抗查理一世手下大臣托马斯·温特沃斯严酷统治的起义中遭到屠杀。必须向爱

尔兰派兵，但是由谁来指挥呢？议员们不敢把军队交到国王手上，怕他反戈一击；国王拒绝放弃总司令的特权。查理一世军事政变失败，离开伦敦准备作战。

双方可谓势均力敌，不过议会控制着伦敦地区和海军。1643年后，议会还获得苏格兰长老会军队支持，1644年起，议会的军队重组成为当时战斗力最强的部队：新模范军。有一些富裕贵族拥护国王，但有趣的是，不少郡县拒绝表明立场，而是自组军队防守，对国王和议会两方都不支持。

议会党人获胜

查理最大的胜算是先发制人。埃奇山一役后形势尚不明朗，他想进军

廉价而致命
隼炮轻巧易制，是内战中最常见的火炮。这种小炮发射的炮弹有1磅（0.45千克）重，与隼的大小重量相仿，因此得名。

配备车轮，以便移动

伦敦却又中途折返。国王的外甥鲁珀特亲王指挥经验丰富，1643年打了几场胜仗。但是1644年他在约克郡的马斯顿荒原遭遇重大挫折，奥利弗·克伦威尔旗下的东盎格鲁"铁骑军"在这场战役中为议会一方的胜利做出重大贡献。

1645年，新模范军在内兹比战役中横扫保皇军，苏格兰的保皇派也在战斗中失利。查理向苏格兰人投降，被苏格兰人解送至议会手中。和谈迟迟不能完成。议员们也分为两派，一派属于与苏格兰人联盟的长老会，另

一派是更为激进的新模范军无党派议员。前者希望按照苏格兰教会的模式建立全国性教会；后者认为各个教区应当独立，不受任何全国性教会管辖。查理想从两派争论中渔翁得利，但手段拙劣，两头摇摆，双方都与之对立。

血腥的结局

新模范军镇压英格兰和苏格兰的保皇派起义，即第二次内战（1648）之后，克伦威尔及其他军队领袖失去耐心。在一次特别法庭上，查理一世被判定犯有叛国罪。1649年1月30日，在其父的白厅宴会厅外搭起的一座平台上，查理一世身首异处。

处决国王未能让内战立即结束。首当其冲的是爱尔兰问题。1649年克伦威尔进军爱尔兰，为震慑抵抗力量屠杀了德罗赫达和韦克斯福德的人民。此后，爱尔兰回归英国人统治之下。查理一世之子时称查理二世（见42~43页）到达苏格兰。苏格兰人没有机会插手查理一世的命运，对此他们感到愤怒，但克伦威尔在顿巴（1650）和伍斯特（1651）大败苏格兰军后，愤怒显得毫无意义，内战终于结束了。

> "……这个王国中**最渺小的人**和**最伟大的人**拥有同样的权利。"

托马斯·雷恩博罗在议会军举行的辩论中说，1647年

复辟

1660 年查理二世复辟，标志着加冕国家元首的回归。议会现在地位稳固，这样的安排是迈向立宪君主制的重要一步。

奥利弗·克伦威尔之子理查不愿继承其父的护国公职位（见 40~41 页），乔治·蒙克将军让长期议会（1640 年选举）解散，与当时身处荷兰的查理二世展开谈判。在未来的克拉伦登伯爵爱德华·海德的指导下，查理二世发表《布雷达宣言》，宣布大赦天下、议会自由以及"良心的自由"。根据这些条件，国王被迎回英国。

《赔偿和赦免法案》赦免了大多数人，只有签署查理一世死刑令的少数人除外。复辟议会投票决定每年拨款 120 万英镑给查理二世用于宫廷活动——后来发现这笔钱不够用。1641 年之后颁布的所有法律废除，曾被充公的土地物归原主。不过，王位空悬期（新旧君王之间的时期）为帮助国王而卖掉土地的交易仍然有效。

当议会掌权时，清教占据主导地位——谴责王室奢靡作风，颂扬朴素生活方式。不过，社会上大多数人信奉英国国教，持不同观点。英国国教君王复辟后颁布的新法律限制了非英国国教徒的权利。清教徒被贴上"持异议者"的标签，反对清教的思潮席卷整个社会。前政府禁止戏剧演出，18 年后各剧院解禁重新开放，女性首次登台表演。性格不羁的国王高兴地发现，复辟后上演的新喜剧尺度更大，更为低俗。

复辟后全民欢欣的日子并没有持续多久。许多前保皇派和议员们对新秩序不满，查理很快与议会开始争吵各种问题：钱，与法国的秘密往来，以及其弟天主教徒约克公爵詹姆斯的继承权。

"喜悦之情……随处可见，以至于陛下说道……他觉得流亡国外并非是自身过失……"

选自克拉伦登伯爵爱德华·海德所著《英国叛乱和内战史》

查理二世身着国王礼服
这幅肖像以正式画风强调了王室血统的延续性。画中，查理二世头戴圣爱德华的王冠，王位空悬期原有礼服仪仗被毁，他手持的是新制宝球和权杖。

皇家宫殿

温莎城堡

温莎城堡在世界上所有有人居住的城堡中历史最为悠久，作为英国君王家族居所的时间已近1000年。一些具有特殊意义的仪式和王室传说也起源于此。据说这里是女王最喜欢的住所，也是君主制的核心象征。

传说中，温莎城堡是在亚瑟王曾经生活过的凯尔特营地原址上建造的。历史的说法有所不同，但几乎同样令人难以置信。这座城堡是在诺曼王朝早期动荡不安的时代修建的，当时国王与贵族之间一直在争夺权力，国王的旨意只有在取胜时才有效力。

中世纪堡垒

1070年，征服者威廉在哈斯廷战役4年后修建了温莎城堡，同期修建的堡垒共有9座，环绕伦敦，防御本地盎格鲁－撒克逊人。城堡选址位于泰晤士河弯道的温莎村附近，盎格鲁－撒克逊领土边缘。威廉征用城堡附近森林作为王室专用保护区兼狩猎场，为城堡提供木材、鹿、野猪及河鱼。

首次修建的堡垒是木质结构城寨，中心山丘外围环绕的建筑分为三区。12世纪，威廉之孙亨利二世（1133~1189）拆掉堡垒外围的木栅栏，修建了间隔设有方形塔楼的石墙。他还在城堡中心处的不规则山丘上修建了石造堡垒——如今著名的圆形塔楼。这些新建堡垒很快在1214年接受了考验，当时发生了贵族叛乱，反抗约翰国王（1167~1216）征收苛捐杂税和滥用权力。此后一年在温莎城堡召开会议，最终国王被迫同意了限制国王权力的《大宪章》。这份文件在泰晤士河沿岸距温莎城堡5千米的兰尼米德草坪上盖章生效。

浪漫传统

到了下一个世纪，在爱德华三世（1312~1377）统治期间，温莎城堡逐渐成为今天人们心目中的象征，代表着古老传统、君主制度和骑士精神。1350~1377年，爱德华耗资5万英镑翻修城堡——中世纪英国君王在单一建筑上花费最多的一次，温莎城堡因此也许是中世纪英国成本最高的世俗建筑物。翻修资金部分来自爱德华在法国克雷西、加来和普瓦捷战役打胜仗赢来的俘虏赎金，城堡就此从中世纪要塞转变为豪华哥特式宫殿，奢侈内饰上的花费抵得上一份国王的赎金（确实如此）。

许多延绵至今的皇家仪式同样源自这个时代。爱德华三世重兴对亚瑟王的崇拜，1344年在温莎创建了自己的圆桌会议。2006年，考古学家发现建筑结构遗迹，这一点得到证明——在遗迹中心举办的庆祝活动中，300名骑士齐聚一堂，长枪比武、饮宴起舞，观看亚瑟王传说的现场表演。受亚瑟王启发，爱德华创建了自己的骑士精英组织——嘉德骑士团。在这一组织的努力下，圣乔治这位事实上来自巴勒斯坦的希腊基督教徒成为英国的守护圣徒。温莎城堡的礼拜堂以圣乔治命名，内部饰有这位圣徒骑士屠龙的情景。

15世纪，尽管面积相对较小，奢靡的待客之道仍是温莎城堡生活的一大特点。1416年，亨利五世下令温莎主教及全体教士洒扫"屋舍"，迎接神圣罗马帝国皇帝西吉斯蒙德率领的大队人马。西吉斯蒙德希望约束英国国王的野心，从而让英法两国实现和平。皇帝在伦敦和温莎受到亨利的热情款待，签署了《坎特伯雷条约》，支持英国对法国的领土要求。

悠长步道

温莎大公园

圣乔治礼拜堂

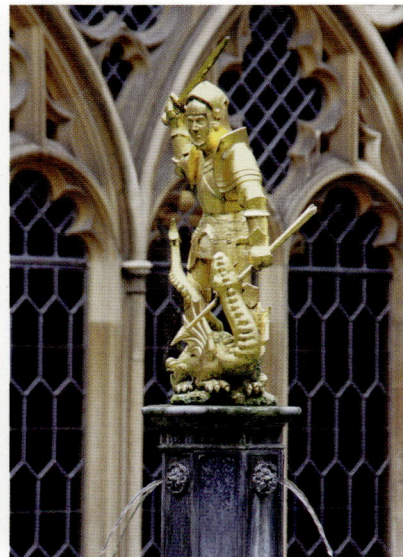

主教回廊喷泉

周边的壮观景象

城堡外围有温莎大公园环绕，2000 公顷绿地，一所鹿苑，还有与城堡同样古老的橡树。种满法国梧桐和七叶树的悠长步道直穿全园，长度超过 4 千米，是一条通往城堡的壮观大道，令人难以忘怀。这条步道由查理二世开辟，当时种有 1652 棵椴树；马车道则由安妮女王补建。在城堡墙内，现有历史最悠久的英国军队编制——身着红色和金色相间制服的皇家禁卫军（列队于圣乔治礼拜堂台阶上）与遍布各处的圣乔治屠龙图案一样是人们所熟悉的景观。

都铎王朝期间，城堡改动不大，也没有大规模扩建，只是在越来越奢华的嘉德骑士团盛宴时限制随从人员数量。不过，伊丽莎白一世在城堡款待外交人员，需要更多空间，因此在17世纪早期出现一些矛盾，詹姆斯一世来温莎打猎时，其英格兰和苏格兰侍从曾为房间争吵。

查理一世委派伊尼戈·琼斯改造

"这是世界上最浪漫的城堡。"

塞缪尔·佩皮斯，日记作家，1666年2月26日

14世纪修建的房间，不过内战爆发后工程被迫中断。非但如此，克伦威尔还征用城堡作为总部，并在此囚禁保皇派军官俘虏。查理一世本人在位的最后3周也关押在温莎城堡；处决后，查理的遗体被趁夜运回温莎，在圣乔治礼拜堂地下墓穴草草安葬。

整修

1668年，查理二世决心让温莎成为君王复辟的象征，委派建筑师休·梅监督翻修工程。御用房间极尽巴洛克式奢华风格：各种精致的挂毯和织物如此昂贵，为防褪色，只有国王、王后下榻时才拿出来使用。装饰几乎没有动过，直到乔治三世决定改为时髦的新古典风格。

而乔治四世了解城堡的象征意义，重点加强内饰的哥特风格。他加高圆形塔楼，修建了中世纪样式的塔楼和城墙。在城堡内部他增设了长达168米的陈列室——大走廊，内部装饰改为法国帝政风格。1828年国王来此下榻时，城堡的改建费用已近30万英镑。

还好，其后各任君王认为城堡无须更多改动，只有维多利亚女王在圣乔治礼拜堂大厅东端新建了一个私人小教堂，由爱德华·布罗尔设计。1992年11月20日，此处起火，城堡近20%面积损毁。

火灾后，爱丁堡公爵主持的修复委员会立刻开始了这一漫长的修缮复原工作。圣乔治礼拜堂大厅等破坏最为严重的区域被重新设计为现代哥特风格，而大迎宾厅和国宴厅则恢复为乔治四世时期原貌。5年后修缮工作完成，城堡向公众开放。

内饰特色

1992年火灾后，乔治四世时期的客厅中有两间得到精心修复。圣乔治礼拜堂（下图）未受火灾波及，是英国最为精美的哥特式教堂之一，拥有壮观的扇形拱顶和属于女王、威尔士亲王和24位嘉德骑士的纹章标志。

绿色客厅

深红色客厅

圣乔治礼拜堂扇形拱顶

圣乔治大厅
温莎城堡最大的主会客厅在 1992 年火灾中受损严重，重建后为现代哥特风格。这里用来举行国宴，最多可以接待 160 位来宾就座。

汉诺威王朝

1714年，英国人决心再也不要信奉天主教的君王，将王位交与詹姆斯六世／一世的远亲，一位德国汉诺威的王子。尽管权力从根本上说属于议会，汉诺威家族仍然拥有巨大政治影响力。

此前

11世纪初，在忏悔者爱德华的时代出现了这样一种说法，皇族的触碰能够治愈淋巴结核，一种难看的皮肤病，通常称为"国王病"。

国王病

人们对神圣君王治愈能力的需求极大，因而会举办仪式，让君王用手指触碰数百名病人。一种被称作"摸治币"的金币被分发给接受国王治疗的病人。很快，人们认为触摸君王曾碰过的金币就能治病。18世纪时，这种说法逐渐过时，安妮女王（见38~39页）是最后一位曾用触摸法治疗"国王病"的君王。

卡洛登战役

1745年，查尔斯·爱德华·斯图亚特（又称美王子查理）领导雅各派最后一次发起夺回王位的行动。他在苏格兰登陆，曾打到德比，之后又回撤到苏格兰，1746年，他的军队在卡洛登被消灭。

廉三世和玛丽二世（见38~39页）没有子女。玛丽之妹安妮女王（1702年加冕）育有16名子女，均在女王之前去世。为了绕过流亡国外、信奉天主教的斯图亚特家族（见39页），议会通过的《王位继承法》规定：一国之君必须是盎格鲁-撒克逊血统；为守卫非英国领土而作战必须经议会同意；非英国人不能担任重要官职或接受国王赐予的土地。这样，1714年安妮女王驾崩后，王位由汉诺威选帝侯乔治继承，他是詹姆斯六世／一世的曾孙。作为现存与安妮女王血缘最近的新教亲属，他在德国诞生这一点经过权衡就变得不那么重要了。

国王由议会选择后，神授君权就无人相信了。汉诺威家族能登上王位纯粹出于现实因素，因而不能阻挠议会的行动。不过，理论上这一家族的权力仍然相当庞大，而他们也通过选择最高行政长官的权利施加自己的影响。更重要的是，当许多议会席位由富裕地主占据时，他们的政治庇护可以起到关键作用。

国王与选帝侯

乔治一世（1660~1727）的缺点不胜枚举。他几乎不会说英语，对家乡汉诺威的感情胜于英国，与其子公开断绝关系，以通奸罪名把妻子软禁在德国。不过，他看重作为国王的职责，参加内阁会议，无惧反汉诺威的排外情绪，也支持宗教宽容。最重要的是，他不想扩张权力，因而确定了汉诺威家族的地位，是令人满意的国家元首。

乔治二世（1683~1760）从1727年开始执政，比其父更加刚愎自用，汉诺威家族历来父子不和，国王同样与其子、王位继承人威尔士亲王弗雷德里克（1751年去世）关系恶劣。和父亲乔治一世一样，乔治二世依赖大臣们的寡头统治。这些大臣中最为杰出的是罗伯特·沃波尔，他被公认为英国历史上第一位首相。乔治二世

"德国国王"
乔治一世1714年加冕为王，时年54岁。他关心故乡汉诺威的事务永远胜于后来移居的英国。

密切关注欧洲两大战争：奥地利继承权之战（1740~1748）和七年战争（1756~1763）。他是最后一位亲自领

> "是**国王的骄傲**造成了人类的**混乱**。"

托马斯·潘恩所著《常识》，1776年

兵作战的英国国王，不过国王因为在战场上使用了汉诺威的旗帜而不是英国国旗受到指责。

饱受病痛折磨的恋家男人

一方面乔治三世（1738~1820）是一位饱受病痛折磨的恋家男人，另一方面他又是一位自1760年起执政的国王。身为恋家男人的他得到很多同情；而作为国王他力不从心，又无自知之明，常常闯祸。

乔治三世娶梅克伦堡的夏洛特为妻，他对待两人所生的15名子女如同对待大臣们一样：希望他们善良而顺从，努力引导他们行善积德。因此，他与放荡不羁的长子乔治（1762~1830）总是争吵，国王不能理解这个儿子。其实，国王对身边发生的很多事情都不能真正理解——比如人们要求改革议会，获得更多宗教自由，还有美洲殖民者的不满情绪。殖民者们在独立战争（1775~1783）后脱离英国统治。

国王身患卟啉病，肾功能失调，某种可怕症状类似精神失常。1765年和1788年他两次病倒，1811年以后国王完全失常。具有讽刺意味的是，当他完全不插手政务时，英国在与法国的战争中（1803~1814）打败了拿破仑，国王的声望达到了顶峰。

汉诺威绝唱

乔治四世更广为人知的身份是摄政王，1811年起执政，1820~1830年为英国国王。乔治四世57岁那年

众说纷纭的皇家行宫

布莱顿的皇家行宫为印度伊斯兰建筑风格，外观华丽张扬，1787年起成为威尔士亲王的海边避难所，人们对这一建筑的审美一向有争议。

回顾摄政王

这幅摄政王画像由托马斯·劳伦斯爵士在乔治四世登基两年后绘制。因其父精神失常，乔治四世代父执政（1811~1820年为摄政王）。

加冕，身材肥胖（绰号"鲸王子"，英文中鲸与威尔士谐音），体弱多病，爱慕虚荣，生活奢侈，好逸恶劳。因为他，君主制度的声望再创新低。

为乔治四世辩护的人指出，国王扶植艺术发展（现代英国君王少见的行为），伦敦的摄政街和布莱顿皇家行宫等是国王在建筑方面留下的宝贵遗产。1822年国王访问苏格兰更具重大意义，他是自1650年查理二世

240000 英镑 1821年乔治四世加冕典礼的总开销。

（见42~43页）亲临之后第一个在位期间到访苏格兰的英国君王。乔治四世的访问起到了关键的作用，加强了苏格兰和英格兰之间的关系。

乔治四世1830年去世后，王位由其弟，时年64岁的威廉四世（1765~1837）继承。他性格直率、行为乖张，因为曾在皇家海军服役而被称为"水手比尔"。1832年，他屈从于人民的意愿，支持通过一项改革选举制的法案，但两年后他违背议会意见任命首相（墨尔本勋爵1834年及1835~1841年两次担任首相），此后英国君王再也没有这样做过。

威廉四世在没有结婚的情况下与一名女子共同生活并养育多名子女。他的正式妻子阿德莱德王后为他生下两个合法女儿，均早年夭折。因此，威廉四世的王冠传给了18岁的侄女维多利亚。

此后 »

1901年汉诺威王朝末期，君王所剩无几的神秘光环在公众眼中都消失殆尽了。

王室的反面教材

像权势源自家庭出身而不是个人努力或才能的其他贵族王朝一样，历代王室都有家庭矛盾、怪癖行为和任性妄为。很多人会认为，让有药瘾的摄政王触碰不但不会治病，还有可能染病。

按部就班

尽管在维多利亚即位（见54~55页）时，君主制迫切需要变革，赢得人心的路程仍充满曲折。在统治的前20年中，维多利亚女王严于律己、尽职尽责，丈夫阿尔伯特亲王更是如此，君主制声望有所提升。但1861年阿尔伯特亲王突然病故（见60~61页）后，女王长期不在公众场合露面，声望又急剧下降。维多利亚女王统治末期重新获得公众爱戴，至今不减。

生于1819年 卒于1901年

维多利亚女王

"我很**年轻**……但我确信……在**尽职尽责**方面……没有多少人比我更……**心甘情愿**……"

维多利亚女王在日记中写道，1837 年 6 月 20 日

维多利亚漫长的一生即将结束时，她成为英国历史上统治时间最长的君王。她是乔治三世第四子肯特公爵与他的德国妻子、萨克森－科堡－萨尔费尔德的维多利亚公主的独生女。维多利亚长寿，加上 19 世纪英国在工业、航海和金融方面占据全球统治地位，因而这个时代以女王名字命名。如今，"维多利亚"作为形容词有着截然相反的含义。正面含义是勤勉、独立、节俭和诚实。在 1982 年的电视访谈中，英国首相玛格丽特·撒切尔说："维多利亚价值观形成于我国成为强国之际。"负面含义则是循规蹈矩、目光短浅、伪善和不知变通。

维多利亚的矛盾人生

同她所处时代一样，维多利亚的人生充满矛盾，令人着迷。她分娩时愿意使用氯仿麻醉，却拒绝电灯。她常坐火车，却害怕火车高速，因此出行时火车速度从未超过每小时 65 千米。而在其他情况下她则展现出非凡的勇气，比如无数次面对阴谋暗杀。

在个人生活（见 54 页）中，维多利亚时而热情时而冷漠。她去各处寓所时都饶有兴致，但一次访问图书馆时，馆长想把自己的女儿介绍给她，女王却冷冷答道："我是来看图书馆的。"虽然维多利亚喜欢小孩，但她讨厌怀孕，憎恶哺乳，也没有时间照顾婴儿。

皇家肖像照，1897 年
大不列颠及爱尔兰联合王国维多利亚女王 1837 年即位，1876 年加冕为印度女皇。照片摄于女王登基 60 周年钻禧庆典那一年。

青年时代的维多利亚
德国宫廷画家弗朗兹·克萨韦尔·温特哈尔特（1805~1873）在 1842 年首次访问英国，并为年轻的维多利亚画像。此时她登基已有 5 年，结婚两年。

金手环
法国王后玛丽·艾米丽于1852年5月赠予维多利亚。手环上绘有阿尔伯特及维多利亚女王四名年长子女的肖像。第六个相框中放有发辫。

在其年纪较长的子女眼中，女王这位母亲很少以身作则，常常令人感到恼火。

维多利亚将身兼女王的丈夫及重要顾问的阿尔伯特称为"天使"。但即使是阿尔伯特也不敢在女王臭名昭著的脾气发作时接近她，有时不得不从门缝里给女王塞纸条与她沟通。阿尔伯特曾抱病出行，探望身陷女演员丑闻的儿子。忧虑不安的阿尔伯特在1861年耗尽体力，因伤寒病故。维多利亚将丈夫早亡归咎于长子，曾写下这样的文字："从此看到他时我总会不禁颤抖。"

有时维多利亚疾言厉色、精力旺盛，有时她又多愁善感。阿尔伯特逝世后，维多利亚下令将丈夫在所有王宫及城堡中的房间保留原状，每天更换毛巾和床品，清晨准备用于洗漱剃须的热水。

助听筒
维多利亚晚年听力受损，1880年得到这件银质雕花助听筒。

政治中的个人色彩

与个人生活一样，维多利亚的政治生活也充满矛盾。她看重勤奋，自身也勤勤恳恳。然而阿尔伯特逝世后，她远离公众生活，多次威胁要逊位或远走澳大利亚。住在伦敦或温莎时，她念念不忘她与阿尔伯特在苏格兰高地一起修建的巴尔莫勒尔城堡；可是到了那里她又开始想念南方生活。

欧洲女家长
家人围绕在维多利亚身边。她的孙子德皇威廉二世坐在左下角，俄国沙皇尼古拉二世及妻子亚历山德拉（维多利亚的孙女）站在威廉二世身后。维多利亚长子威尔士亲王阿尔伯特站在沙皇身后。

按照今天的标准，维多利亚的干政行为是完全不能接受的。不过，在那个时代，她的行为恰好处于可容忍的界限之内。英国新闻记者兼评论家沃尔特·白芝浩（1826~1877）所言"身居王位的三大权利"——"提意见、鼓舞和警告"——当时刚刚萌芽。

维多利亚相信她高于政治，同时也努力把个人感情和女王职责分开。她与许多欧洲王室家族有近亲关系，当英国政府想要推行外交政策扩大英国在海外势力时，女王感到尴尬，害怕其他国家的皇族势力因此受损而脸面无存，王权岌岌可危。

终于重获公众爱戴

女王统治末年，更多人民拥有选举权，英国慢慢走向民主，维多利亚的政治影响力逐渐衰退。英国自由党政治家威廉·格莱斯顿（1809~1898）是那个时代最伟大的政治人物，女王与他的关系清楚说明了这一点。她并不喜欢格莱斯顿，却勉强自己4次任命他

为首相。尽管如此，女王也从不允许年迈的格莱斯顿在御前就座，并抱怨道："他对我说话如同在公开会议上发言。"女王对这位自由党领袖最为不满的似乎是他感染群众的能力。作为"人民的威廉"，格莱斯顿对于"人民的维多利亚"来说是个威胁。

31人 维多利亚去世时在世孙辈人数。
37人 维多利亚去世时在世曾孙辈人数。

随着时间推移，女王更受公众爱戴，在1887年和1897年她的两次登基周年庆典时，人们的热情是真心实意的。

1901年1月维多利亚去世，此时的大英帝国幅员辽阔，人口占到世界人口的四分之一，而她则是这一帝国备受尊敬的名义上的元首。在阿尔伯特的帮助下，她恢复了英国王室的荣光，她的行为准则成为继任者效仿的典范，还确立了民主时代下君主立宪制的地位（时运与判断力共同使然）。

维多利亚十字勋章

维多利亚登基为王

混乱的加冕典礼和侍从女官的争吵，对于意志坚定的年轻女王来说并非登基的好兆头。不过，与英俊、诚挚的表弟萨克森－科堡－哥达的阿尔伯特王子结婚后，女王的家庭生活如她所愿，稳定而幸福。

此前

1714 年起，大不列颠国王兼任汉诺威选帝侯，与其他 8 名选帝侯同样有权选举神圣罗马帝国皇帝。

与欧洲关系密切

汉诺威选帝侯（见 48~49 页）在很大程度上只是一个荣誉称号，不过只要英国国王拥有这一称号，英国就与欧洲特别是与德国在政治上联系紧密。这种密切关系在拿破仑时代（1799~1815）把英国拖入一场欧洲大陆地面战争。战争结束后，汉诺威成为王国，因此乔治三世、乔治四世和威廉四世（见 48~49 页）这 3 位英国君王身兼两个王位。

国王万岁

维多利亚登基之前，君主制度在很大程度上安全无虞，部分原因是现行政治制度运转平稳，国王长寿。1714~1837 年一共只有 5 位君王，其中乔治三世在位时间长达 60 年。

维多利亚 8 个月大时父亲去世。这位金发碧眼的公主童年大多数时光在伦敦肯辛顿宫度过，与世隔绝。她的母亲对女儿保护过度，野心勃勃，在其（绯闻）情人兼私人顾问约翰·康罗伊爵士的协助下，按照一套严格复杂的规定抚养维多利亚。这套规定以他们所居宫殿之名命名为"肯辛顿系统"，其目的就是让公主成为易受控制的傀儡。

在这一系统下，公主的一举一动都被观察记录，年幼的维多利亚甚至不能与其他孩子接触。家庭教师路易丝·兰辛对她忠心耿耿，在她的支持下维多利亚极力反抗。1830 年乔治四世（见 49 页）去世后，维多利亚成为假定继承人，正是此时她说了那句著名的话："我会做好。"7 年后叔父威廉四世（见 49 页）去世时没有合法子嗣，维多利亚登基。在此之前，维多利亚在其母卧室就寝。不过，迁入白金汉宫——首次成为君主寝宫——后，根据女王要求，她拥有自己的独立卧室。她还利用新获得的权力把痛恨的康罗伊赶出王宫。

加冕

公众立刻喜欢上了 18 岁的维多利亚。她年轻、纯洁而虔诚，与汉诺威王朝行为乖张的前任国王们（见 48~49 页）形成鲜明对比，令人耳目一新。

不过，后来成为比利时首任国王的舅舅利奥波德（1790~1865）提

加冕纪念杯，1838 年
这尊纯银酒杯为纪念维多利亚女王加冕而特制。上面镶有两块饰板。一块为女王胸像（见左图），另一块则绘有加冕场景。

维多利亚女王加冕仪式
在这幅查尔斯·罗伯特·莱斯利（1794~1859）的绘画中，女王在仪式尾声下跪接受圣礼。她没有佩戴任何珠宝首饰，王冠也尚未戴上。

维多利亚首次到枢密院开会

1837年6月20日上午11点，得知威廉四世死讯后仅仅数小时，维多利亚就来到肯辛顿宫红色大厅第一次参加枢密院会议。18岁的她曾写道，自己"毫不紧张"。

醒她君王必须面临种种考验，很快她发现舅舅所言不虚。加冕典礼一波三折。下议院有议员指责传统派保守党利用加冕典礼作为宣传工具鼓吹君主制，而激进派称加冕典礼耗资7.9万英镑，是1831年威廉四世加冕典礼开支的一倍，过于浪费，英国还是改为共和制更好。

无论人们满意与否，加冕典礼在1838年6月28日照常举行。典礼伊始，自查理二世1660年回国（见41~43页）以来最长的游行队伍走过伦敦街头。年轻的女王乘坐华美的黄金御用马车前往威斯敏斯特大教堂，围观人群欢呼喝彩，估计人数达到40万（维多利亚后来感叹道："成百上万我忠诚的臣民们……到处聚集。"）。

此刻麻烦开始了。典礼没有彩排，无人知晓确切的时间和地点。因为唱诗班指挥只能在管风琴旁的座位上指挥，大型交响乐队与唱诗班合不上拍。

整个加冕典礼长达5个小时，混乱不堪，令人昏昏欲睡，其间女王换了两次正式服装。只有在82岁的贵族罗尔勋爵从高坛台阶上失足滚落时，平淡的仪式才掀起一丝波澜。老勋爵站起来后，女王起身走下台阶迎接，维多利亚此举颇得在场人心。

早年困境

维多利亚最终从婚姻中找到幸福。1836年，她第一次与未来丈夫萨克森－科堡－哥达的阿尔伯特亲王（1819~1861）相遇。王子长相出众，性格严肃而又富于同情心，深深打动了女王的心。1839年他们再次见面，5天后，10月15日维多利亚向亲王求婚成功。两人的结合出于爱情，也有外貌上的互相吸引，因此即便最剧烈的感情波动也没有影响他们的关系。

1840年2月10日，婚礼在伦敦圣詹姆斯宫皇家小教堂举行。和加冕典礼时一样，兴奋的人群挤满大街小巷，观看女王从白金汉宫前往教堂。婚礼音乐也同样糟糕，不过无人介

> "他……**极度**的爱与**感情**让我感受到**天堂般的爱和幸福**。"
>
> 维多利亚女王在日记中写道，1840年2月10日

136 千克　维多利亚和阿尔伯特婚礼蛋糕重量。1000多名来宾每人品尝少许。

意。在白金汉宫丰盛的婚礼早餐后，新婚夫妇前往温莎城堡欢度蜜月。

维多利亚很快怀孕。同年11月21日长女维多利亚（1840~1901）出生。此后又诞生了8名子女：威尔士亲王阿尔伯特·爱德华（1841~1910）；爱丽丝（1843~1878）；阿尔弗雷德（1844~1900）；海伦娜（1846~1923）；路易丝（1848~1939）；亚瑟（1850~1942）；利奥波德（1853~1884）和比亚特里斯（1857~1944）。维多利亚的老家庭教师兼密友路易丝·兰辛负责繁忙的家庭事务，直到1842年维多利亚和厌恶兰辛的阿尔伯特大吵一番后，兰辛领取养老金退休回家。

尽管有各种争执，女王夫妇感情不断加深，阿尔伯特很快成为妻子的高明顾问兼亲密爱人。当维多利亚因怀孕身形变化不宜出席公众场合时，阿尔伯特替她履行职责。随着更多子女出生，君主制度更像夫妻双方合作的事业。维多利亚对权力分担不是没有怨言，但总体来说她感到满意，甚至允许阿尔伯特口授政治往来信件。

此后

根据德国古老的法律，随着维多利亚女王登基，英国与汉诺威123年的关系就此结束。未来笼罩着战争阴云。

与德国的关系疏远

德意志王国的《萨利克继承法》起源于6世纪，只要有男性候选人就禁止女性登基为王。维多利亚的叔父恩斯特·奥古斯特是乔治三世所有在世儿子中最年长的，根据德国法律，他在1837年继承汉诺威王位，英国王位则留给侄女。

走向第一次世界大战

英国君王不再统治汉诺威，与德国的密切关系不复存在。可以说，一系列促使英德两国走向战争的事件由此开始。1914年，德国部队行进途经比利时，英国认为比利时不再中立，并向德国宣战（见79~81页）。

佩戴王冠的维多利亚女王

这幅画绘制了加冕典礼后身着英国君王礼服的维多利亚。她佩戴的王冠上镶有各样珠宝，如最早可追溯至1042年的圣爱德华蓝宝石。

皇家宫殿

奥斯本宫

奥斯本宫位于怀特岛，是一座阿尔伯特亲王亲自设计的意大利文艺复兴式别墅，索伦特海峡美景一览无余。这是为王室家族提供的奢华海边度假寓所，远离充满压力的宫廷生活。

维多利亚女王与阿尔伯特亲王于1845年买下怀特岛上的奥斯本庄园。首相罗伯特·皮尔向女王推荐了这座曾由伊莎贝拉·布莱切福夫人拥有的庄园。维多利亚童年时曾在毗邻的一所庄园里度过美好时光，认为"无法想象还有哪里比这座庄园更美"。阿尔伯特同样被深深打动：这里的美景让他想起1838年曾访问的那不勒斯湾。不过，对于女王夫妇及其日益庞大的家族和随从人员来说，现有庄园建筑面积太小，于是，一个新的建筑工程立即开工了。

理想家园

受对意大利回忆的启发，阿尔伯特亲王与设计师托马斯·丘比特密切合作，修建了一座休闲式家庭居所。建筑的第一部分于1846年完工，高三层，含有维多利亚女王和阿尔伯特亲王的私人房间以及为子女准备的御用育婴室。侧翼建筑于1848年完工，供王室侍从人员居住。此时原有建筑已被拆除，取而代之的是主翼建筑，通过大走廊与侍从居住的侧翼建筑连接。建筑完工后，两座观景塔雄踞其上，巨大的玻璃窗俯瞰着面朝大海的庭院。

维多利亚和阿尔伯特的理想世界一步步建设起来，模拟农场、庄园村舍、门房和宿舍区，沿着海岸还修了海堤。庭院里有意大利风格的阶梯式花园和私家海滩，女王及其子女们在那里都学会了游泳。

树林中掩映着一座瑞士小木屋，王室的儿童们在那里接受家政教育。公主们学习烘焙，有时会为父母和访客提供茶点。孩子们还负责记账，并由阿尔伯特检查。年长的男孩伯蒂（长子爱德华的昵称）和阿尔弗雷德帮忙铺设地基。维多利亚女王日记中曾描写阿尔弗雷德王子"像一般劳工一样不断辛勤劳动"，而且阿尔伯特也按照劳工的薪资标准给王子支付工资。每个孩子在花园中都有一片专属地，种植水果、蔬菜和花卉。虽然工具比正常的要小，独轮手推车上有名字缩写，这些工作并非单纯的游戏。助理园艺工人为所有农产品估值，阿尔伯特按市场价给孩子们付费。

女王在奥斯本宫主体建筑中接待各类重要来宾：首相罗伯特·皮尔、本杰明·迪斯雷利和威廉·格莱斯顿；发明家亚历山大·格林厄姆·贝尔在这里展示电话；还有拿破仑三世和德皇威廉二世等欧洲王族成员。

阿尔伯特去世后，维多利亚在奥斯本宫隐居，这里成为她最喜欢的住所。1885年，她最小的女儿比亚特里斯结婚时，女王同意婚事的条件就是她继续在奥斯本宫居住。为此修建了新翼供公主及其家人居住，还增建了一处以莫卧儿风格石膏装饰的豪华客厅，被称为谒客室。

维多利亚女王于1901年1月22日在奥斯本宫自己的卧室中去世。其子女并不像女王那样热爱这座宫殿，爱德华七世把奥斯本宫献给国家。这里曾先后用作海军学院和康复中心，现在由英格兰历史建筑和古迹委员会管理，全年开放。

休闲海边度假寓所
育儿室这样的私人房间装饰时都以舒适为主，但用于正式待客的谒客室一则需要更大的空间。尽管奥斯本宫私密性很强，但维多利亚想游泳时仍然要乘坐更衣车前往海边。

维多利亚女王更衣车

儿童卧室

谒客室壁炉上的孔雀装饰

万国博览会

在伦敦海德公园举行的万国博览会由皇家艺术、制造业及商业促进会（RSA）组织，得到阿尔伯特亲王大力支持，共吸引620万观众参观。博览会成功宣传了英国作为世界领先工业化国家的地位。

在伦敦举办国际性展览，展示英国的创造发明，促进国际和平，这个建议是亨利·科尔提出来的。他是一名公务员，也是RSA成员，维多利亚富有远见的丈夫阿尔伯特亲王支持这一想法。这其实并非新鲜事物。1844年法国曾在巴黎举办工业博览会，马德里（1845）、布鲁塞尔（1847）和里斯本（1849）也如法炮制。英国作为全球金融业和制造业无可争议的领袖倍感压力，需要组织一次比以往博览会规模更大、质量更好的活动。

这项事宜由皇家委员会负责，罗素勋爵领导的自由党政府为项目提供资金。由工程师威廉·丘比特领导的委员会负责筹备博览会，计划于1851年5月1日开幕。委员会成员还有阿尔伯特亲王、著名的工程师伊桑巴德·金德姆·布鲁内尔和罗伯特·斯蒂文森，以及建筑师查尔斯·巴里。他们努力寻找合适的建筑规划，最后，知名园艺家约瑟夫·帕克斯顿设计了一个巨大温室，采用压铸平板玻璃、铸铁和胶合板建成。仅仅9个月后，世界上最大的玻璃结构建筑水晶宫在伦敦海德公园按时完工，未超预算。

展厅面积10公顷，容纳了10万件展品，其中包括当时世界上最大的钻石"光之山"、投票机、柯尔特左轮手枪以及首次出现的公共厕所。万国博览会取得巨大成功，平均每天吸引游客4.2万人，获得利润18.6万英镑，这笔钱用来设立了多家机构，包括肯辛顿制造博物馆（后称维多利亚与阿尔伯特博物馆）。女王在建筑施工阶段多次莅临现场，博览会开幕后几乎每天前往参观。

> **"伟大之处**不在于某一项展品，而在于所有展品的**独特组合**。"

作家夏洛蒂·勃朗特给友人书信中写道

水晶宫
万国博览会位于壮观的水晶宫中，展现了英国"世界工厂"的地位。博览会展出的商品和机器包罗万象，独特新颖，来自大英帝国各地及其他国家。

阿尔伯特去世后的维多利亚

1861 年阿尔伯特突然去世后，时年 42 岁的维多利亚完全崩溃。此后多年处于半隐居状态，夫妇两人为提高君主制度的声望所取得的不少成果付诸东流，还引发了共和主义者不满的浪潮。

与维多利亚的婚姻从来不是一帆风顺的，阿尔伯特与女王之间一直存在权力的争夺。尽管如此，不可避免的事她就顺其自然，特别是在怀孕期间，阿尔伯特可以作为女王私人秘书处理公务。

阿尔伯特的教育程度高于维多利亚，思维也更清晰敏锐，所以他的贡献备受赞赏。除了处理书信，阿尔伯特还与大臣们开会，敦促"给予社会中工作最辛苦、享受最少的阶层更多同情和关注"。

王室合作伙伴

依赖阿尔伯特的帮助，维多利亚安全渡过了怀孕生产的种种危机。

此 前

维多利亚年幼丧父，因此有人认为只有当生命中有某种类型的男人存在时，她才能正常工作。

渴望父亲式人物
在女王婚前，她登基时任首相的墨尔本勋爵（1779~1848）担任了父亲兼导师的角色。1840~1861 年，阿尔伯特亲王是女王唯一需要的男性伴侣，是情人，是父亲，也是伴侣。这种复杂、多层面关系的消失可谓是一次重大打击，女王一直没能从打击中完全恢复过来。

此外，女王经历多起暗杀安然无恙。1848 年，欧洲爆发革命时，阿尔伯特让女王放心；1845~1852 年大饥荒时爱尔兰人在饥饿中挣扎，维多利亚被称为"饥荒女王"，此时也是阿尔伯特缓解了女王的心情。女王捐赠 2000 英镑用于救灾，虽然只占她王室年俸 38.5 万英镑的 0.5%，但仍然是最大的一笔捐款。

19 世纪 40 年代，阿尔伯特支持妻子想和法国密切关系的愿望。经过两人努力，1843 年，女王与法国国王路易·菲力普会面，这是亨利八世（见 28~29 页）以来两国君王首次相见。

600000 英镑 阿尔伯特遗嘱中留给维多利亚女王的财产。

在接下来的 10 年中，阿尔伯特亲王除了忙于 1851 年伦敦万国博览会和亲任校长并改革剑桥大学以外，在对俄国的克里米亚战争中也出力不少。他还安排长女维多利亚（昵称维基）于 1858 年 17 岁时嫁给普鲁士王子弗雷德里克·威廉。结婚次年，维基生了一个儿子，即未来的德皇威廉二世。

可怕的一年

1861 年是维多利亚一生中最不幸福的一年。一年伊始，阿尔伯特就身体不佳。当年 3 月女王母亲去世，维多利亚悲痛欲绝，女王像祖父乔治三世（见 48~49 页）一样精神失常的谣言广为传播。

阿尔伯特健康日益恶化，更严重的危机还在后面。11 月 12 日传来的消息让女王夫妇震惊到了极点：威尔士亲王阿尔伯特·爱德华（见 72~73 页）与一名爱尔兰女演员有染。伯蒂从小接受严格教育（也许这正是原因所在），却成长为汉诺威式花花公子，维多利亚感到无地自容。阿尔伯特病情更重，12 月时显然已时日无多。1861 年 12 月 14 日，周六，他在妻子和五个子女的陪伴下告别人世。当时医生诊断为伤寒，实际上他更有可能患有癌症、克罗恩病或肾衰竭。

王室目标
1840 年 6 月 10 日女王第一次遇刺，凶手是爱德华·奥克斯福。这名刺客被捕前近距离开了两枪。后来他被宣布患有精神病。

女王和丈夫阿尔伯特，1851 年
虽然两人姿态极其正式，但仍然可以看出这对夫妇复杂的关系：维多利亚抬头仰望丈夫，神情中既有钦佩也有一丝恼火，而阿尔伯特身材挺拔，若有所思。

哀悼

阿尔伯特去世后，维多利亚时而绝望地哭泣，时而魂不守舍如同梦游。她此后长期身着黑衣，尽管有时会面露微笑，在旁人看来她显然一直陷于失去亲人的痛苦中不能自拔。她避免出席公共场合，情愿与世隔绝，躲在温莎城堡、奥斯本宫或是巴尔莫勒尔城堡。很快，公众声称"温莎遗孀"拿着国库的钱却疏于职责。

在巴尔莫勒尔，维多利亚遇到了约翰·布朗，这位英俊男仆比她小 7 岁。两人成为互相理解的密友：她下

君主制复苏

尽管 1871 年秋，维多利亚病愈就已带来一轮敬爱女王的热潮，年底时威尔士亲王与死神擦肩而过才是真正让公众舆论再度支持王室的决定性事件。维多利亚因为儿子痛不欲生，这一消息随着电报传遍整个帝国，激起了人们普遍的同情；亲王康复后同样无数人为之欣慰。这一事件扭转了公众情绪，让他们重新支持君主制，重重打击了英国共和主义。

"上帝的意愿完成！天堂般的平静出现……这不可能……哦！上帝！哦！上帝！"

维多利亚女王失去阿尔伯特时说道，1861 年 12 月 16 日

纪念碑高54米，顶端饰有金十字架

外饰马赛克图案在威尼斯穆拉诺制造

葬时还带了他一缕头发陪葬。布朗死后，她曾写道："也许君王和仆人之间永远……没有存在过这样温暖而友爱的感情。"某些人认为两人是情人关系——维多利亚的女儿们肯定曾开过这样的玩笑，也曾有人在报纸上戏称女王为"布朗夫人"。

这一关系的真相也许永远无从得知，但谣言和影射让女王的声誉一跌再跌。1870 年，共和主义大潮席卷英国。广受欢迎的激进派报纸《国家改革报》自豪地宣称"支持无神论、共和主义和马尔萨斯论"，其编辑查尔斯·布拉德劳批评君主制的言论吸引了大批群众。1870 年，特拉法尔加广场甚至曾出现呼吁维多利亚退位的大规模集会。

事必躬亲的女家长

女王坚决不屈服于舆论压力，而是把精力放在控制家人上面。她采取的手段并不光彩，听信告密者的小道消息，挑起子女之间的争斗。她最宠爱的孩子是三子亚瑟王子，可能因为他最像阿尔伯特，又对母亲言听计从。他的长兄伯蒂自其父去世那年起便开始胡作非为，追求女人和享乐。维多利亚与他保

伦敦阿尔伯特纪念碑
1872 年，通过发行公债筹资建成的这座新哥特风格纪念碑揭幕。阿尔伯特身着长袍的黄金雕像 3 年后放置于纪念碑中。

持距离，从来不把政府文件交到长子手中。

对于女儿们，包括王室贵妇们，她努力加强控制。伯蒂 1863 年娶丹麦公主亚历山德拉为妻，维多利亚坚持要求儿媳的主治医生向她全面、详尽地报告其病情。长女维基因为违背女王意愿亲自哺乳而被称为"奶牛"。维多利亚希望幼女比亚特里斯不要结婚。当比亚特里斯与巴腾堡亨利王子订婚时，维多利亚足足 7 个月拒绝与她交谈。

伯蒂与死亡擦肩而过

如果 1870 年的敌对情绪没有及时散去，维多利亚的统治很有可能惨淡收场。不过，是疾病导致她声望下降，也是疾病在她命运的转折中起到重要作用。

1871 年下半年，她的腋窝处严重感染。英国外科医生约瑟夫·李斯特发明的一种新型杀菌喷剂帮助女王逐渐康复。一个月后，也就是当年 10 月，伯蒂在斯卡布罗附近隆兹伯勒夫人处逗留时染上伤寒。可能由于那里排水系统不好，疫情暴发，保守派政治家切斯特菲尔德勋爵因此病故，而亲王本人也生命垂危。维多利亚陷入绝望：正值阿尔伯特去世 10 周年之际，她的儿子也恰逢人生最低谷。媒体详细报道亲王病情进展，英国乃至海外民众普遍对亲王康复真心感到喜悦。次年 2 月，伯

女王与她的侍从，约 1863 年
150 年来，维多利亚和巴尔莫勒尔的侍从（打猎钓鱼向导）约翰·布朗的关系性质究竟如何，一直是人们猜测的话题。

蒂与母亲在圣保罗大教堂参加感恩礼拜，为他们举办的招待会上一派喜气洋洋。1872 年 5 月，伯蒂的兄弟在水晶宫组织了一次特别的感恩节音乐会，请知名作曲家亚瑟·沙利文专门谱写了一首《节日感恩赞》。此曲特别献给女王，因此受到热烈欢迎，说明君主制危机已然远去。

阿尔伯特雕像，正襟危坐，身着嘉德长袍

纪念碑四角有寓言人物雕像，代表工艺美术

此后

1861 年后，维多利亚找了一些类型迥异的男人作为男性伴侣。

政治顾问
英国首相本杰明·迪斯雷利（1804~1881）是个善于奉承的伴侣。"所有人都喜欢奉承，"他承认，"与王室成员在一起时应该一句接一句地奉承。"

情感寄托
约翰·布朗是维多利亚的情感寄托，也许甚至是她的情人。883 年他去世后，宫廷中又来了一位男性友人哈菲兹·穆罕默德·阿卜杜勒·卡里姆（昵称"孟希"，意为职员或教师），他是印度一家穆斯林医院助理的儿子。1887 年女王登基金禧（见 66~67 页）之际他来到英国在白金汉宫工作，女王生命的最后 15 年里他一直亲密陪伴在她左右。

61

印度女皇

当 1876 年《女皇称号法案》正式承认她的女皇地位时，维多利亚感到心情愉快：她现在与德国和俄国的王室家族平起平坐了。不过，在某些社交圈中，这一新名号是欧洲舶来品，有些低俗。

尽管印度被视为"英国王冠上的宝石"，但 1857 年之前英国只是间接统治这个国家。东印度公司和印度王子共同管理印度的日常行政。1857 年发生了印度兵变，这是一场极其血腥暴力的起义，又称印度第一次独立战争或大起义，以前的制度就此崩溃了。次年，《印度政府法案》将行政管理权交与英国政府——英国君王成为印度国家元首。

等到威尔士亲王（未来的爱德华七世）1875 年 10 月起对印度进行为期八个月的巡访时，印度次大陆局势稳定，亲王访问极其成功。亲王为人开明，不像英属印度政府中的一些人那样奉行种族歧视。亲王回国后，女王宠臣保守党首相本杰明·迪斯雷利利用这次访问的机会在 1876 年推出《女皇称号法案》。他还成功劝说维多利亚在阿尔伯特亲王死后首次亲自召开议会。新法案正式批准女王使用印度女皇这一称号，迪斯雷利希望这一举措能加强英国和印度之间的联系。1877 年 1 月 1 日，印度总督李顿勋爵为庆祝维多利亚成为印度女皇在印度首都举办德里觐见大典。

俄国和德国王室家族领袖一直炫耀维多利亚所没有的称号，她为此长期感到恼火，如今称号升级她十分欣喜。她签名时开始使用"V.R. & I"，这是维多利亚女王兼女皇的拉丁文缩写。

"我是女皇，日常对话中有时称为印度女皇。"

维多利亚女王致亨利·蓬松比爵士

维多利亚火车站
现名贾特拉帕蒂·希瓦吉火车站的这座宏伟建筑位于印度孟买，1887 年及时竣工，以庆祝维多利亚登基 50 周年。这座火车站是殖民统治的纪念碑，建筑材料是从本地采购的，但设计采用欧洲风格。

此前

乔治三世对美洲的殖民地及殖民地对他的成功反抗（1775~1783）所持的态度，给英国上了宝贵的一课。

美国独立战争

英属北美地区一直到18世纪都受英国法律管辖，但是1763年后通过的法律提高了英国的税收，美洲各殖民地联合发起反抗。为了报复，英国通过更多法律。殖民者们拒绝承认这些法律，政治领袖们在1776年撰写《独立宣言》。此后爆发战争，1783年战争结束，英国失去了殖民地，美利坚合众国诞生。

母国的财产

从此殖民地的居民，特别是那些欧洲血统的居民比以往更受尊重。即使如此，人们仍认为殖民地存在的理由主要是为母国利益服务，提供食品和原材料，殖民地是英国商品的专属市场，是安置过剩人口的地方，不受欢迎的人也可以遣散到那里。

从帝国到联邦

维多利亚是世界上有史以来最为辽阔、最为多样化帝国的元首。为了让各成员国更紧密地结合在一起，帝国联邦联盟和殖民地大会应运而生，在此基础上出现了今天的英联邦。

以维多利亚女王为元首的庞大不列颠帝国是一个不同寻常的实体——如果可以称之为实体的话。英国在全球各地的领土是长期积累的结果，获得领土的方式多种多样。有些领土是征服得来的，有些是用金钱收入囊中，有些就是占领而来，还有些是与前一个所有者谈判（并不总是遵循道德原则）赢来的。

广义上说，殖民地分为两类。印度和肯尼亚这种殖民地中，本地人口占绝大多数，而在澳大利亚和加拿大，欧洲殖民者人口迅速超过此前为数不多的原住民。英国在加勒比地区的领土又不一样，比如特立尼达和牙买加，这里的本地人口几乎全被来自欧洲、西部非洲（作为奴隶到来）的移民和近年的亚洲移民取代。

19世纪，君主制成为帝国逐渐膨

保卫帝国
英国保护幅员辽阔的帝国的方法之一是扩大皇家海军规模。英国皇家海军"无畏"号1906年开始服役，成为英国无敌于公海的象征。

胀过程中的焦点。1875~1876年，维多利亚女王的儿子威尔士亲王（见72~73页）对印度次大陆进行了一次非常成功的巡访。访问期间，他向各阶层印度人表明他们与英国本土的臣民具有平等的地位。巡访还为其母亲1876年获得印度女皇称号（见62~63页）奠定了基础。

印度王公参加爱德华七世加冕典礼
在各类反映老牌帝国主义国家君王地位的画作中，阿尔伯特·哈里斯这幅无疑属于佼佼者，画中，爱德华七世在加冕典礼前接见印度王公及其他土邦主。

殖民地大会或帝国大会显示出英国对殖民地态度的初步变化。

从帝国到英联邦

"联邦"一词在 16 世纪被广泛应用，19 世纪时卷土重来，用来替换"帝国"一词。1917 年，南非领袖扬·史末资提到"不列颠国家联邦"。1949 年，"不列颠"一词被砍掉，由 53 个国家自愿组成的现代英联邦诞生。乔治六世（见 94~95 页）欣然担任联邦元首，其女伊丽莎白二世（见 134~135 页）继位后接过这一称号。

> "**非洲**仍然**坐等**我们掠夺，**我们有责任**将非洲据为己有。"

英国帝国主义者塞西尔·约翰·罗兹在《信仰声明》中写道，1877 年 6 月 2 日

帝国面临危机

一直有不少人对于英国在海外开拓帝国感到不安。例如，1775~1783 年美洲殖民者起义（见 49 页）得到了一些英国人的支持。而且，随着母国的治理形式慢慢转向代议制，已定居殖民地也获得更多权利。1852 年，新西兰成为不列颠帝国中的自治区域成员。3 年后，新南威尔士确立由议会管理国内事务的模式，维多利亚、塔斯马尼亚纷纷效仿，1890 年澳大利亚也加入进来。昆士兰 1859 年加入这一行列，1890 年是西澳大利亚。加拿大在 1867 年成为加拿大自治领，南非的开普敦在 1872 年开始自行选举政府。

"争夺"殖民地

19 世纪 80 年代席卷欧洲的帝国主义思潮引发了在非洲的殖民地"争夺"，大国之间紧张状态升级。英国较为分散的帝国越来越易受攻击。为应对危机而采取的手段之一是扩大皇家海军规模。1889 年，英国计划建造 10 艘新战舰、38 艘巡洋舰及无数小型船只，以保证海军规模能够超过任何两国舰队合并起来的数量。手段之二是联合帝国各民族，成立帝国联邦联盟（IFL）。1884 年联盟启动，它的灵感来源于美国的联邦结构和加拿大自治领的组织模式。这一举措的支持者主要是保守派人士，不过一些知名自由派人士如教育改革家 E.M. 福斯特也表示赞同。其最终目的是把英国所有殖民地联合起来而成为超级国家，由帝国议会管辖。该计划从英国及已定居殖民地开始，然后随着其他殖民地加入进来而逐步拓展为盎格鲁联合国。新技术预计可以解决地理距离的问题。帝国联邦联盟的支持者们认为不这样做，帝国就面临分裂和衰落。

不过，这项建议忽略了帝国各民族之间巨大的文化差异、殖民地萌芽中的民族主义，以及英国不愿受到殖民者影响，更不愿受他们指挥的心情。虽然如此，这项建议播下种子，以截然不同的方式萌芽，成长为现代世界最具启发意义的制度之一：以伊丽莎白二世女王为元首的英联邦。

第一次殖民地大会

帝国联邦联盟发起，英国首相索尔兹伯里勋爵主持的第一次殖民地大会于 1887 年召开，帝国各地代表云集伦敦，参加维多利亚登基金禧庆典（见 66~67 页）。包括多国总理在内的 100 多名代表与会，但印度没有代表参加。会议议程主要关注防务。为了换取英国不单方面从太平洋撤回海军力量的承诺，澳大利亚愿每年支付 12.6 万英镑用于澳洲附近皇家海军舰队的开销。会议还建议铺设跨太平洋电报缆线，并同意女王的正式头衔应为"大不列颠、爱尔兰、殖民地及所有属地联合王国女王兼印度女皇"。

英联邦崛起

1894 年、1897 年和 1902 年均召开了殖民地大会。此后到第二次世界大战之前，另有 7 次会议不定期召开，又称帝国大会。1936 年，会议改称"联邦会议"，各自治领获得与英国本土同样的地位。殖民地大会或帝国大会初步显示英国对殖民地态度的变化。但是，主要由欧洲血统居民构成的区域获得了自治权，其他区域却没有享受到这样的新权利，和以前一样臣服于帝国。

对于所有领地，英国都保留了国防和外交事务的控制权，不过 1887 年与澳大利亚和新西兰的往来表明，即使在这一领域，英国的主导地位也是可以谈判的——意味着向新型关

126000 英镑 澳大利亚在 1887 年殖民地大会上承诺为自身防卫支付的款项。

系又迈出关键的一小步。此后 75 年间形成了各自由独立民族相互依存、互相合作的概念，这就是今天的英联邦。

平起平坐的会议
1887 年殖民地大会之后，英国政府大臣们学会了与自治领选举产生的领袖们谈判而不是简单地发号施令：大家都是同一位君王的臣民。

活符号
这张 1907 年的帝国日明信片，专用于从"母国"向帝国偏远地方邮寄，反映出君王在加强英国各个遥远的殖民地和自治领之间紧密关系方面起到了关键作用。

澳大利亚国徽
尽管 1912 年获得了乔治五世批准，这一设计象征着独立的澳大利亚联邦而不是君主制。6 个州徽章中只有两个有王冠。

维多利亚登基金禧纪念品
从门票、请柬和纪念节目单等诸多令人难忘的纪念
品可以看出各种庆祝活动引发了公众想象力，前10
年残留的共和主义情绪一扫而光。

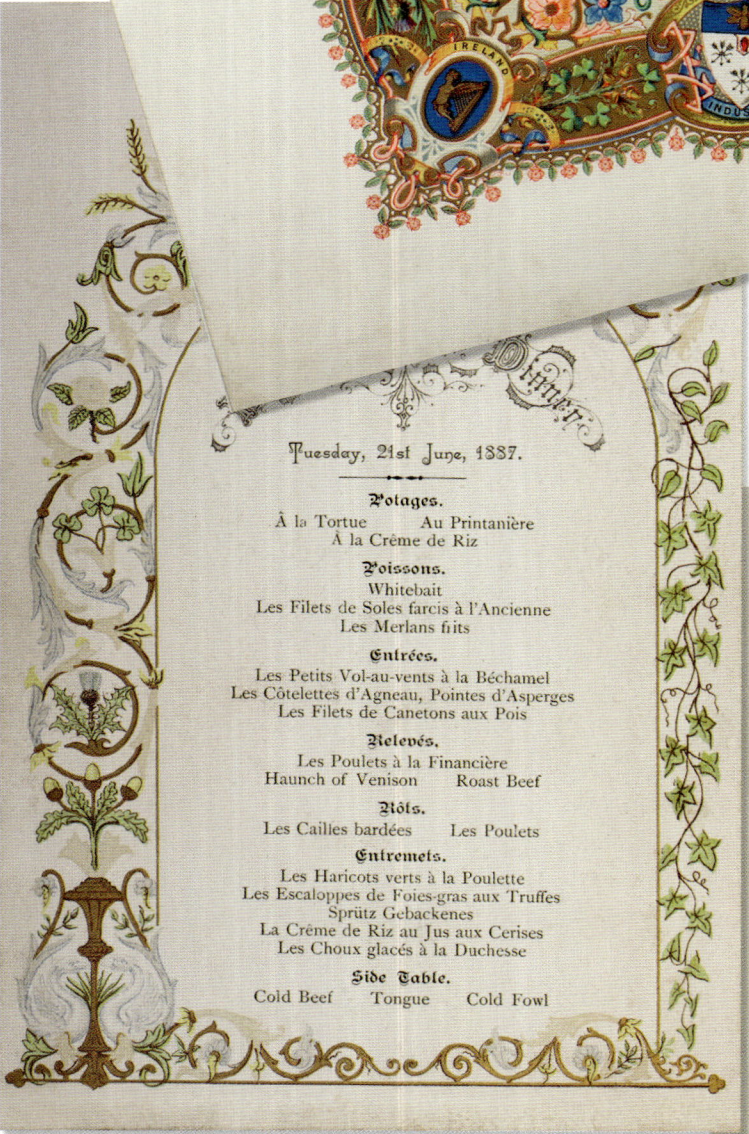

Special Service
AT
S. Margarets, Westminster.
on Sunday May 22ᵈ 1887.
to commemorate the 50ᵗʰ year of the reign of
HER MAJESTY QUEEN VICTORIA.

WESTMINSTER ABBEY.
Her Majesty's Jubilee Thanksgiving Service,
TUESDAY, 21st JUNE, 1887.
Admit Baron von Kreusser
The Police are requested to give every facility
to the Bearer of this Ticket.
Lord Chamberlain.
[OVER.]

Tuesday, 21st June, 1887.

Potages.
À la Tortue   Au Printanière
À la Crème de Riz

Poissons.
Whitebait
Les Filets de Soles farcis à l'Ancienne
Les Merlans frits

Entrées.
Les Petits Vol-au-vents à la Béchamel
Les Côtelettes d'Agneau, Pointes d'Asperges
Les Filets de Canetons aux Pois

Relevés.
Les Poulets à la Financière
Haunch of Venison   Roast Beef

Rôts.
Les Cailles bardées   Les Poulets

Entremets.
Les Haricots verts à la Poulette
Les Escaloppes de Foies-gras aux Truffes
Sprütz Gebackenes
La Crème de Riz au Jus aux Cerises
Les Choux glacés à la Duchesse

Side Table.
Cold Beef   Tongue   Cold Fowl

Programme.

BAND OF THE ROYAL MARINES, LIGHT INFANTRY,
(CHATHAM DIVISION.)

维多利亚的
登基周年庆典

尽管一直不喜欢盛大场面，维多利亚仍然同意在 1887 年和 1897 年举行了登基周年庆祝活动，也热情招待了前来祝贺的欧洲皇族。两次庆典计划周密，进行顺利，大受欢迎，成为未来活动的典范。

维多利亚女王登基金禧庆典既是王室活动，又是国家活动。大不列颠富裕而强大，帝国疆土之大前所未有。维多利亚女王统治满 50 周年之际，举国欢庆盛世。

起初，女王想到登基周年庆典带

1897 年 6 月观看皇家游行的门票
观看皇家游行的观众可购买预留座席。维多利亚本人很不情愿地接受了如此"欧洲大陆式"大张旗鼓的庆祝方式。

来的"忙乱纷扰"就心烦意乱。她也知道不久以前君主制——特别是维多利亚本人——一度非常不受欢迎；即使在 1887 年，她访问伦敦东区时人们还对她嘘声一片。最终，她认识到，登基庆典这个想法也许并不是那么糟糕，所以就同意展开庆祝活动。

庆典请柬发往维多利亚女王庞大家族的成员们以及各大洲国家元首手中。庆典纪念品成批制造，数以千计。世界各地的博物馆、桥梁、街道甚至墓地纷纷以女王/女皇命名或更名。

正式登基周年庆祝盛典 6 月 20 日开始，为期两天。第一天举行了盛大国宴。第二天，维多利亚乘坐敞篷马车前往威斯敏斯特大教堂做感恩礼拜。此后，她回到白金汉宫参加又一场午宴，而后站在王宫阳台上向欢呼的民众挥手致意。当晚举行晚宴，欧洲所有皇族都有代表出席。全国各处山顶燃起篝火，伦敦则燃放焰火庆祝。

金禧庆典如此成功，无疑在维多利亚登基 60 周年时会有类似的庆祝活动。毕竟，1897 年，她已经成为英国历史上统治时间最长的君王。不过，国内气氛却已不同。

此时，女王年事已高，身体虚弱，与德国关系紧张，爱尔兰和南非形势严峻，国际局势阴云密布，人们开始质疑维持这样一个诸国称臣的帝国是否符合道德准则。为了应对这一局面，殖民地大臣约瑟夫经女王首肯，安排 1897 年的登基庆典时格外强调帝国色彩。

钻禧庆典于 6 月 22 日举行。伦敦到处悬挂英国及其他国家国旗，小商贩们沿街叫卖纪念品，成千上万人利用全国假日涌上街头，观看 17 辆

马车组成的皇家车队经过。如往常一样身着黑色服装的女王看到人群欢呼并齐声高喊"天佑女王"时深受感动。

此后数日还有游行、检阅、揭幕、演讲和招待会等各种活动。维多利亚迎难而上，虽然有时心情并不愉快，但深知自身职责所在。元数人向女王表达敬爱和感恩，世界各地发来 1310 份贺电，维多利亚给大不列颠人民写了一封感谢信，并向帝国各地发去电报。信中写道："我从心底感谢我挚爱的臣民。愿上帝保佑他们。"

女王宿敌威廉·格莱斯顿（见 51 页）本来希望她会借钻禧庆典之机宣布逊位。显然，他低估了自己的对手。

> "无人……曾像**我**一样接受过如此多的**鼓掌欢呼**。"
>
> 维多利亚女王在日记中写道，1897 年 6 月 20 日

此 前

以前君王登基 50 周年的庆祝活动绝对低调。

历史上的金禧
亨利三世（见 21 页）和爱德华三世（见 21 页）的 50 周年均悄然度过。不过，1809 年比较热闹，英国正在作战，举国同庆乔治三世（见 48~49 页）金禧。因为国王患病，王室家族的庆典活动仅限于陪伴国王在温莎参加内部礼拜，此后进行了焰火燃放仪式。

1897 年 6 月 22 日，维多利亚在圣保罗大教堂女王病弱，无力爬上大教堂的台阶，因此在教堂外举行了简短的感恩礼拜，女王坐在敞篷马车中观看。围观人群向女王欢呼致敬，声音震耳欲聋。

此 后

英国再遇到这样的周年庆典要等到一个多世纪以后了。2002 年和 2012 年的两次登基周年庆典井井有条，效率极高，广受欢迎。

从历史中学习
英国组织王室盛事的经验无与伦比，保证了伊丽莎白二世的登基金禧庆典（见 260~261 页）和钻禧庆典（见 282~283 页）比她知名祖先们的庆典策划安排得更好，更受欢迎。

王冠宝石

君王在加冕典礼和其他国家重要仪式上佩戴的象征性王室宝器，最初在威斯敏斯特大教堂存放，多次被盗后，自14世纪初期始在伦敦塔保存。

1 **伊丽莎白二世女王加冕用金手镯** 1953年加冕典礼时为伊丽莎白二世女王特制，22K金，是几个英联邦国家的赠礼。2 **加冕礼用汤匙和圣瓶** 圣油从鹰状金制圣瓶中倒入镀银汤匙，为新君施以涂油礼。这枚汤匙初次使用可能是在1199年约翰国王的加冕典礼。3 **圣爱德华王冠** 1661年查理二世加冕典礼特制（图右十字权杖和君王宝球为同批出品），取代1649年议会党人熔化的中世纪王冠，用于加冕一刻。传统做法是

租用珠宝装饰王冠，事后归还，但1911年，该王冠用半宝石永久镶嵌，现重量为2.23千克。4 **维多利亚女王的镶钻小王冠** 这顶镶钻王冠由女王在丈夫阿尔伯特亲王去世后自费制作，直径10厘米，专为女王余生佩戴服丧面纱时使用。设计轻巧舒适。5 **十字权杖** 1910年为容纳非洲之星钻石而重新设计。6 **君王宝球** 宝球代表耶稣基督统治世界，加冕仪式时君王右手持宝球，象征着他/她信仰卫士的身份。

红色天鹅绒内衬

都铎玫瑰操作隐形机关和弹簧

1 伊丽莎白二世女王加冕用金手镯

饰有宝石的铁砧头十字架

金球

3 圣爱德华王冠

镶有宝石的拱形结构

王冠镶嵌有440颗宝石

2 加冕礼用汤匙和圣瓶

头部可以旋开灌油入瓶

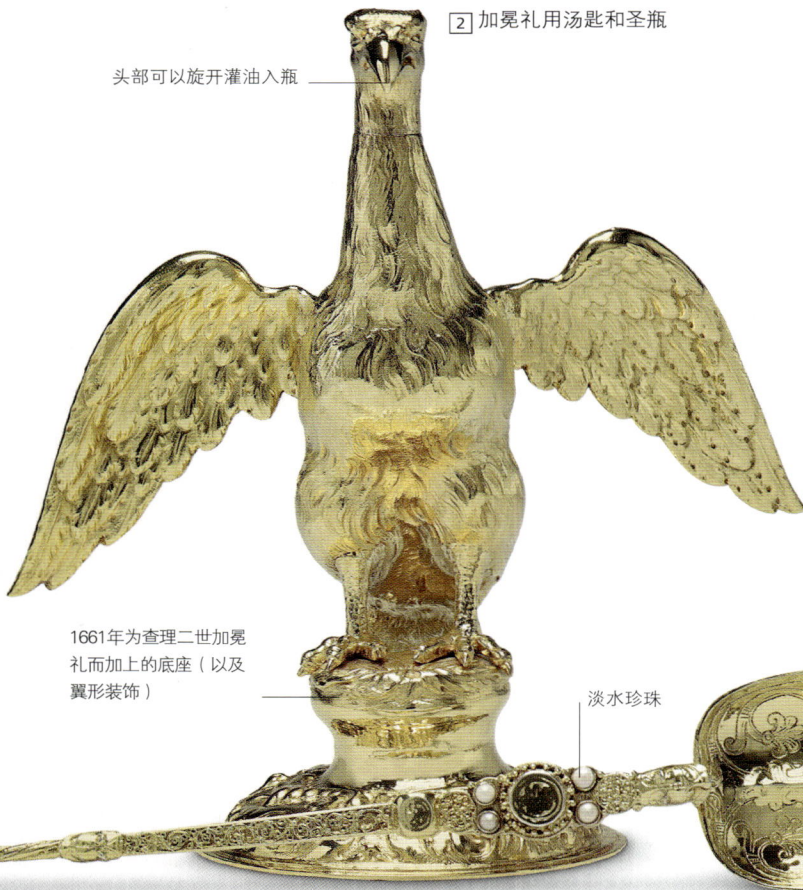

实心金边框

1661年为查理二世加冕礼而加上的底座（以及翼形装饰）

淡水珍珠

貂皮帽檐

4 维多利亚女王的镶钻小王冠

可拆卸透雕银制拱形框架让王冠功能更多

王冠饰有1187颗明亮式切割和玫瑰形切割的钻石，后空式镶嵌

5 十字权杖

阶梯形切割绿宝石

棱面紫水晶球

坚固的珐琅底座上镶有530克拉（106克）钻石

水滴形非洲之星钻石

珐琅权杖项圈下隐藏权杖接口

十字架饰有玫瑰形切割钻石和珍珠，中心为绿宝石

八角形阶梯形切割紫水晶球

6 君王宝球

天鹅绒帽

空心金球上饰以两排珍珠，其间镶有绿宝石、红宝石、蓝宝石和钻石

时代尾声

当维多利亚64年的统治接近尾声时,她在世界各地的无数臣民中绝大多数只经历过这一位君王。她的逝去不仅是英国王位传承中的关键时刻,也标志着一个时代的尾声。

当时人们确信,1901年维多利亚驾崩恰逢世纪之交,这一点具有深刻含义。在记者R.D.布鲁门费德眼中,"这段或许是英国历史上最为辉煌的时期"结束了。之后不久,更喜欢展望未来的H.G.威尔斯写道:"英国历史上最具戏剧性的时期即将到来。"两人在这一点上却不谋而合:生活再也回不到从前了。

登基钻禧庆典之后是三年的艰难时光。维多利亚饱受跛脚之苦,又患有白内障和记忆障碍。她对孟希(见61页)的感情扰乱了宫廷生活,女婿德国皇帝腓特烈二世之死令她感到烦恼。但她照常处理公务,坐轮椅检阅部队,庆祝在苏丹乌姆杜尔曼取得的胜利。不过,此次战役的记录说明这是一场一边倒的屠杀,并无值得庆祝之处。与南非布尔人作战受挫时,她的乐观态度执着不变,还给士兵们发放巧克力。直到生命快结束时她也没有中断记日记,与政治家、士兵和海军军官们书信不断。

在怀特岛上的奥斯本宫,最后一刻终于到来。包括德皇威廉二世在内的家人们早已齐聚一堂,她的孙子,未来的爱德华七世守在病榻旁边。她已经安排好了自己的葬礼。遗体上盖着婚礼上她曾佩戴的面纱运往温莎城堡。在那里,遗体被放入一口重半吨的灵柩(实际共有三口灵柩,如俄罗斯套娃一样按大小套在一起),2月2日灵柩置于炮架之上穿过大街小巷前往圣乔治礼拜堂举行礼拜。吊唁两日后,灵柩运往温莎大公园浮若阁摩尔陵,与她亲爱的阿尔伯特并肩同眠。

此后数日,人们逐渐接受了维多利亚逝世这一事实,全国上下仍不免深受打击。用伊丽莎白·郎福特的话来说,"很多人嘴上都在说——愿上帝帮助我们"。

"今日真是奇怪——酒吧关门……街道空无一人。"

伦敦人J.C.迪克斯在致兄弟信中写道,1901年2月2日

创造历史
1901年2月2日,维多利亚女王的葬礼车队通过时,沉默的人群在温莎的街道两边伫立。由于最后一刻安排出现失误,安放灵柩的炮架由一队水兵而不是皇家炮兵团的战马拉着。

生于1841年 卒于1910年

爱德华七世

> "爱德华国王是**第一位**……**出席**加冕典礼的来宾
> 有……来自我国自治殖民地的**政治家**。"

引自《泰晤士报》，1902 年

爱德华七世国王陛下
尽管爱德华七世父母禁止他参军，英国油画家兼插图画家卢克·菲尔德斯爵士认为，世界上最强大的帝国元首加冕画像应选择军人姿态和制服。

阿尔伯特·爱德华是维多利亚女王和阿尔伯特亲王（见60~61页）的长子，在子女中排行第二。按照其父的设计，他从小接受严格的教育，目标是成为理想的现代立宪制君王。但对他的教育并不成功，阿尔伯特不擅长读书，其母讨厌幼童本就让他缺乏信心，教室里的挫折更是对其雪上加霜。

爱德华在爱丁堡和牛津两所大学求学数月并无长进，父母又不让他参军，于是王嗣开拓了一种新式的王室访问。作为威尔士亲王，他巡访海外，也参加了诸多英国本土的开幕式活动。其中有 3 次行程引人注目。

第一次是美国和加拿大之旅，为期 4 月，纽约人也因此在 1774 年之后首次为英国王族祈祷。1875~1876

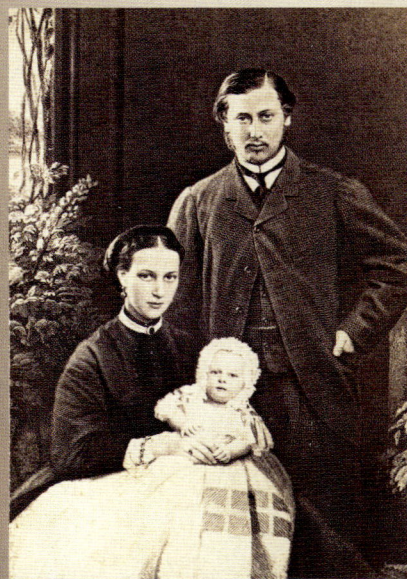

阿尔伯特·爱德华亲王
照片中为威尔士亲王阿尔伯特·爱德华与亚历山德拉王妃（1844~1925）及其长子阿尔伯特·维克多（1864~1892）。这个孩子命运坎坷，在双亲去世之前就已亡故。

年对印度的访问为其母接受印度女皇这一称号奠定了基础。1903 年，爱德华访问巴黎，其时他已登基，此次行程让英国加强了与其历史最久的宿敌的友好关系。

花花公子亲王

亲王性格随和，不带偏见，因此朋友众多，不过其中一些朋友他的父母并不喜欢。1863 年，亲王在 21 岁时娶丹麦公主亚历山德拉为妻。两人相敬如宾，即使在爱德华与他人有染时，亚历山德拉也没有抱怨。不过，维多利亚女王就不像她那么大度。女王的丈夫阿尔伯特一生致力于科学、政治、福利等重要事务，其子却一直追求雪茄、美酒、打猎、赛马和盛宴，亲王的名字甚至还出现在离婚和打赌等法庭案件之中。时尚也是亲

> "我认为**大家都该知道**短上衣……早晨参观**预展**时应该搭配缎面礼帽。"

爱德华七世曾对私人秘书说道

王关注的话题。正是爱德华七世开创了不系马甲最下方一粒扣的潮流。他也有不那么轻浮的一面，比如其庇护艺术发展的举措，包括创立皇家音乐学院。

推迟加冕

阿尔伯特·爱德华继位时已 59 岁，称爱德华七世。作为国家元首，他很

受爱戴，为了保证加冕典礼万无一失，仪式推迟到 1902 年 6 月 26 日举行，那时他继位已有一年多时间了。不过，6 月 24 日，国王因急性阑尾炎紧急接受外科手术，加冕典礼又推迟到 8 月 9 日。亚历山德拉紧随国王之后加冕为王后。尽管某些外国使团已经回国，加冕典礼仍旧相当成功，为此后的加冕仪式确定了基调。

欧洲大叔

爱德华对政治一向兴趣不大，维多利亚在 19 世纪 90 年代之前不让他接触国务文件，亲王也就更无从发展这方面的兴趣。成为国王后，爱德华七世大体上一如既往。他最重要的任务是在国外担任非官方和平大使。他与比利时、保加利亚、丹麦、西班牙、德国、希腊、葡萄牙、挪威、罗马尼亚、俄国和瑞典的王室家族均有亲缘关系，国王利用"欧洲大叔"这一身份发展友好关系。在国内，大方慷慨的国王支持改善贫穷弱势群体的生活，但反对激进主义。例如，他不支持妇女在议会选举中的投票权，反对爱尔兰地方自治。

未能如期举行的加冕典礼
这些早原计划于 1902 年 6 月 26 日在威斯敏斯特大教堂举行的爱德华七世和亚历山德拉王后加冕典礼门票，也适用于两天后的参观游行。因国王患病，两场活动均告取消，加冕典礼改期至 8 月 9 日。

在政治参与方面，他最为积极的举措是促进军队现代化。

国王告别人世前被迫进入政治舞台中心。1909 年，为支付养老金和建造更多军舰，自由党财政大臣、善于煽动的戴维·劳合·乔治建议向年收入 5000 英镑以上的人征收 2% 的税金。保守党占多数的上院违背议会惯例，拒绝通过这一提案。此事事关宪法，因此爱德华不得不涉足其中。他敦促双方保持克制，建议上院议员们接受民众选举的下院提交的法案。保守党拒绝接受，强制要求进行大选。新选举出来的下院议员们计划推出一项法律限制上院议员的否决权。贵族们不可能同意这种做法，因此要想让上院通过这项法律，国王必须任命足够数量的自由党贵族才能在票数上胜过保守党。整个过程中，爱德华七世一直在寻找双方满意的折中方案。最终，他避免了做出加封新贵族这种"讨厌"的选择。1910 年 5 月 6 日，他心脏病发作去世。人民哀悼这位数百年来第一位真正获得他们爱戴的君王。维多利亚去世到第一次世界大战期间通常被称为"爱德华时代"，这充分证明了人民的感情。

王室猎人
图中手拿猎枪的爱德华七世酷爱打猎。和历代许多国王一样，他的猎物既有野生动物也有女人。

DEPENDENCIES OF THE EMPIRE

PRINCE HENRY

CE OF WALES

CORONATION SOUVENIR 1911

H.M. KING GEORGE

HER QUEEN MARY

ASIA

2

温莎王朝

1911~1947年

温莎王朝

年表 1911~1947年

1911年		1918年		1923年	

1911年6月22日
乔治五世加冕。

1914年8月4日
英国对德国宣战。

» 乔治五世加冕茶杯

1918年2月
国王御准通过《国民参政法》，30岁以上有财产的妇女享有投票权。

1921年6月
失业人数达到220万。

1923年4月26日
约克公爵阿尔伯特在威斯敏斯特大教堂娶伊丽莎白·鲍斯-莱昂为妻。

1927年5月13日
乔治五世改号为大不列颠及北爱尔兰联合王国国王，承认爱尔兰自由邦不再属于王国。

» 约克公爵与约克公爵夫人婚礼

1914年12月
玛丽王后创建王后妇女工作基金，为军队提供衣物。乔治五世首次视察西部前线英国战地司令部。德国海军袭击斯卡布罗、哈特尔浦和惠特比，137人遇难，592人受伤。

1918年7月17日
布尔什维克革命者处决沙皇尼古拉二世全家，欧洲各国皇族为之震惊。

1915年5月7日
"卢西塔尼亚"号沉没造成1198名平民遇难。

1916年5月
英国小麦库存告罄。国王呼吁家家户户减少食用面包。为提高农业产量还成立了妇女土地服务队。

1918年11月11日
德国与英国签署停战协定。乔治五世的一封书信复制散发给所有归国战俘——在位君王与大众通信尚属首次。

❯ 位于法国北部皮卡第奥维叶军人公墓中的士兵墓，其中不少人阵亡于索姆河战役

1916年7月1日~11月18日
索姆河战役。阵亡将士超过100万人。

1920年11月11日
乔治五世国王在伦敦白厅为和平纪念碑揭幕。一位无名战士的遗体在威斯敏斯特大教堂下葬，他是第一次世界大战中阵亡的某位身份不明的英军士兵。

1921年11月11日
首次举行罂粟花义卖日——第一次世界大战阵亡将士纪念日。

1924年4月23日
乔治五世首次进行王室现场广播，在温布利专门修建的体育场为大英帝国博览会揭幕。

1926年1月16日
英国广播公司一部讲述伦敦工人起义的广播剧引起恐慌。

1929年
英国广播公司首次试验播放电视。

« 纪念第一次世界大战的罂粟花

1915年5月31日
德国齐柏林飞艇轰炸伦敦。

1916年1月9日
最后一支英国部队撤离土耳其加里波利，奥斯曼帝国胜利。

1917年3月2日
乔治五世表弟沙皇尼古拉二世逊位。

1917年7月17日
乔治五世颁布公告，英国王朝名从萨克森-科堡-哥达这个德国名字改为温莎。

1920年11月21日
爱尔兰共和军（IRA）在都柏林杀害14名英国特工。皇家爱尔兰警队预备队展开报复行动，在克罗克公园体育场向正在观看盖尔运动协会足球赛的民众开火，13名观众和1名球员遇难，60人受伤。

1922年
第一次世界大战后，不列颠帝国的疆土面积达到顶峰，统治着世界四分之一以上的人口。

1922年12月
爱尔兰自由邦成立，乔治五世为其君王。北爱尔兰议会投票决定仍留在联合王国。

1926年4月21日
未来的伊丽莎白二世女王诞生了。

1926年5月3日
大罢工席卷英国全境，引发人们担忧革命。

1930年12月
失业人口增至250万。

在维多利亚时代和爱德华时代，英国是庞大帝国的中心，阶级差异基本无人质疑，从前的稳定状态渐渐瓦解。接下来的数十年十分关键，世界大战和革命爆发，标志着现代的开端。不列颠帝国崩溃，很多欧洲国家的君主制消亡，在英国本土则兴起了社会主义和妇女运动。英国君主制想要继续就必须适应新的现实，国家更加趋向于平均主义，君主立宪制需要随之变革。

1931年

1931年
乔治五世长子爱德华为英国诸多失业者设立国家救济基金。

1931年8月24日
大萧条引发全国危机。在乔治五世的建议下，多党政府成立。

1931年12月31日
《威斯敏斯特法令》标志着大英帝国转变为英联邦的第一步。

1932年10月
奥斯瓦尔德·莫斯利成立英国法西斯党。反饥饿游行队伍从苏格兰到达伦敦。与警察发生多次暴力冲突。

1932年12月25日
乔治五世首次通过英国广播公司广播发表王室圣诞致辞。

1933年2月9日
牛津大学辩论俱乐部通过一项提议，称"任何情况下我们都不会为国王和国家而战"。

1933年8月12日
丘吉尔首次在公开演讲中谈到德国重整军备的危险后果。

1934年1月21日
约1万人参加了莫斯利领导的英国法西斯联盟在伯明翰举行的集会。

1934年7月11日
根据新的防空计划，共有41个中队新编入英国皇家空军。

1935年5月6日
病中的乔治五世庆祝登基25周年银禧。

1935年12月10日
英国物理学家詹姆斯·查德威克因发现中子获诺贝尔奖。

1936年1月20日
乔治五世国王去世。威尔士亲王爱德华继位，称爱德华八世。

❤ 爱德华八世肖像

1936年3月7日
德国违背《凡尔赛条约》重新占领莱茵兰非军事区。

1936年10月
英国法西斯联盟与反法西斯示威人群在卡伯街发生冲突。207名失业矿工从贾罗游行至伦敦。

1936年12月10日
爱德华八世退位。翌日阿尔伯特王子登基，称乔治六世。

1937年5月12日
乔治六世加冕。

1938年

1938年7月9日
向所有英国平民发放防毒面具。

1938年9月29日
英国首相内维尔·张伯伦和希特勒签署《慕尼黑协定》，允许德国吞并捷克斯洛伐克部分领土，即德国所谓的苏台德地区。

1939年4月27日
实行全国征兵——所有年满21岁的男性必须接受6个月军训。

1939年6月
乔治六世和伊丽莎白王后访问美国和加拿大——如果开战，这两个国家的支持至关重要。

1939年8月底9月初
所有英国儿童撤出城市；陆军海军集结备战；全国实行灯火管制。9月3日，英国对德国宣战。

❤ 英国国王乔治六世与美国总统富兰克林·罗斯福

1940年1月
英国征召200万名19岁至27岁的青年入伍。实现食物供给制。

❥ 英国现役军人的供给军粮

SPECIAL
RATION TYPE C
CONTENTS
BOILED SWEETS
FRUIT BAR
SWEET BISCUITS
OATMEAL MUNCH
CHEWING GUM
J.B.B. LTD. PKD.
27 P/21

1940年6月4日
敦刻尔克大撤退结束。丘吉尔发表演讲："我们要在海滩上作战。"

1940年7~10月
德国对英国实施空袭，不列颠之战开始。德国发动了伦敦大空袭——连续轰炸57晚。

1940年11~12月
大空袭继续，遭受轰炸的城市包括考文垂、伯明翰、曼彻斯特和利物浦，造成数百人伤亡。

1941年
战火蔓延至中东和亚洲地区，英国通过《全民兵役法案》。

1942年1月26日
第一批准备在欧洲作战的美军部队抵达贝尔法斯特。

1942年2月25日
15岁的伊丽莎白公主登记为战争服务。

1942年11月
第二次阿拉曼战役盟军大胜，随后盟军又在图卜鲁克取胜。

1943年

1943年5~9月
英军发动毁坝空袭，占领西西里及意大利本土，士气高涨。

⬆ 伊丽莎白二世协助军队工作

1943年11月
为准备诺曼底登陆，索尔兹伯里平原和德文郡的南哈姆斯进行疏散。

1944年6月6日
当天，15.5万盟军士兵在诺曼底海滩登陆。

1945年3~4月
一枚V-1飞行炸弹击中赫特福德郡达奇沃斯，这是敌军最后一次对英国本土的袭击。4月15日，英国军队解放了贝尔根–贝尔森集中营。

1945年5月8日
丘吉尔发表胜利演讲，并与王室家族一同在白金汉宫阳台上露面。全国各地人民走上街头狂欢，庆祝欧洲胜利日（VE）。

1946年5月29日
伊丽莎白公主和菲利普·蒙巴顿首次合影。

生于1865年 卒于1936年

乔治五世

> "你无法与紧握拳头的人握手。"
>
> 第一次世界大战期间乔治五世关于和谈的评论

乔治五世国王的父亲爱德华七世性格张扬，受人欢迎，因此1910年乔治接过王位时相形之下难免显得缺乏领袖魅力。他为人忠于职守，风格朴素，行为举止和穿衣打扮都像个普通英国乡绅。他最大的嗜好是打猎、航海和集邮。公共角色的种种职责对他来说是个负担，国王更喜欢平静的私人生活。不过，这位貌似无趣的国王却是一位理想的君王，领导国家成功度过艰难时期。

海军生涯

身为威尔士亲王次子，乔治并非一出生就注定为王。他接受培训，准备成为一名海军军官，而他的兄长阿尔伯特·维克多则准备着未来继承王位。乔治王子在海军服役时十分称职，因表现出色而晋升，海上生活如鱼得水。这段平静而相对正常的生活因1892年兄长意外去世而突然结束。

未来国王

乔治接替兄长成为王储时26岁，兄长的未婚妻转而与他订婚，她是泰克公爵之女玛丽，昵称"梅"。尽管两人结合的背景是不幸的命运（也许是婚前不顺），但成婚之后夫妇之间却彼此尊重，情意甚笃。乔治作为丈夫忠诚而专一，极其依赖妻子的支持帮助。

乔治五世国王

这幅正式肖像画中国王身着加冕长袍。乔治五世喜欢朴素风格，但依旧恪守职责穿上了王室正式场合所需的"华服"。

家族生活

乔治喜欢朴素生活，因此他选择桑德林汉姆庄园中的约克小屋作为家庭居所并不奇怪。国王夫妇共有6

关系紧密

乔治王子童年与母亲亚历山德拉王后合影。爱德华七世和亚历山德拉王后是一对温暖慈爱的父母，乔治与母亲关系尤为亲近。

名子女——戴维（1894）、阿尔伯特（1895）、玛丽（1897）、亨利（1900）、乔治（1902）和约翰（1905），幼子约翰因癫痫病不与家人同住，13岁身故。作为父亲，乔治对孩子要求十分严格，情感内敛。人们常说，对父亲的恐惧毁了国王的儿子们。其实，倒不如说是父母常常缺席而给孩子们造成了伤害，因为1910年乔治五世继位后，国王夫妇必须与子女分开6个月，前往澳大利亚和印度等帝国遥远边陲进行正式访问。孩子们由国王的雇员们抚养长大。

即位

1910年5月爱德华七世的去世对于乔治本人来说打击沉重。"我失

去了，"他在日记中写道，"最好的朋友和最好的父亲。"他即位之时恰逢一系列棘手的政治危机，自由党政府与保守党占多数的上院矛盾重重，妇女争取投票权的运动如火如荼，爱尔兰民族主义者要求自治，工会则威胁举行大罢工。幸运的是，爱德华一直注意教导儿子为君之道，为他准备了明智的顾问人选。乔治五世作为一位立宪制君王，极其认真地履行了自己的职责。尽管他在政治和道德问题上属于保守派，但在政治问题上刻意避免卷入党派之争，同时努力施加影响，寻找折中方案，和平解决争端。

第一次世界大战

第一次世界大战期间以及其后的时期（见80~81页），乔治五世的所作所为给他赢得了英国人民的广泛尊重和爱戴，不过俄国表亲沙皇尼古拉二世和德皇威廉二世的倒台则清楚地说明了民愤的潜在力量。王室必须努力维持在联合王国和整个帝国受人民

> **"评价**他们之前先试试按**他们的工资**水平生活的感觉。"
>
> 乔治五世，1926年

效忠的地位。尽管令王室更受欢迎的大部分工作落在国王的长子——富于领袖魅力的威尔士亲王（见爱德华八世，90~91页）身上，但乔治五世也承认自己有必要与人民接触，于是采用了广播这一新型媒体（见88~89页），引来极大关注。1924年，他正式邀请新当选的拉姆齐·麦克唐纳组建英国第一个工党政府，当时许多人认为这宣告着一场社会革命的开端。国王本人对工党上台的态度并无太多焦虑。"他们都是社会主义者，因此与我们观点不同，"他对母亲这样说道，"但是他们应该得到机会并受到公正对待。"

疾病与死亡

20世纪20年代，国王的健康日益恶化。1928年秋天他差点因肺病

家庭合影
1906年摄于巴尔莫勒尔，玛丽怀抱小约翰，乔治站在她身旁。其余子女从左到右分别是玛丽公主、哈里王子、乔治王子、戴维王子（未来的爱德华八世）和阿尔伯特王子（后来的乔治六世）。

身亡，次年接受两次大手术。包括未来的伊丽莎白二世在内的孙子女们给他的晚年带来极大安慰。相比子女而言，国王对孙辈们更加充满温情。他不喜欢长子威尔士亲王，偏爱更加忠诚顺从的次子。乔治五世无疑已经与时代脱节。身为保守派，他目光短浅，反对大多数社会新风尚，比如离婚、鸡尾酒和妇女吸烟。不过他人品值得尊重，为人朴素而庄重，因此极受臣民拥戴。1936年1月乔治五世去世后，超过80万人前往威斯敏斯特大厅瞻仰国王遗体。

养病中的国王与王后合影

帝国君王
这张庆祝乔治五世加冕的纪念版明信片强调了一点，幅员辽阔的大英帝国以及联合王国中的各个国家均效忠于国王。

此 前

维多利亚女王的后裔占据欧洲多国王位，因此大国关系对于英国君王来说属于家庭事务。

分裂的欧洲

1907年，欧洲分为两大阵营，一方是法国、俄国和英国，另一方是德国和奥地利。英国王族在两个阵营都有表亲。德皇威廉二世是维多利亚之孙，而沙皇尼古拉二世则娶了维多利亚的孙女。英国王室家族不喜欢德国亲眷，但仍然与他们来往。

英国国王乔治五世与德皇威廉二世

1914年8月4日，英国向德国宣战，从此加入第一次世界大战，乔治五世国王与其他王室家族成员不得不在白金汉宫阳台上露面，向欢呼的人群致意。不过，在战争伊始，乔治国王的心情与大多数臣民一样，是恐惧大于激动。当晚国王在日记中表示，他最迫切关心的问题是皇家海军军官阿尔伯特王子（未来的乔治六世）的安危。

王族的作用

此后4年，战争逐渐扩大到惊人的规模，100万英国及英联邦人民丧生，已调动了社会全部资源。在这场"全面战争"中，立宪制君王的作用无先例可循，只能自行发挥。乔治五世并未参与战争中的战略决策，对于高级官员任命影响有限——1915年他支持由道格拉斯·黑格将军代替约翰·弗伦奇将军任英军驻法国部队总司令，不过这属于特例。王室家族把更多的精力用来鼓舞士气，加强社会团结。

乔治五世恪尽职守，不知疲倦。他前往法国西部战线进行正式访问，与将军们讨论战事，检阅部队，颁发奖章——他亲手授予的各类勋章达到5万枚——还亲眼见证了几次惨烈的堑壕战。最痛苦的王室职责莫过于探

视察战场

乔治五世在1917年英军梅森大胜后考察满目疮痍的战场。王室家族完全了解战壕中惨烈的战争情景。

战时王族

1914年，乔治五世即位已有4年，英国投入史上最残酷的一场战争。第一次世界大战期间，王室家族履行其核心职责，维护国家团结，提倡爱国主义。欧洲其他君王在战争的压力下纷纷倒台，而臣民对乔治五世的爱戴却更胜往昔。

检阅部队

乔治五世国王在第一次世界大战期间访问西部战线时检阅英军部队。整个战争阶段国王5次亲至前线。

"这是一场**可怕的灾难**，但**不是我们的错**。"

乔治五世宣战时说道，1914 年 8 月 4 日

望重伤员——国王在战争期间访问了 300 多家医院。1915 年 10 月，国王在一次西线视察时落马受伤导致骨盆骨折，使自己也在战争中受了轻伤。他一直没有完全康复——此后长期受伤痛折磨。德国齐柏林飞艇和哥达飞机轰炸伦敦后，乔治国王和玛丽王后对炸弹破坏的地区进行巡视。国王夫妇知道这场国家战争波及所有人民，因此在行程中特意安排了工厂区和工人阶级聚居的伦敦东区。

王室家族当然不会亲身经历战争中英国人民所遭受的种种痛苦和损失，但是他们象征性的姿态具有深远影响。1915 年 4 月，为提高工人效率，

政府推行了极其不得人心的限酒令，乔治五世亲自"发誓"，宣布战争期间戒酒。效仿国王戒酒的工人寥寥无几，但此举无疑缓解了限酒法令带来的不满情绪。

国王子女中有 3 个人的年龄已适于参与战争工作。威尔士亲王（后来的爱德华八世）在英国陆军中任参谋，但不得亲自作战。阿尔伯特王子则上了战场，在皇家海军"科林伍德"号上作为海军中尉参加了 1916 年的日德兰海战。开战时玛丽公主年仅 17 岁，她鼓励妇女参与军医院护理和"妇女土地服务队"农业劳动等工作。公主自己则在战争最后一年受训成为护士。

家族关系

战争引发了强烈的反德情绪，王室家族毫不落后。国王在日记中写道："我永远不会向那些残忍的德国人投降，我坚信英国人民和我一样。"然后，当德国牧羊犬纷纷改名为阿尔萨斯牧羊犬、街上遛德国种猎犬的人会被扔石头的时候，王室家族则因萨克森－科堡－哥达这个德国名字而蒙羞。不时有人暗讽王室成员并非真正的英国人。对此感到愤怒的国王说道："也许我为人平庸，但我绝非异族。"1917 年 7 月，为解决这个问题，他宣布王朝更名，采用了无懈可击的英国名字"温莎"。

事实上，只有最激进的反王室者才会认为乔治五世及其家人与德皇威廉二世勾结。不过，1917 年春季，乔治与沙皇尼古拉二世的亲属关系成为更加紧迫的难题。俄国二月革命开始时，人民起

义使沙皇被迫退位，他希望携家眷流亡英国。英国政府无人反对，但乔治五世及其顾问却有意拒绝。他们知道一些英国人民视沙皇为暴君，乐见其倒台，所以不希望与沙皇有牵连，害怕影响王室声望。因此沙皇在英国避难的请求被拒。次年沙皇及其家人被布尔什维克革命者处决，乔治五世悲伤而又内疚。然而，他们的判断肯定没有错，与沙皇的关系有可能会让部分英国工人阶级疏远王室家族。

1918 年 11 月签署停战协定后，国王像开战时一样迎来人群的欢呼。他责任感明确，坚决而勇敢，赢得了人民广泛的尊重和

爱戴。英国战时首相戴维·劳合·乔治曾写道："这个国家的人民高度忠诚与爱国的主要原因之一就是乔治国王的态度和行为。"

来自王室的护士
年轻的玛丽公主 1918 年在一家伦敦医院中做非全日制护士。1914 年圣诞节时，所有英国陆军和海军士兵都收到了一家以公主名命名的基金会所发放的礼盒。

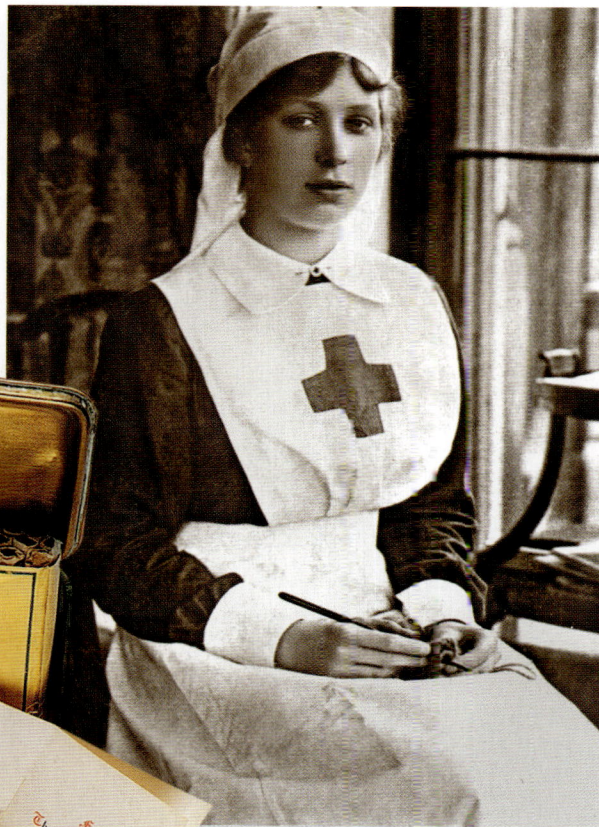

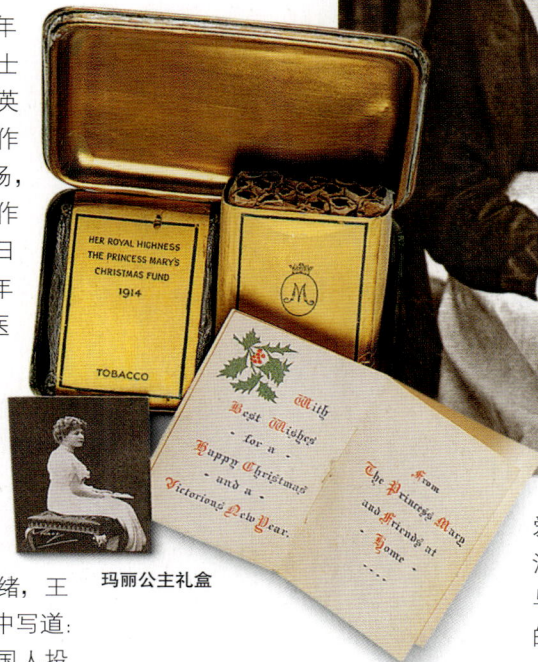

玛丽公主礼盒

征兵
征召志愿者加入英国陆军的海报。参与战事的 800 万英军和帝国部队的每一位战士名义上都是为国王而战。

此后 »

20 世纪 20 年代和 30 年代，第一次世界大战给英国蒙上一片长长的阴影。王室家族在变幻莫测的世界中成为恒久不变的保证。

纪念仪式

战后人们强烈感到需要纪念那些牺牲了生命的烈士。乔治五世也在早期的纪念仪式中起到了显著的作用，1920 年 11 月，他在和平纪念碑脚下献上第一个花圈。

君王与国家

参与战争让英联邦各国加强了归属感和国家观念。君主制成为英国与事实上独立的加拿大、澳大利亚和新西兰之间的象征性纽带，其作用至关重要。

前往议会的队伍

1924 年，庄严而肃穆的队伍前往参加议会开幕大典，队伍中心是乔治五世国王和玛丽王后乘坐的黄金御用马车。

皇家宫殿

白金汉宫

白金汉宫自 1837 年以来就是英国君王在伦敦的住所，同时也是办公之处，女王在这里履行君王的各类职责。这里是举办国事活动的主要场所，也为许多国家庆典提供了场地。

白金汉宫的前身是规模远逊的白金汉府，18 世纪初期由白金汉公爵兴建。后来，乔治三世为妻子夏洛特王后买下这座大宅，从此称为"王后府"。乔治三世共有 15 名子女，其中 14 人都在此处降生。

19 世纪 20 年代，建筑师约翰·纳什受命为乔治四世改建翻新白金汉府，辟为宫殿。国王想把伦敦改造为一座新古典风格的城市，因此需要有一座宫殿能反映出英国的世界地位。希腊复兴式的柱廊和带有山形墙的门廊包围着壮观的前庭，还有一座可供列队穿行的华丽罗马式凯旋门，他的设计被人们视为建筑杰作。不过，纳什大幅超过了预算，1830 年国王去世后他因花费过多而被辞退。

爱德华·布罗尔受雇取代纳什。有很多工作等着他完成，比如按纳什的设计装修国事厅。新任国王威廉四世无意迁入这座宫殿。1837 年，继任的维多利亚女王成为第一位将白金汉宫作为正式居所的君王。

这座宫殿无疑为王室招待会提供了宏大壮观的场地，不过在这里生活实际上远无豪华可言。因为没有浴室，女王洗浴不得不使用移动浴盆；烟囱跑烟太多，只好限制生火，宫殿里寒冷刺骨。通风不畅导致室内有异味，安装煤油灯后人们不免十分担忧可能发生爆炸。据称宫中侍从欺负女王年轻而怠工，宫殿内疏于打理，肮脏不堪。

1845 年 2 月，布罗尔受命规划建设宫殿新翼，部分原因是为维多利亚日益扩大的家族提供更多空间。建造新翼意味着凯旋门必须移到现在的位置，靠近演讲角，后来被称为大理石拱门。不过布罗尔设计中最重要的元素是根据阿尔伯特亲王建议在新建主墙正外立面上增添的中央阳台，1851 年万国博览会开幕时首次启用。

庆祝君王生日

皇家卫队阅兵式在皇家骑兵卫队阅兵场举行，一国之君在那里检阅部队。阅兵队伍行进的起点和终点都是白金汉宫。仪式在君王生日当天举行，这是 1748 年开始的惯例。

皇家卫队阅兵式在白金汉宫结束

在维多利亚时代，白金汉宫娱乐生活极其丰富。费利克斯·门德尔松和小约翰·施特劳斯等著名音乐家曾在这里演出。宫里举行盛大的化装舞会以及各类正式招待会和宴会。

1861年维多利亚女王失去丈夫，退出公众生活，她离开白金汉宫，选择到其他更舒适的寓所隐居。白金汉宫几乎无人问津。看到王室对它毫不关注，1864年有人在栏杆上贴上纸条，上书"前住户生意萧条，本豪宅待租待售"。维多利亚去世后，白金汉宫以爱德华七世和亚历山德拉王后为中心，上演了无数精彩活动。重新装修的大厅富丽堂皇，使用美好年代流行的淡黄和金色，初入社交界的名媛舞会和盛大宴会在这里举行。乔治五世时期，白金汉宫再度以举办正式招待会为主，但国王也安排了爵士音乐家的御前演出，例如1932年路易斯·阿姆斯特朗的表演，而玛丽王后则监督修复并扩建了皇家美术馆。

"烟囱里风声呼啸，如有千名幽灵。"

女教师玛丽安·克劳福德在白金汉宫的第一晚这样说道

此时，污染腐蚀了宫殿外墙原本光滑的法国石材，1913年更换为白色波特兰石。尽管经过修补，这毕竟不是童话中的宫殿，1936年乔治六世和伊丽莎白王后入住时，宫内阴暗破旧，各种电气装置安放杂乱，走廊太多，房间阴冷，老鼠成灾。

宫殿按照伊丽莎白二世的要求进行了修复，强调其作为正式居所及招待会场地的功能。以往每年白金汉宫接待约5万名来宾参加各类酒会、午宴、晚宴、招待会和花园派对。

1992年对于王室来说充满灾难，危机过后，为了让王室家族显得更平易近人而推出了一系列举措，白金汉宫首当其冲。1993年，国事厅首次向公众开放（最初的目的是为修复温莎城堡筹资），此后每年夏天继续开放。迄今为止已有600多万民众参观。

向公众开放

宫内可参观的部分有白色会客厅、皇家美术馆和大宴会厅，其中的餐桌按国宴规格摆放。

白色会客厅

画廊

大宴会厅

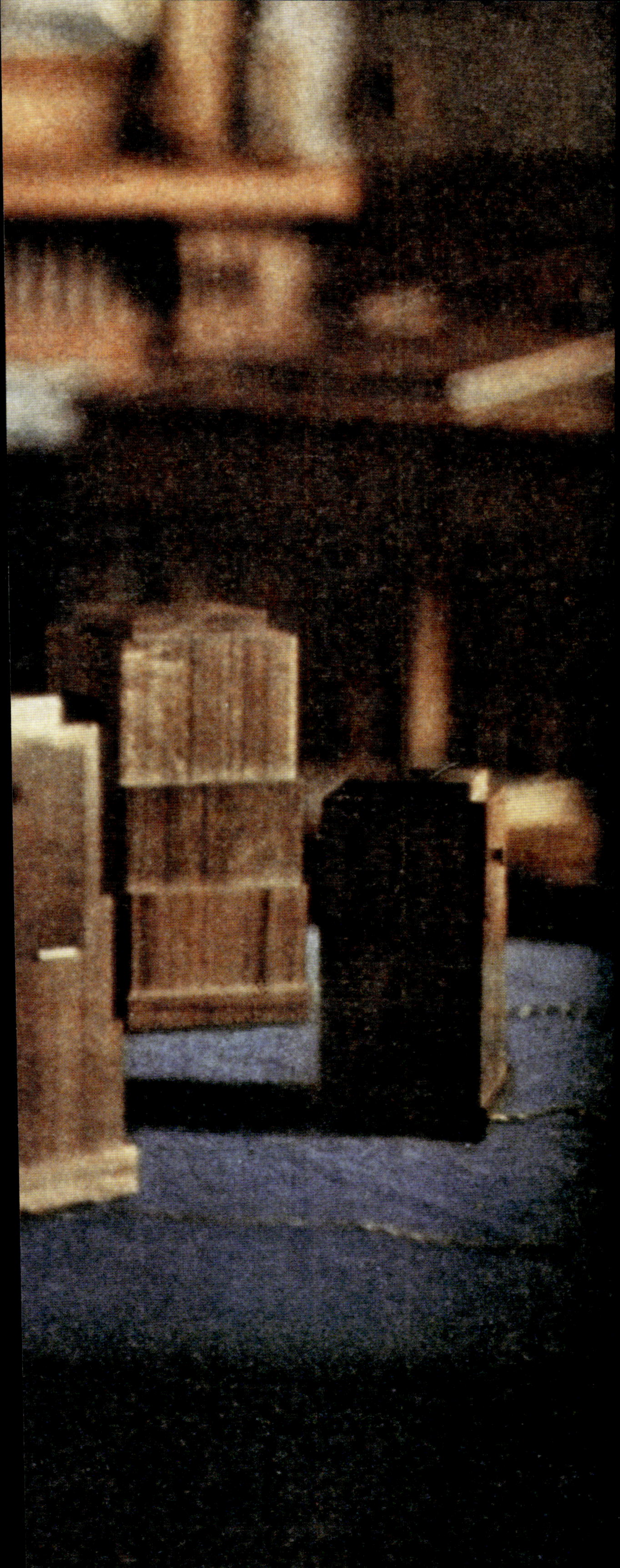

关键时刻 1932年12月25日 下午3点05分

第一次国王演讲

1932 年圣诞节，乔治五世向帝国人民现场广播演讲，成为第一位进行广播讲话的英国君王。共有 2000 万人收听了他的演讲，其中包括万里之外加拿大、印度和澳大利亚等国的民众。原本只计划进行一次的王室圣诞致辞后来形成惯例，一直延续至今。

英国人民在 1924 年 4 月 23 日首次听到国王的声音。当时还是一家私企的英国广播公司刚刚诞生不久，传送了乔治五世在温布利体育场帝国博览会开幕式上的讲话。拥有收音机的人不多，因此公园和百货商场等许多公共场所的扬声器都播放了演讲。不过，总的来说，乔治五世对于无线电等所有创新事物都持怀疑态度，不愿与新式媒体打交道。

1932 年，如今已国有化的英国广播公司总经理约翰・里斯需要一个噱头来推行公司雄心勃勃的新计划：帝国广播服务。他向乔治五世建议进行圣诞广播，还带国王参观了伦敦的英国广播公司播音室，劝得本不情愿的国王回心转意。国王在桑德林汉姆自己的家中讲话，这样可以尽可能不打扰国王的日常作息时间。广播讲话稿由年事已高的小说家、“帝国诗人”拉迪亚德・吉卜林撰写。

圣诞节当天，世界各地的人民听到一个温和而坚定的声音说道：“此刻，我从自己家中、从我内心深处向你们发表这段演讲；那些为冰雪、沙漠和大海所隔绝的人们，只有通过空气传送的声音才能接触。”人们确实感到，在自家客厅就能听到国王的声音是多么神奇。对于这段简短致辞的关注主要聚焦于无线电的技术成就。简短的演讲取得巨大成功，由于民众如此热情，乔治五世同意每年广播一次，最后一次致辞是在 1935 年国王去世之前的一个月。

“祝**所有人**——祝**每个人圣诞快乐**，愿上帝保佑你们！”

乔治五世王室圣诞致辞，1932 年

乔治五世正在播音
桑德林汉姆的一间办公室临时改为播音室，乔治五世国王在那里发表了第一次广播演讲。这张照片中，乔治五世在同一间临时播音室中发表了 1933 年的圣诞致辞。

生于1894年 卒于1972年

爱德华八世

"我宣布**放弃王位，绝不反悔……**"

爱德华八世退位诏书，1936 年 12 月 10 日

爱德华为乔治五世长子，出生时其父还是约克公爵。他受洗时得名爱德华·阿尔伯特·克里斯蒂安·乔治·安德鲁·帕特里克·戴维，爱德华这个名字来自去世的叔父，阿尔伯特来自维多利亚女王长期悼念的夫君，乔治、安德鲁、戴维和帕特里克则分别是英格兰、苏格兰、威尔士和爱尔兰的守护圣徒。家人总是称他戴维。

爱德华从小接受严格的教育，后来他曾谈道，"小男孩了解的行为法则主要就是大量的'不要'"。他与父亲的关系疏远而拘束。遵循家族传统，爱德华进入海军学院学习，1910年乔治五世继位则打断了长子的海军生涯，因为作为威尔士亲王他不宜在海军服役。

父亲于 1911 年加冕后，爱德华很快就表现出对安排给自己的角色有抵触情绪。为了鼓励威尔士人民忠诚于国王，爱德华要在喀那芬城堡正式受封为威尔士亲王。这样的受封仪式已经有 600 年没有举办过了，因此人

们设计了大量具有历史意义的繁杂规定。少年亲王必须穿着的服装过于可笑，以至于受封前夕他宣布拒绝参加。与父亲大吵一番后，亲王终于退让，仪式如期顺利举行。不过，从这场闹剧中可以看出亲王对于乔治五世毫不犹豫接受的那些国王职责未来有可能会感到苦恼。

在第一次世界大战中，爱德华任陆军军官。战时国务大臣基奇纳勋爵下令亲王不得亲自上阵。他认为亲王阵亡是不可承受的损失，如果被敌军俘虏则会极其难堪。不过，虽然爱德华不能真正参战，但他先后在法国任英军总司令参谋部副官，在地中海战区任参谋，这足以称为在战争中"效力"的经历。

受欢迎的亲王

战争带来大量伤亡，冲击过后，迫切需要巩固人民对王室家族的效忠。年轻的爱德华被派往帝国各处巡访，在英国各自治领，他受到特别的欢迎。和老派的乔治五世相比，温和迷人的爱德华令人耳目一新。1924 年在温布利举行的大英帝国博览会上，加拿大展馆展出了一尊真人大小的爱德华雕像，用冷藏黄油制作而成。英国工人阶级同样喜欢亲王。他对工业区的访问得到广泛宣传，亲王还鼓励失业者俱乐部的活动，在普通工人身边表现得放松而自然。

不宜为王

虽然爱德华使英国王室的公众

威尔士亲王
1911 年，爱德华受封威尔士亲王时年仅 17 岁。亲王被迫穿上设计花哨的伪古式服装，感到十分尴尬。

青年爱德华
后来的爱德华八世在青年时代风度翩翩，迷住了英国乃至整个帝国的人民。不过，他的性格并不适合承担国王的种种官方职责。

形象好转，但他私下的行为方式却让父王厌恶，让政治精英们担忧。他与20世纪20年代时髦轻浮的人群交往，习惯了他们的行为方式——鸡尾酒、爵士舞，还有各种风流韵事。他同已婚女性私通，其中比较知名的有弗蕾达·达德利·沃德、弗内斯夫人及最终的沃利斯·辛普森。王室家庭本应是传统道德秩序的典范，亲王的行为却与之格格不入。媒体逢迎王室，向英国人民隐瞒这些不正当关系，但是乔治五世私下反感长子的行为方式和道德观念，并不隐瞒对次子阿尔伯特的偏爱。

之前，威尔士亲王应该已经心存疑虑，感到当国王并不值得向往。20世纪20年代，父亲患病，他必须替国王行使多项职责，但工作对他来说枯燥无味，他做起事来也不能让人放心。他就政治和社会问题发表观点时面临诸多限制而感到恼火。他批评政府对30年代高失业率的情况听之任

访问纳粹
1937年访问纳粹德国时，温莎公爵检阅部队。前国王与纳粹政权的密切关系让英国政府感到非常不安。

> **"我一旦去世，这孩子会在 12 个月内就身败名裂。"**
>
> 乔治五世对首相斯坦利·鲍德温谈到儿子爱德华

之，但他也并不支持社会主义者，而是同情奥斯瓦尔德·莫斯利的法西斯运动。保守政治家们害怕他一旦即位就会破坏君主立宪制的规则，干预政治，损害他们的利益。

英国人民对这些问题一无所知，1936年1月他们热烈欢迎新王登基。对他们而言，爱德华坚决与沃利斯·辛普森结婚导致的退位危机（见92～93页）来得十分突然，人们顿有幻想破灭之感。退位事件某种程度上是政治体制为摆脱不可信任的统治者发动的政变，但对于一位不喜欢各种皇家仪式和责任的国王来说也是一种解脱。想要爱德华继续当国王的"保皇党"政治家发现国王本人对他们的奋斗目标并不积极。最后，1936年12月10日，爱德华签署退位诏书，成为唯一一位自愿放弃王位的英国国王。

流亡生活

爱德华受封为温莎公爵，与辛普森婚后定居法国。他有贵族头衔，也有财政支持，但家族对他的行为不以为然，事实上与他断绝了关系。温莎公爵夫妇总想插手公共事务，因此1937年做出不明智的决定，访问纳粹德国并会见希特勒。1939年英国与德国开战后，公爵受命为英国驻法国部队服务，但有传言称温莎公爵夫人与敌人来往，有叛国行为。

法国陷落后，曾积极支持爱德华的英国首相温斯顿·丘吉尔把公爵打发到了巴哈马群岛，名为群岛总督，实为流放。战后，温莎公爵夫妇回到法国，重新开始名流社会生活。随着时光流逝，他们与王室家族的关系略为缓和，去世后，爱德华的遗体运回英国，安葬在温莎浮若阁摩尔王室墓园。

温莎公爵夫人（1896~1986）
沃利斯·辛普森

沃利斯·辛普森本名贝丝·沃利斯·沃菲尔德，在美国马里兰州巴尔的摩长大。她先后嫁给美国海军飞行员厄尔·斯宾塞和美国船运商欧内斯特·辛普森，逐步成为社会名流，出入于颓废的国际社交圈。与爱德华结婚后，她成为温莎公爵夫人，但是不能称为"殿下"。1986年她在法国家中去世，安葬于王室墓园爱德华身旁。

爱德华八世退位

1936 年退位危机通常被视为一位国王为爱情放弃王位的浪漫悲剧，但同时它也是一场政治阴谋，惹麻烦的国王因为不适合统治国家而被推翻。

1936 年 12 月之前，大多数英国民众不知道国王正面临危机。外国报纸杂志报道了爱德华八世与结过两次婚的美国社交名媛沃利斯·辛普森有染，但英国媒体对此缄口不言。相反，新闻关注的是计划于次年举行的爱德华加冕仪式的准备工作。英国保守党首相斯坦利·鲍德温最初就对新国王疑虑颇深。爱德华之父乔治五世作为立宪制君王无懈可击，在政治问题上从不公开发表见解。他把王室家族的端正品行树立为国家典范。鲍德温预感到爱德华既不会远离政治——他公开支持政客奥斯瓦尔德·莫斯利的英国法西斯联盟——也不会成为适宜的道德典范。和鲍德温一样，政治体制中有很多人关注爱德华与辛普森的暧昧关系，包括英格兰教会首脑科斯莫·朗。

转折点

外国媒体有报道称国王与辛普森在地中海度暑假，10 月，鲍德温手拿剪报与国王对质。国王被告知此事不可能永远保密。同时，萨福克郡伊普斯威奇的一家法院判决辛普森在与丈夫的离婚案中胜诉，她有可能与爱德华成婚。11 月 16 日这场戏演到了关键时刻，国王与首相会面。爱德华

|325 天 爱德华八世统治国家的时间。

通知鲍德温他打算与辛普森结婚。鲍德温的答复是，英国人民、英联邦和英格兰教会不会接受一位离过婚的美国女人当王后。爱德华说，如果是这样，他宁可退位也不会放弃结婚的打算。

两天后，访问高失业地区威尔士山谷时，国王在记者面前称"必须做点儿什么"来帮助这些人找工作。这段话被新闻媒体广泛报道，人们认为国王关心民众，反响良好。然而，鲍德温和同事们感到这是在批评政府的经济政策，对于一名立宪制君王

来说是完全不恰当的干预行为。

对于英国民众来说，退位危机始于 12 月 3 日。布拉德福德主教阿尔弗雷德·布朗特公开指责国王品行，从此一切大白于天下。一夜之间，英国各地报纸新闻头条和广告牌都充斥着对这一事件的报道。此刻，问题已经浓缩为一个简单的决定。爱德华不会放弃结婚计划，而鲍德温和英国政坛坚决不同意沃利斯当王后。不过，还是有人认为如果按照王室与平民的婚姻办理还是可以接受的，这意味着辛普森不能拥有王后的头衔和特权。然而议会支持这一方案的人寥寥无几，英联邦成员国中加拿大和澳大利亚的领导人表示反对。这样一来，鲍德温感到拒绝这一方案是合理的选择。

下台

为保住国王而最后一搏的政界人士形形色色。爱德华的支持者包括莫斯利手下的法西斯主义者、新闻界大亨麦克斯·艾特肯和未来英国首相温斯顿·丘吉尔领导的一小批保守党议员。尽管同情国王的人为数不少，但支持爱德华的人却找不到足够后援来反抗政府。国王自己坚持对辛普森的承诺，没有表现出保住王位的意愿。他的弟弟约克公爵想到要继承王位，甚至比爱德华失去王位还要苦恼。在难以忍受的巨大压力下，辛普森提出与国王断绝关系，但是无济于事。12 月 10 日，爱德华签署退位诏书。

次日晚，温莎公爵爱德华在温莎城堡发表了一次庄严而感人的广播讲

话，第一句就是"我终于可以讲几句真心话了"。他宣布效忠于下一位国王乔治六世，并解释了他不能肩负国王"重担"的原因。当晚，爱德华在朴次茅斯登上一艘皇家海军军舰前往法国与沃利斯·辛普森会合。

正式晚宴菜单
这是 1936 年 11 月议会开幕大典后白金汉宫正式晚宴菜单。这一盛会开始前一周，沃利斯·辛普森提起离婚诉讼，退位危机爆发。

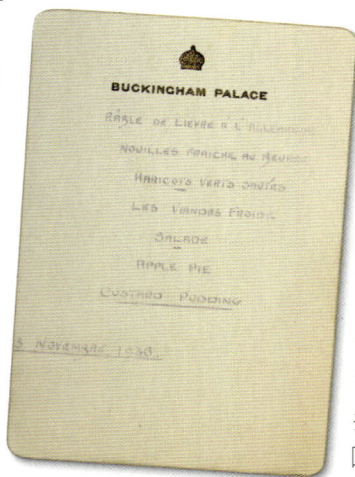

此 前

当 41 岁的爱德华八世于 1936 年 1 月 20 日登上王位时，他的统治似乎会持续很长一段时间。

乐观的未来
爱德华作为威尔士亲王（见 90~91 页）发挥了突出的作用，已经为英国以及整个帝国的民众所熟知。他比父亲更具领袖魅力，20 世纪 20 年代被派往英联邦各处巡访，加强人民对王室的忠诚。为了表现王室关心工人阶级疾苦，他访问了受大萧条影响的英国工业地区，受到广泛宣传。然而，1934 年后，爱德华与一名已婚美国女性沃利斯·辛普森有染——两人的关系最终让他失去王位。

履行国王职责
1936 年 11 月 3 日，爱德华在议会上院准备出席议会开幕大典。这将是他第一次也是最后一次进行这个仪式。

爱德华首次广播讲话
1936 年 3 月，爱德华八世登基后首次发表广播讲话。下一次他通过广播向全国以及整个帝国发表讲话是在当年 12 月，宣布退位。

婚礼
温莎公爵夫妇于 1937 年 6 月婚礼当天在法国坎德城堡外合影。公爵家人没有出席婚礼。

"我发现，没有**我爱的女人帮助**我**支持**我……我无法……履行作为**国王的职责**。"

爱德华八世在退位演讲中说道，1936 年 12 月

此后

1937 年 5 月 12 日，乔治六世在原定为爱德华八世举行的加冕典礼上登基为王。同时，爱德华成为政治上不安定的一名流亡者。

王室蒙羞

1937 年 6 月 3 日，爱德华与辛普森在法国成婚并从此定居法国。次年 10 月，二人访问纳粹德国，会见阿道夫·希特勒。1939 年英国与德国开战后这次访问成为令人极其尴尬的事件。

1967年温莎公爵夫妇访问英国

关系恢复

在任巴哈马总督 5 年后，爱德华回到法国，夫妇两人开始了国际名流的生活。他们与王室家族的关系十分疏远——公爵在 1952 年参加了乔治六世的葬礼，但没有参加次年举行的伊丽莎白二世加冕典礼。1965 年前后，温莎公爵夫妇开始自由访问英国，并参加了一些王室活动，包括 1967 年玛丽王后的百岁诞辰纪念活动。伊丽莎白二世于 1972 年首次探访在法国的公爵夫妇；此后不久，公爵去世。

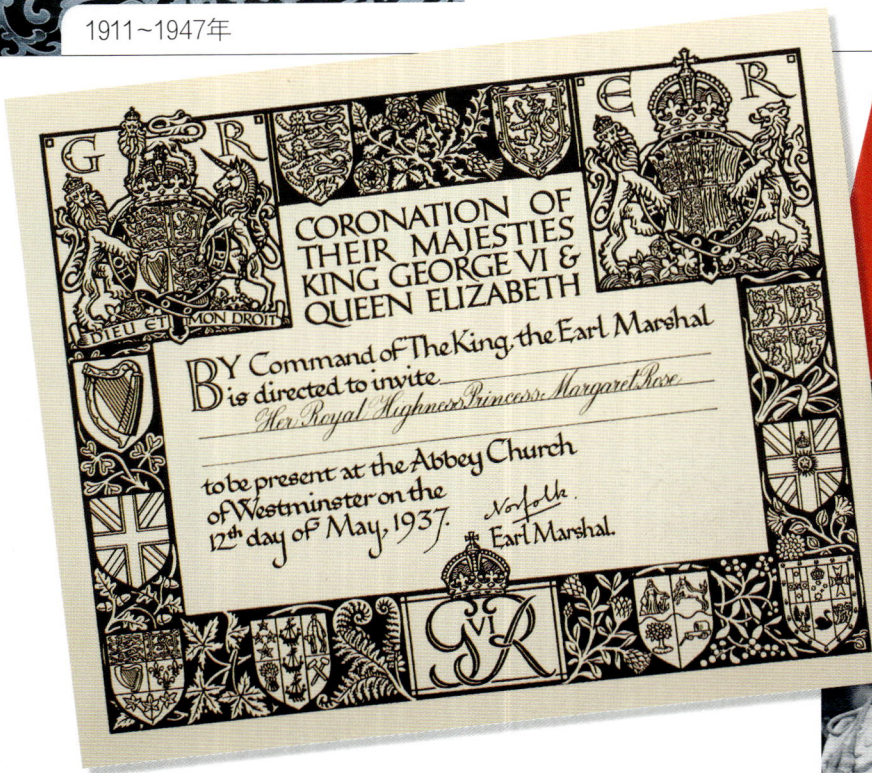

加冕典礼请柬
乔治六世加冕典礼的请柬由英国纹章院院长、第16任诺福克公爵伯纳德·菲兹兰—霍华德发出。作为加冕典礼执行委员会主席，他向各类来宾发放请柬，从王室家族成员到工会代表，等等。

加冕典礼之后
1937年5月12日，在威斯敏斯特大教堂举行加冕典礼后，乔治六世及其家人在白金汉宫阳台上露面，向下方人群致意。前排从左到右依次为：伊丽莎白王后、伊丽莎白公主、玛丽王太后、玛格丽特公主和乔治六世。

皇冠贴纸
20世纪30年代，这些挡风玻璃贴纸用于王室专用汽车。黑白贴纸用于皇家马厩停放的普通汽车。

意料之外的国王

国王退位对于君主制声望来说是一个重大的打击。当时，欧洲各地的王室家族纷纷倒台，而在英国本土，熟悉的旧秩序也受到很多人的质疑。

此前

爱德华八世退位后，人们开始质疑君王究竟能否代表责任和美德。

前途未卜
爱德华八世退位（见92~93页）让整个国家分为两派，传统主义者对于这种不负责任的行为感到震惊，而激进分子则宣称国王可以随心所欲——主要原因是国王并不重要。因此，乔治六世继承王位时，王室的未来显得扑朔迷离。

勉为其难的统治者
阿尔伯特王子及其家人恪守王室职责，但生活保持低调。阿尔伯特极其腼腆，口吃严重，因此公众演讲对他来说犹如酷刑。1925年在温布利一次非常失败的演讲后，他开始接受语言治疗。

乔治五世早就怀疑长子爱德华担任国王的能力。国王认为次子阿尔伯特王子和孙女伊丽莎白更有一国之君的潜力。尽管如此，国王并没有让阿尔伯特做好履行国王职责的准备。与性格外向的兄长爱德华相比，阿尔伯特一直相形见绌，退位危机后却被迫取而代之（见92~93页）。乔治六世的加冕典礼就在爱德华原定加冕日举行。《伦敦新闻画报》早已委托画家画好加冕图，此时不得不请求画家把爱德华的脸换为乔治。

动荡年代
此刻并非登基为王的好时机。退位事件不仅沉重打击了英国君王的声望，欧洲各地乃至大英帝国所熟悉的旧秩序都在受人质疑。在印度和爱尔兰，人们呼吁实行自治和共和制。同时，独裁者逐渐接管欧洲——阿道夫·希特勒进军莱茵兰；弗朗西斯科·佛朗哥在西班牙发动起义、引起内战，而意大利和德国的法西斯政权结为同盟。英国失业率高居不下，左翼与右翼之间日益紧张的关系已经导致内政不稳。在这样的背景下，爱德华——这位敬佩希特勒的国王如同花花公子，关心个人生活远胜于关心国家——似乎不仅威胁着君主制的存在，也威胁着欧洲民主制的存亡。

意料之外的候选人
乔治六世为人腼腆而严肃，缺乏自信，语言障碍严重，似乎不大可能成为扭转君主制和国家命运的候选人。然而，谦逊、坚决、始终勤勉的性格加上铁一般的责任感使他成为一位值得尊重的国家元首，他拯救了君主制的声望，赢得了政治家和人民的爱戴。

退位事件之前，阿尔伯特王子及其家人生活相对平静，其间行使各类王室职责。阿尔伯特深受口吃困扰，极少在公众面前发言。根据王室传记作家德莫特·莫拉的说法，"某些当权人物"甚至曾打算让阿尔伯特幼弟、

"迪基，这实在是太可怕了。**我从未想过**这样的事；我毫无**准备**……我甚至一篇**政府文件**都没读过。"

乔治六世听说继位的消息时对蒙巴顿勋爵说道

更有领袖魅力的乔治王子戴上王冠，而且乔治王子已有男性继承人，更具优势。

阿尔伯特和伊丽莎白极其反对国王退位。他们对爱德华异常愤怒，对沃利斯·辛普森心怀疑虑。夫妇二人都不愿登基，但最终责任感占了上风。乔治六世以坚韧的态度投入新的角色，阅读公文，学习宪法知识，与首相大臣们密切合作。国王难免不时显得经验不足，想法天真，特别是在第二次世界大战前夕的压力之下。他极力想避免再度陷入战争，因此热心支持内维尔·张伯伦首相对希特勒的绥靖政策，其积极程度让很多议员感到他牺牲了立宪君主制要求国王做到的政治中立。

重要访问

在欧洲进行战前准备之时，也许乔治六世最重要的行动就是1939年6月访问美国。富兰克林·罗斯福总统和英国国王都十分清楚这次访问的重要性。罗斯福相信战争即将开始，"大不列颠将是我们的首道防线"。他声明会劝说美国放弃孤立主义政策。乔治明白，盟国若想在战争中取胜，美国的援手至关重要。一次非正式野餐会后，国王与罗斯福彻夜长谈，乔治将详细的会议记录发给英国政府。在记录中，他写道："如果伦敦遭到轰炸，美国会插手。"9月，英国与德国开战。

与美国总统在一起
乔治六世和美国总统富兰克林·罗斯福从华盛顿联合车站一同前往白宫。盟国若要渡过难关，打赢第二次世界大战，就必须加强外交关系，这次两国会见正是为此所召开的诸多会议之一。

乔治六世继续履行国王职责，相当成功。在个人生活方面，他与兄长的关系紧张。

有利联盟
乔治六世在美国的成功外交获得重要回报。英国对德国宣战后，美国总统罗斯福伸出援手，停止武器禁运，武器可以卖往英法两国。此后他通过《租借法案》，允许向"总统认为其国防对于美国国防来说至关重要"的国家出借、出租、销售或交换武器、弹药和粮食。1941年12月，美国正式参战。

在国内，整个战争期间，乔治六世与英国首相内维尔·张伯伦及其继任温斯顿·丘吉尔（见102~103页）一直密切磋商。

关系破裂
乔治六世与兄长之间龃龉不断，后者1937年会见希特勒后更加为之着迷。

乔治六世与英国首相内维尔·张伯伦

乔治六世

生于1895年 卒于1952年

> "我向上帝祈祷……**伯蒂、莉莉白与王位之间**不要出现任何障碍。"

乔治五世在病榻上说道，1936年

全副武装
照片中乔治六世身着舰队海军上将全套制服。他还佩戴了蓟花勋章的领环和胸章，以及嘉德勋章和蓟花勋章的星章。

阿尔伯特王子昵称伯蒂，是约克公爵和夫人（登基后称乔治五世国王和玛丽王后）之次子，为人腼腆而谦逊。富于魅力的兄长爱德华使弟弟一直相形见绌。阿尔伯特生于1895年，生日不巧正是维多利亚女王爱夫阿尔伯特亲王忌日（见60~61页）——12月14日。据说女王为此不禁悲从中来。两天后，新出生的曾孙取名为阿尔伯特，"这个亲爱的名字是一切伟大美好事物的代名词"，这个消息似乎让女王略感安慰。

约克公爵及家人住在约克小屋，这是位于桑德林汉姆庄园内的一座阴沉的仿都铎式别墅。未来的乔治五世

国王作为父亲十分严格——属于典型的维多利亚时期家长，长子爱德华反抗权威，固执己见，而当时家长们所习以为常的不停训诫和批评却打击了阿尔伯特的自信心。与那个时代大多数贵族家庭——包括许多中产阶级家庭一样，约克家的孩子们很少与父母接触。在家中他们与父母分开居住，由很多保姆、佣人和教师陪伴。据艾尔利伯爵夫人说，他们只有在应邀参加母亲举办的闺中下午茶或"在起居室与父亲不那么愉快地见面"时才能离开孩子们的生活区。艾尔利伯爵夫人是阿尔伯特之母约克公爵夫人的密友，经常到约克公爵家中拜访，她曾写道："我从未见过孩子们在走廊上奔跑，他们总是安静地走路，通常有保姆或教师陪伴。"相比之下，孩子们的祖父母爱德华七世和亚历山德拉王后则为人热情，有趣，无

与女王共度时光
阿尔伯特（坐垫上）与兄弟姐妹合影——玛丽（椅子上）、爱德华（站立）和尚在襁褓中的亨利——围绕着曾祖母维多利亚女王。

拘无束，孩子们在他们那里可以暂时逃离家中的严格制度——尽管乔治和玛丽认为他们过于溺爱孩子。

不愉快的童年

长兄戴维一头金发，魅力十足，妹妹玛丽则是父亲最宠爱的孩子（也是唯一的女儿），夹在中间的阿尔伯特有时似乎无人问津——父母在感情上忽略他，而有位保姆则忽略了他的身体，给他吃得太少以至于阿尔伯特一直有肠胃问题。据他曾对兄长大发脾气，很有可能是因为受到了无情的嘲弄和奚落。

阿尔伯特敏感、低调、缺乏安全感，因为膝外翻的问题不得不戴着铁制固定支架，而且非常清楚别人认为他天生的左撇子是缺陷。这个孩子很明白：他不够出色。大约七八岁的时候——也正是此时他被迫改用右手写字——他开始严重口吃。

克服困难

阿尔伯特14岁时被送往海军学院学习，他矮小、胆怯，习惯了桑德林汉姆宅中受到保护的生活，对外界完全不熟悉。一开始他就受到讥讽和恐吓："可以这么说，王子的身份从来没给我带来什么好处，我经常希望自己不是王子。那里生活相当艰苦。"不过，他很快交到了朋友，谦虚和幽默让他深得人心。他有耐力有决心，运动方面成绩突出。

阿尔伯特学习成绩不佳，期末考

订婚

未来的乔治六世国王深爱伊丽莎白·鲍斯－莱昂，1923年1月18日在伦敦与其订婚。同年4月，二人在威斯敏斯特大教堂完婚。

试在全班68人中排名最后。刚一转到达特茅斯皇家海军学院，就有一位年轻军官被指派为阿尔伯特的导师，他终于开始努力学习。学期结束时，军官导师送给他一份特殊礼物——一套用能溶于茶水的一种汞合金制成的假银勺，奖励他的勤奋。伯蒂回到桑德林汉姆也如法炮制，非常成功——不过显然他的父亲乔治五世并不喜欢这个恶作剧。

阿尔伯特在学校终于表现出了坚忍的决心，很快在其他方面给他带来了回报。他爱上了年轻的伊丽莎白·鲍斯－莱昂，但觉得自己远远配不上她。她与人交往游刃有余，对生活充满热情，相当迷人，是当时社交界最受欢迎的姑娘之一。"他总是谈论她，"他的母亲对艾尔利夫人说，"她看起来很有魅力，但我不太了解她。"有了艾尔利夫人的担保，泰克

"我只是一名**海军军官**，这是我唯一的才能。"

即将成为乔治六世的阿尔伯特王子对蒙巴顿勋爵说，1936年

的玛丽（此刻已为玛丽王后）也坚信伊丽莎白是唯一能让阿尔伯特幸福的女人。伊丽莎白却态度谨慎，阿尔伯特向她求婚三次后才最终同意嫁给他。当她最后终于答应求婚时，阿尔伯特向父母发去电报。电报的措辞早已拟好，十分简单："好了。伯蒂。"

婚姻

婚礼于1923年4月26日在威斯敏斯特大教堂举行。新成立的英国广播公司申请录制并播放婚礼仪式，但教堂的教士们反对。婚礼之后，新婚夫妇

乔治十字勋章
1940年，乔治六世国王设立乔治十字勋章，用于表彰英国平民和军人"最伟大的英勇行为或在极端危险情况下表现出来的最杰出勇气"。

前往欧洲长途旅行，此后在皮卡迪利的住所定居，两个女儿伊丽莎白和玛格丽特·罗丝在这里诞生。他们过着当时典型的贵族生活——舒适、有特权、受到保护、传统，但绝不奢侈。

爱德华八世的退位结束了约克一家所习惯的生活方式。他们离开皮卡迪利街的家，住进了白金汉宫，告别了小有名望人士的舒适生活和常规王室职责，开始承担公务带来的压力，为举世瞩目的声名所累。1937年5月12日，阿尔伯特于爱德华八世原定加冕日登基，称乔治六世。

人民的国王

初看之下，很难想象还有比他更不适合当国王的人了。他通情达理，平易近人，但并无伟大君王的素质。不过，乔治六世所处年代非同寻常，可能正是他本质上的谦逊和内向——加上毅力和决心——让他成为有能力引导英国渡过战争难关的君王。他知道如何倾听意见，清楚自己需要学习很多东西。英国人民越来越喜欢这位

谦逊的国王，为他克服语言障碍的努力所感动，欣赏他流露出来的人性和责任感。当他必须通过现场广播（见102~103页）向全国宣布开战时，他的言辞充满人性，在那个时代的王室演讲中并不多见。他给人的印象是，没有所谓的他们和我们的差别，就只有"我们"。

出版但未发行的爱德华八世加冕纪念邮票

伊丽莎白和玛格丽特的童年

1926 年 4 月，一场激烈的英国矿工纠纷即将扩大为全国性大罢工。在这动荡的局势下，王位第三顺位继承人伊丽莎白的诞生可谓是一个令人振奋的好消息。

经过漫长困难的分娩，1926 年 4 月 21 日，伊丽莎白·鲍斯-莱昂——阿尔伯特王子之妻——在父母斯特拉斯莫尔伯爵和伯爵夫人的伦敦宅邸接受剖腹产手术。伊丽莎白·亚历山德拉·玛丽于凌晨 2 点 40 分诞生。宣布伊丽莎白诞生后不久，宅邸外就聚集了兴奋的群众，观看纷至沓来的贺电、贺礼和访客。

4 天后，矿工纠纷升级，全国进入紧急状态。5 月 3 日大罢工开始。工业部门和主要服务部门停止工作，工人上街。罢工持续了 6 天，但公众仍然对新生儿兴趣不减，大量群众在斯特拉斯莫尔宅邸外聚集，想要一睹王室家族的新成员。5 月 29 日，伊丽莎白在白金汉宫接受洗礼。

广受欢迎的孩子

1927 年 1 月，伊丽莎白的父母前往澳大利亚，进行为期 6 个月的王室访问。小婴儿留在伦敦，由护士、保姆和祖父母照料——这是当时上流社会的习惯做法。不过澳大利亚媒体对新生儿相当痴迷，称她为"贝蒂"，她成为世界上最出名的孩子。巧克力、瓷器、医院病房，甚至南极有片土地都被命名为伊丽莎白。纽芬兰发行了一枚有伊丽莎白形象的邮票。她对马的热爱为人所知后，杜莎夫人蜡像馆设立了她骑小马的蜡像模型。

女性杂志长篇累牍地分析推测伊丽莎白的性格。据称，21 个月大时，她曾在桑德林汉姆举行的一次聚会中站在桌子上向客人扔饼干。还有报道说到皮卡迪利宅邸拜访的客人们有可能被楼梯上扔下的泰迪熊砸到。不过大众媒体也说这个小坏蛋又是一位金色卷发小天使，对于祖父乔治五世国王（见 78~79 页）来说，她的微笑比英国任何人都更有威力。坎特伯雷大主教进宫时曾发现老国王扮马，"手和膝盖着地爬行，小公主则牵着他的胡子"。

公主的宠物
1936 年 7 月，在伦敦皮卡迪利家中，伊丽莎白与两条威尔士矮脚狗合影——这是她最喜欢的犬种。伊丽莎白的第一条矮脚狗名为杜奇，是 1933 年乔治六世（见 108~109 页）赠送的礼物。

木质娃娃屋
这件都铎风格的娃娃屋 1932 年由艾钦希尔的弗罗伦斯·帕尔默为一次展览而制作。伊丽莎白·鲍斯-莱昂买下送给两个女儿玩。

典型姊妹
1930 年，玛格丽特公主诞生，关系紧密的约克一家从此臻于完美。伊丽莎白和妹妹玛格丽特童年受到很好的保护。两位公主偶尔在公众场合露面，媒体会大量拍照录影，公主们成为全国儿童的典范。母亲们会模仿公主的服饰来打扮自己的女儿。

等待继位的女王
年轻的伊丽莎白唯一真正的亮相是 1937 年 5 月 12 日，父亲加冕第二天她所写的一篇文章。文章写道："加冕仪式的最后部分相当无聊，全是祷词。奶奶（玛丽王后）和我开始研究还有多少页没有读完，当我们又翻了一页时，我指着页面下方的词'终'，我们相视而笑，又把注意力放回仪式上。"伊丽莎白写这篇文章时已经 11 岁。五个月前，她就知道除非父母再生一个儿子，她未来也会有一天成为一国之君。

此前

第一次世界大战让英国陷入经济危机，国债高筑，出现大量失业者。

黑暗时期的好消息
关于微薄工资和工作时长的矿工纠纷愈演愈烈，即将发展为一场大罢工。政府害怕社会混乱和革命，动员士兵和平民维持秩序。危机当前，民众仍然对王位第三顺位继承人的诞生兴趣浓厚。这也许是因为在极其动荡不安的时代，这个事件象征着传统与延续性。

此后

爱德华八世退位后，伊丽莎白的父亲登基为王，她则成为王位第一继承人。3 年后，希特勒威胁要征服整个欧洲，英国向德国宣战。

女王的成长
乔治六世登基时对于君王职责完全没有准备，他下定决心要让伊丽莎白做好准备。他尽力教导她君王需要承担的繁杂职责和经历的各种程序，必要时还请专家协助。

欧洲各国君王纷纷倒台，退位事件则让英国公众对王室家族信心大减。乔治六世认为，英国君主制要想延续下去，伊丽莎白必须具有不可动摇的责任感。第二次世界大战期间，伊丽莎白效仿父母，开始逐步走上国家元首之路（见 106~107 页）。

> "（伊丽莎白公主）**不同寻常**。她看起来**威严而心思深沉**，对于婴儿来说实在惊人。"
>
> 温斯顿·丘吉尔形容年仅两岁的伊丽莎白二世，1929 年

加冕日
在父母加冕成为国王和王后的那天，伊丽莎白公主在白金汉宫阳台上站在母亲身旁。仪式上，公主身着曳地长裙，头戴小冠冕。

木马

在英格兰赫特福德，鲍斯－莱昂家的乡间宅邸育儿室中，伊丽莎白和玛格丽特骑在木马上合影。孩子的母亲儿时也曾玩过这只木马。

第二次世界大战期间的王室家族

1939年9月3日，英法两国向德国宣战，乔治六世还在逐步确立自己作为国王的地位。仿效父亲在第一次世界大战中的做法，他重视王室家族在鼓舞士气、增强社会凝聚力和发扬民族精神方面的作用。

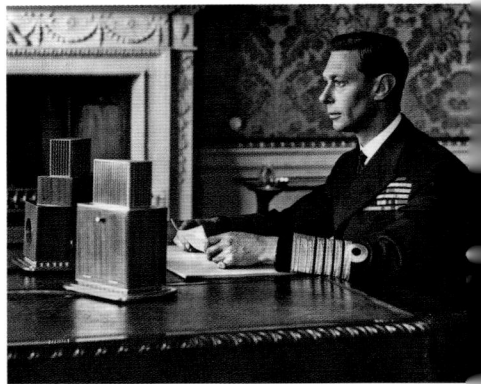

国王的演讲

演讲的官方照片中，乔治国王身着海军军服，坐在桌前面对话筒，形象冷静而庄严。事实上，他发表演讲时只穿着衬衣，站在一间小屋中，窗户打开。

在很多方面来说，乔治六世国王都是内敛尽责的典型家居男人，但他却出乎意料成了民族抵抗的象征。对于英国普通的工人阶级和中产阶级来说，这位严肃而谦逊的男人最喜欢在家中与妻儿共享天伦之乐，恰恰代表了英国所努力维护的价值观念。如果国王更富有魅力、更活力四射，也许只能让人们更强烈地感到贫富差距，而这位遇事犹疑、众目睽睽之下会局促不安的男人却让广大民众看到了人性的共通之处。

"遭到轰炸我感到高兴。这让我觉得**可以直面东区了**。"

白金汉宫遭到轰炸后伊丽莎白王后说道

第一次世界大战后的社会与从前不同。英国出现了第一届工党政府，爱尔兰宣布成立独立共和国，女性赢得投票权，外出工作的女性越来越多，14岁以下儿童必须上学接受义务教育，整个社会教育程度大大提高。报纸发行量上升，还有更为重要的变

化是，几乎家家户户都有收音机，每个村镇都有电影院。第二次世界大战期间，政治家和国王首次可以在战争中与英国人民乃至英联邦全体人民，甚至残余的大英帝国直接沟通。

宣战当天——1939年9月3日——乔治六世不仅必须要发表生命中最重要的一次演讲，而且这次演讲还要现场广播。这是万众期待的事件，全国各地万人空巷，民众都在家中围坐在收音机旁。演讲失败的后果无比严重，国王对此一清二楚。他发表了演讲（见97页），播音室里唯一陪伴他的是语言治疗师莱昂内尔·罗格。莱昂内尔建议国王忘记听众，只对着他讲话。方法奏效。无论多么严肃持重，乔治是第一位人民的国王。

轰炸白金汉宫

整个战争期间，乔治国王和伊丽莎白王后拒绝听从离开伦敦前往温莎城堡避难的提议。他们多数时间住在白金汉宫，定期前往遭到轰炸的社区慰问，特别是东区。白金汉宫也多次被德军炸弹击中。1940年9月13日白金汉宫被炸，当时国王和王后正在宫中。几名工人受伤，小教堂被炸毁。同日，国王和王后视察了东区的西汉姆。后来，王后曾说道："我觉得自己仿佛走在一个死寂的城市……

所有的住宅都空无一人，但透过破碎的窗户还能看到所有剩下的可怜财产……原封未动。"

王室家族同样在受苦，这一点让

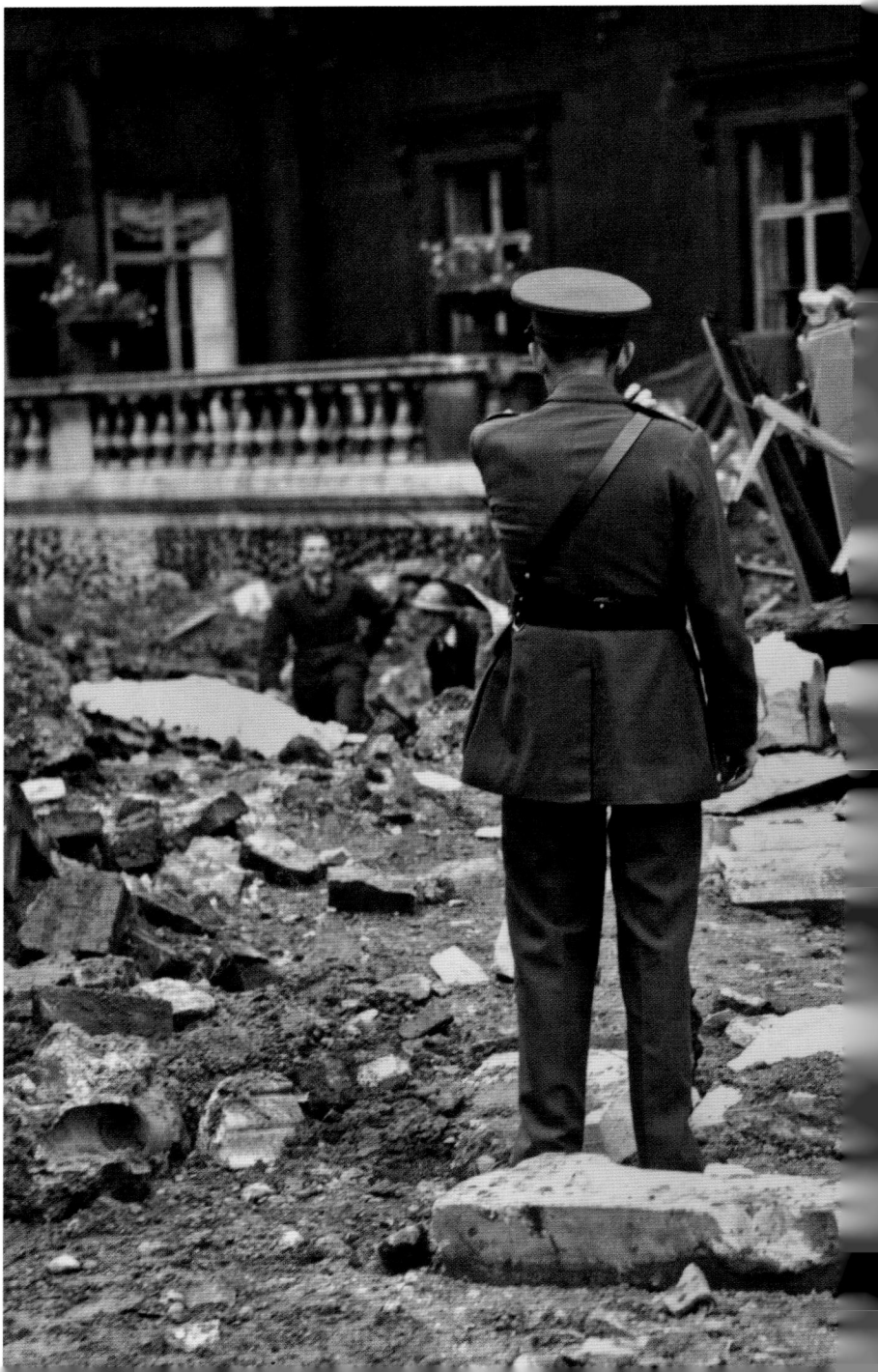

战时能屈能伸

1940年9月10日，伊丽莎白王后和乔治六世国王在白金汉宫检查伦敦大轰炸期间德军空袭后造成的破坏。当天轰炸时他们不在宫中。

《《

此前

兄长爱德华八世退位后，乔治六世意外地继承了王位，当时他尚在摸索为君之道。

秩序改变

世界秩序和社会秩序都处于转折和危机之中，多国君王倒台，欧洲开始出现法西斯实验。大英帝国衰落，而美国正在崛起。

民众对他们更加爱戴。和英国大多数人一样，乔治和伊丽莎白在战争中也失去了亲人。1942年，国王幼弟肯特公爵乔治王子遇难。

慰问饱受战争摧残的国家

每周定期的新闻短片除了战争惨状以外，还会报道王室家族活动——视察被炸地区、军火工厂、医院、赈济处、部队。这些新闻意在鼓舞民众士气。还有一些影片记录了乔治六世1939年战争伊始多次前往法国视察现役英军和1943年阿拉曼战役大捷后访问北非的情景，第二次世界大战期间，英国两次在阿拉曼这个埃及城市

与轴心国部队作战。1944年6月，诺曼底登陆10天后，乔治六世来到诺曼底海滩视察英军，同年晚些时候还视察了驻扎在意大利和低地国家的部队。尽管没有直接参与战略工作，但在整个战争期间每周二他都与首相温斯顿·丘吉尔单独会面，建立了互相信任尊重的关系，在历任首相与历代君王之间，如此密切的关系并不多见。

王室家族的所有成员——包括孩子们——都要为战争做出贡献，在全国民众面前树立榜样。伊丽莎白公主不仅在14岁的时候第一次向全国儿童进行广播讲话（见106页），还为

JOIN THE ATS

ASK FOR INFORMATION AT THE NEAREST EMPLOYMENT EXCHANGE OR AT ANY ARMY OR ATS RECRUITING CENTRE.

战时活动
第二次世界大战期间英国女性如果想要为军队工作可以加入ATS。1943年底，ATS已有20万名成员。伊丽莎白公主在ATS中任司机兼机械师。

部队士兵缝补衣物，圣诞节时表演哑剧筹款。后来她加入了辅助本土服务部队（ATS）。

考虑到现代战争让普通民众付出很多代价，国王决定设立勋章奖励那些表现出超凡勇气的人民——包括军人与平民。1942年，马耳他人民因德国长期围困期间勇敢应战而获得乔治十字勋章。

胜利日

1945年5月8日欧洲胜利日（VE）当晚，国王在白金汉宫阳台露面并向欢呼群众致意之后，同意了女儿们相当出乎意料的请求，这也许正说明了

19次 第二次世界大战期间白金汉宫直接遭到德军飞机轰炸次数。

战争年代王室家族与英国民众之间关系的发展变化。"我们问父母是否能自己出去亲眼看看。"伊丽莎白后来透露。伊丽莎白公主19岁，妹妹玛格丽特公主14岁，两人拉下帽子遮住眼睛，隐姓埋名混入人群。伊丽莎白后来讲述了这段经历："我们穿过大街小巷，和一群陌生人手挽着手走过白厅路，卷入欢乐欣慰的人潮……我觉得这是自己一生中最值得纪念的夜晚之一。"

此后 »

乔治六世作为国王受到高度尊重，但公务压力严重影响了他的身体健康。

新型世界组织
1945年联合国（UN）成立，1949年北大西洋公约组织（NATO）成立，战后世界开始形成新秩序。在英国，包括发展福利国家法案在内等诸多条令生效，旨在改善国家状况，提高教育水平，促进社会平等。

国王健康每况愈下
乔治六世国王一向体质不好，公务带来的压力——特别是第二次世界大战期间领导国家的压力——严重影响了他本就脆弱的身体。他吸烟过量，最终诊断患有肺癌。国王还得了冠状动脉血栓症，心脏部位出现致命血块（见132页），1952年在梦中去世，享年56岁。

在ATS工作
伊丽莎白公主在ATS中任中尉，1945年学会了更换汽车轮胎。战争结束时她已晋升为初级指挥官。

访问经历战火的人民

第二次世界大战期间德军空袭后，乔治六世和伊丽莎白访问谢菲尔德无家可归的民众——这是王室家族为鼓舞民众士气采取的诸多举措之一。

伊丽莎白的青少年时期

尽管伊丽莎白和玛格丽特在享受特权和保护的环境中长大，但两人的生活在年幼时就因为两大事件发生了翻天覆地的变化——爱德华八世退位和第二次世界大战爆发。

1936年退位危机（见92~93页）后，伊丽莎白的父亲成为国王，全家从皮卡迪利的宅邸搬到白金汉宫。皮卡迪利宅邸绝不窄小——有25个卧室，16名工作人员——但那里生机勃勃，是他们热爱的家，也是典型的富裕贵族在伦敦保留自住的房产。玛丽安·克劳福德担任伊丽莎白和玛格丽特的教师长达16年，当时两位公主的生活情况（见98~99页）主要来自她的介绍。

新家

据克劳福德称，白金汉宫实在没有什么可取之处。这座宫殿昏暗、巨大、寒冷，到处都是老鼠："你可能以为国王的宫殿就代表着最现代的奢华生活，但事实完全相反。住在白金汉宫就好比在博物馆里露营——还是一座破旧不堪的博物馆……第一晚，烟囱里风声呼啸，如有千名幽灵。宫中最近才刚通电……举个例子，我的卧室灯只能用走廊中离我房间两码远的开关控制……餐点从白金汉宫路那一头的厨房送到宪法山这一头的餐厅要走差不多半英里。我们还需要找灭鼠人，他在硬纸板鼠夹中央放一堆茴香，周围涂满糖浆，与老鼠的战斗永无休止。"

如果克劳福德的叙述符合事实的话，是她担忧公主们过于与世隔绝，因此建议她们参加女童军。1937年6月9日，第一届白金汉宫女童军团集结。军团有20名成员，都是贵族家庭、王室家族成员或是王宫工作人员的女儿。为玛格丽特组织的小女童军活动——适合7岁至10岁女童——有14名成员。

准备成为女王

乔治六世决心要让伊丽莎白比他当年承担君王重任之前做好更充分的准备。在钻研政府文件时他鼓励女儿坐在身旁学习（见130页），

女童军
1943年，伊丽莎白和玛格丽特身着女童军制服，准备放飞一只信鸽，在女童军领袖贝登堡夫人亡夫生日那天给她捎信。

此 前

谁也没有想到爱德华八世会不当国王，而且没有自己的继承人。伊丽莎白原本似乎完全不可能继承王位。

享受特权的公主
伊丽莎白和玛格丽特过着适宜贵族女孩的轻松生活，备受呵护，最大成就是未来获得美满婚姻。对她们的教育并不十分认真，两位姑娘都在家中学习，课程里既有数学和英语，也有舞蹈和骑马。公主母亲如果想到有趣的消遣，时常会打断孩子的学习。

还请伊顿公学副校长亨利·马腾为她教授大量课程，课程内容主要有宪法史、君王的作用和议会议事程序。而玛格丽特所接受的教育相比之下就不那么严格细致。

因父母曾对澳大利亚、新西兰、加拿大和美国进行王室访问，两位公主有机会——当时非常难得——向那些有亲身经历的人了解外国和外国文化。1939年，伊丽莎白的母亲在访美期间写信给她，讲述了在纽约州富兰克林·罗斯福总统家中举行的一次现已十分出名的野餐会："在房子周围的树下，我们都坐在小桌旁，所有的食物放在一个盘子上——一点三文鱼，一些火鸡肉、火腿、生菜、豆子，还有热狗！"

有时，两位姑娘会陪伴父母进行王室访问。1939年7月，13岁的伊丽莎白和父母妹妹一起访问了达特茅斯皇家海军学院。希腊的菲利普王子（见124~125页）当时18岁，这位活力十足的学员受命照料两个女孩。克劳福德记述这次会面时说道："他（菲利普）和两人（伊丽莎白和玛格丽特）玩游戏，跳过网球球网，大吃

战时广播
1940年，伊丽莎白第一次向全国儿童发表广播讲话，很多儿童当时已撤回乡下。最后，玛格丽特也讲了几句。

大喝，一直嬉笑打闹，最后在皇家游艇驶离时还自己划船尾随。国王不得不大声吼叫，让他回去。"伊丽莎白显然已为之倾倒。

战争爆发

几个月后，战争爆发，国王和王后留在伦敦，姑娘们则搬到温莎城堡。那里阴森恐怖——窗户封死，油画收起藏好，吊灯放低，离地只有3英寸，以免轰炸时被震碎，家具用防尘布盖好。国王在城堡里的一处农场养猪，姑娘们负责照料一小块土地——种有蔬菜或花朵——以及养兔。温莎城堡和白金汉宫的浴缸上都涂了一条黑线，所有人洗澡用水都不得超过13厘米深。空袭期间，掩体设在城堡地牢中，地板上甲虫乱爬。不过，两位公主在空袭掩体中有卫生间，这一豪华待遇非常难得。一次，图书馆长带两位姑娘来到地下室，给她们看了藏在破旧皮制帽盒中的皇冠

"**数以千计的儿童**不得不离家远走……妹妹玛格丽特·罗丝和我与你们**感同身受**，因为我们知道……**离开那些我们最爱的人**会有怎样的心情。"

伊丽莎白公主第一次向全国儿童发表广播讲话，1940 年

宝石（见 68~69 页），帽盒里还塞满报纸。

战争期间，姑娘们继续在温莎城堡的女童军工作，和全国所有女孩子一样，她们编织、做胸针，然后卖掉为战争筹款。1940 年，她们开始每年上演哑剧，为部队筹集慰问金。国王看到两位公主努力工作，打趣道："如果我失去王位，至少姑娘们能挣钱养活自己。" 1940 年 10 月，在玛格丽特陪伴下，伊丽莎白公主第一次对公众演讲——向全国儿童现场广播，很多儿童此时已受命撤到乡下。

两个孩子相比，玛格丽特更风趣、任性和淘气，受到更多关注。而伊丽莎白则腼腆、严肃，不能与人自如交往。她谈到妹妹时说："玛格丽特在时就好多了——大家听到玛格丽特的话都会大笑。"

姑娘们很少离开温莎城堡，不过偶尔也会陪伴父母出席公众活动。15 岁时，伊丽莎白加入辅助本土服务部队志愿服务，学会了驾驶卡车和维修发动机。女童军活动让公主们仍然能够有机会感受正常生活。

1944 年，一部影片拍下了两人在营地中的镜头，她们洗洗涮涮，在防空洞里嬉笑，和别的姑娘们一起唱歌，公主的母亲则在一旁观看。王后用玛格丽特递给她的又破又脏的杯子喝茶，举国上下看到此处报道都很高兴。

伊丽莎白 18 岁生日时，乔治六世任命她为国务参事，国王出国或患病时替他履行官方职责。这不是简单的礼仪工作，不久国王就前往意大利，伊丽莎白作为参事要签署一份杀人犯的缓刑令。伊丽莎白公主此前一直远离生活中那些不愉快的东西，对这样的工作没有准备，似乎深受困扰。"人们怎么会做出如此可怕的事情？" 她问道，"必须知道！应该有办法帮助他们。关于人，我要学的东西太多了。"

此 后 »

乔治六世为女儿未来成为一国之君而对她悉心培养，伊丽莎白成长为一个相当严肃的年轻女郎。

全心奉献的女王

经历过第二次世界大战，伊丽莎白深深了解到作为一国之君的责任和意义。21 岁生日时，她在南非向整个英联邦发表广播讲话，郑重承诺："在此我宣布，无论寿命长短，我都将终生为你们服务，为我们所属的伟大帝国联邦服务。但是，只有你们和我共同努力，我才会有力量完成这一承诺。"

伊丽莎白和菲利普

1939 年见面之后，伊丽莎白和菲利普又多次在其他场合相遇（见 114~115 页），为两人的婚姻（见 120~121，266~267 页）播下种子。

首次官方活动

为庆祝伊丽莎白的 16 岁生日，温莎城堡专门举行了一次阅兵——这是她的首次官方活动。这位公主刚刚被任命为掷弹兵卫队名誉上校，对军团进行检阅。

家庭宠物

王室家族爱狗由来已久，17 世纪以来的王室画像上就开始出现哈巴狗、查理王猎犬等宠物狗。自维多利亚女王统治时期开始，王室宠物狗在桑德林汉姆就有了专属墓地。

众所周知，伊丽莎白二世喜欢威尔士矮脚狗：为纪念女王登基金禧发行的克朗币上即有女王和这种狗。2012 年，女王宠物狗中有 3 只参加了奥运会开幕式，分别叫作蒙蒂、霍利和威洛。

女王儿时起就喜欢威尔士矮脚狗。1933 年，她的父亲买了一只作为家庭宠物。尽管这条狗正式命名为洛扎威尔金鹰，家里的佣人们开始戏称它为杜奇（Dookie），这是"公爵（Duke）"英文名的昵称。自此以来伊丽莎白共养过 30 条威尔士矮脚狗，其中大多数都是她的 18 岁生日礼物矮脚狗苏珊的后代，1947 年女王和菲利普亲王度蜜月时苏珊也与两人同行。尽管矮脚狗一直是她的最爱，伊丽莎白女王也养过一些拉布拉多犬及一条金毛犬、一条可卡猎犬、一条狮子狗，还养了不少多基犬，即威尔士矮脚狗和腊肠狗的混血犬种。

王室家族热爱动物，不仅限于宠物犬。伊丽莎白马术娴熟，拥有世界级优质赛马。有时，王室家族还会获赠非同一般的动物。第二次世界大战期间，蒙巴顿勋爵（见 192~193 页）曾送给伊丽莎白和玛格丽特一只变色龙；1956 年，苏联领导人尼基塔·赫鲁晓夫向 6 岁的安妮公主赠送了一只叙利亚棕熊；1961 年，伊丽莎白和菲利普对冈比亚进行国事访问时获赠 1 条小鳄鱼——这是给一岁的安德鲁王子的礼物，在捐赠给伦敦动物园之前，女王的私人秘书只得把小鳄鱼养在自家浴缸里。

女王的儿孙辈继承了她对动物的热爱。他们有各种各样的宠物狗，还为很多动物慈善机构提供庇护。

"**女王**量身试衣时自带一块**磁铁**……用来**搜索整个房间**是否有**散落的大头针和缝衣针**，以免伤到**爱犬的爪子**。"

布莱恩·霍依所著《宠物：王室御批》一书中某王室裁缝曾说道

女王与她的宠物犬
伊丽莎白二世这张照片是 1952 年摄影师丽莎·谢瑞登在巴尔莫勒尔城堡拍摄的。谢瑞登在 20 世纪 30 年代初受聘为一本关于狗的书拍摄王室所养矮脚狗后成为王室家族最信任的摄影师。

生于1900年 卒于2002年

伊丽莎白王后、王母太后

"伊丽莎白是**欧洲最危险的女人。**"

阿道夫·希特勒评论伊丽莎白战时鼓舞英国人民士气的能力

作为第一位嫁入王室家族的"平民"，伊丽莎白·鲍斯－莱昂出生于苏格兰最重要的贵族家庭之一。由于此前英国王子只与其他王室家族联姻，她与阿尔伯特王子的婚姻被视为迈向政治现代化的一步。她有一个完全田园式的童年，既有林中秘密游戏，也有烛光舞会。伊丽莎白主要在家中接受教育，重点是为幸福婚姻做好准备。

成长

第一次世界大战开始时伊丽莎白年仅14岁。她家的格拉姆斯城堡用作军医院，伊丽莎白和姐姐罗丝帮助护理伤员。她有四个兄弟参军，其中1人被捕并被囚禁，1人阵亡。不

王后肖像
这张官方肖像拍摄于1954年，伊丽莎白身穿有金银线刺绣和水晶珠饰的缎面罩衫。她佩戴的首饰和王冠镶有钻石。

过，战后人们再度充满热情地投入轻松有趣的生活。伊丽莎白是伦敦社交圈里的"时尚女性"之一——魅力四射、活泼开朗，但她极有分寸，不会做出任何会给自己扣上"放荡"恶名的事情。

新挑战

伊丽莎白对生活的热情和随意不拘礼的态度正是约克公爵阿尔伯特王子所热爱的品质。但是，王室长辈对此并不欣赏。因为伊丽莎白接受关于订婚事宜的记者采访时称未婚夫为伯蒂，她未来的公公乔治五世非常生气。婚后，伊丽莎白在幕后帮助阿尔伯特克服口吃，树立自信。她决心不让自己的孩子像阿尔伯特一样接受维多利亚式乏味而一本正经的家教，为孩子们创造了温暖的家庭氛围。

伊丽莎白从不害怕暴露自己的感情。应爱德华八世邀请到巴尔莫勒尔参加晚宴时，她发现接待她的是国王新情人，两度离异的美国社交名媛沃利斯·辛普森。伊丽莎白直接走过她身边，说"我是来和国王共进晚餐的"，然后便在爱德华右手边落座。几个月后，爱德华退位（见92~93页），阿尔伯特加冕，称乔治六世，伊丽莎白成为王后。对于他们来说，挑战不仅仅在于继承王位，还在于此刻第二次世

童年生活
家人昵称伊丽莎白为巴菲，她在10名子女中排行第九。她的幼年大部分时光在父母的乡村居所度过，即圣保罗沃登伯里，位于伦敦以北赫特福德。

界大战已然临近。为了避免再次陷入战争，伊丽莎白采取了此生唯一一次带有明显政治色彩的行动。首相内维尔·张伯伦说服希特勒签署和平条约后回国，她邀请首相来到白金汉宫阳台，此时议会还没有对条约投票，因此这显然不合礼仪。

战争爆发后，伊丽莎白的任务是提供精神支持。第一次视察伦敦东区轰炸废墟时，她身穿轻薄淡雅的衣物，脚蹬高跟鞋，全身珠光宝气，人们嘲笑她，向她投掷垃圾。伊丽莎白很快明白自己的荒唐之处，改为更质朴的打扮。

战后，宫廷生活回归正常。但是国王健康状况恶化，1952年去世。伊丽莎白认为辛普森是罪魁祸首，如果

开创先河
伊丽莎白和约克公爵于1923年4月26日在威斯敏斯特大教堂成婚。婚礼伴娘共有8位：（从左至右）玛丽·坎布里奇、黛蒙德·哈丁、玛丽·锡恩、伊丽莎白·艾芬斯通、梅·坎布里奇、凯瑟琳·汉密尔顿、贝蒂·凯特尔和塞西莉娅·鲍斯－莱昂。

丈夫没有被迫当上国王就不会过早去世。

晚年
伊丽莎白王后，后称王母太后，在女儿继位后依旧沉着冷静。1968年，

伊丽莎白诞生
约克公爵夫人于1926年4月21日凌晨2点40分剖腹产生下第一个孩子——伊丽莎白·亚历山德拉·玛丽，家人昵称嫩莉和利布。她的第二个孩子玛格丽特·罗丝4年后出生。

物的极度热爱——有一次造成400万英镑透支。不过王母太后依旧受到各界人士爱戴。她从不矫揉造作，直到生命终结都坚持自我，决不妥协。

> "有意思的是**我们并不害怕**。我觉得**上帝**给了我们能力，让我们可以**冷静**面对局势。"
>
> 伊丽莎白王后在爱德华八世退位两天后给坎特伯雷大主教科斯莫·朗的信中说道，1936年12月12日

加冕礼服长裙
加冕典礼上，伊丽莎白穿着一件丝质长裙，裙上用纯金线绣有玫瑰花和蓟花图案。她的两个女儿则穿着带有淡黄色花边的白色丝质长裙。

当示威学生向她扔手纸卷时，伊丽莎白停下脚步，捡起手纸，仿佛是有人把它放错了地方。"这是你的吗？"王母太后说道，转向一名学生，"哦，你拿着好吗？"学生们陷入沉默。

面对政治人物，伊丽莎白同样得心应手。一次，她问前任外交大臣卡林顿勋爵保守党为何撤下玛格丽特·撒切尔首相。他答道："嗯，夫人，坦白讲，到了后来她完全不可理喻。"王母太后回应："这样说来，谢天谢地，我不归你管。"

查尔斯王子说伊丽莎白"对生活充满热情"，这也体现在她对生活中精致事

生日庆典
1990年8月，王母太后在90岁生日那天向公众挥手致意。此前庆祝活动已于6月27日开始，在皇家骑兵卫队阅兵场举行了阅兵活动。

王母太后80岁生日纪念币

首次非洲之行

大英帝国正走向瓦解。印度即将独立，此刻的关注点转向南非，那里盛产黄金和钻石。南非在战争期间支持英国，但反英的南非白人势力正在扩大，其中还有支持纳粹的种族主义者。

随着乔治六世、伊丽莎白王后和伊丽莎白、玛格丽特两位公主登上皇家海军"前卫"号战舰，王室巡访就此开始。在记录这次航行的新闻短片中，两位公主与水手们十分投入地玩甲板游戏，可谓是公主公开影像中最为放松的情景。不过甫一上岸，娱乐时间就结束了。

2月17日他们到达开普敦时受到超过25万名南非白人欢迎。此后他们与各部落首领会面，活动丰富多彩。有一次迎接王室一行的是数百名巴苏陀部落成员，他们骑马飞驰而过，尘土飞扬。这次巡访专门发行了纪念邮票，伊丽莎白公主21岁生日时还有人赠送钻石作为礼物。尽管南非极力塑造模范殖民地的形象，但王室家族深知真相去之远矣。

南非纳塔尔省的印度人抵制王室巡访，以此抗议限制印度人在白人区拥有财产的隔离法案。南非白人媒体态度也不友好。乔治六世厌恶公开的种族隔离现象，当地政府反对他为奖励战功给南非黑人授勋，演讲因此对他来说愈加困难。南非白人警察颐指气使，被他称为盖世太保。

4月24日，王室一家启程回国。此后不到一年，南非通过了《种族隔离法案》。这次不愉快的非洲之行带来的影响持续多年，伊丽莎白此后多次表示支持反种族隔离活动的纳尔逊·曼德拉。当英国首相玛格丽特·撒切尔称曼德拉为恐怖分子时，她甚至刻意疏远撒切尔。

"针对······有色人种设置种种障碍，因此与南非白人同庆······不合时宜。"

圣雄甘地支持抵制王室巡访

走入非洲
1947年3月22日，王室家庭访问南非纳塔尔国家公园。除了国家公园，王室家庭还抽时间参观了禁猎区和维多利亚大瀑布。不过，整段旅程中，他们都深深感受到南非各种族之间的紧张关系。

20 世纪前 20 年，欧洲多国爆发战争和革命，君王纷纷倒台。各国王朝之间几个世纪以来不断通婚的结果使各个王族之间亲缘关系错综复杂。

君王联姻

1863 年，维多利亚女王安排长子即未来的爱德华七世与丹麦国王克里斯蒂安九世的长女亚历山德拉结婚。第一次世界大战爆发时，英国、俄国、德国、希腊、西班牙、丹麦、挪威和罗马尼亚的国君都是维多利亚或克里斯蒂安的孙辈——本为近亲的君王们在战争中却属于敌对的阵营。

媒人

菲利普王子的舅舅路易·蒙巴顿为撮合伊丽莎白和菲利普出力不少，以至于菲利普给他写信说："求求您不要在恋爱问题上过多建议了，否则我只好找人替我追求。"蒙巴顿希望未来女王后代的姓氏中有他的名字永远流传下去。

> "他的**衣服**比很多**银行职员**还**少**……他只有一套西服，袜子上都是补丁。"
>
> 菲利普的随从约翰·迪恩

伊丽莎白与菲利普

外表看来两人并不相配——伊丽莎白公主腼腆、本分而严肃，一文不名、流亡在外的希腊王子菲利普则充满活力、心直口快。虽然是隔了几代的表亲，他们的童年生活却相去甚远。

伊丽莎白 13 岁时与父母妹妹一起访问达特茅斯皇家海军学院（见 106 页）。在那里，她遇到了同为王族的表哥，18 岁的希腊王子菲利普。后来菲利普来到温莎城堡观看两位公主演出年度圣诞哑剧（见 107 页），两人第二次见面。此后不久，伊丽莎白的壁炉架上就出现了一张王子的照片，她的教师玛丽安·克劳福德告诫她可能会有流言蜚语，伊丽莎白就换了一张菲利普满脸胡子的照片。"克劳菲（译注：克劳福德的昵称），这样行了吧，我不信会有人认出来。他完全隐姓埋名了。"哑剧之后，两人开始定期通信，菲利普作为学员生加入皇家海军。

相配

1922 年，菲利普全家被迫流亡，离开希腊，希腊安德鲁亲王与巴腾堡爱丽丝公主之子菲利普从此居无定所。纳粹主义崛起时，他离开德国前往苏格兰，成为高登斯顿学校（见 124、162 页）的首批学生之一。菲利普似乎喜欢在受邀拜访的各大豪宅和庄园的访客登记本上把自己的地址填写为"无固定住所"，做客时他常常连换洗衣服都没有准备——只带一把剃须刀。

菲利普心直口快、性格独立，无拘无束，风趣活泼，对生活的热情永不磨灭，与一般的贵族青年截然不同。人们对他的评价是此人"实在不够文雅"，为人粗鲁专横。不过，伊丽莎白一辈子习惯了各种奉承讨好，菲利普的坦率和特立独行令她耳目一新。

战争英雄

1943 年 7 月，第二次世界大战期间，菲利普服役的军舰皇家海军"华莱士"号参加了盟军在西西里的登陆行动。深夜，这艘军舰顶着敌人连续的炮火接近了西西里东南海岸。船身倾斜，没有火力掩护，军舰似乎即将

伊丽莎白做伴娘

1946 年 10 月，当他们的关系愈发惹人猜测时，在蒙巴顿勋爵之女帕特里夏与布拉伯恩勋爵的婚礼上，伊丽莎白公主担任伴娘，菲利普王子则负责为嘉宾引座。

教官

1946~1947 年，菲利普王子在位于威尔特郡科舍姆的海军士官培训中心任教官。在那里工作期间与伊丽莎白公主订婚。

"伊丽莎白**开始精心打扮**，并弹奏《俄克拉荷马》一剧插曲'人们会说我们相爱'。"

伊丽莎白的教师玛丽安·克劳福德说

尔，他毫无顾忌，穿着法兰绒裤子而不是高尔夫球裤，带着一把借来的枪就去打猎，客人们似乎都感到震惊。一位男仆向媒体透露，菲利普"唯一的海军旅行袋"里没有替换的鞋子、睡衣或是拖鞋，唯一一双步行鞋还必须送到当地鞋匠那里修补。据说 1946 年菲利普就是在巴尔莫勒尔向伊丽莎白求婚，伊丽莎白也点头同意。最初国王和王后似乎和众人一样觉得菲利普有种种不妥。不过经过深入了解，他们开始欣赏菲利普的直率性格、风趣幽默以及他对乡村生活的热爱。一次，菲利普身着借来的苏格兰裙向国王行屈膝礼，因为苏格兰裙太短，只有这样做才能保持体面。菲利普为人风趣外向，正好衬托伊丽莎白的严肃性格。

1946 年 10 月初，在蒙巴顿勋爵之女帕特里夏与布拉伯恩勋爵的婚礼上，两人再度相聚。菲利普负责引领嘉宾入座，他护送王室一家下车。伊丽莎白脱下皮大衣时，媒体捕捉到菲利普和她彼此深情凝视的情景。官方没有正式宣布订婚的消息，引起媒体纷纷猜测。

订婚在即，之前舅舅蒙巴顿勋爵早已开始活动，安排菲利普加入英国国籍。1946 年经蒙巴顿争取，内务部和首相同意菲利普入籍。当时他的身份是菲利普·蒙巴顿中尉。好笑的是，后来发现这一程序其实并无必要——根据 1705 年的法律规定，汉诺威的索菲亚（乔治一世之母）后裔均拥有英国国籍。

暂时分离

1947 年初，官方宣布伊丽莎白和妹妹将陪同父母前往南非，进行一次为期 4 个月的王室巡访（见112~113 页）。回国时伊丽莎白将满 21 岁。这对恋人分离期间一直保持通信，伊丽莎白在旅行途中把菲利普的照片放在自己的梳妆台上。伊丽莎白踏上归途时苍白瘦弱，当皇家海军"前卫"号驶入朴次茅斯港时，她为回到英国感到十分欣慰，甚至在甲板上跳了一曲吉格舞。

1947 年 7 月 10 日，伊丽莎白公主与菲利普·蒙巴顿终于宣布订婚，白金汉宫当天举办了花园派对庆祝。

宣布订婚

1947 年 7 月，伊丽莎白和菲利普宣布订婚后在白金汉宫的平台上散步。订婚戒指为白金镶单钻，两边各配有 5 颗小钻。

开始长期交往

战后菲利普回到伦敦，他驾驶一辆黑色名爵跑车，成为白金汉宫常客。第一次他似乎是不请自来，后来向伊丽莎白写信，为自己的"超级厚颜"致歉。"虽然我懊悔不已"，他在信中写道，"但总有一个小声音不停地说'没有风险就没有收获'——我确实冒险了，也收获了一段美好时光。"据克劳福德称，菲利普主要在老育儿室的下午茶时光追求伊丽莎白，玛格丽特也会在场。她写道："菲利普丝毫不加修饰，常常只穿衬衫四处游荡，同样，餐食也非常朴素：就是鱼和一些甜点，配上橘子水。饭后走廊里一片喧闹，三人一起打球（殃及不少灯泡），像一群兴致勃勃的孩子一样乱跑。"

不过，菲利普和伊丽莎白有时也一起出行，虽然他们总是注意与其他朋友同行，媒体还是开始热心猜测。19 岁时伊丽莎白访问一家工厂，有人问她"菲利普在哪里？"，她十分尴尬。不久，菲利普应邀拜访巴尔莫勒

沉没，菲利普想到一个办法，将带有烟雾浮子的木筏扔下海，造成船只残骸水上起火的假象。德军飞机中计，袭击假目标，而"华莱士"号趁机驶离脱险。菲利普王子这一非凡之举拯救了不少生命。

家庭合影

伊丽莎白与菲利普·蒙巴顿订婚后王室家族合影：（从左至右）伊丽莎白、菲利普、伊丽莎白王后（后称王母太后）、乔治六世国王和玛格丽特。

> **此后**
>
> 伊丽莎白公主和菲利普王子宣布订婚后，公众大为关注未来女王的配偶。
>
> **阴谋论**
>
> 菲利普身为希腊－丹麦王族后裔，4 个姐妹都嫁给德国贵族，第二次世界大战后，不免出现了关于他同情德国（甚至支持纳粹）的阴谋论。

3

伊丽莎白二世

1947~1960年

伊丽莎白二世

年表 1947~1960年

1947年	1948年		1950年	1951年	1952年
4月21日 伊丽莎白庆祝21岁生日，向全英联邦发表广播讲话。 **7月10日** 白金汉宫宣布伊丽莎白公主与希腊菲利普王子订婚。 ≫ 宣布订婚	**1948年1月30日** 圣雄甘地遇刺。 **1948年9月6日** 彼得·唐森陪伴玛格丽特公主参加荷兰朱莉安娜女王加冕典礼。 **1948年4月30日** 乔治六世和伊丽莎白银婚纪念。 **1948年7月29日** 伦敦奥林匹克运动会开幕，后称简朴运动会。 **1948年11月14日** 查尔斯王子诞生。	 ≪ 查尔斯王子洗礼	**6月** 朝鲜战争开始；超过10万名英军士兵在多国组成的联合国部队服役，直至1953年。	**3月** 温莎公爵出版回忆录《国王的故事》。 **5月3日** 乔治六世为英国艺术节揭幕，活动期间英国展示了各种项目和创意。 **7月7日** 爱丁堡公爵离开皇家海军，专注于女王配偶的各项职责义务。	**1月31日** 伊丽莎白和菲利普启程前往非洲巡访，乔治六世送行。 **2月6日** 乔治六世在桑德林汉姆睡梦中驾崩，但伊丽莎白远在肯尼亚，过了几个小时才得知她已成为女王。 **2月16日** 乔治六世葬礼，灵柩穿过伦敦后安葬在温莎地下墓穴。 ≫ 哀恸中的乔治遗孀和女儿们
8月15日 在7月印度通过独立法案后，国王失去印度皇帝头衔；巴基斯坦另为一国。 **11月20日** 伊丽莎白在威斯敏斯特大教堂与菲利普成婚。	**1949年3月12日** 乔治六世接受手术。 **1949年4月28日** 《伦敦宣言》，现代英联邦形成。	**1949年7月** 伊丽莎白和菲利普迁入全面翻新的克拉伦斯宫。 **1949年11月** 菲利普随皇家海军驻扎马耳他，伊丽莎白与他移居此地。	**8月15日** 安妮公主诞生。		
			11月 玛丽安·克劳福德出版《小公主》一书。 ≪ 伊丽莎白公主婚礼队伍	**9月** 乔治六世因癌症切除一肺。	**11月4日** 伊丽莎白参加议会开幕大典，这是她的第一次重要国事活动。
			12月25日 斯昆石与苏格兰国运有关，这块1296年起就放在威斯敏斯特大教堂加冕王椅下的红砂岩当日被盗，4个月后找回。	**10月26日** 温斯顿·丘吉尔第三次任英国首相。	 ≫ 前往1952年议会开幕大典途中

战后伊丽莎白的生活有欢乐、有纷扰，也有辉煌。她经历了结婚生子的喜悦，也经历了父亲和祖母逝去的哀伤，在隆重的加冕仪式中立志奉献自己的一生。此后数年她环游世界，从斐济到法夫，激起她的兴奋和激情。英国的国际地位正在转变，她在密切关注国事的同时还要兼顾家庭生活和君王职责。而伊丽莎白的妹妹玛格丽特也陷于爱情与责任之间的艰难选择，踌躇不已。

1953年	1954年	1955年	1956年		1958年
11月 伊丽莎白和菲利普启程巡访英联邦。		**2月17日** 英国宣布拥有氢弹。	**1956年3月24日** 王母太后的马参加全国障碍赛马大会，这匹名为德文湖的马在离终点非常近的地方绊倒。	**1957年3月6日** 黄金海岸独立，改名加纳，成为第一个实现独立的非洲殖民地国家。 **1957年10月** 女王巡访北美，会见艾森豪威尔总统。	**1958年7月3日** 英国宫廷不再为贵族少女举办初入社交仪式；3月最后一次白金汉宫舞会后，最后一位初入社交的贵族少女在荷里路德宫向女王行屈膝礼。
3月24日 玛丽太王太后去世，享年85岁。 **5月29日** 埃德蒙·希拉里和丹增·诺盖征服珠穆朗玛峰。	**1月12日** 伊丽莎白女王为新西兰议会揭幕。	**4月5日** 丘吉尔因病辞职后，安东尼·艾登爵士成为首相。 **8月14日** 阿尼戈尼所绘女王肖像在皇家艺术学院展出，吸引大量观众。	**1956年4月23日** 苏联领导人尼基塔·赫鲁晓夫到温莎城堡会见女王。		
6月2日 伊丽莎白二世女王加冕典礼在威斯敏斯特大教堂举行。 **≪ 伊丽莎白二世加冕日**	**4月15日** 伊丽莎白女王和菲利普结束英联邦巡访回国。 **5月6日** 英国运动员罗杰·班尼斯特打破一英里跑的4分钟纪录。	**9月18日** 为阻止苏联在大西洋进一步扩张，英国吞并大西洋中的一小块岩石——罗卡尔岛。 **10月31日** 玛格丽特宣布不会与彼得·唐森结婚。	**1956年10月** 埃及宣布苏伊士运河国有化以后，进攻埃及的英法联军在国际社会压力下被迫撤军。这次失败标志着英国无法再以帝国自居。 **≪ 媒体报道玛格丽特注定失败的爱情故事**	**≪ 第一次电视转播圣诞致辞** **1957年12月25日** 伊丽莎白女王发表圣诞致辞，这是第一次通过电视转播圣诞致辞。	**1958年7月26日** 英联邦运动会在威尔士卡迪夫举行；查尔斯成为威尔士亲王。
	7月4日 经过十多年的匮乏生活后英国结束供给制。		**1956年12月31日** 菲利普亲王设立爱丁堡公爵奖。 **1957年1月10日** 安东尼·艾登辞职引发宪政危机，哈罗德·麦克米伦接任首相。		**1959年4月** 王母太后和玛格丽特公主到梵蒂冈拜访教皇约翰二十三世。 **1959年6~8月** 女王和菲利普亲王前往加拿大进行时间最长的一次王室访问，部分原因是为了给圣劳伦斯河海道通航揭幕。

» 纪念伊丽莎白访问澳大利亚的茶叶罐

Daily Mirror
IS SHE SAD?
SEVEN HOURS APART — THEN DINNER WITH PETER

1947 年，战争结束已有两年，人们记忆中最寒冷的冬天刚刚过去，英国仍然生活极其艰苦，供给甚至比以前更少。多数商品都需配给，购买服装、甜食、糖、汽油、肉类、奶酪、黄油、猪油、人造黄油、茶叶和肥皂都需要用券。法律规定汽油只能用于"十分重要的驾车出行"，禁止出国度假。首相克莱门特·艾德礼承认："何时生活状况能好转，我说不好。"

符合时代要求

1947 年 10 月出台新一轮限量供应措施。每周的肉类配给减少到价值一先令的肉食，土豆限量供应，服装配给也减少了。以前有 32 张券可以使用，而此后 5 个月的供给量只有 20 张。在这样的背景下，王室婚礼相对豪华的安排引发强烈不满。"您女儿婚礼上任何的盛筵和炫富，"木工联合会卡姆登镇分会告诫国王，"对当前的英国人民来说都是一种侮辱。您最好下令婚礼安排符合时代要求，尽量不要张扬。"

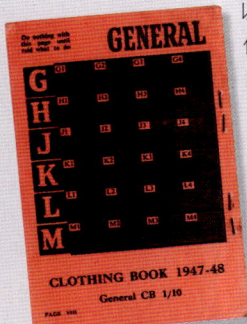

服装配给券

前往大教堂路上
婚礼队伍向威斯敏斯特大教堂前进。伊丽莎白身着海军舰队司令制服的父亲陪伴下，乘坐爱尔兰皇家马车行进在队伍的最前列。

伊丽莎白与菲利普的婚礼

战后英国生活艰苦而惨淡，此时伊丽莎白公主与菲利普·蒙巴顿的婚礼带来了一抹亮色、一些欢乐，引发全国乃至世界民众的庆祝……人人为之着迷。

伊丽莎白公主与菲利普·蒙巴顿于 1947 年 7 月宣布订婚（见 114~115 页），婚礼计划 11 月举行。尽管不少人认为国家财政状况不好，婚礼应当低调，最终持相反观点的一派胜出。如丘吉尔所称，王室婚礼会有皇家应有的排场，"为我们的艰难道路带来一抹亮色"。不过婚礼大部分开销由国王负担，用皇家财产管理公司的收益支付。

上流社会

新郎没有什么财产，这是一个小障碍；菲利普归化英国入籍时放弃了希腊和丹麦的王室头衔。婚礼前夕，乔治六世国王赐予他"殿下"的尊贵头衔，并授予嘉德骑士称号。婚礼当天早上，他被封为爱丁堡公爵、梅里奥尼斯伯爵及格林尼治男爵。国王谈道："同时授予的头衔确实太多了，不过我知道菲利普明白自己的职责所在。"世界各地硕果仅存的皇族前来参加婚礼并在克拉里奇酒店下榻，婚礼嘉宾包括西班牙女王、罗马尼亚国王，丹麦国王和王后，以及挪威和伊拉克

的国王。菲利普·蒙巴顿在婚礼前参加了两次而不是通常的一次单身汉聚会。国王在宫中为来访皇族贵宾举办舞会，其间一位印度王公曾殴打德文郡公爵，而国王自己则率领众人大跳康加舞，队伍一路喧闹穿过国事厅。

和山里普通村民一样

11 月 20 日，公主身穿诺曼·哈特内尔设计的一套美丽的象牙色缎面礼服出场。与别的新娘一样，伊丽莎白额外获得一些服装券准备婚礼，不过不同的是，她还有家人和其他人赠送的奢侈礼物。她的头饰由祖母赠送。婚戒用威尔士送来的黄金打造。"这些黄金可以打两枚戒指，"她对菲利普说，"我们可以留一块给玛格丽特。"

约有 2000 名嘉宾在威斯敏斯特大教堂迎候伊丽莎白。缺席的主要人物有菲利普的姐姐们，她们与纳粹有关因此名声不好，还有温莎公爵夫妇也没有受到邀请（见 92~93 页）。婚礼安排极为简单朴素，如同"此刻普通山里村民在乡村小教堂的结婚仪式"——坎特伯雷大主教感叹道。大量听众从收音机中收听婚礼转播，婚礼重要部分也有电视转播，不过当时全国拥有电视机的人还为数极少。无数民众涌上伦敦林荫路，希望新婚夫妇特别是国王能够露面致意。

有威尔士矮脚狗保暖

婚礼早餐会邀请了 150 名密友参加，四层蛋糕高达 2.74 米，重 227 千克，由麦维他普莱斯制作。公主换了另一套哈特内尔设计的礼服——淡蓝色，名为"雾中之恋"——新婚夫妇乘坐敞篷马车前往滑铁卢火车站。伊

10000 颗 **从美国进口用于伊丽莎白婚纱上的珍珠数量。**

豪华蛋糕
婚礼蛋糕上装饰繁多，包括双方家族徽章，新娘新郎姓名缩写，还有军团徽章和海军徽章。

丽莎白膝上围毯下放了一个热水袋用来保暖，爱犬苏珊也在她身旁陪伴。在滑铁卢火车站，菲利普和伊丽莎白登上火车前往温彻斯特，在菲利普舅舅蒙巴顿勋爵的乡村宅邸布罗德兰兹庄园度过蜜月第一晚。

蜜月后，两人先在萨里郡的温德尔沙姆别墅安顿下来，等待克拉伦斯宫（见 122~123 页）装修完毕。克拉伦斯宫壮观雄伟，不过相当破旧，靠近白金汉宫，国王可以离女儿近一些。在温德尔沙姆，两人整理了 3000 件各式各样的结婚礼物，其中有昆士兰送来的 500 个菠萝罐头，用甘地亲自纺的纱线制作的蕾丝花边，一件兔子形状的茶壶保温套，两片受潮的面包，还有一位威尔士长者赠送的斯诺登山上的岩石。

"把女儿嫁出去比自己结婚要更感动人心数倍。"

乔治六世国王对约克大主教说道，
1947 年 11 月 20 日

新婚夫妇
伊丽莎白和菲利普婚礼后合影。公主的象牙色缎面礼服绣有百合花和白色约克玫瑰花环，带有橙色花朵和玉米穗图案。

此后

身处皇室，伊丽莎白和菲利普的婚姻一直处于密切注视之下，要经受皇室职责义务带来的各种压力。不过婚礼后的一段时间内，焦点转移到玛格丽特公主身上。

聚焦玛格丽特

伊丽莎白已婚，公众和媒体很快把注意力转移到了玛格丽特身上。1948 年 8 月 21 日，她庆祝了 18 岁生日，正式"进入社交界"。这段时间，焦点将放在这位年轻美丽、极富魅力的公主身上，包括有可能与她结婚的对象。

持久关系

婚礼后，菲利普给岳母的一封信中谈到，伊丽莎白"是这个世界上对我而言唯一绝对真实的存在"。伊丽莎白和菲利普此后又庆祝了银婚及金婚纪念。2007 年，他们已经共同度过了 60 年，女王成为第一位经历钻石婚（见 266~267 页）周年纪念的英国君王。他们在 2012 年又庆祝了蓝宝石婚——结婚 65 周年纪念。

1972年银婚纪念邮票

图书馆一角

尽管克拉伦斯宫查尔斯王子入住以前曾装修过，但在他的坚持下，宫中很多陈设保留了伊丽莎白王母太后时期的原貌，包括图书馆中王母太后的书籍。

皇家宫殿

克拉伦斯宫

这座精美优雅的乔治王朝时期宅邸附属于圣詹姆斯宫，两宫共享花园。50 多年来，它曾经是王母太后在伦敦非常喜欢的住处，后来成为威尔士亲王和康沃尔公爵夫人在伦敦的正式居所。

在 乔治王朝末期，伦敦已成为世界上最具影响力的城市之一。不过，这座城市拥挤混乱，臭气扑鼻。摄政王，即后来的乔治四世，聘请了 3 名建筑师改造伦敦，其中最有灵感的是约翰·纳什，他设计了白金汉宫和大理石拱门等标志性建筑，开辟了杯荫路、摄政街等宽阔壮观的大道，永远改变了城市的面貌。

他沿着伦敦林荫路设计了很多建筑，其中之一就是克拉伦斯宫，这座宫殿为克拉伦斯公爵设计，1830 年，其兄去世后克拉伦斯公爵成为威廉四世国王。这座白色石膏古典式大厦共有 3 层，比白金汉宫更为简朴，私密性更强。威廉不喜欢浮华、正式的排场，继位时决定留在克拉伦斯宫居住，而不是搬到白金汉宫——只为了通行方便增建了一条通道，通往圣詹姆斯宫的国事厅。

克拉伦斯宫后来成为维多利亚女王之母、肯特公爵夫人的家，她加建了一座温室，在林荫路上开辟了私人使用的新入口（原入口位于一条公共道路上），并把原先的暗红锦缎壁纸改为当时流行的浅色图案壁纸。公爵夫人去世后，维多利亚女王次子阿尔弗雷德王子、爱丁堡公爵在这里安家。1874 年王子与俄国公主玛丽亚·亚历山德罗芙娜结婚后，宫殿重新装修，极其奢华，加建了第四层，还增修了一座豪华的东正教教堂（现已不存）。

第二次世界大战期间英国红十字会和耶路撒冷圣约翰骑士团将总部设在这里，20 世纪 40 年代末，克拉伦斯宫再次翻修，伊丽莎白公主、爱丁堡公爵还有 1 岁的查尔斯曾在这里定居。1952 年伊丽莎白继位后一家人搬到白金汉宫。

王母太后

20 世纪下半叶，克拉伦斯宫等同于伊丽莎白王母太后的代名词，这位王母太后在这里住了 50 多年。她热情好客，经常举办各类午宴、晚宴和下午茶会；她还爱好收藏，赞助艺术。这座宫殿至今仍装饰有很多重要艺术品。

修复

2002 年王母太后去世后，克拉伦斯宫成为查尔斯王子和儿子们的正式居所。这里曾经历大修和重装，不过查尔斯王子格外注意使用可持续性建筑材料，并刻意保留了外祖母设计的风格和氛围。查尔斯的主要改装是对称式有机花园，为纪念王母太后他亲自设计了这个花园。花园内有一株古梨树和一棵黑桑葚树，据说是詹姆斯一世时期所栽。

近期用途

过去每年王子和公爵夫人都在这里接待来自英国本土和海外数以千计的正式访客，也举办研讨会和招待会，邀请各行各业的人士参加。根据查尔斯王子的倡议，克拉伦斯宫及其花园每年夏天向公众开放，为期一个月。

宫殿兼家园
克拉伦斯宫虽然设有职员办公室，并外有警卫，但仍然颇有家庭气氛。花园厅可通向花园，由两个房间打通，伊丽莎白王母太后在这个宽阔的空间待客。

花园厅中1945年伊丽莎白肖像

对称式花园中的日晷

克拉伦斯宫外警卫

爱丁堡公爵

生于1921年 卒于2021年

"**女王**为人非常**宽宏大量**。"

菲利普亲王，1997 年

菲利普亲王生于希腊科孚岛上的宁静宫别墅，代表了 19 世纪欧洲王族错综复杂的传承体系。他的家族具有德国和丹麦背景，但是王朝命运变幻莫测，他出生后既是希腊王子也是丹麦王子。菲利普此刻的王室全名为石勒苏益格－荷尔斯泰因－宗德堡－格吕克斯堡。

20 世纪初，各国君王相继被民族主义者、共和主义者、共产主义者或法西斯运动推翻。菲利普仅仅 18 个月大的时候，父亲希腊安德鲁亲王和母亲巴腾堡爱丽丝公主因政变流亡巴黎，并失去贵族头衔。用亲王官方传记作者的话来说，菲利普尽管出身高贵，却"没有姓氏、没有国籍、一文不名"。

菲利普 7 岁时被送到英国萨里郡与母亲家亲属同住，后来他就用了母系亲属的姓；第一次世界大战期间反德情绪高涨，菲利普的外祖父路易·巴腾堡亲王在乔治五世的要求下，把自己的姓氏英语化，改为蒙巴顿，1946 年，菲利普也改姓蒙巴顿。而在 1933 年，阿道夫·希特勒上台时，菲利普被送往德国一座城堡读书。虽然他的一些家族成员——包括他的姐姐们——支持纳粹分子，菲利普对于他

们的意识形态明显持反感态度。他的校长库尔特·哈恩富于感召力，菲利普与他一起被赶出德国，后来到苏格兰的高登斯顿学校就读，成绩优异。

海军服役

第二次世界大战临近，菲利普追随蒙巴顿家族显赫亲属的脚步，成为达特茅斯皇家海军学院学员，加入皇家海军。1939 年，乔治六世和伊丽莎白王后巡视海军学院，菲利普受命陪伴年仅 13 岁的伊丽莎白公主和妹妹玛格丽特。菲利普是伊丽莎白第三代表亲，因为和大多数欧洲王族一样，他的血统可以上溯到维多利亚女王那里。

1940 年，他毕业时成绩名列前茅，从此开始了短暂但辉煌的海军生涯。与伊丽莎白成婚后，菲利普继续指挥军舰，但公主 1952 年登基时被迫放弃事业。菲利普对于退役深表遗憾——"坦白讲，我更愿意留在海军。"他在 1992 年曾这样说道。

皇家委任

菲利普与年轻的伊丽莎白开始相恋时，他的生活轨迹就永远改变了，伊丽莎白柔弱的外表下隐藏着钢铁般的意志。恋爱时期，这位年轻的海军军官声名狼藉，常常开着一部跑车飞

菲利普运动

菲利普是世界最奇怪的宗教之一——菲利普运动所崇拜的对象。菲利普运动发源于 20 世纪 60 年代南太平洋中的塔纳岛，崇拜者们把亲王视为神祇，珍藏着他发来的签名照片。

制服照

这张照片中菲利普身着海军制服，他的海军生涯相当精彩。1942 年，他年仅 21 岁，成为皇家海军最年轻的中尉之一。

驰，公众和王室都反对两人相恋。不过，伊丽莎白的意愿不容改变，菲利普很快被封为爱丁堡公爵、梅里奥尼斯伯爵及格林尼治男爵殿下。他是英国王室历史上身为君王配偶时间最长的人，也是英国王室家族迄今为止最为长寿的男性成员。

社交失误

多年以来他作为女王配偶一直忠于职守，但菲利普也有自己的爱好。他擅于驾驶马车，还帮助制定了这项赛事的规则。

他对野生动物也爱好多年——既有猎捕也有保护。1961 年两者出现冲突，他当选为新成立的世界自然基金会（WWF）主席，却在印度射杀一只老虎，引发争议。事实上，关于菲利普总是发生各种争议，特别是关于他经常出现的失态或社交失误。

1988 年访问巴布亚新几内亚时，他问一名曾徒步穿越这个国家的英国学生："你居然没有被吃掉？"而 1969 年皇家文艺会演结束后，他问了歌手汤姆·琼斯一个著名的问题："你用什么漱口——小鹅卵石吗？"后来还补充道："很难理解何以唱了这些我认为难听无比的歌曲就能变得如此重要。"不过，菲利普并不缺乏自知之明："频频失言就是所谓的张开嘴，把自己的脚放进去。"他曾经对英国口腔协会谈道："这门手艺我已经练习多年了。"

一缰四马
2005 年，在坎布里亚举行的劳瑟马车选拔赛上，菲利普和马夫、领航员一起驾驶马车越过水坑障碍。

鼓励年轻人

菲利普对公众生活最为持久的贡献之一就是他的青年发展计划——爱丁堡公爵奖（DofE）。该奖起源于亲王在高登斯顿学校与库尔特·哈恩有关的成长经历。哈恩在这所学校设立了奖励机制，鼓励年轻人在运动方面制定自己的目标，并努力超越自己，因为他认为体育极为重要，但竞争可能会适得其反。战后，哈恩努力在英国各地推行这种机制，菲利普帮助他实现了这个设想。

菲利普说："可以看出，这类'基于成绩'的项目，不需要会员制，可以作为一种重要的工具……用来解决哈恩对青年发展的四大忧虑……同情心减少、技能下降、体能减退和主动性减少。"这项计划 1956 年启动，分为金银铜奖。少男需要在体能、志愿服务和探险等各种领域实现一定的目标方能获奖。两年后也有了为少女设立的爱丁堡公爵奖。菲利普介绍了少女奖励计划的由来："我召集了一些女士，请她们按照同年龄段少女适宜的内容设计类似的奖励计划。"爱丁堡公爵奖很快成为国际奖项，1966 年有 22 个国家参与。目前英国已经有 200 万人次获奖，1956 年以来全球 132 个国家共有 700 多万青年参加了这项计划。

菲利普的姓名首字母缩写
自维多利亚时期以来，欧洲王族喜欢用姓名首字母缩写来标识和装饰个人用品。菲利普的姓名首字母缩写用在信笺抬头、手绢等所有私人用品上。

年 表

- **1921年6月10日** 出生于希腊科孚岛。
- **1922年** 因政变菲利普一家流亡巴黎。
- **1928年** 菲利普被送往萨里郡，与蒙巴顿家族一起生活。
- **1933年** 前往德国，在库尔特·哈恩管理的一所学校就读。
- **1934年** 哈恩的学校转至苏格兰高登斯顿，菲利普前往就读。
- **1939年** 成为达特茅斯皇家海军学院学员，王室访问学院时陪同伊丽莎白。
- **1940年** 毕业时名列前茅，获得国王短剑荣誉和同届最佳学员奖。
- **1940年** 加入皇家海军。
- **1941年** 参加马塔潘角海战，并在军情简报中被提名。
- **1943年** 观看伊丽莎白出演王室哑剧后开始追求这位公主。
- **1947年** 封为爱丁堡公爵后与伊丽莎白成婚。
- **1947年** 派驻马耳他。
- **1952年** 晋升为指挥官，并首次指挥自己的军舰，但不久后退役。
- **1952年2月** 告知伊丽莎白其父驾崩的消息。
- **1956年** 设立爱丁堡公爵奖。
- **1961年** 成为世界自然基金会主席。

1970年菲利普在世界自然基金会第二届国际大会上讲话

- **2001年** 成功管理爱丁堡公爵奖励计划近50年后辞去主席职务。
- **2002年** 公开他与威尔士王妃戴安娜之间的往来信件，驳斥关于两人关系紧张的指控。
- **2009年** 成为英国历史上身为君王配偶时间最长的人。
- **2011年** 年满90岁，辞去多家机构的庇护人职务。
- **2017年** 96岁时引退，不再承担王室职责。
- **2021年4月9日** 在温莎城堡去世，享年99岁。

> "菲利普亲王……一直**充满力量**，为我**指引方向**。"

伊丽莎白女王的钻禧周年庆典演讲，2012 年 3 月

伊丽莎白公主第一个孩子预产期的前几天，公众对于即将诞生的王室婴儿充满兴奋之情，达到极其狂热的程度。

一片喧嚣

随着分娩日期临近，大量祝福者聚集在白金汉宫门前。他们极其喧闹兴奋，以至于伊丽莎白的家人开始担心这样是否会打扰公主。她的父母建议她搬到宫中另一侧俯瞰花园、较为安静的房间，但公主没有同意。伊丽莎白坚持说："希望我的孩子能在我自己的房间出生，周围都是我熟悉的事物。"

33代 从征服者威廉到查尔斯王子传承下来的子孙世代数量。

自豪的父母

1948 年 12 月 15 日，查尔斯王子在白金汉宫音乐室接受洗礼后，伊丽莎白公主和爱丁堡公爵与他微笑合影。

查尔斯和安妮诞生

结婚一年内，伊丽莎白公主和爱丁堡公爵喜迎长子出生。此后数年，夫妇两人又生育了三名子女。

1948 年春，伊丽莎白和丈夫菲利普对巴黎的访问十分成功，受到人群欢呼致意，法国报纸因此宣称此次访问如同颠倒过来的诺曼征服（见 16~17 页），这一次是英国战胜法国。明眼人则称，尽管她热爱巴黎的赛马、夜总会和商店，但年轻的公主神色疲倦，常常需要休息。

同年晚些时候，白金汉宫确认了广为流传的猜想：伊丽莎白怀孕了。6 月 4 日，著名的德比平地赛马会在萨里郡的叶森马场举行，同日宣布了这一消息。公主出现在赛马场上向观众致意。世界各地涌来无数信件，贺卡、礼物和各种孕期建议蜂拥而至。

伊丽莎白和妹妹玛格丽特儿时曾用过的童车又从储藏室中取出，用没有性别特征的黄色装饰，这样一来，伊丽莎白说："没人能猜到我们想要男孩还是女孩。"

习俗只是习俗而已

伊丽莎白怀孕即将足月时，父亲的身体逐渐衰弱，对国务的掌控减少，而脾气愈发反复无常。无论是在家中还是对外，年轻的公主正在走向舞台中央，而她的父母则渐渐引退。显然，伊丽莎白很快会成为女王，公众对她的消息、对她小家庭的消息永远充满兴趣。

同时，大臣们和侍臣们在纠结于一个棘手的问题：王室继承人的诞生按照尊贵的传统应有大臣们随侍在侧。这一习俗源自中世纪时对王室传承和王室婴儿血缘的焦虑。过去这种做法可以防止有人阴谋将并非君王合法后代的婴儿偷偷带入王室产房，更准确地说，可以防止有人恶意诽谤王室继承人的合法性。很明显，这些理由业已过时，这一习俗也不例外。维多利亚在 19 世纪稍加改良，让这一习俗适应现代需求，坚持让她朝中的大臣们在外面走廊上等候，而不是在分娩的时候站在她的床边。内政大臣詹姆斯·丘特尔·伊德断定，宪法并没有要求分娩时他必须在场，他写道："习俗只是习俗而已……延续这一习俗并无法律规定。"不过抱有传统观念的国王和王后

则强烈希望内政大臣在分娩时到场。11 月初，当加拿大高级专员向宫中要臣艾伦·拉塞尔爵士提出想要与内政大臣和其他自治领代表一起见证分娩时，问题到了不得不解决的地步。拉塞尔意识到，根据宪法，如果有一位大臣到场，其他所有人也都有权加入，那样的话，"不止 7 位大臣得坐在通道里"。国王业已承认这是一种"古代习俗"，此刻终于确信习俗确实过时了。拉塞尔如释重负，后来写道，他"一直认为这种做法……过时、荒谬"。公主分娩应该属于私人事务。

背信弃义

预产期即将到来之际，伊丽莎白看望了她过去的保姆玛丽安·克劳福德，为王室工作 17 年后她刚刚退休。1948 年，克劳福德离开王室一家，和丈夫共组家庭。此刻，她和公主依旧十分亲密，伊丽莎白向她吐露内心的想法，说她并不害怕生育："毕竟，我们就是为此而生。"遗憾的是，克劳福德和王室一家的关系很快闹僵。为了改善财务状况，这位前任保姆与记者合作，为美国媒体写了一系列文章，其内容如今看来似乎只是一些无伤大雅的回忆。不过，对于守口如瓶的王族来说，这是背信弃义的不忠行为。1950 年，克劳福德关于王室保姆生涯的回忆录《小公主》出版，矛盾进一步激化。与前任保姆之间的所有联系立即切断，裂痕一直没有修复。

王子和公主诞生

这些都是后话，1948 年 11 月 14 日晚 9 点 14 分，王室妇产科医生威廉·吉利亚特爵士用产钳为伊丽莎白接生下一名重 3.34 千克的男婴。伊丽莎白分娩全程都无知觉。按照当时的习惯，她接受了重度麻醉，进入所谓的"半麻"状态，麻醉也使她对分娩毫无记忆。伊丽莎白的做法延续了高祖母维多利亚在 19 世纪开创的王室惯例，即分娩时使用麻醉剂。

等待消息时菲利普在打壁球。他赶来看望新生子时林荫路上的人群正在欢呼，婴儿命名为查尔斯·菲利普·亚瑟·乔治。选用查尔斯这个名字引起一些争议，因为曾有一位使用此名的英国君王（见 38~39 页）命运多舛，不过伊丽莎白和菲利普喜欢它的发音。查尔斯 2022 年即位时决定使用查尔斯三世的称号，虽然他本可和他的祖父和叔祖父一样选择不同的名字登基。

查尔斯降生后，祝福的信件如潮水般涌来，公主因此宣布，全国同日出生的所有婴儿都会收到食品邮包。小王子同年 12 月接受洗礼。此后不久，母子不得不因麻疹分开两个月，不到 18 个月后，伊丽莎白和菲利普又迎来了第二个孩子——他们的女儿。

1950 年 8 月 15 日上午 11 点 50 分，刚好 2.7 千克的女婴诞生。她取名为安妮，中间名则都与近亲有关："伊丽莎白"取自外祖母，"爱丽丝"取自祖母巴腾堡公主，"路易丝"则

脚踏实地的童年
查尔斯王子 4 岁生日时与安妮身着大衣合影。小王子和小公主当时很多照片都是这身打扮。他们的母亲坚持在供给制时代服装应朴素节俭。

> **"即将得名查尔斯的小王子是个听话的模特。"**
>
> 摄影师塞西尔·比顿，1948 年 12 月

是一位姑祖母的名字。爱丁堡公爵用香槟庆祝新生儿的到来，在威斯敏斯特户籍管理员那里登记婴儿姓名后，他得到了女儿的身份证件、配给票证簿和一瓶鱼肝油。安妮出生后不久，她的母亲写道："宝宝和哥哥很不像，很想知道长大一点后她会像谁。"

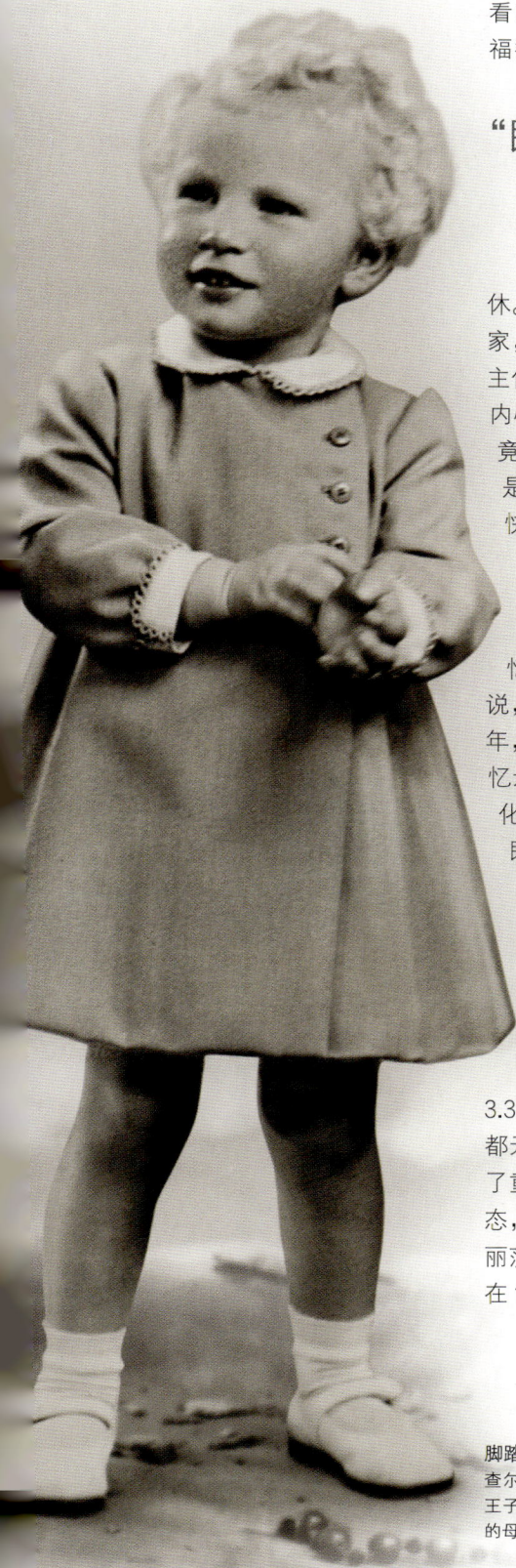

此后 ▶▶

成为女王后，伊丽莎白又生育了两名子女——自维多利亚产下最小的女儿比亚特里斯公主后，她是第一个在位期间生儿育女的君王。

再诞皇子
1960 年 2 月 19 日，伊丽莎白在白金汉宫生下儿子安德鲁·阿尔伯特·克里斯蒂安·爱德华。她在给朋友的书信中写道："宝宝很可爱，也很乖，增重正常。两个大孩子都被他深深吸引，总之，他肯定会被大家宠坏，我确定"4 年后，1964 年 3 月 10 日，女王依旧在白金汉宫产下儿子爱德华·安东尼·理查德·路易斯。

为公主祈福
1950 年 10 月，小公主洗礼日那天，伊丽莎白公主怀抱安妮公主，伊丽莎白王后则拥抱查尔斯王子合影。洗礼仪式由约克大主教西里尔·福斯特·加贝特主持。

生于1926年 卒于2022年

伊丽莎白二世
统治初期

"我宣布……无论寿命长短，我都将**终生为你们服务**。"

伊丽莎白二世在21岁生日时发表的演讲，1947年

坚守传统
王室家族普遍热爱集邮，这张1946年的照片中伊丽莎白正在浏览自己收藏的邮票。她的父亲乔治六世用蓝色文件夹保存邮票，而伊丽莎白则用绿色簿子。

显。1944年5月，伊丽莎白发表公开讲话，宣传伦敦东部哈克尼区一座以其母命名的慈善机构——伊丽莎白王后儿童医院。当时的潮流是国家对福利工作介入越来越多，而在演讲中她做出承诺，支持志愿服务的传统。此后，她推进"善举"，这至今仍是王室工作的中心特色。目前，王室庇护的组织机构超过3000家——女王个人就有800家。英国历史学家戴维·坎纳丁称："王室纡尊降贵的文化与追求社会成就的大众文化在慈善活动这一领域完美结合。"

全身心服务

伊丽莎白作为女王的风格从1947年她21岁生日时向大英帝国发表的广播讲话中即可一窥端倪。回顾祖先贡献时，她告知民众，她也会全身心为他们服务。责任也许是伊丽莎白二世统治的中心原则，但这又让她在取舍平衡方面遇到一些困难，因为她不但是多个国家的君主以及英联邦元首，也是忠诚的妻子、母亲、女儿和姐姐。

伊丽莎白能做到公私兼顾一直都不容易。比如，1953～1954年，她对英联邦的盛大巡访期间与幼子幼女查尔斯和安妮分离长达7个月。1956年，

她的丈夫菲利普海上试航新游艇"不列颠尼亚"号，离开3个月，引发人们对两人婚姻的诸多猜测。此外，妹妹玛格丽特犹豫是否要与彼得·唐森上校（见154～155页）结婚，十分痛苦，在妹妹的问题上，年轻女王性格中最刚强的一面展现出来。她直言不讳，拒绝支持玛格丽特为了爱放弃责任。

完美平衡

如上所述，履行职责时她冷酷而坚定，但同样有无数证据表明她深爱家人。例如，1956年女王在圣诞致辞中谈到丈夫长期缺席时，言辞动人："因此，当我告诉你们，今天下午听到的所有声音加起来给我和孩子们

学习为君之道
乔治六世帮助长女伊丽莎白为履行女王职责做好准备。1942年拍摄的这张照片中，他在温莎城堡的书房里与女儿一起浏览政府文件。

要想了解伊丽莎白二世统治初期的情景，必须明白她本来并未准备好君临天下。她的童年备受呵护，与世隔绝，她和父母定期接触。伊丽莎白和妹妹玛格丽特生活在自己的小世界里。玛丽安·克劳福德——"克劳菲"在伊丽莎白和玛格丽特童年时担任教师，负责管理公主的教育，在1950年出版的《小公主》一书中她回忆，公主们的保姆克拉拉·怀特（称为阿拉）"那时全面负责孩子们学习以外的生活——健康、洗浴、衣着——而我则负责从上午9点到下午5点的生活。（阿拉）还有一名保姆助

理和一名女仆协助她工作"。

童年时期，伊丽莎白是王位第三顺位继承人，但继承王位、成为爱德华八世的会是伯父戴维而不是她的父亲，因此很少有人觉得她有朝一日会坐上王位。可是，1936年末爱德华八世退位（见92～93页）。"12月那些可怕的日子传来令人震惊的消息，简直让人瞠目结舌。"伊丽莎白王后，即王母太后回忆道。她的女儿现在注定将成为女王。新王乔治六世的性格与他轻浮放纵的兄长戴维相去甚远。乔治六世和妻子继续向长女传授他们的价值观念。在位期间，她的为君之道显然受到父母的影响，形成她最主要的特点：为公众服务的高度责任感并结合传统价值观念。

善举

伊丽莎白即位之前，第二次世界大战跌宕起伏，带来无数挑战，她也亲身为战争服务，公众形象日益凸

爱好马术
伊丽莎白二世确实爱马。在这张1965年6月的照片中，她和王母太后正在观赏著名的叶森德比大赛，最出色的平地赛马"海鸟二号"胜出。

"我们应当**记住**，虽然科学进步，**物质生活大大**改善，家庭仍然是**生命的重心**所在。"

伊丽莎白女王圣诞致辞，1965 年

带来的快乐都不如我丈夫一个人的声音，你们会理解我的心情。"母亲和妹妹仍在世时，伊丽莎白坚持每天给她们打电话。

女王在公开场合的形象和私下的行为举止并不一致，这是她性格的核心特点。在公众面前，人们普遍感到她内敛而疏离，但很多人都说，私下里她却是一位极其幽默的女士。

女王愿意把精力更多地放在工作上。除了周末、圣诞节和复活节，每晚 7 点她会收到一个红色的文件盒，内装需要浏览的公文。她会阅读所有文件，并在需要时签字。

主要是赛马

女王爱马由来已久，也喜欢赛马。她养有自己的赛马，其中很多曾在经典比赛中获胜。这一爱好从青少年时期开始，女王统治初期表现尤为明显，一次有人问及温斯顿·丘吉尔和女王每周二见面谈论的话题，他答道："主要是赛马。"

重视隐私
虽然女王是世界上最有名的女性，或许也是拍照最多的女性，但她非常珍视个人隐私。1956 年 1 月，这张官方照片于女王巡访尼日利亚前公布。

联合王国皇家徽章

女王归来
经过 24 小时飞行，新一代女王在 1952 年 2 月 7 日黄昏到达伦敦机场，走下飞机。首相丘吉尔等政坛要人在机场迎候。

伊丽莎白
登基为王

伊丽莎白本想过几年低调的家庭生活，但年仅 25 岁时这一希望就宣告破灭，父亲突然驾崩，她被推上王位。

« 此 前

乔治六世多年以来身体欠佳。重度烟瘾是他身患重病的根本原因。

日益恶化的健康

国王患有严重的冠状动脉栓塞，还有癌症，做过多次手术——其中一次是为了减轻给他带来极大痛苦的神经压力。1951 年秋，肺癌扩散严重，手术切除一肺。国王并不知道肺部癌变，他以为肺摘除的原因是支气管堵塞。

42 位 征服者威廉以来英国在位的君王数量。

国王身体欠佳的后果之一是白金汉宫不能同意君王巡访海外，只能由伊丽莎白和她的丈夫代表国王出访。1951 年 10 月，伊丽莎白夫妇访问加拿大和美国，然后及时回到桑德林汉姆与国王共度圣诞。女儿的探望让国王振作起来，他外出打猎并欢度节日。伊丽莎白同意进行长达 6 个月之久的英联邦巡访时，并未感到需要三思而后行，巡访于 1952 年 2 月开始，查尔斯王子和幼妹安妮由外祖父母监护。此次巡访的正式起点是锡兰（今斯里兰卡），但之前伊丽莎白将在肯尼亚中途停留，度过一段浪漫时光。她愉快地接受邀请，在肯尼亚政府作为新婚礼物送给公主夫妇的萨

加纳小屋附近的一座特色树屋游猎度假村逗留。一家人在竹瑞街剧院共同观看音乐剧《南太平洋》后的第二天早上，国王在伦敦机场的跑道上向伊丽莎白和菲利普挥手作别。公主从此与父亲天人永隔。

国王回到桑德林汉姆时，似乎精神良好。2 月 5 日他出外打猎，身着特别设计的电热马甲，捕到九只野兔。当晚他"身体状况极佳，看起来非常健康快乐"，女王后来这样回忆。国王晚 10 点 30 分就寝，一名守夜人看到他午夜时调整窗户开关的角度，但次日早 7 点 30 分他的仆人詹姆斯·麦克唐纳进屋送茶，想叫醒他时发现国王已经去世。"之前我们还

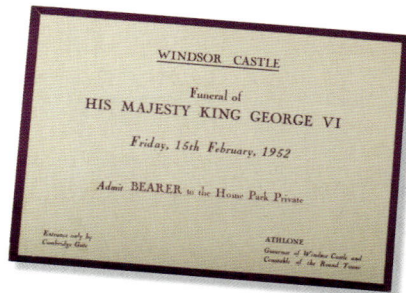

WINDSOR CASTLE

Funeral of
HIS MAJESTY KING GEORGE VI

Friday, 15th February, 1952

Admit BEARER to the Home Park Private

ATHLONE
Governor of Windsor Castle and
Constable of the Royal Town

通行全场
乔治六世的葬礼须凭入场券参加，护送灵柩的队伍穿过伦敦街道前往帕丁顿火车站后，葬礼在温莎城堡的圣乔治礼拜堂举行。

谈笑风生，因为要养病他早早就寝，"玛格丽特公主曾谈及此事，"然后他就去了。"国王于 2 月 6 日凌晨因心

葬礼专列
皇家列车从诺福克郡将国王遗体送到伦敦。他的灵柩用炮架运送至威斯敏特大厅进行吊唁，共有30万人前往瞻仰。列车先后行至帕丁顿和温莎，乔治六世葬礼在温莎举行。

脏病突发去世。

尽管对此早有预料，但没有人真正计划过一旦国王驾崩该如何行事。麦克唐纳通知国王的妻子，几位猎场看守人将国王遗体抬到当地教堂，但过了一个多小时才有一名朝臣前往唐宁街向刚刚重新起用的首相、亦为国王朋友的温斯顿·丘吉尔通报坏消息。"坏消息?！"丘吉尔大叫，政府文件被他随手一扔，"糟糕透了！这些事情完全无关紧要了。"丘吉尔的私人秘书后来发现他在流泪，说新女王他并不了解，还只是个孩子。

闻。他们发现伊丽莎白至少5个小时前就已经成为女王了，这段时间她和菲利普正在钓鱼。王室侍从官麦克·帕克把消息告诉菲利普亲王，亲王露出一副世界已经在他眼前崩溃的表情。他立刻明白两人在一起的悠闲生活已告结束。菲利普转告伊丽莎白，据他说，伊丽莎白面对这一消息"非常勇敢，有女王之风"。一名助理后来看到她在房间里，"坐在书桌旁，腰背挺直，面色红润，没有流泪"。当被问到以何名统治国家时，她果断答道："当然是我自己的名字，伊丽莎

为"承上帝洪恩，大不列颠及北爱尔兰联合王国与其属土及领地之女王伊丽莎白二世，英联邦元首，信仰的保护者"；拉丁语为"Elizabeth II, Dei Gratia Britanniarum RegnorumqueSuorum Ceterorum Regina, Consortion is Populorum Princeps, Fidei Defensor"。除此之外，她还有无数其他头衔，拥有众多荣誉称号。例如：诺曼底公爵、曼恩岛领主；文莱至尊皇族一级勋章；尼日尔大司令勋章；马耳他荣誉勋爵配国家功绩勋章领环。

伊丽莎白在圣詹姆斯宫参加登基会议时说："如此年轻便接受如此重任，我祈祷上帝能帮助我不负所托。"2月11日，来自诺福克郡沃尔

5.39亿 伊丽莎白二世继位时臣民及公民总数。

弗顿的皇家列车载着乔治六世的遗体到达国王十字火车站，王室家族成员前往迎接。威斯敏斯特大厅吊唁结束后，灵柩运往温莎的圣乔治礼拜堂，国王葬礼于2月15日在那里举行。宫务大臣将他的权杖折为两段，投于墓中。国王的妻子决定此后称伊丽莎

此后

尽管称呼国王或是女王时都不使用姓氏，王室家族仍有姓氏。新女王家族的姓氏选择引发了不少争议。

王室家族名
1952年4月9日，伊丽莎白二世女王签署一份命令，宣布"她和子女的姓氏和王室名为温莎"。这符合女王祖母的意见，玛丽太后宣称，她的丈夫建立温莎王朝是为了永传后世，态度不容置疑。菲利普悲叹道："本国只有我一个男人的姓氏无法传给子女。"玛丽太后是唯一一位曾亲眼看到孙辈登上王位的王后，1953年3月24日去世，享年85岁。

白王母太后，她向全世界表示哀悼的人们表示感谢："我想告诉大家，悲痛中，你们的关心给予我力量。我们亲爱的女儿就托付给你们了。请你们效忠于她：她受到召唤，走上这个伟大而孤单的岗位，从此需要你们的保护和敬爱。"

> "公主年轻美丽，已为人妻、为人母，她将**继承**我们的**传统**与**辉煌**……继承我们**团结起来的力量**和**忠诚**。"

温斯顿·丘吉尔在下院讲话，1952年2月11日

没有泪水

就通信条件而言，丘吉尔提到的孩子此刻正在世界上最边远的地方之一。她刚刚度过愉快的一晚，树屋所在的巨大无花果树枝条下有个水坑，那里的大象被她摄入镜头。可是，正如访客留言簿里所记录的那样："一位少女爬上树时还是公主，第二天下来时已成为女王，这在世界历史上尚属首次。"这句话已经不知有多少人用过，也不知谁是始作俑者。新女王的侍女帕米拉·蒙巴顿曾写下类似的文字："（伊丽莎白）爬上那架梯子时还是公主，再下来时已经身为女王。"

王室助理人员从附近的记者那里听说了国王去世的消息，偷偷调台到英国广播公司世界新闻频道求证传

白——还用问吗?"菲利普躺在沙发上，用一份报纸蒙着脸。

伊丽莎白二世女王2月7日回到英国。她是第43位英国君王，维多利亚登基时只有18岁，而伊丽莎白年方25岁，是继维多利亚之后即位年龄最小的一国之主。伊丽莎白的全部头衔要依据领土而定，但在英国，她的称号

悲恸的一家
王母太后、伊丽莎白和玛格丽特——乔治六世的妻女——身着丧服参加国王葬礼途中。玛丽太后病重，无法亲自到场。

女王与议会和女王参政

伊丽莎白二世初为女王履行的职责之一就是参加议会开幕大典。这一仪式极其隆重庄严，完美体现了英国宪政的性质和君王在宪政中至关重要而又任凭他人摆布的角色。

女王为英国及其他一些领地的国家元首，身处君主立宪制的最高点，她的地位从根本上来说是象征性的，至关重要，同时又极其微妙。她位于立宪制"金字塔"尖，仅这一点就能有助于保证所有臣民的权利和自由，而同样重要的是，她要小心翼翼地保证自己政治中立，政治冲突中要明显持超脱态度。从程序上来讲，

> "遵女王旨意，请他们（**下院议员**）立刻到上院觐见。"
>
> 黑杖传令官向议会宣布，1952年11月4日

各项事务应与她磋商，她有权通过与首相的定期会晤鼓励或是告诫大臣们。她的职责有很多，比如同意议会通过的法律法规，在与王位有关的法案辩论时发表意见。她还有责任提出议会休会或解散议会，每周接收议会事务简报。

君临议会

迄今为止，女王最为知名、最突出的任务是参加一年一度的议会开幕大典，这一仪式标志着新一届议会的开始。女王亲自主持议会开幕，向上下两院发表女王演讲——演讲会介绍议会会议中政府立法方面的工作规划。发表演讲之后两院才会开始正式会议。这种仪式规程清楚表明英国宪政的性质，微妙而脆弱，但也经历了时间的磨砺。王室亦称开幕大典是"议会年最为丰富多彩的活动（同时）也是最重要的活动，因为它结合了立法机关的三大要素（上议院、下议院和君王）。因此，大典代表着君临议会"。

女王陛下离开白金汉宫之前表演就已开始，政府的一名组织秘书（专门从事此类工作的议员，拥有副宫务大臣这一古老职衔）由议会委派作为象征性的"人质"，保证君王能够平安归来。过去君王与议会的关系确实曾存在危险因素，对1649年的弑君事件人们记忆犹新，这一惯例从那时流传下来。当时，国王与立法机构之间的宪政关系冲突不断，最终爆发内战（见40~41页），查理一世被议会处决。现代议会开幕大典中，副宫务大臣被送到白金汉宫，直到君王回宫方可离开。

君王礼服

大典进行时，君王礼服从白金汉宫送往威斯敏斯特宫，等待君王到来。礼服包括君王在开幕大典期间佩戴的英帝国王冠，原为王冠内衬的仪式红帽——教皇所赠——以及原为查理二世特制、象征公正与仁慈的御剑。王冠会送到更衣室等待君王到来。

女王和爱丁堡公爵由皇家骑兵护送，乘坐御马车从白金汉宫前往威斯敏斯特宫。骑兵团号手齐奏迎接女王和公爵，威斯敏斯特宫屋顶升起皇室旗帜，标明女王身在宫中。随后女王经由皇家骑兵特别小分队"楼梯卫队"所守护的楼梯前往上院，这支卫队是唯一有权在议院拔剑的部队。

白杖和黑杖

女王到达上院后，着令"诸卿请即就座"，一系列仪式就此开始，掌礼大臣举起权杖，向黑杖传令官（通称黑杖）示意。两人为君王在议会的信使，负责召集下议院。好戏就此开演，黑杖走到下院大门处，而大门则在此刻关闭，象征着下议院独立于王权。黑杖敲三下大门后才会传来指令"开门"，允准入院后他宣读君王传诏："议长先生（或女士），女王（或国王）现谕示本院众位议员阁下立即前往贵族院觐见。"而后，议长和黑杖带领下院议员前往上院聆听君王演讲。

固定点

1952年11月4日，女王第一次参加议会开幕大典。这是她首次重要国事活动，当她到达威斯敏斯特宫时，吸引了大量人群围观。她身着特制深红色天鹅绒议会长袍，上饰金色蕾丝和貂皮，她在首次发表女王议会

途中

首次参加议会开幕大典途中，伊丽莎白二世头戴的是乔治四世王冠。1952~2019年的大部分年份她在前往威斯敏斯特宫途中佩戴的都是这项王冠。

英帝国王冠

这项王冠原为伊丽莎白二世之父制作，现用于女王参加议会开幕大典等国事活动时佩戴。王冠上有三颗巨大宝石，还镶嵌有2868颗钻石。

连接十字架和鸢尾花的蓝宝石

貂皮头箍

首次上镜

1958 年的开幕大典是史上首次君王在上院御座上发表演讲时摄影留念。这也是第一次电视转播这一仪式。

演讲时先向去世的父亲致敬。女王统治期间只错过 3 次开幕大典：分别是 1959 年和 1963 年怀上安德鲁和爱德华时，以及 2022 年行动不便时。统治期间，她先后与 15 名首相每周定期会晤，会见了 14 位美国总统，经历苏联共产党历任总书记上台下台，6 次亲眼见证梵蒂冈飘起白烟，目睹柏林墙修建又拆除。人们常说，在这样一个不断变化的世界中，女王如同恒久不变的固定点，这是她作为立宪制君王最大的价值之一。

尽管女王对于政府事务和政治了如指掌，她绝不能参与政治决策。如果她似乎插手其间，或者有这样的打算，宪政危机就有可能爆发。也许她最严重的宪政危机就是 1957 年 1 月，艾登首相在苏伊士运河危机后辞职（见 118~119 页），女王不得不运用君王特权，从两位候选人中挑选一位接任首相。贵族们进行了非正式的意见征询，女王听取了丘吉尔的意见；出乎许多人的意料，她选择了哈罗德·麦克米伦而不是 R.A. 巴特勒。1963 年又出现了类似情况，女王再次听从建议排除巴特勒，这次选择了亚历克·道格拉斯-霍姆。女王晚年对英国脱欧和苏格兰独立等重大宪政问题谨慎地保持沉默，但这完全无法阻止大量媒体猜测她的个人意见。

红色尖晶石，称为"黑王子的红宝石"

垫形切割的库里南 2 号钻石

此后

君王离开议会回到白金汉宫后，威斯敏斯特宫屋顶上的王室旗帜更换为英国国旗。

《被剥夺公民权人士草案》

议会会议开始，不过，两院议员不会立即开始讨论国王或女王的演讲，而是分别在两院介绍所谓的《被剥夺公民权人士草案》，这一程序象征着两院不受君王干预和影响。这一草案只具有形式意义，不会进一步讨论，介绍后议员即可开始讨论国王或女王的演讲，并拟定"回应陛下美辞的讲话"。

首相的简要汇报

君王每周与首相有一次会晤。图为 2002 年伊丽莎白二世会见托尼·布莱尔。她最喜欢的首相大概是温斯顿·丘吉尔——她甚至去唐宁街参加了丘吉尔的告别晚宴。

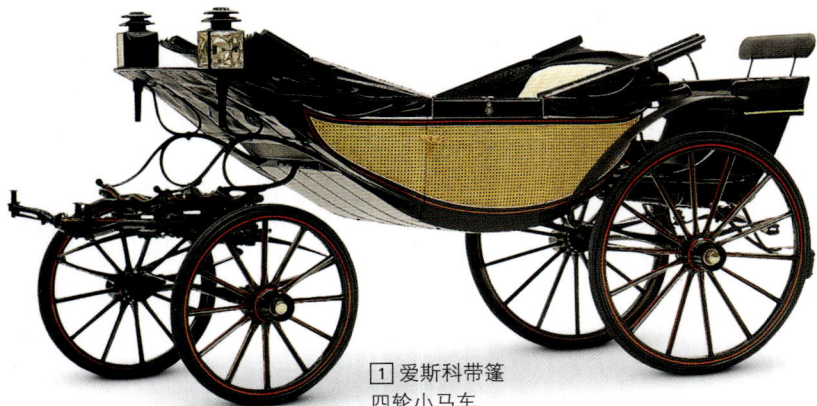

1 爱斯科带篷
四轮小马车

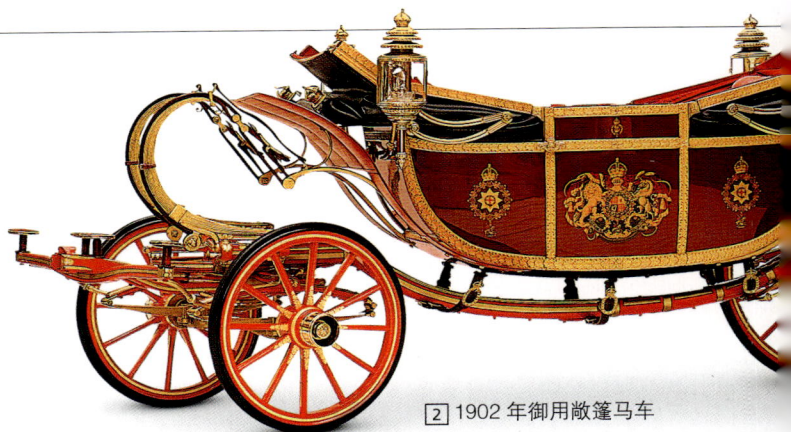

2 1902 年御用敞篷马车

3 玻璃马车

3个镀金小天使共同撑起帝
国王冠，分别代表英格兰、
苏格兰和爱尔兰

4位海神各据一角，代
表大英帝国的力量

所有雕刻由英国雕刻家约瑟夫·
威尔顿（1722~1803）完成

4 黄金御用马车

车身镶板由意大利画
家乔瓦尼·斯普里亚
尼（1727~1785）
绘制完成

支撑马车重量
的车支架由摩
洛哥皮包裹

⑤ 钻禧御用马车

镀金王冠中空，用纳尔逊旗舰"胜利"号上的橡木雕刻而成，内装有摄像头可拍摄人群

液压减震器

电动车窗

制动装置

⑥ 澳大利亚御用马车

后面两位海神手持束棒，顶端为三叉鱼叉，象征着帝国权威

镀金制动装置

雕刻精美的车轮

各类马车

白金汉宫皇家马厩共存放有 100 多辆各类马车，供王室家族出行使用。这些马车用于婚礼、加冕礼等各类王室和国事活动。

① **爱斯科带篷四轮小马车** 这种轻型马车由骑乘在左侧马匹上的驭者骑乘一匹马驾驶，在每年的皇家爱斯科赛马会上使用。剑桥公爵和公爵夫人的婚礼上，伴娘们也乘坐这款马车。

② **1902年御用敞篷马车** 这辆马车是1902年为爱德华七世加冕典礼特制。这是一辆敞篷马车，乘客清晰可见，因此常在王室婚礼中使用。

③ **玻璃马车** 英国君王首选御用马车，1881年制造，王室1911年买下用于乔治五世加冕典礼。

④ **黄金御用马车** 自乔治四世以来每位英国君王加冕都会使用这辆1762年制造的马车。这

辆重4吨的8驾马车在所有皇家马车中最为精美也最为笨重。维多利亚女王抱怨乘坐这辆马车"颠簸难忍"。

⑤ **钻禧御用马车** 这是澳大利亚人W.J.费克灵顿为庆祝女王80岁大寿自发设计制造的马车。这辆马车上带有许多历史文物，如来自艾萨克·牛顿爵士那棵苹果树和亨利八世的"玛丽玫瑰"号战舰的木料。2014年投入使用。

⑥ **澳大利亚御用马车** 这辆马车是1988年费克灵顿为庆祝澳大利亚建国200周年而设计制造的，封闭式设计，采用了供暖和液压减震等现代技术，更加舒适。

游行遇雨

加拿大皇家骑警代表新女王领地之一参加了 1953 年 6 月 2 日的加冕日游行。尽管当时天气阴沉，但仍有大量人群外出观看游行。

此 前

加冕礼服体现王室和英联邦所有领地和自治领，但是女王服饰中最有分量的是紫色王袍。

奢华尽显女王之尊

女王请诺特·哈特内尔为加冕典礼设计一件白色缎面礼服，类似她的婚纱。根据他的设计，礼服上用精美的刺绣体现联合王国辖下各国的标志。女王考虑到她统治的领土幅员辽阔，请他也加上英联邦的标志：加拿大枫叶，新西兰银蕨，巴基斯坦的黄麻、棉花和小麦。同时，来自皇家缝纫学校的 12 位女裁缝付出艰辛的劳动，共计花费 3500 小时，用一块 6.5 米长的紫色丝绒面料缝制王袍，并以貂皮镶边，金线刺绣。

来自世界屋脊

以上准备工作即将完成之际，在世界的另一头，另一种英雄事迹正在上演。加冕日当天早上，关于一项壮举的消息渐次传来：丹增·诺盖和埃德蒙·希拉里登顶珠穆朗玛峰。"帝国人民团结起来能够征服一切。"《标准晚报》探讨登顶象征意义时如是说。

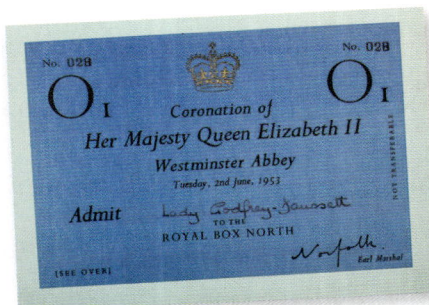

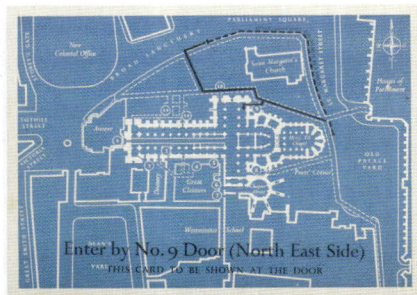

主场活动入场券
高弗雷 – 福塞特夫人是持有大教堂入场券的嘉宾之一。加冕典礼邀请了英联邦各国首相和国家元首、外国在位或不在位的皇族参加。

到达大教堂
女王经由特设临时裙房进入大教堂，在礼服女官德文郡公爵夫人的指引下，6 位侍女捧着女王的曳地裙摆。

加冕典礼

虽然这一荣耀时刻天公不作美，但女王队伍行进沿线，围观人群的热情无法阻挡，全球观众激动不已，这场庄严肃穆、饱含历史传统的活动给人带来发自内心的欢乐。

到1953年时，英国开始逐渐摆脱战后的艰苦日子，新女王加冕可以作为连接过去和未来的桥梁。加冕仪式蕴含的传统古老而庄严，年轻的女王令人兴奋，充满魅力，古老与现代的奇妙融合带来无上光荣，即将开始新的伊丽莎白时代。英国最终决定对加冕典礼进行电视转播，技术的采用让大量观众能够目睹加冕典礼的盛大排场，其现场感会让前几代人感到不可思议。

甜蜜的庆祝

加冕当天，全国各地民众走上街头狂欢，学校、教会等公共机构也会举行庆祝活动。丘吉尔对加冕典礼充满热情，他鼓动政府设计一次规模史无前例的盛大活动，举国同庆（加冕典礼的开销最终达到 200 万英镑左右），宣布所有人配给食糖增加一磅，公务员们为此大惊失色。根据丘吉尔的指示，糖类配给制在加冕前夕结束。此前一天，丘吉尔获得嘉德骑士勋章，也许部分原因是为了奖励他对加冕仪式所倾注的热情。

1953 年 1 月 1 日，威斯敏斯特大教堂停止对外开放，准备加冕典礼。英国纹章院院长诺福克公爵（根据古

> "加冕典礼如同**凤凰重生**时刻。"
>
> 玛格丽特公主

老传统，这是英国最为德高望重的贵族）负责安排仪式的各项具体工作。他的妻子在两次彩排中扮演女王，而伊丽莎白在旁观看。女王在宫中自己彩排。加冕典礼是否电视转播引起较大争议。加冕典礼委员会主席菲利普亲王很有可能支持转播，但丘吉尔和坎特伯雷大主教等人反对。不过，之前已有伊丽莎白和菲利普婚礼电视转播的先例，公众呼声极高，不能置之不理，最终决定只有加冕典礼最为肃

穆的部分——圣餐和涂油仪式——不会摄入镜头。虽然遭到大臣们反对，但加冕典礼仍通过广播电视向全世界直播，用 44 种不同语言解说。

6 月 2 日加冕典礼当天，全世界四分之一的人放假庆祝。尽管细雨绵绵，群众还是为占据游行沿线有利地形观看游行，宁愿露宿一夜。

高官权贵乘坐大多数为封闭式的马车前往大教堂，在那里等候的其他嘉宾共计 8000 人，包括盛装出席的

加冕一刻

加冕典礼开始后，在场民众不停欢呼："天佑伊丽莎白女王，伊丽莎白女王万岁！女王永生！"

英国贵族。加冕仪式后，汤加女王萨洛特·图普三世不顾天气恶劣，放下马车车篷，撑起一把大伞，围观群众十分高兴。

抵达大教堂

上午 11 点，女王乘坐黄金御用马车到达大教堂，爱丁堡公爵身着舰队司令制服陪同。当时她头戴乔治四世王冠。圣爱德华王冠用于加冕典礼时佩戴，已经提前送达大教堂。上午

11 点 15 分，由国内外贵宾、神职人员和贵族等组成的队伍从西门进入教堂，女王和侍女及礼服女官随后。女王行至圣坛处后在王椅就座，加冕用品归整完毕。她向人群各个角落行屈膝礼。此刻仪式方可正式开始（见 142~143 页）。加冕典礼后，1.6 万人用了两小时返回 8 千米外的白金汉宫。大教堂内部摄像机拍下的镜头已经开始向加拿大传送，仪式结束不到 4 小时就会在那里播出。

（见 142~143 页）

加冕典礼立即带来巨大文化冲击，经久不衰。这一仪式改变了英国人消费媒体和吃鸡的模式，大量纪念品由此诞生。

纪念这一刻

加冕典礼之后，女王立即举行午宴，席间有一道菜专为纪念加冕特制。菜谱来自罗斯玛丽·休姆和康斯坦丝·斯普莱，最初称为伊丽莎白鸡肉料理——后来得名加冕鸡。除了鸡肉以外，这道菜用了咖喱粉和其他香料，体现了英联邦的烹调文化。其他文化方面的影响还包括大量纪念品，从瓷器套装到加冕马车玩具，不一而足。

向全世界转播

午宴后皇家空军表演列队飞行，女王则依旧头戴英帝国王冠出现在白金汉宫阳台。当晚她发表广播讲话："在这个值得纪念的日子里，想到你们的思绪和祈祷伴我左右，我一直精神焕发，备受鼓舞。我一直都知道遍布世界各大陆、各大洋的臣民们为了我现在如此庄重献身的重任已团结起来，共同支持我。"她还说："因此我确信，我的加冕典礼并非象征着过去的力量和辉煌，而是展现我们对未来的期许，在未来这段上帝恩典怜悯之下赐予我的时光中，我将作为女王统治国家服务人民。"

电视革命

电视转播加冕典礼后，原已火爆的电视销售更快。因此受害的著名案例之一就是百代新闻制作的加冕典礼 3D 电影票房惨败。

加冕纪念糖果盒

加冕典礼

这场感人的仪式尽显古老传统，伊丽莎白郑重许下誓言，涂上圣油，接受了祖辈们传下的王冠。加冕仪式中到处有王室徽章出现，象征意义分量十足。

随着加冕仪式逐渐接近高潮，伊丽莎白来到圣坛处，就座于三椅（又称加冕椅）。她宣读加冕誓词，领圣餐。仪式最重要的部分是涂圣油。女王隐于丝质华盖之后涂抹圣油，圣油包含的成分有柑橘、玫瑰、麝香、肉桂和龙涎香——抹香鲸消化系统中提取的一种稀有物质。过去，历代君王所用圣油均有储备，但1953年加冕典礼筹备过程中发现，最后一瓶已毁于第二次世界大战伦敦大空袭。遗憾的是，制作圣油的药店已停业，而且配方似已失传。不过，加冕委员会找到了一位长者，可能是该药店唯一尚在世的员工，留有少量圣油作为纪念，典礼圣油最后由他制作。

涂圣油后，女王穿上皇家礼服，接受马饰和国之重器。她换上一件宽松的亚麻上衣，外披金缎质地的礼服，又称外袍。接下来她接受象征着骑士精神的金马刺和一柄饰有宝石的剑。此外还要接受代表着诚意和智慧的手环（金手镯）。然后伊丽莎白穿上金缎质地的皇家披风长袍，接受君王宝球和两柄权杖：代表上帝庇佑之下世俗权力的十字权杖和代表公正仁慈的鸽饰权杖。最后，她戴上纯金制成的圣爱德华王冠，不过这张礼服盛装照上换了英帝国王冠。

"诸位，此为**伊丽莎白女王，汝之女王无疑**。"

坎特伯雷大主教杰弗里·费舍尔在伊丽莎白二世加冕典礼上说道，1953 年 6 月 2 日

经典照片
加冕典礼结束后女王回到白金汉宫，摄影师塞西尔·比顿在那里拍下这张著名的加冕肖像照。背景布上画有威斯敏斯特大教堂中的亨利七世圣母堂，用来烘托气氛。

加冕礼服

现代时尚与古老传统在伊丽莎白的加冕典礼上合二为一。礼服由时尚设计师诺曼·哈特内尔制作，而外披长袍和王冠则为艾德与瑞文克劳夫出品，这家裁缝店1689年起就为王室制衣。

1 **爱丁堡公爵小冠冕** 艾德与瑞文克劳夫出品，银制镀金头环由十字架和百合花交错装饰，深红色天鹅绒内帽用貂皮饰边，中间饰有一束金流苏。2 **爱丁堡公爵制服和加冕典礼外袍** 外袍为艾德与瑞文克劳夫出品，罩在舰队司令全套军礼服外面，包括嘉德骑士佩星、领环和标章。3 **玛格丽特公主礼服和外袍** 玛格丽特公主的礼服由诺曼·哈特内尔设计，特色鲜明，

但也呼应了王族女眷的白色配金色服饰。
4 **光环王冠** 1936年乔治六世国王于卡地亚定制，是伊丽莎白18岁生日的礼物。玛格丽特公主在加冕典礼上佩戴。5 **圣爱德华王冠** 这件金王冠镶有蓝宝石、碧玺、紫水晶、黄玉和黄水晶，重2.23千克。6 **伊丽莎白二世的加冕典礼礼服和外袍** 礼服由哈特内尔设计，用金色、银色和淡色丝线绣有英国和英联邦各国的国花图案。

百合花

1 爱丁堡公爵小冠冕

嘉德骑士领环

环绕红玫瑰的蓝色珐琅吊袜带与双环金结交错

2 爱丁堡公爵制服和加冕典礼外袍

王冠镶有739颗明亮式切割钻石和149颗长梯形钻石

4 光环王冠

英格兰刺绣镂空设计

用银线绣成的雏菊和玫瑰图案，与公主名字玛格丽特·罗丝相呼应

貂皮镶边紫色天鹅绒外袍

3 玛格丽特公主礼服和外袍

伊丽莎白二世加冕外袍全貌

外袍绣有麦穗和橄榄枝，
代表和平与繁荣

5 圣爱德华王冠

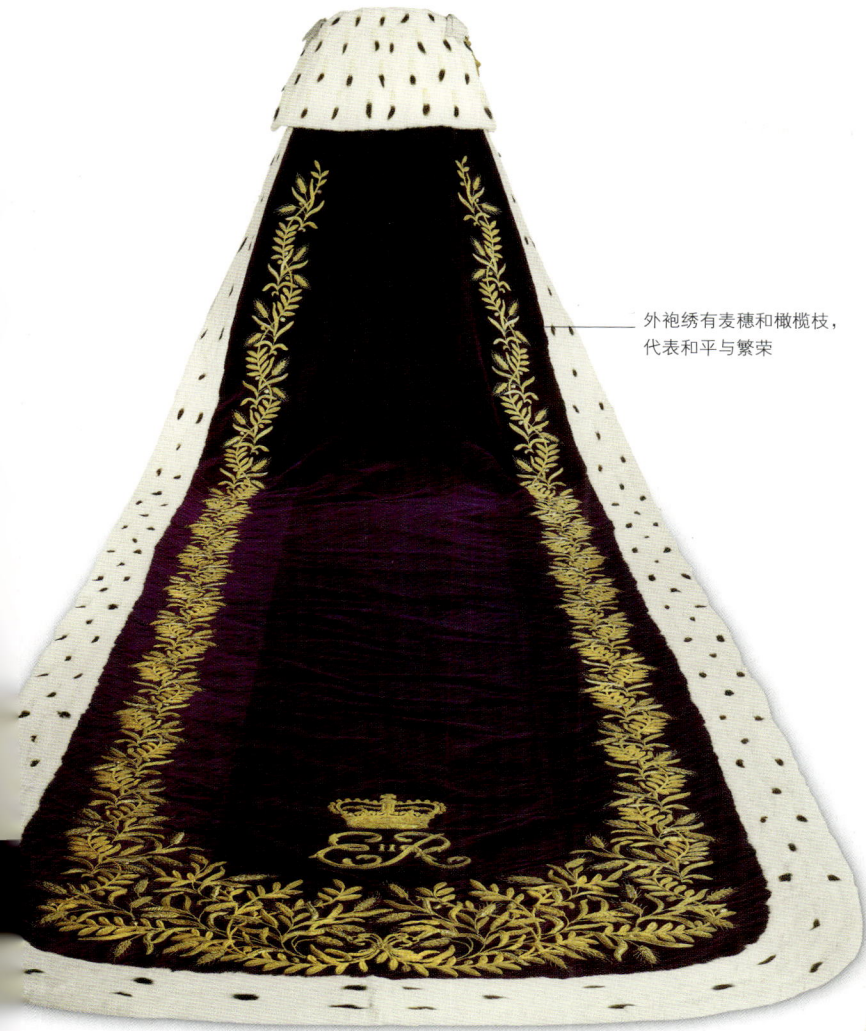

领口——倒V形短袖、裙摆——一层
和裙边——均有成串圆柱形金珠、
人造钻石和珍珠交错装饰

6 伊丽莎白二世的加冕
典礼礼服和外袍

白色缎面裙摆上的刺绣较重，设计
有淡黄色加厚塔夫绸作为底衬支撑

貂皮镶边红色丝绒外袍

貂皮镶边英国紫丝绒外袍；
长度超过6.5米，有6个暗藏
把手方便侍女捧起裙摆

诺维奇大门，1952年

圣玛丽丽玛德琳教堂

安墨别墅

打猎聚会，约1902~1910年

皇家宫殿

桑德林汉姆

桑德林汉姆庄园位于诺福克海边，风光秀丽，占地 8000 公顷。1862 年，维多利亚女王买下这座庄园送给威尔士亲王和未婚妻亚历山德拉公主作为结婚礼物，威尔士亲王即后来的爱德华七世。

尽管桑德林汉姆庄园原有一座巨大的乔治王朝风格大宅，阿尔伯特和亚历山德拉仍然觉得房子太小，将其拆除。1870 年，一座多重山墙的红砖乡村大宅建成，为詹姆斯一世风格。

当时这座大宅的装修极其先进，有煤气灯照明，卫生间装有抽水马桶和淋浴设施。会客厅面积很大，可以用于正式活动和家庭聚会，不过日常起居空间相对狭小。家养的狗、猫和马甚至也有充足的活动空间。

桑德林汉姆非常适合亚历山德拉王妃和她的五名子女居住，部分弥补了她的丈夫长期缺席且不忠的遗憾。从地理位置上来说，这里位于英国很有意思的一片区域，过去曾经是多格兰的一部分，即最后一次冰河时期连接大不列颠和斯堪的纳维亚的大陆桥。所以，这里与亚历山德拉王妃的故乡丹麦颇为相似也并不奇怪，也许正因如此她才喜欢在桑德林汉姆居住。

1886 年，爱德华在桑德林汉姆设立皇家马场，他很快成为英国最有影响力的育马专家之一，培养了两匹颇

富传奇色彩的赛马："柿子"在 1896 年赢得著名的英国圣烈治锦标赛和德比赛；"钻禧"则赢得了 1900 年的赛马三冠王。王子把赛马奖金投资于庄园扩建，新修了一座带围墙的大菜园。这个菜园最近重新启用，为桑德林汉姆游客中心餐馆提供蔬菜。

阿尔伯特和亚历山德拉都非常喜欢在桑德林汉姆庄园打猎，以至于 1901 年，已加冕成为爱德华七世的阿尔伯特下令所有钟表比格林尼治标准时间（GMT）调快半小时，这样冬天下午可以多利用日光打猎。"桑德林汉姆时间"一直延续到 1936 年才停止使用。

1932 年，在乔治五世统治时期桑德林汉姆又诞生了新的习俗：圣诞节那天，乔治五世在这里向大英帝国首次发表现场广播讲话。20 年后，伊丽莎白女王延续了这一传统，但 1957 年她又创造了历史，在首次圣诞节电视现场直播中请全国观众参观了桑德林汉姆的图书馆。

私密时光

对于伊丽莎白来说，桑德林汉姆

具有特别的意义。她的父亲乔治六世在这里出生，也在这里去世。他在庄园中的约克小屋长大，在那里与祖父母度过了最快乐的时光。正是乔治六世在桑德林汉姆开辟了第一个苹果园——这座庄园的苹果汁如今非常出名。他还把 1915 年 1 月德国齐柏林飞艇第一次空袭时在庄园炸出的大坑修成了鸭塘。

父亲去世后，伊丽莎白二世通常独自纪念他的忌日，偶尔有家人在庄园陪伴。

公众参观

桑德林汉姆于 1977 年首次向公众开放。每年 4~10 月，王室一家不在，一层几个会客厅可以参观。房间的装修装饰从亚历山德拉王妃和乔治五世之妻玛丽王后时期相比变化不大。俄国和欧洲王室家族经常到桑德林汉姆做客，他们赠送的贵重礼品在会客厅中展出，其中包括德皇威廉一世赠送的德累斯顿瓷制枝形吊灯和镜框。

桑德林汉姆大宅
这座 1870 年为威尔士亲王阿尔伯特和王妃亚历山德拉修建的大宅被他们的朋友查尔斯·卡林顿形容为"英国最舒适的房子"。

戴姆勒梅尔敞篷车

白腹锦鸡

庄园掠影
王室家族拥有桑德林汉姆庄园已有 150 多年，4 位英国君王都热爱这个家园——近年威廉王子及其年幼子女将安墨别墅作为乡间宅邸，在那里度过了愉快的时光。伊丽莎白二世特别喜欢在桑德林汉姆欢度圣诞节，习惯到离家不远的圣玛丽德琳教堂参加庆祝活动。工艺精美的诺维奇铸铁大门由托马斯·杰基尔设计，是诺福克郡和诺维奇市送给未来爱德华七世的结婚礼物。爱德华（图中坐在驾驶座上）对这座庄园感情深厚，经常举办打猎聚会，沉迷于乡村生活。如今，游客可以到桑德林汉姆博物馆参观王室用过的老爷车，在庄园内漫步欣赏 100 多种鸟类，包括五彩缤纷的锦鸡。

这些房间墙上挂有优秀宫廷画家绘制的家族肖像。桑德林汉姆还收藏了1876年威尔士亲王巡访远东和印度（见72~73页）带回来的东方武器和铠甲，藏品相当贵重，大宴会厅中的藏品特展每年更换展品。

"亲爱的老桑德林汉姆，世界上我最爱之处。"

乔治五世国王

庄园博物馆设在从前的马车房和马厩，收藏品极其丰富。乔治五世打猎得来的大型动物战利品原先散落在各处皇家居所，后来被他统一收藏到这家博物馆中。馆中还收藏有老爷车，最突出的一辆是爱德华七世购买的戴姆勒敞篷车。他是第一位拥有汽车的英国君王——但他是否会开车不得而知。

王室家族按照现代庄园的方式管理桑德林汉姆。1952年女王继位时，菲利普亲王受命负责管理这座庄园，晚年把日常管理工作交给查尔斯王子。在现任国王的监督下，庄园逐渐向有机农业过渡，并为鼓励更多种类的野生生物生长采取了一些措施。生态保护一直受到重视，新栽树木数以千计，新修树篱绵延数里，还开辟出10处湿地。

庄园里有80公顷果园以及浆果地——曾多年种植桑德林汉姆用来制作利宾纳饮料的黑加仑果。果园旁边最近开辟了有机培育黑松露的试验园。桑德林汉姆的土地条件适合附着有松露孢子的橡树和榛树生长，桑德林汉姆养狗场工作人员正在努力培训会寻找松露的狗。

桑德林汉姆乡村公园1968年首次向公众开放。这里主要是由林地和开阔的荒地组成，占地240公顷，有两条设有路标的天然徒步路线。

威廉王子2014年宣布为东盎格鲁空中急救队（EAAA）工作，之后他和剑桥公爵夫人决定在桑德林汉姆庄园里的安墨别墅安家。这座乔治王朝风格的大宅是他们收到的结婚礼物，也是威廉从小就熟悉的地方，当时他父亲的朋友休·范·卡茨姆在这里租住。稍加翻新并扩建后他们迁入新居，其中新建的温室由曾在海格罗夫庄园工作过的建筑师查尔斯·莫里斯设计。虽然威廉王子一家后来迁居温莎，这里仍然是他们的乡间宅邸。

桑德林汉姆旧时风貌
从19世纪80年代拍摄的这些照片中可以看到，桑德林汉姆庄园的会客厅和餐厅等大房间陈列了无数王室成员出国旅行带回的纪念品和外国贵宾赠送的礼物。很多房间有飘窗，自然光线良好：玛丽王后的书桌占据了一个明亮的角落，上面摆满了家人照片。

餐厅，1880年

会客厅，1882年

玛丽王后的书桌

女王——教会领袖

女王对待英格兰教会领袖这一公众角色始终极为认真。私人生活中她坚持自己的信仰，但并不张扬，主张人人宗教信仰自由。

女王的无数头衔中有一个称为"信仰的保护者，英格兰教会最高领袖"，这是英格兰教会创立时一份文件前言中的规定，君王"谨遵上帝旨意，头衔应为信仰保护者……英格兰教会最高领袖"。女王在苏格兰教会也有头衔。尽管她只是苏格兰教会普通成员，不是最高领袖，但根据1707年《联合法案》，她也有责任保护苏格兰教会。英格兰教会和苏格兰教会都是"国教"，接受英国法律管辖，女王的地位至关重要。

女王在加冕典礼上的誓言中有不

17 伊丽莎白二世继位以来先后就任的坎特伯雷大主教的人数。

少篇幅用于确认这一地位。在誓言中，女王宣誓要尽最大努力"在联合王国维护法律所规定的新教信仰……

此前

君王在英格兰教会中的地位是亨利八世在16世纪与罗马决裂的直接后果，16世纪30年代因此推出一系列议会法案。

亨利八世
金质奖章

权力归于君王

1534年，议会宣布亨利是英格兰教会的唯一最高领袖。1559年议会颁布《至尊法案》，宣称伊丽莎白一世是"本国、所有女王陛下自治领和属国的唯一最高领袖，无论世俗事务或是一切精神或教会事务均由她管辖"。法案宗旨是"恢复君王对教会财产古已有之的管辖权，革除所有持不同意见的外国势力干涉"。

维护英格兰教会的地位不受侵犯……根据英国法律维护教会管理不受侵犯"。对于女王来说，这些不只是誓词，也是她真心看重的精神责任。"在教堂中我们这些站在她附近的人几乎能感觉到从她身上散发出来的精神升华感。"1953年加冕典礼主要组织人员之一阿伦戴尔传令纹章官德莫特·莫拉回忆道。

女王任命主教并授予神职（根据首相和教会委员会的建议），主教和教区牧师对女王宣誓效忠，辞职也需要王室认可。和议会一样，女王为教会大会（英格兰教会理事会）揭幕，大会通过议题和教规也需要女王批准。

保护信仰

从私人生活看，女王信仰虔诚专一。每周日，无论身处何地，女王都会去教堂，比如温莎大公园的王室专属教堂、桑德林汉姆的圣玛丽玛德琳教堂或巴尔莫勒尔的克拉西柯克教堂。曾有评论家称："她每一次决定都有信仰指引。"例如，曾任女王家庭牧师的罗宾·伍兹形容她是"一位经常祈祷的虔诚女性"。他谈到1966年英格兰教会推出新版本祈祷书时发生的一件事。伊丽莎白批准新版本之前叫来伍兹，说："我觉得在批准礼拜仪式改变之前至少我们应该为之祈祷一番。"

2012年在兰贝斯宫演讲时，女王

常客
2014年，女王在梵蒂冈会见教皇方济各。1951年会见教皇庇护十二世，之后一年女王登基，方济各是她在圣城会见的第五位教皇。

王室礼拜场所
苏格兰阿伯丁郡布雷马附近的克拉西柯克教堂与维多利亚女王以及其后历代王室家族渊源颇深，他们在巴尔莫勒尔城堡度假时就会到这里参加礼拜。

对英格兰教会的作用和价值极力维护："我国国教的概念有时会被误解，而且我觉得很多人低估了其意义……它

> **"教会深深融入**这个**国家**的**结构中**，帮助这个**社会更好发展**。"

女王在兰贝斯宫的演讲，2012年

此后

2015年法律修订后，王室成员可以与天主教徒结婚，某些专家因此质疑君王作为英格兰教会领袖的地位是否能够延续下去。

王室地位何去何从

理论上王位继承人可以与天主教徒结婚。政治与宪法改革委员会评论说："这种情况确实提出一个问题，是否还应要求君王与英格兰教会有共同利益关系。"

当然为自己的众多支持者提供了一种认同感和精神空间。但同时，英格兰教会也平静而坚定地为信仰其他宗教的群体和没有信仰的人民创造了可以自由生活的环境。"

旅行与国事访问

伊丽莎白二世也许是地球上最容易认出的女性之一，部分原因是她已经访问过地球上的大部分地区。女王经常出行，有机会与数百万人直接接触。

女王是游历最广的君王。1947年，尚为公主的她开始正式出访海外，从此一发不可收拾。那一年，伊丽莎白陪同父母巡访罗德西亚（今津巴布韦）和南非，途中她在开普敦庆祝了21岁生日，并向英联邦发表了一次难忘的广播讲话。1951年，公主和丈夫菲利普代替患病的父王乔治六世进行了为期5周的加拿大全国巡访，从东海岸走到西海岸。不过，伊丽莎白继位（见132~133页）和加冕（见140~143页）之后，真正的庞大出访计划方才拉开序幕。

首次英联邦巡访

伊丽莎白加冕成为女王后首先履行的职责之一是令人精疲力竭的英联邦巡访，原本计划由她的父亲进行。1953年，她和菲利普一起出发，离开年幼的两个孩子7个月之久。她在新西兰发表圣诞致辞时对英联邦人民说，她的目标是"表明王室不仅仅是代表人民团结的抽象符号，也带有个人色彩，是活生生的纽带，连接着你我"。

巡访的亮点是1954年澳大利亚之行，出现了不少意想不到的情景。在维多利亚州的巴拉瑞特，超过15万人涌上街头想要一睹女王风采。"我们共同经历了升华，此后我们会成为更优秀的公民，更

纪念版茶叶罐
女王1954年访问澳大利亚，引起全国轰动。这件为纪念这次访问特别制作的八角形茶叶罐两面分别绘有伊丽莎白和菲利普头像。

在海上
1954年巡访澳大利亚期间，澳大利亚皇家海军"澳大利亚"号舰长阿兰·麦克尼科尔陪同女王参观他的军舰。女王加冕后进行世界巡访，乘坐皇家游艇来到澳大利亚时，这艘军舰参与护航。

此前

女王1953~1954年英联邦盛大巡访之前，先对不列颠各岛进行了加冕巡访，包括苏格兰和北爱尔兰在内。

首次访问北爱尔兰

1953年7月，伊丽莎白首次以君王身份访问北爱尔兰。在菲利普的陪伴下，她乘坐火车穿过阿尔斯特乡间，沿着北部海岸前行。政府宣布公众放假，欢呼的人群争着一睹女王风采。王室随从人员中侍从武官彼得·唐森引人注目，带上他是为了疏远他与玛格丽特（见154~155页）之间的距离。

优秀的英国臣民。"地方报纸《巴拉瑞特信使报》感叹道。在墨尔本板球场(世界最大的运动场之一),十多万名儿童集合欢迎伊丽莎白。在澳大利亚其他一些地方,民众的热情达到了歇斯底里的程度:在悉尼市政厅外等候女王时有 2000 人昏厥;新南威尔士州北部利斯莫尔民众争相目睹女王时发生踩踏,有妇女儿童受伤。估计约有 1000 万澳大利亚人在女王访问期间亲眼看到女王本人,占总人口的 70% 左右。

回家

伊丽莎白的英联邦巡访定于 1954 年 5 月结束。1953 年约翰布朗公司著名的克莱德造船厂耗资 200 多万英镑建造的皇家游艇"不列颠尼亚"号受命接女王夫妇回国。这艘游艇将查尔斯王子和安妮公主送到地中海,在那里与父母会合,然后一起返回英国。5 月 1 日伊丽莎白和菲利普在利比亚的托布鲁克登上游艇,一家团圆。

5 月 15 日,王室一家沿着泰晤士河航行时受到热烈欢迎。首相温斯顿·丘吉尔前一天在怀特岛雅茅斯登船,与他们同行。伦敦塔桥的两个桥臂开到最大,以便游艇通过,桥上拉起巨大横幅,上书

70196 千米 1953~1954年伊丽莎白二世英联邦巡访期间旅行总里程。

"欢迎回家"。伦敦塔响起 41 声礼炮。女王首次英联邦巡访胜利归来,"不列颠尼亚"号此后又为王室服务了 44 年,航行里程超过 160 万千米。

四面八方

1953~1954 年的英联邦巡访是女王最长的一次旅行。此后,她继续四处游历,在位期间常常每年旅行约 16 万千米,一年至少一次国事访问。王室一家的其他成员有时和她同行。1958 年圣诞广播致辞时,介绍完次年王室家族的出行总计划之后,女王开了一句著名的玩笑:"偷偷跟你们说,我们计划要去很多地方。但暂时没打算去太空。"

历史记录

在位期间,伊丽莎白访问了 100 多个国家,创造了不少历史纪录。

女王在非洲
伊丽莎白 1961 年 11 月对加纳进行国事访问,其间到库马西体育场观看游行,有人为她撑起一把巨大的遮阳伞,护送她前往嘉宾席。女王同年还访问了塞拉利昂和冈比亚。

1986 年,她成为第一个在位期间访问中国的英国君王,1994 年 10 月首次对俄国进行国事访问,1998 年首次访问文莱和马来西亚,1999 年首次访问韩国。1995 年,种族隔离政策废除后,女王终于又访问南非,这是 1947 年以来的第一次。

2011 年,伊丽莎白成为首位访问爱尔兰共和国(见 270~271 页)的英国君王,自祖父乔治五世 1911 年巡访以来首次来到爱尔兰南部地区。在欢迎女王的国宴上,女王探讨了这次访问的历史意义,提到"我们两国之间,以及两国各社会群体之间现在拥有的和平与谅解,是我们之间有众多共同之处的活生生的证明。"

王室使节

在位的多数时间里,女王巡访期间每天最多要参加 10 场官方活动,最长工作时间达到每天 14 个小时。考虑到大量日程安排工作和安防要求,难怪每次巡访最多需要两年时间策划准备。近年女王不再进行国事访问,这一职责由年轻一代接替。

作为英国对外的使者,伊丽莎白价值连城。女王出访能够帮助英国发挥影响,推广英国文化和价值观念,并实现经济目标。例如,《读者文摘》形容女王 1953~1954 年的英联邦巡访"也许是公共关系史上最为雄心勃勃的案例,肯定是最成功的案例无疑"。女王到访意义非凡,部分原因是第二次世界大战后仍旧统治国家的王室家族相对稀少。女王进行国事访问时担任过随行大臣的查尔芳特勋爵曾说道:"英国君王在国际外交舞台上占据独特地位……(女王)对于大多数海外民众来说具有那种难以言说的特质,有时被形容(为)'魔力'。"

此后

在爱丁堡公爵的陪同下,伊丽莎白继续每年进行一到两次正式出国访问。

代表女王
女王晚年时,家人越来越频繁地代表她出访国外——儿子查尔斯王子和孙子孙媳们。履行职责时年龄不是障碍:乔治王子首次出国前往澳大利亚和新西兰时只有 8 个月大,访问为期 3 周。

女王陛下的游艇
1995 年南非废除种族隔离政策后,女王对南非进行历史性访问,图中皇家游艇"不列颠尼亚"号在维多利亚和艾弗雷港停泊。两年后这艘游艇退役。

检阅中的情侣

在这张 1947 年拍摄的照片中，年轻的玛格丽特公主在一次军舰下水仪式中检阅部队，可以看到背景中的侍从武官彼得·唐森。此时两人关系刚刚开始。

玛格丽特注定失败的爱情

年轻的伊丽莎白女王甫一登基就面临考验，玛格丽特公主打算嫁给一位离婚男士——彼得·唐森上校。社会风俗正在改变，王室传统的保守观念受到挑战。

此 前

1944 年 2 月，玛格丽特 14 岁，她在白金汉宫与彼得·唐森首次相遇。当时她坐在伊丽莎白身旁，等待这位飞行员英雄在觐见国王途中路过。年轻的航空兵一进门，伊丽莎白就对玛格丽特耳语："运气不好，他已经结婚了。"

王室任命

战后唐森出现精神崩溃，当局认为相对低调的侍从武官——王室成员个人助理——这一职位可能会适合他。很快，他获得国王和王后的欢心，荣宠不衰。唐森和玛格丽特有越来越多的机会在一起，特别是 1947 年出访南非期间，很多时间两人一起度过，逐渐坠入爱河。1950 年唐森调任副管家，在白金汉宫有自己的办公室。1952 年他与妻子离婚。

保持距离
玛格丽特公主 1955 年 2 月访问西印度群岛，人们普遍认为这次出访是为了让她和彼得·唐森拉开距离。但此举并未奏效。

"**我们**两人都精疲力竭……身处**漩涡中心**感到言语无力，**呆若木鸡**。"

彼得·唐森

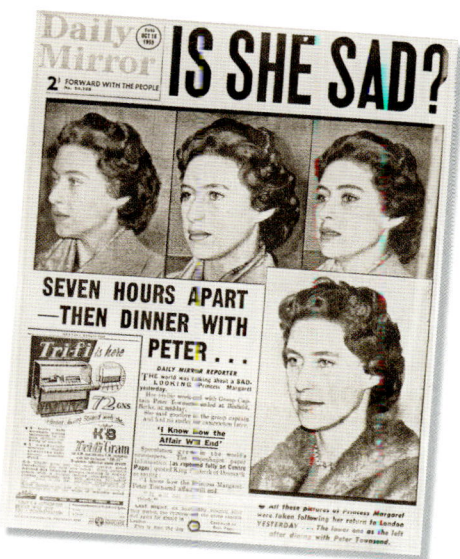

媒体围追堵截
对玛格丽特和唐森婚事的猜测如火如荼，两人发现自己身处媒体关注的焦点。这张 1955 年 10 月末的照片上，媒体等待两人参加晚宴后离场。

玛格丽特公主 18 岁生日时在社交界闪耀登场。她的私生活从此成为八卦专栏的话题，评论员们争相猜测这位世界上也许最受欢迎的单身女性最有可能的追求者会是谁。大多数人认为玛格丽特交往的圈子"轻浮"：都是一些花花公子式的时髦贵族青年。但事实上她和他们在一起只是打发时间，因为她的心早已放在一位更年长、更认真的男士身上：彼得·唐森上校，这位战争英雄在不列颠之战中作为飞行员的英勇事迹具有传奇色彩。

曝光

外界在 1953 年首次了解到公主和侍从武官的感情关系。伊丽莎白加冕典礼（见 140~143 页）当天，人们看到玛格丽特为唐森的制服摘去一点浮毛，这个动作胜过千言万语。他们的关系立刻成为媒体关注的焦点，大量耸人听闻的报道让王室深受困扰。爱德华八世退位危机（见 90~91 页）后，又一位王室成员与离婚人士有染，这个念头令人无法接受。为了拆散这一对，人们采取了各种措施。1953 年 7 月，玛格丽特受命陪同王母太后前往南罗得西亚（今属津巴布韦）访问，同时唐森被安排到新的岗位上任：英国驻比利时空军武官。当得知她出访回国时唐森即已离开英国，玛格丽特崩溃了。王室反对两人结婚，包括女王本人在内，但玛格丽特年满 25 岁时结婚就不再需要女王批准。

反对婚事

玛格丽特 25 岁生日渐渐临近，矛盾愈发紧张。10 月 14 日，王室发表声明，称目前没有考虑公布任何关于玛格丽特公主未来个人生活的计划。鉴于种种宪法和宗教因素，两人的结合看起来没有任何前途。同时，首相安东尼·艾登告诉女王，议会绝无可能批准两人结婚，如果他们结婚，议会将通过法案，剥夺玛格丽特公主的继承权和王室头衔，取消她的王室年俸。

6000 英镑 玛格丽特嫁给唐森则不得不放弃的年收入。

为了彼得
《每日镜报》1955 年 10 月 19 日头条新闻标题，可以从中看出媒体对玛格丽特恋情无孔不入的报道。

最终决定

玛格丽特面临严峻的选择：放弃婚姻，还是放弃王室生活。10 月底，她做出决定，并通知坎特伯雷大主教杰弗里·费舍尔博士。10 月 31 日与唐森见面后，她发表声明："我宣布，已决定不与彼得·唐森上校结婚。"声明署名"玛格丽特"，但由彼得·唐森撰写。

发表不与唐森结婚的声明后，玛格丽特独自面对情伤。有人问女王私人秘书马丁·查特瑞斯，玛格丽特是否因君主制度成为牺牲品，他回答："她是自愿牺牲自己。"

最后的告别

此后几年玛格丽特和唐森见过几面。1958 年 12 月，两人见了一次面，从此陌路。直到 20 世纪 90 年代再次见面，唐森到克拉伦斯宫喝茶，公主由母亲陪伴一旁。半小时后唐森离开，玛格丽特泪流满面。

圣诞致辞首次电视转播

圣诞广播致辞自 20 世纪 30 年代以来一直是君王与人民之间强有力的纽带。1957 年,伊丽莎白二世积极利用最新技术,与公众的联系更加直接。

1932 年圣诞节,乔治五世开创英国圣诞季最为深入人心的习俗之一——王室圣诞致辞(见 88~89 页)。致辞通过广播传送到千家万户。伊丽莎白二世延续了这一传统,还结合了她对电视的好感。她对这一新的传播方式十分热衷:1954 年英联邦巡访归来之后,她看完英国广播公司"欢迎回家晚会"上英国演员兼歌星格蕾西·菲尔茨的表演方才走上白金汉宫阳台露面。1960 年,王室已拥有 50 部电视机。

1957 年是首次圣诞广播 25 周年。英国广播公司外景广播主管理查德·韦伯回忆道:"电视人都积极争取做所有广播做过的事情,所以我们问王室女王是否考虑在电视上现场致辞。她是一位积极追求新时代精神的年轻君王,赞同这个想法。"致辞将从桑德林汉姆的长图书馆现场直播。

经过一次排练,伊丽莎白开始现场直播,致辞时有提词器帮助。致辞从头到尾用一个摄像机拍摄,在她发言时镜头缓缓拉近。直播结束时,她准备引用英国作家和布道家约翰·班扬的著作《天路历程》,要拿一本书作为道具。只有女王一个人注意到这本书不是《天路历程》,观众不可能发现,但她还是要求从图书馆找到真正的那本。

"对很多人来说,我应该离你们相当遥远……不过至少现在有这么几分钟,我可以请你们看看我宁静的家。"

伊丽莎白二世王室圣诞致辞,1957 年

聚集收看
数百万观众收看了伊丽莎白二世 1957 年的圣诞致辞。她的话打动了观众的心弦:"我的家人常常像今天一样围坐在一起观看电视,我想此刻你们也是如此。"

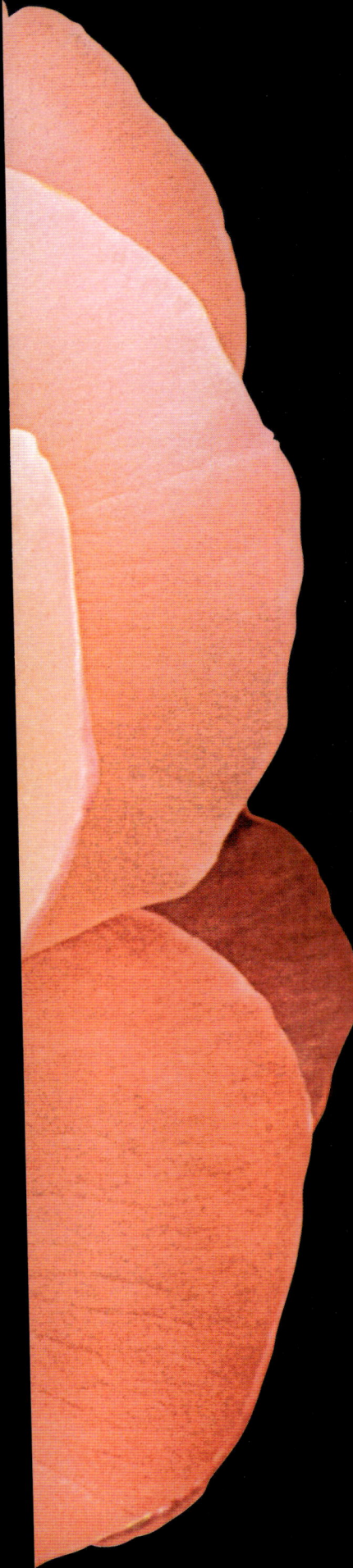

4

女王——母亲

1960~1980年

女王——母亲

年表 1960~1980年

1960年	1962年	1964年	1966年		1968年
1960年2月3日 英国首相哈罗德·麦克米伦在南非议会发表"变革之风"的讲演，宣告非洲去殖民化时代来临。		**1964年3月10日** 伊丽莎白二世诞下三子爱德华。	**1966年2月** 查尔斯王子来到澳大利亚吉隆文法学校学习，就读两个学期。	**1966年12月22日** 罗德西亚脱离英联邦，此前一年单方面宣布独立。	**1968年4月20日** 伊诺克·鲍威尔发表"血流成河"演讲，告诫人们移民浪潮带来的危险。 **1968年9月27日** 英国废除戏剧审查制度第二天，美国音乐剧《长发》在伦敦上演。
1960年2月19日 伊丽莎白二世诞下次子安德鲁。			**1966年3月27日** 足球世界杯奖杯在伦敦被盗后被一只狗发现；1966年7月30日英国足球队在温布利赢得世界杯冠军。 《女王与安德鲁王子和小王子爱德华在一起	**1967年5月28日** 飞行员兼航海家弗朗西斯·奇切斯特完成单人环球航海旅程。	**1969年6月21日** 纪录片《王室一家》在英国广播公司播出，一周后ITV重播。
1960年5月6日 玛格丽特公主与安东尼·阿姆斯特朗-琼斯结婚，稍后琼斯被封为斯诺登伯爵。 **1960年10月21日** 女王宣布英国第一艘核潜艇下水。	**1962年5月11日** 查尔斯王子13岁，开始在苏格兰高登斯顿学校求学。 **1962年8月6日** 牙买加独立。 **1963年6月** 政府大臣约翰·普罗富莫卷入性丑闻后辞职。	**1964年10月15日** 哈罗德·威尔逊领导的工党上台执政。 **1965年1月24日** 丘吉尔去世，6天后举行国葬。 **1965年6月** 女王为披头士乐队每位成员颁发大英帝国骑士勋章（MBE）。	**1966年10月21日** 威尔士发生艾伯凡矿难；大规模泥石流掩埋了一所学校，造成116名儿童和28名成人死亡。	**1967年7月2日** 女王和菲利普亲王访问渥太华，参加加拿大建国百年纪念庆典。	《受封椅
1960年 伊丽莎白同意钞票上首次印制她的头像。	**1963年10月** 首相哈罗德·麦克米伦因身体原因去职，无人接任引起宪政危机。女王听从建议，任命亚历克·道格拉斯-霍姆为首相。			**1967年7月4日** 英格兰和威尔士男性同性恋合法化。	**1969年7月1日** 查尔斯在喀那芬城堡正式受封为威尔士亲王。
	《面值1英镑的钞票；1960年首次发行			**1967年9月20日** 女王参加"伊丽莎白二世女王"号（QE2）远洋邮轮下水仪式。	**1969年8月** 北爱尔兰发生暴乱，北爱问题即宗派主义者和民族主义者之间的冲突一年来逐步升级，终于达到矛盾顶峰。
1961年5月31日 南非因种族隔离政策遭到他国反对，国内白人投票决定成立共和国，脱离英联邦。	**1963年11月25日** 美国总统约翰·肯尼迪遇刺身亡，爱丁堡公爵代表女王参加他的葬礼。		《QE2下水仪式		

国内外各种动荡和转折使得这20年变化迅速，王室家族努力适应，同时女王、玛格丽特公主和安妮公主都生儿育女，家庭规模扩大。女王要面临多种挑战，海外前属地纷纷去殖民化，国内社会风俗改变，妹妹婚姻破裂。公众首次近距离观察王室生活，而女王登基银禧庆典举国欢庆的气氛很快随着王室家庭发生的不幸而荡然无存，这次恐怖分子暴行打击了王室成员的感情。

1970年	1972年	1974年	1976年	1978年
1970年6月19日 保守党意外获胜后特德·希思成为首相。	**1972年6月5日** 女王伯父温莎公爵、前爱德华八世葬礼。	**1974年1月** 矿工罢工迫使希思首相实行三天工作周，政府倒台，进行大选；议会无明显党派占多数，因此又进行选举，哈罗德·威尔逊再度掌权。	**1976年1月21日** 协和式飞机开始跨大西洋飞行。	**1978~1979年** 各公共部门工会举行大规模罢工，加上16年来最寒冷的冬季，报纸上出现了"不满之冬"这样的词。
1970年7月 访问斐济、汤加、新西兰和澳大利亚后，伊丽莎白女王巡访加拿大；此后一个月，查尔斯和安妮作为尼克松总统的客人访问华盛顿。				**1978年7月25日** 世界首例试管婴儿路易丝·布朗在大曼彻斯特的奥尔德海姆出生。
1971年1月 第一次英联邦政府首脑会议在新加坡举行。	**1972年11月20日** 女王和菲利普亲王庆祝银婚周年纪念日。	**1976年1~6月** 英国与冰岛因捕鱼权争议爆发鳕鱼战争。	**1977年6月6日** 女王银禧庆典达到高潮。大规模的庆祝活动包括国内外巡访、启动舰队灯塔链、圣保罗大教堂感恩节礼拜、各地街头狂欢、泰晤士河巡游和银禧步道揭幕。	**1979年5月** 玛格丽特·撒切尔成为首相。
1971年 安妮赢得欧洲马术三项锦标赛冠军，成为英国广播公司体坛年度风云人物。	**1973年1月1日** 英国加入欧洲经济共同体（EEC）。			**1979年8月27日** 爱尔兰共和军刺杀蒙巴顿伯爵等4人。
1971年2月15日 英国和爱尔兰推行十进制，开始使用新钞。	**1973年11月14日** 安妮公主与马克·菲利普斯上尉结婚。	**1976年3月19日** 玛格丽特公主和丈夫斯诺登伯爵分居。		
		1974年3月20日 绑架安妮公主的阴谋失败。	**1976年夏** 热浪席卷英国，带来有史以来时间最长的旱灾和最热的夏天。	
	1975年11月11日 澳大利亚总督解雇总理，引发宪政危机。	**1976年12月31日** 王子信托基金正式成立——这是查尔斯王子为年轻人设立的慈善机构。	**1977年6月15日** 《格伦伊格尔斯协议》标志着体育赛事中开始抵制南非。	
			1977年11月15日 安妮公主生下长子彼得，这也是女王孙辈中第一个出生的孩子。	**1979年11月21日** 女王的艺术顾问安东尼·布伦特被指为苏联间谍，是剑桥间谍圈中第4人。

» 女王银禧纪念币

↑ 女王和爱丁堡公爵银婚周年纪念邮票
SILVER WEDDING 3P

« 安妮公主与马克·菲利普斯上尉的婚礼

↑ 蒙巴顿的送葬队伍

王子与公主的童年

女王的 4 个儿女虽然教养方式类似，长大后却大不相同。部分原因可能是童年经历截然不同，以及较大的年龄差距。

母亲与子女
伊丽莎白女王与两位最小的王子，4 岁的安德鲁和婴儿时期的爱德华，1964 年由塞西尔·比顿拍摄。

战后时期英国女王一家所受到的关注、迷恋、崇拜和批评之多，没有几个家庭能够与之相比。这些与众不同的压力和影响以不同的方式塑造了伊丽莎白二世的 4 名子女。

在查尔斯和安妮的童年时代，他们的母亲当上女王不久，这一重任让她全身心投入其中。她把全部精力奉献给公务、英联邦、巡访以及君王的日常事务，而在教育孩子方面听从丈夫的安排。等到 1960 年和 1964 年安德鲁和爱德华相继出生时，女王年纪渐长，更明智、更果断，根据传记作家和王室记者的说法，她决心让家庭更温暖，付出更多母爱，加上兄弟姐妹本来在性情和智力方面天生具有不小的差别，年龄差距也大，因此查尔斯和幼弟们的童年经历相去甚远，长大以后也和他们截然不同。

对童年的看法不同

查尔斯童年时期与父母感情疏远，安妮比他略好一些。不过，应该注意的是，当查尔斯相当冷淡地评价母亲不够慈爱时，安妮公主表示强烈反对。"我不能代替别人发言，"安妮对一位采访者说，"但我就是不信能有什么证据说明她漠不关心。这实在难以置信。儿时可能我们要求并不是很高，因为我们理解她作为女王时间有限，责任重大……但我觉得我们几个从来也没有觉得她爱孩子的方式和别的母亲有什么不同。我就是觉得难以想象会有人解释说事实不是这样的。"

查尔斯的教育

查尔斯的父亲菲利普决心不能溺爱孩子，要锻炼孩子。锻炼的一部分是通过教育实现的，因此查尔斯被送到合适的机构接受教育。他的第一所学校是希尔豪斯，1957 年的一份成绩报告单上形容他是"一名表现良好的普通男生"。那一年晚些时候，他到汉普郡海德利的契姆学校寄宿。他的父母坚持要他和其他男生接受一样的待遇，但是他与众不同的身份偶尔会无意泄露，比如一次他想写信回家时问道："我知道我的母亲是女王，可是在信封上我该怎么写呢？"

> "我们希望**子女**尽可能以**正常的方式成长**，这样就能忠实地**为你们、为英联邦服务**。"
>
> 伊丽莎白二世圣诞广播致辞，1958 年

1958 年，女王出人意料地宣布要封儿子为威尔士亲王："这一年对于亲王属地来说值得纪念……我决定再做一件事情让它更加难忘，我希望所有威尔士人民能和我一样对这件事感到高兴。我准备今天封儿子查尔斯为威尔士亲王。"

菲利普毫不怀疑他的儿子满 13 岁时最适宜的学校就是高登斯顿，这所实验性质的学校在他自己性格的塑造上起到很大作用。在高登斯顿就读的学生每天洗冷水澡，进行越野跑，这种艰苦生活是为了磨炼意志。查尔斯形容那里的情形"颇为可怕"，据说，他在那里读书时当了班长，但是很不快乐。他在高登斯顿时出了一件足以成为新闻头条的事情，在斯托诺威的一家酒店点了一杯樱桃白兰地，而他当时只有 14 岁。查尔斯身在苏格兰，但他的未来白金汉宫已经规划好了，1965 年专门召开一次高层会议讨论他的高等教育和职业发展——而这次会议并没有邀请他参加。很快，查尔斯王子成为第一位参加公开考试的王位继承人，进入剑桥大学三一学院就读。

王室玩具
阿斯顿马丁 DB5 因詹姆斯·邦德电影出名，这辆模型车是厂家 1966 年送给安德鲁王子的礼物。模型车的车牌可以翻转，还可释放烟幕。

此 前

查尔斯王子小时候相当孤独，很少见到父母，因此没能与母亲形成密切关系。

生日独自一人

伊丽莎白登基之前，海外巡访时就会长期离开孩子。1949 年菲利普到马耳他短期工作，伊丽莎白没有小查尔斯的束缚，在那里作为军官妻子过了几个月无忧无虑的生活。查尔斯 3 岁生日时在白金汉宫举办了茶会庆祝，还坐着童车在绿色公园转了一圈，而父母则远在加拿大访问。

握手问好

伊丽莎白即位后，她全身心投入工作，加冕典礼过了 5 个月就启程出访，与子女分别 7 个月之久。女王夫妇访问结束回国路上，孩子们和伊丽莎白在利比亚托布鲁克团聚，她与查尔斯见面时握手问好。

私教

与此同时，安妮的童年接受私教，避开了公众视线。考虑到小公主很难有机会和其他孩子在一起，她的姨妈玛格丽特公主提出成立新一届白金汉宫小女童军组织。

邦迪海滩一游
查尔斯王子 1966 年曾在澳大利亚短期居住，这张照片上他正在试戴悉尼邦迪海滩上悉尼冲浪俱乐部救生员的特色泳帽，笑容满面。这是他被授予俱乐部荣誉会员的仪式。

小安妮为创始成员。1963 年，安妮前往肯特郡博耐顿学校寄宿，很快爱上了马术三项赛（见 186~187 页），并于 1969 年首次赢得马术三项赛冠军。

安德鲁与爱德华

查尔斯王子是两位小王子的长兄，小王子会追随兄长前往高登斯顿就读。安德鲁 8 岁以前由一位女家庭教师授课，不用离家——与查尔斯的成长之路明显不同——去高登斯顿

之前还曾在爱斯科的海泽顿预科学校读书。爱德华生于 1964 年，当时菲利普亲王首次在女王分娩时到场。爱德华儿时性格温和，喜欢听瑞典乐队 ABBA 的歌曲，喜欢爱尔兰广播电视明星特里·沃根。安德鲁直接进入海军服役，而爱德华虽然成绩不好，仍进入剑桥大学耶稣学院就读，因受到特殊待遇而遭人诟病。大学毕业后他作为大学实习生加入皇家海军陆战队，但培训太苦中途放弃。

童年时，查尔斯作为长兄对安妮关爱有加，安妮如男孩子般大胆，拥有坚定的勇气，令他佩服，但是对于安德鲁和爱德华来说他显得比较疏远，更像个叔叔。如今，王室几个兄弟姐妹关系比较冷淡。伦敦《每日电讯》引用一位前助理的话，长大以后"他们事实上除了家庭聚会和重大活动以外很少联络。一般互相联络时也通过王室——私人秘书。他们非常疏远，各自独立生活"。

安妮公主
这张安妮公主 19 岁生日照片由摄影师诺曼·帕金森拍摄，他还为公主拍摄了 21 岁生日、订婚仪式和婚礼的照片。

此后

查尔斯王子对 17 岁时留学澳大利亚的时光有着美好回忆。

在澳大利亚
1966 年 2~7 月，他在吉隆英格兰教会文法学校位于澳大利亚墨尔本的蒂伯托分校就读两个学期。虽然蒂伯托纪律也非常严苛，但是王子很喜欢这段经历，与他在高登斯顿的痛苦时光形成鲜明对比。

受伤的羊
一次到新几内亚实习旅行时，王子看到巴布亚人民的民间艺术作品后，对前工业化社会传统生活方式消逝的问题表示担忧。这一经历让他对人类学研究有了初步了解，可能也影响了他后来关注的焦点和工作的领域。查尔斯也亲自尝试了剪羊毛，但对媒体承认："我做得不好，把羊都剪伤了。"

长兄幼弟
这个镜头取自 1969 年纪录片《王室一家》（见 172~173 页），查尔斯王子为幼弟爱德华演奏。爱德华只有 5 岁，而长兄已经快 21 岁了。

背景墙

1965 年女王和菲利普亲王对西德进行为期 11 天的访问，到波茨坦广场参观了柏林墙。大量民众聚集围观。

Potsdamer Platz

SIEHSTE
DAS
HASTE
DAVON!

生于1948年

国王查尔斯三世

"我只**接受**最**困难的挑战**……可以**激起雄心壮志**……"

国王查尔斯三世

作为历经千年的君主制国家元首，查尔斯三世拥有无数头衔和荣誉，在很多方面他捍卫传统，是典型的保守主义者。但他也是新式王族的代表。查尔斯作为王族，遵循传统，恪尽职守，同时也有自己独特的现代风格。他好学多思，是第一位去学校读书、参加公开考试的王位继承人，是少数几位先上大学而不是直接参军的继承人之一，也是第一位获得学位的王储。

保守的激进分子

查尔斯很早就开始关注传统的延续和环境保护问题，坚持多年。青少年时期在澳大利亚上学时他写过一篇论文，探讨新几内亚传统社会面临的威胁，1970年在剑桥大学读本科时，他提议辩论俱乐部讨论以下议题："本社认为技术进步威胁着人类的个性，开始成为人类的主宰"。他对于技术发展表示担忧的同时也承认，因为身份问题，自己"立场略为尴尬"。对于发表个人观点和保持不偏不倚的官方态度，他仍然很难划清界限。

成长时期受到的影响

查尔斯与舅祖父蒙巴顿勋爵关系

父与子
这张照片摄于1985年，查尔斯王子与儿子威廉王子和哈里王子在肯辛顿家中。哈里决定退出王室生活后，3位成年人的关系不如以往密切。

密切，两人给对方起了亲密的绰号："荣誉祖父"和"荣誉孙子"。查尔斯没有机会了解自己的亲外祖父——乔治六世去世时他只有4岁，祖父希腊和丹麦的安德鲁亲王在查尔斯出生前4年就去世了。他与自己的父亲关系也不融洽。

后来，蒙巴顿曾想让外孙女阿曼达·纳奇布尔嫁入王室，积极撮合她与查尔斯。但是年轻的王子不想被拴住，直到30多岁还是世界上最受欢

充满矛盾

查尔斯三世为人风趣，自谦而睿智，对很多问题都积极参与。这张照片摄于2006年访问巴基斯坦期间，他的表情相当松弛。

红乌鸦
1977年查尔斯王子在加拿大进行王室访问时抽和睦烟斗——礼仪用烟斗。访问期间，他得名"红乌鸦"，一名凯奈部落的印第安首长。

迎的单身汉。

在父亲的坚持下，查尔斯在军队各部门都工作过，可以说他最喜欢的是皇家空军。1969年1月，查尔斯首次单人飞行，后来他回忆说："……

> "他花了很多时间**找寻自己合适的角色**，但我认为现在他从**各种各样的兴趣**中获得了**成就感**。"

王室传记作家彭妮·朱诺

这绝对不可思议……我着陆了，很幸运……我曾设想过自己可能来回盘旋，直到最后燃油耗尽。"

作为父亲，查尔斯努力让孩子与自己长大的方式截然不同。他强烈希望他们不要有自己小时候经历的那种疏离感和孤独感。

爱好广泛

军事生涯并不适合查尔斯，但他对农事很感兴趣，这也特别适合他作为英国最大地主之一的身份。身为康沃尔公爵，他拥有大量地产（见256~257页）。查尔斯从事有机农业，创立了价值数百万英镑的"公国原创"商标，推销自己的农产品。有机农业技术只是当年王子的众多知名爱好之一。

他还支持替代医学，特别是顺势疗法。众所周知，他曾承认会与自己培育的植物交谈，让植物长得更快。在建筑方面他有独到见解，公开批评自己认为没有品位的建筑物——国家美术馆扩建方案曾被他称为"如同一位招人喜欢、风度翩翩的朋友脸上长了巨大的疮"，方案因此作废。当

年的威尔士亲王曾在多塞特郡的庞德布里镇参与开发一座村庄，当地建筑物按照他的建筑原则修建。他一直关注气候变化，随着气候紧急状态的恶化，查尔斯越来越直言不讳。他在2020年的虚拟气候周活动中面对世界各国领袖发表开幕演讲。

打造新型君王

女王晚年越来越把查尔斯当作某种程度上的联合执政君王。他走向舞台中央，引导王室战略，追求"精简"，王室家族只留下父母和他自己的直系亲属作为核心，让他的兄弟姐妹及其子女边缘化。查尔斯许诺自己会成为新型君王，直言不讳，积极行

王子基金会
2010年，查尔斯在王子建筑环境基金会（现称王子社区建设基金会）年会上讲话。查尔斯1986年设立这一慈善机构。

动，但这引发了严重的政治和宪政问题。2015年，这一问题白热化，经过多年法律战，"黑蜘蛛"备忘录曝光，这些定期写给政府大臣的书信是王子独有的蜘蛛式笔迹，信中王子或是讨论政策或是推动某方面的工作。"作为名正言顺的继承人，在确定自己角色的过程中，"他的传记作家凯瑟琳·梅尔谈道，"王子暗示君主制要重新定义。某些朝臣还有女王本人担心王室和臣民都会觉得新事物带来的冲击难以忍受。"

如今身为国王要承担起新的宪政职能，部分个人爱好难以为继，这一点查尔斯业已认同。

威尔士亲王纹章

康沃尔公爵夫人
卡米拉

卡米拉王后1947年7月17日出生于伦敦，取名卡米拉·罗斯玛丽·尚德，虽然不是贵族出身，其家族与达官显贵关系密切。1973年，她与安德鲁·帕克·鲍尔斯准将结婚，育有两名子女，但1995年婚姻破裂。2005年她与查尔斯在民事部门登记结婚，之后在温莎城堡的圣乔治礼拜堂举行了祈祷和誓约仪式，由坎特伯雷大主教主持，仪式后女王主办了一场招待会。多年来对查尔斯称王以后她的头衔曾有各种猜测，2022年9月，她成为王后。

QE2 下水仪式

"伊丽莎白二世女王"号（QE2）是著名冠达船运公司巨大的新旗舰，这艘巨轮的修建标志着旧时代的结束和新时代的开始。这是苏格兰克莱德河上修建的最后一艘大型客轮，大型邮轮从此开始取代原有的远洋班轮。

冠达船运公司最新最大的远洋邮轮下水前几天，之前最大的邮轮"玛丽王后"号完成最后一次跨大西洋航行。航空客运前的旧时代就此结束，新时代开始。20世纪50年代初，远洋班轮每年运送100多万名乘客穿越大西洋。到了1967年，远洋交通量几乎减半，只有约60万人次的旅客运输量，而航空公司每年运送500多万名乘客。因此，这艘5.9万吨的新船与以前的船差别不小。新船装备重视航行本身的体验，有近1000间客房，还有位于上层甲板的海景餐馆，以及鸡尾酒吧、夜总会和电影院。冠达公司董事长约翰·布罗科班克爵士1962年宣称："她必须是一艘顶级邮轮……设计理念超越一切现有船只。"

邮轮下水当天即将揭晓的最大秘密是船名，之前一直简称为Q4。下水仪式时女王妹妹到场，很多人因此认为该船会命名为"玛格丽特公主"号。不过，递到女王手中写有船名的小纸条上是"伊丽莎白女王"几个字。女王高声宣布，决定这艘船称为"伊丽莎白二世女王"号。

女王按下按钮，放下一瓶白葡萄酒（冠达一直不用香槟）撞向船头。很快这艘大船在下水滑道上加速，船尾入水前达到35.4千米的时速，在克莱德河上掀起60厘米高的波浪。

"和她的伟大前辈一样，这艘新邮轮会在远洋航行史上书写新的篇章。"

英国百代新闻片旁白，1967年

准备
QE2号船体巨大，主甲板较低，1967年9月20日准备下水。重数千吨的牵引链——滑道两边都有——可以减缓巨轮下滑的速度，以免撞上克莱德河对岸。

1967年，查尔斯开始在剑桥大学三一学院就读。正式受封日临近时，他离开剑桥前往威尔士进行准备工作。

学生生活

查尔斯在剑桥三一学院的第一年学习考古学、生物人类学和社会人类学。之后他又学了一年历史，1969年4月离开剑桥，为提高他在威尔士公众心中的威望，

查尔斯1969年在剑桥

前往威尔士大学阿伯斯威斯分校学习威尔士语和威尔士历史。

威尔士血统

当时威尔士民族主义者质疑安排英格兰王族作为威尔士亲王的合法性，引起不少争议。一份报纸曾称威尔士人"非常厌倦别人把死去多时的亲王骸髅挖出来在他们面前晃悠"。查尔斯指出自己是"前辈威尔士亲王三代后裔。我的外祖母伊丽莎白王后从父系和母系来说都是威尔士亲王二代后裔，所以我应该有不少威尔士血统"。正式受封3周前，查尔斯在阿伯斯威斯用威尔士语发表演讲，可惜仍然未能防止好战的威尔士民族主义者对政府和军队建筑物发动炸弹袭击。

爵位全套仪仗
查尔斯在女王母亲面前跪下，接受新爵位的全套服饰。他手持仪仗剑和金杖，头戴新式威尔士金冠。

查尔斯正式受封为威尔士亲王

尽管11年前，也就是1958年查尔斯9岁时就已被封为威尔士亲王，但王室认为最好等到他长大成人时再举办隆重庄严的受封仪式。

按照传统，除少数例外情况，威尔士亲王的头衔属于王位继承人，这一头衔历史悠久，但争议颇多。传说中，爱德华一世杀害最后一位独立威尔士亲王卢埃林后，许诺威尔士人民未来的亲王"一句英语也不会说"。因此他们以为国王会任命一名威尔士人，而实际上爱德华一世指的是他尚未出生的儿子。1301年，爱德华将这一头衔授予儿子，未来的爱德华二世。这一传说涉及威尔士亲王箴言"*Ich Dien*"的起源，一般译为"我服务"。根据威尔士传统，爱德华一世向威尔士议会介绍他刚出生的儿子时，用威尔士语宣布"*Eich dyn*"，意为"看这个人"。更普遍的看法是，"*Ich Dien*"是波希米亚国王约翰的箴言，他1346年在法国北部的克雷西被"黑王子"伍德斯托克的爱德华所杀，黑王子即爱德华三世长子威尔士亲王。《布鲁尔成语寓言词典》中写道，黑王子打败波希米亚国王约翰后，采用了被杀国王的箴言以示谦卑，表示"他为国王父亲服务"。

推迟的仪式

查尔斯只有9岁时就成为威尔士亲王，王室认为当时他年龄太小，不适合受封仪式。因此，受封仪式计划等到1969年他年长时再举行，那时查尔斯已近21岁。

王室希望受封仪式有趣而难忘，而威尔士北部的喀那芬城堡景色壮观，适合作为受封地点。玛格丽特公主的丈夫斯诺登勋爵被任命为喀那芬城堡治安官，负责仪式的策划准备工作，对这一任务他充满热忱，活动安排得极为隆重庄严。

斯诺登定制了4000把

令人难忘的活动背景
喀那芬城堡修建于 13 世纪，多角形塔楼高耸入云、规模庞大、气势凌人，确实是举办受封仪式的理想场地。

坎比，"傻瓜秀"演员之一，查尔斯一直非常喜欢这个别开生面的广播喜剧节目。

除了在城堡的 4000 位嘉宾及喀那芬街头约 9 万人以外，还有英国 1900 万观众和全世界大约 5 亿观众通过电视收看了受封仪式。这是威尔士史上电视观众最多的一次活动。此时正值威尔士经济动荡、民族主义情绪高涨之际，这次活动借机对威尔士进行了宣传。围绕受封仪式开始了一次为期一年的宣传活动，称为"欢迎（ Croeso ）69 年"。

鲜红色软椅供宾客就座——受封仪式耗资巨大，后来英国工程部为收回部分成本以 12 英镑的单价把这些椅子卖掉。斯诺登为自己设计了一件林肯绿色治安官礼服，后来他形容这件礼服像是"50 年代影院引座员和哑剧演员巴斯顿"的综合体。嘉德首席纹章官安东尼·瓦格纳爵士坚守传统，对此有些不满。斯诺登还在仪式其他方面采取了现代做法，亲王受封处的高台上空装有透明有机玻璃天篷，便于电视摄像机为仪式录影。

火药、叛国和阴谋

如果外国势力阴谋得逞，受封仪式就不会顺利举行。至少俄罗斯变节者瓦西里·米特罗欣少校是这样说的，他曾为克格勃（苏联对外情报组织）工作 12 年，1992 年叛逃至英国之前从苏联档案资料中偷取大量信息。

1999 年，米特罗欣偷出的重要文件公之于众，表明曾有人策划过一场荒谬的阴谋要破坏受封仪式。这一计划代号为"艾丁行动"，目标是仪式举行前 1 个月时毁

掉波斯马多格到喀那芬城堡路上的一座桥。成功后将这件事栽赃到英国安全部门身上（目的不明）。不过，这个莫名其妙的计划最后一分钟宣告流产，英国安全部门只需与本土威尔士民族主义者周旋。案例之一是两名威尔士极端主义分子阿尔文·琼斯和乔治·泰勒携带的炸弹提前爆炸，两人身亡。他们的目标据说是王室专列前往喀那芬时经过的铁路。

效忠演讲

不管怎样，1969 年 7 月 1 日，仪式顺利进行。查尔斯王子获封的头衔有威尔士亲王和切斯特伯爵。他接受了新

椅子待售
为受封仪式定制的红色椅子装饰有威尔士亲王纹章上的三根鸵鸟毛。政府卖掉的这些椅子现已成为珍贵的收藏品。

爵位的全套仪仗：一柄宝剑、新式威尔士金冠、披风、金戒指和金杖。作为对女王的回应，他按照仪式要求宣读誓约："我，查尔斯，威尔士亲王，成为您的封臣，愿为您赴汤蹈火，为世俗之信仰、忠诚和真理而终生献身，任何人无法阻挠。"接着，女王引领查尔斯来到俯瞰广场的埃莉诺王后之门，正式向人群介绍威尔士亲王。

查尔斯为学习威尔士语曾就读的阿伯斯威斯大学校长用威尔士语和英

"我**接受**这些**象征爵位的物品**时充满……**自豪和感动**之情。"

查尔斯王子回应威尔士人民的效忠演讲

语宣读威尔士人民的效忠演讲。校长说道，公国期待有一天亲王能够亲身体验其传统和语言，亲身接触公国的理想和问题。他最后宣布："为了这一天的到来，我们欢迎亲王，并向亲王效忠。"查尔斯也用两种语言回复，向人群宣告："我接受这些象征爵位的物品时充满一种自豪和感动之情，在这个宏伟的堡垒中，没有人不会被那古老的雄伟气势所打动，我也不会感觉不到威尔士的悠久历史，以及威尔士独立自主、保护独有文化传承的决心——威尔士的文化传承可以追溯到英国上古的如烟历史，其中诞生了许许多多勇士、王子、诗人、吟游诗人、学者以及最近的大歌星，一位非常令人难忘的'傻瓜'和知名电影明星。所有这些人物在某种程度上都受到威尔士文化传承的启发。"话中提到的"傻瓜"指的是威尔士人哈里·斯

此后

受封仪式遭到民族主义者反对，但似乎受到了威尔士人民的欢迎。当天，《西部邮报》举行的民意调查显示，74% 的人民对举行受封仪式和查尔斯受封为威尔士亲王感到高兴。

短暂戏剧体验
同年晚些时候，查尔斯回到剑桥三一学院完成最后一年的学业。查尔斯喜欢戏剧，开始参加学院的表演社团。一次演出时他站在垃圾桶里出场，令人难忘。1969 年 11 月，他年满 21 岁，可以支配身为康沃尔公爵所拥有的巨额财产收入。此刻，他已成为英国拥有土地最多的地主之一（见 256~257 页）。

一次戏剧演出时查尔斯模仿天气预报员

深入了解 1969年6月21日

《王室一家》

1969 年精彩的纪录片《王室一家》是战后最为出名的电视节目之一，改变了世界对君主制的看法，后来曾在 140 个国家播放。

传统上，白金汉宫对媒体非常警惕，总是保持一定距离，不过爱丁堡公爵菲利普一直认为王室一家应该采取更加开放的态度。他看到，对于信息公开的呼声越来越高，与媒体打交道时必须要更有技巧，特别是年轻的王室成员。一些更为开明的王室工作人员支持他的观点，他们认识到王室地位可能动摇，因为年轻人越来越觉得王室无关紧要，陈旧过时。

在这样的背景下，女王新任新闻秘书威廉·赫塞尔廷有了拍摄一部纪录片的想法。宣布即将举办查尔斯王子受封仪式后，赫塞尔廷回忆道："媒体纷纷主动要求拍摄……青年王子的特辑……女王与菲利普亲王认为，为如此年轻的人拍摄传记片不会很有意思。"相反，有人建议拍摄一部内容更为全面的纪录片将成为"破冰者"。

当时的英国广播公司主管大卫·爱登堡担心，一部关于王室一家的纪录片会"破坏神秘感"，依赖这种神秘感的"王室会被毁掉"。不过，拍摄计划仍旧如期进行，制片人理查德·考斯顿和他的团队从 1968 年 6 月~1969 年 5 月期间跟随王室一家参加官方活动，也参与他们的私人生活。纪录片拍摄完毕后于 1969 年 6 月 21 日首播，2300 万观众收看，8 天后在商业电视频道重播。

> **"王位继承人**正在**接受教育，准备**承担重任，这部**电视片就是为了**对此稍做**介绍……"**

女王新闻秘书威廉·赫塞尔廷

纪录片的拍摄
在摄像机镜头下，王室一家尽量保持自然。安妮公主看起来比其他人冷淡一些。她后来说："我一直不喜欢《王室一家》这个构思……从儿时起就受到不少关注……绝不需要更多关注了。"

生于1950年

长公主

"安妮公主（是）**一位令人敬佩的姑娘**……她**不好对付。**"

摄影师诺曼·帕金森，1981年

众所周知，安妮作风脚踏实地，做事坚韧不拔，她在运动方面成绩出色，为社会事业付出不知疲倦，尽可能给孩子提供正常的成长环境。

最勤奋的王室成员

20世纪60年代末期安妮公主开始进入公众生活，她为慈善活动宣传不知疲倦，能力出众，形象突出。她与救助儿童会密切合作，1970年起担任该会主席。为救助儿童会工作期间她访问过70多个国家，包括印度尼西亚、中国、柬埔寨、越南、埃塞俄比亚、马拉维、博茨瓦纳和马达加斯加。此外，她还与200多个慈善机构合作，重点参与的工作有创建长公主护理人员信托基金、交通发展组织和健康骑士组织。其他重要工作还有担任英国奥委会主席和国际奥委会英国委员，也在伦敦奥组委工作过。安妮常常被形容为"最勤奋的王室成员"：她每年参加600多场国内外正式活动。当有人问她假如不是公主会做什么工作时，她的回答是长途卡车司机。

私人生活

和母亲一样，在私生活方面，安妮公主不喜欢公众关注，也不喜欢媒体侵扰。因此，1968年她认识了一位和她一样热爱马术的潇洒骑兵时——女王近卫龙骑兵马克·菲利普斯中尉——两人恋爱关系多年未曾公开。

1973年初，消息传开，2月王室代表安妮发表正式声明："我们没有订婚，也没有订婚的计划。"然而仅仅3个月后订婚消息即公之于众。马克4月在伯明顿马术三项赛期间求婚，5月29日，王室公布消息。安妮坚持举办低调婚礼，但是1973年11月14日，她乘坐玻璃马车前往威斯敏斯特大教堂时，仍有1800名嘉宾在那

婚礼合影
安妮公主与后来的丈夫马克·菲利普斯上尉在婚礼之前合影，还是由她最喜欢的摄影师诺曼·帕金森拍摄。

里等候，共有5亿人收看了婚礼电视转播。

绑架事件

1974年3月20日发生了一次戏剧性事件，有人意图绑架公主。在白金汉宫附近的林荫路上，枪手伊恩·波尔孤身一人击中公主护卫等4人，然后试图把公主从车里拉出来。官方调查结果写道："此时波尔绕到汽车侧面，用枪指着安妮公主说道：'我要你和我一起走……因为我需要200万英镑。你出来吗？'公主回答：'绝（不）可能，我没有200万英镑。'"对话继续了一段时间。"太令人气愤了，"公主说，"我差点对他发脾气，但是我知道如果这样的话我会打他，他就可能开枪打我。"附近的路人和警察介入后绑架失败。

波尔被捕后接受审讯时告诉警方："这件事有一个好结果：你们会加强对她的保护工作。"

儿女没有头衔

安妮公主和丈夫婚后有两名子女。彼得·马克·安德鲁·菲利普斯1977年11月15日生于帕丁顿的圣玛丽医院，1977年12月22日，由坎特伯雷大主教在白金汉宫音乐室主持礼拜，接受洗礼。1981年5月15日，扎拉·安妮·伊丽莎白·菲利普斯同样于圣玛丽医院出生。1981年7月

27日，温莎教长在温莎城堡为她施洗礼。扎拉像她母亲一样，马术运动非常出色，2005年获欧洲马术三日赛冠军，2006年赢得世界锦标赛冠军。1987年6月13日，女王封安妮为长公主，这一头衔传统上只封给君王长女。不过安妮生儿育女时就决定不让他们背负头衔带来的重担，这意味着彼得·菲利普斯是第一位没有头衔的君王之孙。

再婚

1992年4月，安妮第一次婚姻失败，12月，她与皇家海军中校蒂莫西·劳伦斯——现已为中将——在苏格兰巴尔莫勒尔城堡附近的克拉西柯克教堂（见150~151页）私下举行婚礼。英格兰教会禁止离婚人士再婚，因此安妮第二次婚姻由英格兰教会主办。她是亨利八世以来第一位离婚又再婚的英国王室成员（见28~29页）。

救助儿童
国际救助儿童活动启动时安妮公主出席。这一活动是为了吸引人们关注5岁以下儿童死亡率问题。

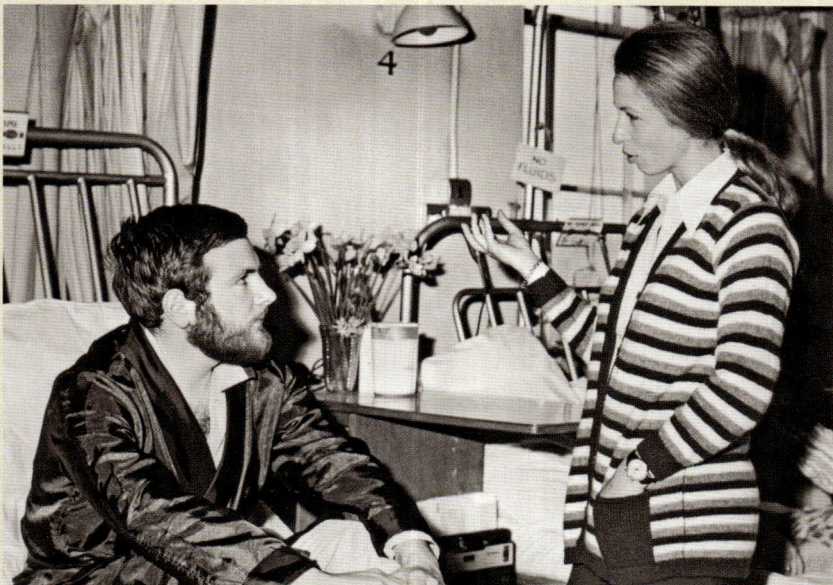

绑架事件幸存者
安妮到伦敦圣乔治医院探望警官迈克尔·希尔斯。希尔斯在林荫路绑架公主事件中出手，腹部中弹。

"我与一般**人心目中**的 童话**公主**不同。"

安妮公主

身穿皮草光彩照人
1973 年，诺曼·帕金森为《时尚》杂志拍摄了这张安妮公主的照片，她身穿白色皮草，头戴世界航运集团所赠垂花饰王冠。

安妮与蒂莫西·劳伦斯的婚礼

王室走入群众

如今，任何一次王室访问中安排王室成员与一群支持者进行非正式见面会，似乎都已司空见惯。不过，当 1970 年伊丽莎白二世首次在新西兰"走入群众"时，可谓与数百年来的传统决裂。

伊丽莎白二世 1970 年访问新西兰和澳大利亚，这次访问的特别之处在于开创了一项现已不可缺少的王室传统——走入群众的活动，王室成员亲自与群众见面交谈。事实上，王室第一次走入群众并非由伊丽莎白开始，而是她的父母 1939 年在加拿大首创。那一年的 5 月 21 日，他们在渥太华为国家战争纪念碑揭幕后进入 6000 多名老兵组成的人群中，与他们交流了 30 分钟，令加拿大人民为之倾倒。加拿大总督特威兹穆尔勋爵讲道："有个老家伙对我说，'喂，希特勒要是能看到这一幕多好'。这极好地说明了人民的国王是什么样子。"

官方对伊丽莎白二世在新西兰走入群众一事的说法是，女王看到一群学生等着欢迎她，临时决定打破礼节约束。"并非偶然发生，"刚刚任命为女王新任新闻秘书的威廉·赫塞尔廷承认，"我们想，'如何能有点儿新意，不要仅仅重复 1963 年那次相当平淡的访问呢？'经过仔细考虑，我们有了与普通民众密切接触的想法——过去民众只能看到挥手微笑——而不仅仅接触市长、议员和政治家。"

回到英国，女王在考文垂首次走入群众，取得巨大成功。一项王室新传统由此诞生，很快政治家们也纷纷效仿，从此成为惯例。

> "最重要的一点是这种做法有了个名字——'走入群众'……有种浪漫气氛……"
>
> 女王新闻秘书威廉·赫塞尔廷

打破惯例
1970 年，女王手挎她的标志性提包"走入群众"，与新西兰一群小学生闲谈。她的服饰选择亮丽原色是经过慎重考虑的，因为女王一直觉得她的部分职责就是要引人注目。

1976 年，查尔斯在格林尼治的皇家海军学院学习中尉课程后，有近 10 个月时间指挥皇家海军"布朗宁顿"号扫雷舰。

退役

同年 12 月，查尔斯退役，但他的职衔在三军部队中均继续晋升。2006 年，他已是皇家海军上将、陆军上将和皇家空军上将。

在皇家海军"布朗宁顿"号上指挥

王子信托基金

70 年代早期，一位充满理想的年轻王子发现，对于那些没有像自己一样享受各种优越条件的年轻人，他可以有机会让他们的生活发生真正而持续的变化。他设立了王子信托基金。40 多年过去了，这家基金仍然在改变人们的生活。

1972 年，年轻的查尔斯王子正在听广播，注意力被一个节目吸引过去。英国广播公司广播 4 频道的《今日》节目正在播放乔治·普拉特的访谈，这位伦敦的二级缓刑监督官谈到面对问题少年的诸多挑战。查尔斯王子坚信他有责任帮助那些不如自己幸运的人。对于那些需要支持、需要对自己更有信心的同代人，他也抱有强烈的同情。

热情又有理想

广播节目播放后不久，普拉特接到王子私人秘书的电话，安排见面。

普拉特后来回忆了他"见到这位年轻、热情又有理想的人物"的过程。查尔斯告诉他，自己想要做一些事情，帮助那些普拉特谈及的年轻人。

此时王子仍在海军服役，他先从小处着手，通过普拉特协调工作，而普拉特则放出消息，告诉人们可以申请资金。无论王子在哪里驻扎，这些申请都能通过外交邮袋寄送到他手中。查尔斯几乎每一份申请都会浏览，他觉得自己可以帮助时就会通过普拉特匿名提供小额现金或装备。比如，有一次，查尔斯为了帮助一群想在德比郡峰区露营的少年犯，替他们

购买了火车票，还从部队借了露营装备给他们。

信托基金的诞生

这样的情形持续了一段时间，查尔斯仍然隐姓埋名，但当了解到自己公开参与更有利于宣传这一活动时，他最终接受劝说，走出后台。1976 年 12 月，查尔斯正式启动王子信托基金。2013 年，查尔斯回顾过去时解释

面对现实

查尔斯访问萨里郡板球俱乐部时，与参加王子信托基金活动的当地年轻人合影。这项信托基金平均每天帮助 100 多名年轻人。

道："每位年轻人，无论背景如何，都应该有机会取得成功，我对此深信不疑，因此在 1976 年设立了王子信托基金。"最终，基金在英国各地共有 21 个试点项目。其中包括给一位 19 岁的女性拨款，助其在伦敦东部哈格斯顿小区运行一所社区中心；为两位前罪犯拨款，经营一个钓鱼俱乐部；提供资金租用康沃尔的游泳池培训青年救生员；资助成立一个自助修理自行车的项目。

经过最初这些小项目，王子信托基金逐渐发展壮大，现已成为英国最重要的慈善机构之一。成功的部分原因在于它的筹款能力，这个机构特别重视利用摇滚乐演出筹措资金。1982 年，王子信托基金与现状乐队合作，

1000000 人
1976年以来直接接受王子信托基金帮助的年轻人数量。

首次举办筹款音乐会。同年，王子信托首次摇滚盛会在伦敦托特纳姆法院路的多米尼剧院举行，出演的明星有疯狂乐队、琼·艾玛崔汀、菲尔·柯林斯、凯特·布什和彼得·汤申德。1996 年，王子信托基金在海德公园举行了一次盛大的摇滚音乐会——20 多年来这样的活动首次获准在那里举行。

里程碑

1983 年，信托基金推出一个重

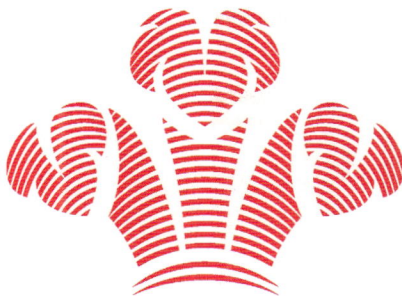

三根羽毛

王子信托基金的标志以威尔士亲王纹章为基准设计，特别采用了三根鸵鸟毛的徽记，这一徽记取材于 14 世纪黑王子的"和平之盾"。

要的新平台，针对失业青年的创业计划——目的是帮助年轻人搭建商业模式，并为他们提供启动资金创立自己的企业。不到 3 年，先后已有 1000 家这样的企业在运转，80% 的企业能够挺过第一年（与一般创业企业相比成功率相当高）。自从推出创业计划以来，王子信托已经帮助了 9 万多名年轻人创业。

"无论背景如何，每位**年轻人**都应该**有机会取得成功**……"

查尔斯王子，2013 年

1999 年，几个慈善活动经过重组，统一到王子信托旗下，女王为王子信托颁发王室特许状，这通常被看作一家公共机构稳定而成功的认证标志。自 2000 年以来，该信托基金扩大服务范围，2011 年与另一家青年慈善机构公平桥（Fairbridge）合并，推出青少年助学项目应对 2010 年代的经济困境。自 1999 年以来，王子信托已帮助超过 146000 名求学有困难或面临失学风险的年轻人。

为年轻人说话

王子亲身参与对于慈善机构的工作意义重大。王子信托基金首席执行官玛蒂娜·米尔伯恩解释道："我曾和他一起访问监狱，一起访问'沉沦小区'，一起到教室去，他与年轻人交谈。而且他真心实意地想要影响他们。和年轻人交流的时候——不知怎么他们都能够理解，因为王子是过去 37 年来唯一一直为他们说话的人。"

查尔斯自己曾说："你可以看出，年轻人的生活有可能发生翻天覆地的变化，有可能给他们带来自信、自我价值和自尊。"

成功案例

统计一下王子信托基金的善举，可以发现个人成功的案例非常突出。阿诺德·塞巴廷德 22 岁时锒铛入狱，被释放后面临艰难的道路。他回忆说："我看过一部介绍王子信托基金帮助年轻人的电视片，但我担心提到犯罪记录这家机构就会拒绝我。相反，他们却邀请我参加企业发展计划。"参加研讨会、申请贷款，还有企业发展顾问，这些都帮助他利用自己的艺术才能创办了一家成功的企业。"王子信托基金在我最需要的时候帮助我，为我打开了那么多扇门。"阿诺德后来曾被邀请到克拉伦斯宫，担任王子信托基金的形象大使，他谈道，"过去，社会认为我在街上走路会影响公共安全，而现在我可以到英国最好的

宫殿做客。我就是一个例子，说明浪子有了合适的帮助就可以回头。王子信托基金就为我做到了这一点。"

在曾接受王子信托基金帮助的人中，比较出名的一位是好莱坞明星伊德瑞斯·艾尔巴，没有王子信托基金提供的资助他本来是无法上完戏剧学

校的。"是王子信托基金让我实现理想。"他说，"对我而言，这是改变人生的一段经历，我也明白了慈善工作的重要意义——当人们最需要的时候提供帮助。"

投资未来

2013 年 2 月，在王子信托基金大会上，查尔斯王子谈到"投资未来"这一话题。2007 年，他的信托基金发放 2000 万英镑贷款，用于替国家购买埃尔郡的邓弗里斯庄园。2012 年贷款全部还清。

与民众见面
1977年6月，银禧之年，女王来到伦敦南部的坎伯威尔，走入群众，与各个年龄层次的支持者打招呼。有些人还挥舞着国旗。

银禧

和1953年的加冕典礼一样，女王的银禧纪念也给了英国一个机会，忘却悲观的新闻头条，享受举国同庆的一天，各地都有街头狂欢。

《《 **此 前**

银禧周年到来前5年，伊丽莎白二世女王和菲利普亲王庆祝了王室另一个重要的日子：两人的银婚纪念。

银婚周年

为庆祝女王和菲利普亲王银婚周年，英国铸造了一枚25便士的特种硬币，在威斯敏斯特大教堂举办了一次感恩礼拜。当年圣诞致辞中，女王谈道："庆祝银婚周年时，我们全家都被你们表现出来的热爱深深打动……"

当年即位之时，英国实行供给制，冬天非常难熬，经济也不景气，随着女王的统治接近银禧周年，也许可以让她思考一下自己当政以来情况是否有所改观。臭名昭著的"不满之冬"刚刚过去几年，英国仍然四分五裂，挣扎于衰退、内乱，即将到来的权力下放全民公投很可能导致英国的削弱或是分裂。罢工、石油危机、三天工作周、通胀失控，1977年还出现了大规模失业。英国面临的经济困难如此之巨，以至于在本国货币急剧贬值后不得不向国际货币基金组织申请贷款。和加冕时一样，即将到来的

银禧纪念被视为英国暂时忘记痛苦的机会。

团结的主题

庆祝活动从1977年2月6日开始，这是女王即位的纪念日。王室与政府为银禧之年共同策划了大量活动和访问。女王宣布银禧庆祝活动的主题是团结，她希望有尽可能多的臣民能够看到她，无论是在英国还是在英联邦各地。2月10日，她启程进行世界巡访，第一

站是斐济。

5月4日，上下两院都向女王致以效忠演说，顾问建议女王避开联合体可能破裂这一话题，但女王置之不理，对议会的回应尽管颇具争议，但态度坦率而赤诚。她直指那些鼓吹议会分离、权力下放的人，对两院说："我的祖先有英格兰、苏

纪念币
这枚硬币独具特色，没有刻印文字，背面也没有日期。这款硬币为庆祝银禧大量铸造发行，虽然个头不小，面值却只有25便士。

> **"欢呼的人群**非常**典型**……**银禧之年我们无论走到哪里**都有这样的**人群**向我们致意。"
>
> 伊丽莎白二世女王圣诞致辞，1977 年

兰历代君王以及威尔士亲王，所以我很容易理解这样的渴望。但我不能忘记自己是大不列颠及北爱尔兰联合王国的加冕女王。也许银禧周年就是这样一个时机，让我们不要忘记这个联合体在本土、在国际关系中给联合王国各地居民带来的好处。"

国内巡访

5月17日，女王开始一系列国内巡访，正如她向议员们解释的那样，目的是展示她是"整个联合王国的女王"。她用了3个多月的时间，出行6次，走遍了从苏格兰到北爱尔兰的英国全境，行程共计1.12万千米。从未有哪位君王像她一样在如此短暂的时间里访问了如此广阔的国土。女王访问了36个郡县，第一站是格拉斯哥，那里聚集的人群规模之大在当地史无前例，之后无论女王走到哪里，都能吸引大批民众。在兰开夏郡，为一睹

金色旅程
黄金御用马车前往圣保罗大教堂参加银禧感恩礼拜时途经白金汉宫，照片背景中可见女王卫兵。

女王风采，一天就有100多万群众涌上街头。

点亮灯塔

银禧之年的活动高潮在6月7日到来，王室宣布当天为公众假期，游行队伍浩浩荡荡，前往圣保罗大教堂参加感恩礼拜。之前一天，女王亲自启动舰队灯塔链，向伊丽莎白一世时代西班牙无敌舰队入侵时全国点亮灯塔预警的一幕致敬。女王在温莎大公园内点燃巨大篝火，从地之角到设得兰，100座灯塔随后亮起，许多就在过去的灯塔遗迹之上。

6月7日，周二，100多万人观看王室一家前往圣保罗大教堂。在那里，众嘉宾共聚一堂参加感恩礼拜，有各国元首以及英国现任和前任首相们。拉尔夫·沃恩·威廉斯改编的赞美诗《称谢歌》拉开了礼拜仪式的序幕，1953年女王的加冕典礼上也演奏了这一曲目。

礼拜结束后，伦敦金融城政府在市政厅举办午宴，女王又发表了一篇感人至深的演讲，感谢"英国和英

银禧礼拜
伊丽莎白二世女王和菲利普亲王携王室家族成员加入2700位嘉宾之中，参加圣保罗大教堂感恩礼拜。

联邦所有那些向我表示忠诚和友善的人，过去25年来我从中汲取了力量和勇气"，还要感谢"数以千计为我登基银禧发来贺信的人们，感谢他们对未来的美好祝愿"。全国各地大量民众街头狂欢，女王说道："市长阁下，我21岁时就誓言终生为民众服务，并祈求上帝帮助我实现誓言。立誓的时候我涉世未深，尚不能明断是非，但我从未后悔，也从未食言。"此后，王室一家在白金汉宫阳台上露面，大量民众为之欢呼。

泰晤士河上的无政府主义者

不过，并非所有英国人都有庆祝的心情。性手枪乐队的无政府主义朋克音乐、标志性的反社会歌曲《天佑女王》，被广播电台禁播。乐队经理人马尔科姆·麦克莱伦突发奇想，把"情境式"表演与宣传噱头结合起来，只有理查德·布兰森的维珍唱片公司愿意与性手枪乐队签约。麦克莱伦与布兰森一起租了一条船，性手枪乐队泛舟泰晤士河，演奏他们那首有争议的单曲，想要破坏王室的欢庆气氛，但最终被迫上岸并被捕。

家庭事务
1977年6月7日，女王与整个王室家族在白金汉宫阳台上向民众挥手致意。不同的是，35年后，钻禧庆典时，查尔斯王子坚持"削减"在阳台上露面的家族成员。

庆典继续

银禧庆典周的最后一项活动于6月9日举行，是从格林尼治到兰贝斯的泰晤士河巡游。在兰贝斯，女王为银禧步道和新建南岸银禧花园揭幕，盛大焰火表演后，女王乘坐马车回到白金汉宫，又多次在阳台上露面，围观人群欢欣鼓舞。

此后不久女王前往温布尔登观看网球锦标赛，英国运动员弗吉尼亚·韦德夺得女子单打冠军，不少人归功于女王出席给她的激励。

此后

6月初伦敦的精彩画面并非银禧庆典的尾声。英国庆祝活动之后，女王很快启程前往加拿大为议会揭幕，然后又访问了西印度群岛。

特别的一年

女王在银禧之年出行总里程约为8.96万千米。不过，在这特别的一年里，从个人角度来说，也许最美好的莫过于11月15日，女王正要前往参加某受封仪式时，女儿安妮打来电话告诉她刚刚首次成为外祖母的那一时刻（见296~297页）。

像 77 年那样狂欢
1977 年，伦敦西南富勒姆的居民在银禧之年表达对女王（爱称"贝蒂"）的支持。全国各地的人们都上街庆祝。

安妮公主
的马术生涯

安妮公主性格坚韧果断，努力在艰苦的马术三项赛中证明自己。她在英国乃至欧洲都载誉而归。

1969 年，安妮公主 18 岁时在马术三项赛中初尝胜果，当时她骑的是伊丽莎白二世女王的马"皇家领海"。赛前一年她才刚刚开始跟随艾莉森·奥利弗教练训练。安妮认为三项赛可以"证明自己具有不依赖家庭而存在的能力，通过它可以让人们依据你的所作所为来做出评价，而不是更多的想当然"。

1971 年 4 月在伯明顿马术三项赛获得第 5 名后，安妮被选拔参加 9 月在伯利举行的欧洲锦标赛。不过，她做了卵巢囊肿手术，影响了赛前训练。尽管如此，安妮仍在 9 月 4 日赢得了三项赛的冠军。她骑着名为"紧身衣"的赛马，在跳跃赛中一次过关，赢得金牌。

11 月，经过一年各项赛事出色的表现，安妮获得全国媒体评选的年度最佳女运动员称号，12 月又当选为英国广播公司年度体坛风云人物。1975 年，她在欧洲锦标赛上再获银牌，入选 1976 年 7 月蒙特利尔奥运会英国代表队。尽管安妮未能在蒙特利尔斩获奖牌，但在越野赛段落马受伤的情况下她仍完成了比赛。

有人说公主身为王族有时礼仪欠缺，面对指责她坦率回答："赛马和三项赛属于我的私生活——工作时间以外。在速度飞快、危险十足、竞争激烈的比赛中，如果有人认为我应该和工作时一样表现……那是期望过高了。"34 年后，她的女儿扎拉·菲利普斯取得了和安妮同样出色的成绩（见 286~287 页）。

"三项赛是唯一……与我的**地位、财产**或**其他统统无关**的事情。"

安妮公主

公主的马
1972 年克鲁克姆马术三项赛上，安妮骑乘她名为"紧身衣"的赛马跨越障碍。"紧身衣"是她的母亲伊丽莎白二世所赠。该马在 1974 年常规训练中一腿骨折，不得不结束赛马生涯。

生于1930年 卒于2002年

玛格丽特公主

> "**黑暗公主**，可以这么说。"
>
> 伊丽莎白二世私人秘书查特瑞斯勋爵

约克公爵之女玛格丽特·罗丝1930年8月生于苏格兰。同年10月，她在白金汉宫的私人小教堂接受洗礼，戴维叔叔（威尔士亲王爱德华）等人为教父。

从儿时起，玛格丽特公主的性格就很任性（见106~107页）。祖母玛丽王太后在第二次世界大战期间曾对一位朋友谈起玛格丽特"太有趣了，让人忍不住要纵容她"。玛格丽特18岁时开始进入公众生活，庇护了30多个慈善机构和专业组织，分布在多种行业，如女童军协会、英国乡村音乐歌曲俱乐部、温尼伯艺术馆、防止虐待儿童全国协会。公主特别喜欢音乐和芭蕾——1957年她成为皇家芭蕾舞团首任主席，也是萨德勒·威尔基金会主席。虽然作为王室成员忠于职守，但她错综复杂的个人生活常常更为引人注目，长大以后媒体越来越多地给予她高度而密切的关注。

> "她很**好玩**……为人**热情**、感情**外露**，天生就让人想要**抱她逗她**。"
>
> 家庭女教师玛丽安·克劳福德形容玛格丽特儿时的样子

王室肥皂剧

究竟是选择爱一个"不合适"的人——彼得·唐森上校，还是选择王室身份，玛格丽特身陷痛苦而孤独的两难境地，无可遁形，占据了20世纪50年代的新闻头条（见154~155页）。不过，后来她开始与摄影师安东尼·阿姆斯特朗-琼斯交往，快乐似乎一度触手可及。两人1960年结婚，阿姆斯特朗一年后被女王封为斯诺登伯爵。公主夫妇有两个孩子：1961年11月3日戴维出生，莎拉1964年5月1日出生。

不过，这场婚姻似乎根基不牢——据说玛格丽特听说唐森要娶一位比利时女子后，第二天就接受了阿姆斯特朗的求婚。在摇摆的60年代，

舞会美女

1958年，玛格丽特在伦敦莱斯特广场的奥登剧院参加电影首映式。公主腰肢纤细、双眼碧蓝，被视为社交界出众的美女。

玛格丽特和阿姆斯特朗-琼斯仍然是一对时髦夫妇。他们与各式各样的人交往，贵族、艺术家、波希米亚人和摇滚明星，他们的行为有助于消除平民与贵族之间的社会藩篱。

遗憾的是，20世纪70年代初，这场婚姻开始走向破裂，双方似乎都常常有外遇。1976年两人分居，不过直到1978年才正式离婚——成为继1901年萨克森-科堡-哥达公主维多利亚·梅丽塔之后首位离婚的高级别王室成员。

黑暗公主

1974年，玛格丽特已经开始与罗迪·卢埃林恋爱，这位园艺设计师比她年轻17岁。这段恋情逐渐公开，玛格丽特开始酗酒，时常到加勒比海马斯蒂克岛上她的

快乐的表象

从这张全家福看，玛格丽特与安东尼·阿姆斯特朗-琼斯一家似乎十分轻松自在。其实拍照时两人的婚姻关系已经十分紧张。

摇滚乐手

众所周知玛格丽特交游广泛。这张照片摄于1976年12月，她在西印度群岛一家餐馆与滚石乐队主唱米克·贾格尔一起用餐。

假日别墅中隐居，迟迟不归。她与加勒比的缘分可以追溯到1955年2月对西印度群岛的王室访问，当时还出现了一曲卡里普索小调向公主致敬，歌词唱道："莉莉白女王亲爱的妹妹玛格丽特！爱跳舞、爱唱歌、什么都爱试一试！"不过，到了70年代，公众舆论倒向另一端，有人呼吁她应退出王室薪俸名单——政府向这一名单上的人士支付年俸——还有人指责她为"王室寄生虫"。似乎公众先入为主的成见一开始就对玛格丽特不利。"对于民众来说，王室家族的功能之一就是延续《冷暖人间》的故事，"女王前任私人秘书查特瑞斯勋爵解释说，《冷暖人间》是一部长篇肥皂剧，里

"在姐姐和我的成长道路上，她是**好人**形象。这比较无聊，所以媒体想打造我的**极度邪恶形象**。"

玛格丽特公主

面充斥着性、秘密和家族阴谋，"当然，在那样的故事里总有个角色不循规蹈矩……黑暗公主，可以这么说。"

衰老去世

晚年，酗酒嗜烟的习惯大大损害了玛格丽特的健康。1998 年，公主在马斯蒂克度假时中风，2001 年再度中风后衰弱不堪。从此她活动能力受限，面部部分瘫痪、失明，2002 年 2 月去世，两名子女陪伴在她身旁。悼念公主去世的人中有教皇，他"希望公主去世后能觅得在世时求之不得的平静"。她的老友之一福斯利的圣约翰勋爵说："经过动荡的一生，她几年前终于过上了风平浪静的日子，得到了快乐和平静，直到被这残酷的病魔击垮。"

时尚偶像
玛格丽特以打扮新颖时尚而出名。她为薇薇安·维斯特伍德和克里斯多弗·贝利等设计师带来灵感，后者为巴宝莉设计的 2006 年春装据说受到了 20 世纪 60 年代玛格丽特穿衣风格的启发。

年表

1930 年 8 月 21 日	出生在苏格兰格拉姆斯城堡。
1934 年 11 月 29 日	在叔叔乔治王子的婚礼上首次公开露面。
1936 年 1 月 20 日	乔治五世去世，爱德华八世继位。
1936 年 12 月 11 日	爱德华八世退位，玛格丽特之父成为国王。玛格丽特被称为"玛格丽特公主"。
1937 年	参加第一届白金汉宫小女童军。
1944 年	首次见到不列颠之战英雄彼得·唐森，唐森后来成为国王侍从武官。
1945 年 5 月 8 日	在欧洲胜利日与姐姐一起混入人群庆祝。
1947 年 1 月 31 日~5 月 11 日	与父母和姐姐一同出访非洲南部，唐森陪同。
1951 年 8 月 21 日	在巴尔莫勒尔举办 21 岁生日派对。
1952 年 2 月 6 日	父亲乔治六世去世。
1953 年	彼得·唐森 1952 年离婚并向玛格丽特求婚，她的姐姐女王陛下拒绝批准两人结婚。
1955 年 10 月 31 日	与唐森断绝关系。
1957 年	成为皇家芭蕾舞团首任主席。
1960 年 5 月 6 日	在威斯敏斯特大教堂与安东尼·阿姆斯特朗-琼斯结婚。

玛格丽特与安东尼·阿姆斯特朗-琼斯宣布订婚之后

1961 年 11 月 3 日	儿子戴维出生，封林利子爵。
1964 年 5 月 1 日	女儿莎拉出生。
1973 年	结识园艺设计师罗迪·卢埃林。
1976 年	公主与卢埃林在马斯蒂克岛上身着泳衣嬉戏的照片曝光，媒体掀起轩然大波。
1978 年 5 月	与安东尼·阿姆斯特朗-琼斯的婚姻破裂。
1985 年	左肺部分摘除。
1998 年 2 月 24 日	在马斯蒂克岛上中风。
2001 年	再度中风，病情严重，部分失明，活动困难。
2002 年 2 月 9 日	在伦敦爱德华七世国王医院病逝。

皇家宫殿

圣詹姆斯宫

虽然自乔治三世 1762 年全家移居白金汉宫以来，从来没有君王在圣詹姆斯居住过，这里仍然是君王的正式居所，也是多个王室家族成员的家。许多正式活动也在这里举行。

按照亨利八世旨意，圣詹姆斯宫建于 1531~1536 年，原址是一家以天主教一位不太出名的圣徒圣雅各命名的麻风病院。亨利八世显然与妻子安妮·博林感情很深——宫殿中到处都是两人名字首字母 "H" 和 "A" 缠绕而成的情人结图案，壁炉上也有雕刻。

王后礼拜堂

在圣詹姆斯宫设立王后礼拜堂是詹姆斯一世的想法，他委托建筑师伊尼戈·琼斯承担设计工作。这座礼拜堂 1626 年完工，由詹姆斯一世之子查理一世的妻子、天主教徒亨莉埃塔·玛丽亚使用。

詹姆斯一世还派人排干宫殿庭院中的积水，并进行园林设计，开挖湖泊，还引进了骆驼、鳄鱼和大象等异国动物，形成了今天的圣詹姆斯公园。

宗教冲突

1638 年，查理一世把圣詹姆斯宫赠予岳母玛丽·德·美第奇，英国天主教徒和新教徒之间的矛盾进一步升级——英国刚刚与法国打过仗，美第奇不仅是法国前王后，也是天主教徒。议会对这一赠予行为极为不满，很快美第奇被请出这座宫殿。

1649 年英国内战期间，查理一世因叛国罪接受审判。在附近的白厅行刑前一夜他住在圣詹姆斯宫。君主制废除后，护国公新教徒奥利弗·克伦威尔将宫殿当作兵营使用。

重修

1660 年英国君主制复辟，在这里出生的查理二世下令重修圣詹姆斯宫。他在法国流亡期间看到那里奢华的宫廷花园受到启发，要求重修的花园沿着一条长长的运河设计景观。他还向公众开放圣詹姆斯公园，从此这里成为秘密情侣幽会的地点，声名狼藉，查理国王和他的情妇耐尔·格温也曾在这里密会。

1698 年，白厅宫毁于火灾后，圣詹姆斯宫成为国王的行政管理中心。数年后，乔治一世和乔治二世曾在这里包养情妇。

皇家礼拜堂

圣詹姆斯宫的皇家礼拜堂建于

1531~1536 年，1540 年亨利八世在这里迎娶克里维斯的安妮。自那以后，多次王室婚礼在这里举行，包括维多利亚女王和乔治五世的婚礼。

两个礼拜堂都曾用于王室家族成员的吊唁仪式——王母太后和玛格丽特公主的灵柩停放在王后礼拜堂，而威尔士王妃戴安娜的灵柩则摆放在皇家礼拜堂的圣坛前，以便家人朋友私下吊唁。

每周周日礼拜在皇家礼拜堂或王后礼拜堂举行，二者均为活跃的宗教场所。圣詹姆斯宫中仅有这两个地方向公众开放。

使用频繁的宫殿

圣詹姆斯宫不仅用于正式活动，还是长公主和亚历山德拉公主在伦敦的住所。王室的许多办公室也设在这里。

圣詹姆斯宫与皇家礼拜堂
与这幅 1812 年的图片（下左）相比，圣詹姆斯宫外部如今变化不大。2013 年，剑桥的乔治王子在皇家礼拜堂受洗，这张照片为内部全景（下右）。

圣詹姆斯宫

皇家礼拜堂

此 前

蒙巴顿数十年来一直身处英国政治风云最高层，战后英国历史上许多重大事件中都有他参与策划的影子。

阴谋诡计

20世纪60年代末，据称胆大妄为的军情五处特工想要策划发动右翼政变，推翻哈罗德·威尔逊可能组建的工党政府，为此找到曾任海军元帅和国防参谋长的蒙巴顿。蒙巴顿还曾参与向爱尔兰代表议和的行动，与爱尔兰驻英国大使走得很近，这可能与他遭到暗杀更有关联。

杀错人？

根据都柏林国家档案馆的文件，蒙巴顿告诉爱尔兰驻英国大使多纳尔·奥沙利文："我希望爱德华·希思政府最终能实现爱尔兰统一。"如果蒙巴顿确实支持统一政策，那么他死于爱尔兰共和军手中真是莫大的讽刺。

缅甸蒙巴顿伯爵

路易斯·蒙巴顿

蒙巴顿生于1900年6月25日，是维多利亚女王的曾外孙，伊丽莎白二世的第二代表兄，菲利普亲王的舅舅。两次世界大战期间，他在海军战绩出色，被温斯顿·丘吉尔任命为盟军联合作战部长，专门负责以全新的想法和技术来帮助盟军取胜。作为东南亚战区盟军最高司令，他负责收复缅甸。战后，他被任命为最后一位印度总督。

蒙巴顿
勋爵遇刺

路易斯·蒙巴顿1979年在船上遇刺，英国战后历史上最杰出的人物之一就此丧生。他的外孙，女婿的母亲和一位年轻的爱尔兰船员也同时遇难。这场悲剧让王室家族深深为之震动。

从第二次世界大战到印度独立和分治，路易斯·蒙巴顿在20世纪部分重大事件中扮演了极具魅力的角色，但是他最后的结局终将证明是北爱尔兰问题可怕悲剧的一部分，这一时期北爱持续的政治和宗派冲突引发社会动荡，恐怖袭击连连。

蒙巴顿在爱尔兰（艾尔）有一处房子，离北爱尔兰边境不远。"我在爱尔兰有所房子，斯莱戈郡的克拉西波恩城堡，"1967年蒙巴顿在加拿大帝国俱乐部谈道，"我和家人受到爱尔兰人最为友好的款待。"这句话可能没错，但是很多人觉得作为英国政坛最为显贵的要人之一，他住在爱尔兰可能被视为挑衅，因此质疑他这样做是否明智。早在1960年，蒙巴顿的物业管理人帕特里克·奥格雷迪就对爱尔兰警方提出过伯爵的安全问题。"虽然证据显示破坏分子从未企图对伯爵发起任何形式的袭击，"警方回复，"但我认为他在本国期间我们无法保证他的安全。"无论如何，蒙巴顿拒绝接受告诫，抗议说他习惯发号施令，而不是听从命令。不过，他的传记作者理查德·豪认为："除了表亲伊丽莎白二世女王外，这位广受尊敬、深受爱戴的英国人是爱尔兰共和军（IRA）——希望爱尔兰统一独立的军事组织——最向往的目标了。"

家族事务
王室家族所有成员都出席了蒙巴顿的葬礼。图中，女王和菲利普亲王后面跟着王母太后和查尔斯，其后是身着海军学校学生制服的安德鲁和爱德华。

登船

在北爱问题最混乱的时刻，IRA策划了一起大胆的阴谋。1979年8月27日清晨，IRA最有经验的炸弹专家之一托马斯·麦克马洪在蒙巴顿勋爵9米长的渔船"影子V"号上安放了一颗大炸弹，这艘船当时停泊在克拉西波恩城堡附近马拉莫尔港。之后不久，麦克马洪在警方检查站被拦下，警方怀疑他驾驶偷来的汽车，将他收押。后来发现他的衣服上有蒙巴顿勋爵船上脱落的绿色油漆碎片以及硝酸甘油的痕迹。

上午11点左右，蒙巴顿等六人——他的长女帕特里夏和丈夫布拉博恩勋爵，布拉博恩勋爵83岁的母亲布拉博恩老夫人和布拉伯恩家14岁的双胞胎儿子蒂莫西和尼古拉斯·纳奇布尔登上"影子V"号，船上还有一位15岁的当地船员保罗·麦克斯威尔。麦克斯威尔掌舵，绕过马拉莫尔角前往渔区。一艘警方巡逻船例行公事，跟随渔船出港。

快乐时光
蒙巴顿和家人在"影子V"号渔船上钓鱼，度过宁静的一天，9年后他就在这条船上惨死。

袭击现场

上午11点39分，渔船刚刚离开海港墙，船上的炸弹经无线控制引爆。理查德·豪这样形容下面发生的事情："渔船在一片烟雾和泡沫中解体，无数木屑和金属碎片、绳索和垫子、救生衣和鞋子飞向空中后又以椭圆的轨迹落入海中。"从水中救出蒙巴顿时他还活着，双腿已被炸飞，很快就去世了。尼古拉斯·纳奇布尔和保罗·麦克斯威尔当场身亡；蒂莫西受重伤，布拉博恩老夫人第二天去世。几个小时后，唐郡沃伦波因特又

|23 千克 炸弹中爆炸物质量。

有两枚炸弹爆炸，一个军方车队中了埋伏，至少18名士兵死亡，这是北爱问题时期死亡率最高的一次袭击。IRA发表声明："这一行动是提醒英格兰人民关注我国领土一直被占这件事情的方法之一。"

国葬

这样级别的高官死得如此惨烈，亟须国家表现出力量和团结，1979年9月5日蒙巴顿国葬充分提供了这样的机会。和许多王室家族成员一样，蒙巴顿早已对自己的葬礼做了详尽安排。从500多名皇家海军和皇家海军陆战队人员各自担任的工作到葬礼圣歌的选择他都一一列出。蒙巴顿死前

不久曾接受电视采访，当问及希望自己的葬礼如何进行时，他表示希望葬礼是"一次愉快的聚会"。送葬队伍中，灵柩由炮架运送，他的马"多利"走在前面，无人骑乘，主人的靴子按惯例倒放在马镫中。

蒙巴顿的女儿帕特里夏在父亲死后成为缅甸蒙巴顿女伯爵，她和丈夫布拉博恩勋爵伤势很重，未能参加这次葬礼以及儿子尼古拉斯的葬礼。

> "他**走了**以后，**生活**和从前**永远不同**了。"

听说他敬爱的舅祖父去世后，查尔斯王子在日记中写道

最后的旅程
蒙巴顿的送葬队伍从威斯敏斯特大教堂前往滑铁卢站途中，灵柩由警方和军方护送。

此 后

1979年8月27日的事件令人震惊，广受谴责。全世界对爱尔兰的局势有所了解，王室家族则因亲人亡故而受到沉重打击。

深远影响

同年12月，在一次追思礼拜中，查尔斯王子痛斥IRA是"随心所欲用炸弹杀人的极端分子、人渣"。

2009年，暗杀事件30周年时，蒂莫西·纳奇布尔出版《湛蓝天空》一书，讲述爆炸后幸存者的生活。这本记录了亲人亡故、创伤与谅解的书因促进爱尔兰的和平与谅解而获得克里斯托弗·伊沃特－比格斯纪念奖。

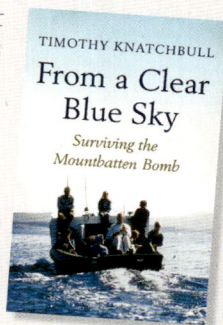

纳奇布尔的著作

非洲和加勒比
去殖民化

伊丽莎白即位时，大英帝国已经开始转变，走向一种不同的新形式——在她的管理下，一个英联邦大家庭逐渐形成，一直受到她的珍爱和扶植。

伊丽莎白还未成人时，她的父亲统治的大英帝国疆域从地图上看仍然占据了世界很大一部分。等到伊丽莎白即位时，形势变化很大——最突出的变化是印度次大陆的独立——但即使在 1952 年，她也可以在不离开自己统治领土的情况下环游世界。但是，这个世界变化飞快，帝国正在转变为国家联邦，正如女王自述的那样，这个联邦"与过去的帝国没有相似之处。这是一种全新的概念"。

连接世界的桥梁

20 世纪 50 年代，前帝国包括英联邦——加拿大、澳大利亚和印度等国——还有不少领地和受保护国，其中许多位于非洲和加勒比地区。英联邦幅员辽阔，人口众多，占据了世界

上四分之一的可居住土地，人口数量超过世界总人口的四分之一。其中大部分地区尚未独立。仍为英国殖民地或受保护国的有北罗德西亚和南罗德西亚、马耳他、马来亚、新加坡、牙买加和英属西印度群岛、肯尼亚、尼日利亚、乌干达、坦噶尼喀、苏丹、尼亚萨兰、桑给巴尔、黄金海岸和索

马里兰。不过，伊丽莎白二世统治刚刚开始，帝国君王与大英帝国前自治领和现自治领之间的关系显然已经和过去不同；内阁决定伊丽莎白的继位公告不提英国自治领或皇冠，她不会称"大英海外自治领女王"，而是称"其他属土及领地之女王"。

英联邦初期似乎相当成功，很有

活力。1957 年 10 月，《读者文摘》杂志因此有如下评论，女王"和国人一样自豪……英国让 5 亿人民脱离殖民关系，每年还向当地工业投资 1 亿英镑，帮助他们实现完全自治，没有任

最后一舞
1961 年 11 月，伊丽莎白二世女王和加纳第一任总统克瓦米·恩克鲁玛在阿克拉国宾馆的舞会上跳起曳步舞。

何附加条件"。到了 1957 年，英国与前属地的贸易额几乎翻了一番，各属地自己的地方收入增长了 1200%。同年，女王在面向英联邦年轻人的演讲中说："你们成长的这个世界和我的前辈伊丽莎白一世生活的那个世界一样，到处都有可能出现奇遇。世界现在最需要的就是东方与西方之间架起稳固的桥梁。英联邦无疑就是这样的桥梁。"

"变革之风正起……无论我们乐见与否……民族意识崛起是政治现实。"

哈罗德·麦克米伦在南非议会的演讲，1960 年

变革之风

非洲这块大陆上有很多英国的自治领和受保护国，正是在这里，伊丽莎白二世女王的统治经历了最为深刻的变革。从 20 世纪 50 年代末起，民族国家独立的浪潮开始席卷非洲大陆，和平实现独立的国家为数不少，但也有一些国家经历了可怕的战争和剧烈的动乱。1957 年，位于非洲西部的黄金海岸独立，称加纳共和国，加入英联邦；这是第一个加入英联邦的实行多数决定原则的非洲国家。

1960 年 2 月 3 日，英国首相哈罗德·麦克米伦在开普敦面对南非议员发表著名演讲，当时独立运动在整个非洲正在发展壮大。南非当政的国民党推行种族隔离政策，麦克米伦接受邀请访问南非，引来非议。但是麦克米伦坦言"变革之风"正在吹过非洲，让白人政客感到失望。麦克米伦告诫道，"无论我们乐见与否"，"民族意识崛起是政治现实"。南非总理维沃尔德博士怒吼道："是我们把文明带到非洲。"

1960 年 5 月在温莎举行的英联邦总理会议气氛紧张，谴责了南非的种族隔离政策，几个月后，南非白人在 10 月投票决定不承认女王为其国家元首，新成立的共和国脱离英联邦。

同时，麦克米伦在演讲中谈到的"变革之风"促使非洲和加勒比地区一些黑人占多数的地区也成为独立国家。尼日利亚和索马里 1960 年独立；塞拉利昂和坦桑尼亚 1961 年独立；

牙买加、特立尼达和多巴哥、乌干达 1962 年独立；其后是 1963 年肯尼亚，1964 年马拉维和赞比亚，1965 年冈比亚，1966 年博茨瓦纳和莱索托，1968 年毛里求斯和斯威士兰先后独立；经过长期艰苦斗争，1980 年津巴布韦独立建国。这些国家大多数独立后立即加入英联邦。

危险是工作的一部分

1961 年，女王不顾安全风险和爆炸威胁访问原名黄金海岸的加纳，这是非洲第一个实现独立的"黑人"殖民地。女王到访 5 天前一次炸弹爆炸事件令人忧虑，但是英国外交人员害怕取消访问会把新独立的国家推到苏联势力范围中去。据说女王说道："如果我现在取消，恩克鲁玛（加纳总统）可能会邀请赫鲁晓夫，他们不会高兴，对不对？"当麦克米伦因太危险而表示反对时，她说："危险是工作的一部分。"到达阿克拉机场后，因为停电，女王进城的路上只能用火把照明。王室记者奥黛丽·罗素回忆："我非常担心女王。在那样的情况下坚持下来说明她勇气非凡。"

观点争议

北罗德西亚 1964 年独立，改名赞比亚，之后南罗德西亚白人占多数的政府强烈要求独立，英国根据"实施多数决定原则才能独立"的政策拒绝了这一要求。非洲各国总理极力劝说英国立即针对南罗德西亚采取行动，但菲利普亲王在爱丁堡向学生发表演讲时表达了他对危机的个人看法："……最好耐心等待这些问题解决，运气好的话会得到更好的结局，比冒着大屠杀的风险强行推进要好。"工党议员提交一项动议，宣称"王室不应表达有争议的政治观点"，肯尼亚政客也对此提出批评。

1979 年 8 月英联邦大会讨论的焦点是关于南罗德西亚未来。英国首相玛格丽特·撒切尔支持津巴布韦——南罗德西亚独立后国名——在埃布尔·穆佐雷瓦主教领导下独立的提案。这一提案将罗伯特·穆加贝和约书亚·恩科莫领导的国民党排除在外，

29958050 平方千米
当前英联邦国家总土地面积。

但有人认为这样做的话无法实现持久和平。女王此时起到了重要的幕后作用，经过斡旋，各方同意在伦敦集会，为津巴布韦设计新制度。

旗帜飘扬
英联邦旗帜上是经过艺术加工的地球图案，呈半月形环绕的金色长矛组成字母"C"。

此后

1994 年，纳尔逊·曼德拉出狱，种族隔离政策被废除后，南非举行了历史上首次自由平等的选举。同年，南非再度加入英联邦。

继承顺序
2018 年，在女王表示"真诚希望"王子接任后，英联邦成员国领导人投票决定由查尔斯王子接任女王英联邦元首。时任英国首相特雷莎·梅称，查尔斯王子 40 多年来对英联邦表现出"自豪和支持"，继任"顺理成章"。

仪仗队
2007 年 11 月 21 日，女王抵达乌干达参加英联邦政府首脑会议，在恩德培检阅仪仗队。这些会议是英联邦制定政策和做出决策的主要论坛。

F·I·GRA·REG·F·

5

女王——祖母

1980~2000年

女王——祖母

年表 1980~2000年

1980年		1984年		1988年	
1980年10月17日 女王对梵蒂冈进行国事访问，会见教皇约翰·保罗二世。 **1981年6月13日** 女王骑马前往参加皇家卫队阅兵式途中，一名17岁少年在林荫路向她开枪。 ≫ 皇家卫队阅兵式	**1982年4月17日** 女王与加拿大总理皮埃尔·特鲁多签署《1982年加拿大宪法法案》，加拿大从此可以自行修宪。 **1982年6月7~9日** 美国总统罗纳德·里根访问英国。	**1984年5月30日** 查尔斯王子在英国皇家建筑师学会（RIBA）150周年庆祝活动上批评现代建筑，引起争议。王子演讲后，国家美术馆扩建方案作废。	**1987年4月3日** 已故温莎公爵夫人的珠宝在瑞士拍卖，成交金额3100万英镑。全部拍卖收入捐献给巴黎的巴斯德研究所。	**1988年3月10日** 查尔斯王子在瑞士发生的雪崩中幸免于难，他的一位同伴，女王前侍从武官休·林赛少校不幸丧生。 ≫ 比亚特里斯公主诞生	**1990年9月19日** 英国皇家空军在白金汉宫上空致礼飞行，庆祝不列颠之战50周年。
		1984年9月15日 威尔士王妃生下次子哈里王子。 **1986年4月29日** 女王参加温莎公爵夫人葬礼，她是原爱德华八世、温莎公爵遗孀。			
		1986年7月23日 安德鲁王子与莎拉·弗格森在威斯敏斯特大教堂结婚。两人受封约克公爵和约克公爵夫人。 ≫ 安德鲁王子与莎拉·弗格森结婚		**1988年8月8日** 约克公爵夫人生下第一个孩子比亚特里斯公主。	**1990年11月28日** 英国首相玛格丽特·撒切尔辞职。财政大臣约翰·梅杰成为新一任保守党首相。
1981年7月29日 查尔斯王子与戴安娜·斯宾塞小姐在圣保罗大教堂结婚。	**1982年6月21日** 威尔士王妃生下长子威廉王子，威廉为王位第二顺位继承人。 **1982年7月9日** 一名陌生人闯入女王在白金汉宫的卧室。	**1986年10月12~18日** 女王和爱丁堡公爵对中国进行国事访问。女王成为第一位访华的英国君王。 。	**1987年6月15日** 爱德华王子、安妮公主、约克公爵和公爵夫人参加电视游戏节目《超级淘汰赛》。	**1989年8月31日** 安妮公主和马克·菲利普斯上尉在结婚16年后分居。	**1991年1月16日~2月28日** 英国部队加入以美国为首的联军，将伊拉克部队赶出科威特，后称海湾战争。
≪ 纪念邮票	**1983年2月9日** 英国的一英镑纸币被一英镑硬币取代，硬币正面为女王头像。 **1983年3月** 威尔士亲王和王妃携9个月大的威廉前往新西兰和澳大利亚进行正式访问。	**1987年4月** 威尔士王妃在伦敦米德尔塞克斯医院握住一位艾滋病病毒感染者的手，这一幕被摄入镜头。	**1987年11月8日** 在北爱尔兰恩尼斯基林的一场阵亡将士纪念日礼拜中，爱尔兰共和军的炸弹导致11人死亡。	**1990年3月23日** 约克公爵夫人生下第二个孩子尤金妮公主。	**1991年5月17日** 女王在华盛顿特区美国国会联席会议上讲话。

20世纪80年代刚开始时一切充满希望，威尔士亲王和戴安娜·斯宾塞小姐结婚，随后儿子威廉和哈里诞生。10年过去，女王已经有了6个孙子孙女，可是她有3个孩子离婚，威尔士亲王和王妃激烈争吵，影响很坏，媒体充分开放，自由讨论王室家族的隐私。在经济衰退的年代，王室经费也饱受攻击，女王只好提出缴纳所得税。戴安娜不幸去世，公众感到极其悲痛。到了20世纪90年代末，北爱尔兰的冲突终于告终。

1992年		1993年		1997年	»
1992年2月7日 《马斯特里赫特条约》签署后，英国人成为欧盟（EU）公民。 **1992年3月19日** 约克公爵和公爵夫人分居。	**1992年11月26日** 议会得到通知，女王将从1993年4月起缴纳所得税。			**1997年5月2日** 工党大获全胜，托尼·布莱尔成为首相。 **1997年6月30日** 查尔斯王子代表女王出席香港回归中国仪式。	**1998年4月10日** 经过30年冲突不断的日子后，《贝尔法斯特协议》为北爱尔兰带来和平。 **1999年6月15日** 爱德华王子与索菲·里斯-琼斯结婚。这对夫妇成为威塞克斯伯爵和威塞克斯伯爵夫人。
1992年4月23日 安妮公主和马克·菲利普斯上尉离婚。 **1992年6月7日** 安德鲁·莫顿出版传记《戴安娜：她的真实故事》，引起争议。	**1992年12月9日** 威尔士亲王和王妃分居。 **1992年12月12日** 安妮公主与女王前侍从武官、海军中校蒂莫西·劳伦斯结婚。 **1993年8月** 白金汉宫首次对公众开放。	⌃白金汉宫绿色会客厅	**1995年3月19~25日** 女王相隔48年后再度访问南非。	**1997年8月31日** 戴安娜在巴黎遇车祸身亡。	⌄戴安娜去世时推出的纪念杯
	1993年12月3日 戴安娜宣布退出公众生活。 **1994年3月12日** 英格兰教会任命首批女性牧师。		**1995年11月16日** 95岁高龄的王母太后接受髋关节置换手术。 **1995年11月20日** 威尔士王妃在英国广播公司接受马丁·巴舍尔电视采访时吐露真情。 ⌄戴安娜接受英国广播公司采访时将一切公之于众	**1997年9月6日** 哀悼一周后，戴安娜的葬礼在威斯敏斯特大教堂举行。	
⌃温莎城堡起火	**1994年5月6日** 女王与法国总统密特朗正式为英吉利海峡隧道揭幕。 **1994年6月1日** 南非结束种族隔离政策后重新加入英联邦。			**1997年11月20日** 女王和菲利普亲王庆祝金婚纪念日。	**1999年7月1日** 女王在爱丁堡为苏格兰议会揭幕。议会将讨论那些权力下放到苏格兰的内部事务，如教育、医疗、农业和司法。
1992年11月20日 温莎城堡因火灾严重受损。 **1992年11月24日** 女王在伦敦市政厅发表灾难年演说。	**1992年12月23日** 《太阳报》在女王发表圣诞致辞两天前公开致辞内容。	**1994年6月5~6日** 女王主持英国庆祝诺曼底登陆50周年的活动。	**1995年12月20日** 女王致信威尔士亲王和王妃，力劝两人离婚。 **1996年5月30日** 约克公爵和公爵夫人离婚。 **1996年8月28日** 威尔士亲王和王妃离婚。	**1997年12月11日** 皇家游艇"不列颠尼亚"号服役44年后退役。	**1999年11月6日** 澳大利亚全民公决，赞成仍以女王为国家元首。

1981 年 2 月 6 日，查尔斯向戴安娜求婚时两人约会已有 6 个月左右。订婚的消息于 2 月 24 日宣布。查尔斯 33 岁，戴安娜 19 岁。

合适的一对

查尔斯王子在 20 世纪 70 年代有不少新娘人选，包括戴安娜的姐姐萨拉·斯宾塞小姐。1977 年，他第一次见到戴安娜。戴安娜的姐姐珍嫁给了女王的助理私人秘书，因此戴安娜与王室有一定联系，儿时曾在桑德林汉姆庄园居住（见 206~207 页）——这样看来戴安娜似乎是未来国王的理想伴侣。

订婚戒指

戴安娜在皇家珠宝商杰拉德那里挑选了自己的订婚戒指。她的订婚戒指为 14 颗单钻环绕一颗椭圆形蓝宝石，据说价值 3 万英镑。

两人订婚后

"决定不难。我期待着成为贤妻。"

戴安娜·斯宾塞小姐
在婚礼前接受采访，1981 年 7 月

童话婚礼
这张照片中，容光焕发的新娘挽着丈夫的手离开圣保罗大教堂。全世界数百万人观看了这场壮观的结婚仪式。英国宣布婚礼当天为全国假日。

查尔斯和戴安娜的婚姻

1981 年 7 月 29 日，查尔斯王子与戴安娜·斯宾塞小姐成婚，预示着王室家族的光明新未来。对于英国公众而言，经过一个充满罢工、社会不满情绪和动乱的阴郁夏天，这件事令人精神为之一振。

查尔斯王子未来妻子人选长期以来一直是人们猜测的话题，不过很少有人能猜到他会选择一位年轻的英国贵族，一位伯爵的女儿，而不是门当户对的欧洲公主。媒体和公众迅速迷上了比王子小 13 岁的戴安娜·斯宾塞小姐，她是 1660 年以来首位与王室继承人成婚的英国公民。她总是面带微笑，匆匆低眉一瞥，人们感觉她给王室带来了一股新鲜风气。随着"世纪婚礼"的准备工作渐渐展开，戴安娜到克拉伦斯宫与王母太后同住，可能是为了让她了解王室生活。

婚礼地点的选择与过去的王室婚礼不同。圣保罗大教堂位于伦敦商业中心的心脏部位，是克里斯多弗·雷恩爵士的杰作，重要的国家庆典经常在这里举行。这里从来没有见证过王室婚礼，但它那狭长的中殿和壮观的穹顶可以为婚礼提供一个绝佳的舞台。大教堂可以容纳 3500 名来宾，规模足以举办威尔士亲王的婚礼，因为这样的重大活动会有各国元首、英联邦领导人、政治家、外交官和外国王族参加。从林荫路一直到圣保罗大教堂这段长长的路线上，大概有 65 万名群众沿途观看，全世界约有 7.5 亿人通过电视收看这场婚礼。

紧张的新娘

婚礼前不久，戴安娜向姐妹们承认她有点儿打退堂鼓，据说她们这样回答："太晚了，茶巾上都印有你的面容了。"后来她形容自己婚礼那天是一辈子"情感最为混乱的一天"，看到民众在林荫路上露营时她觉得自己"像是前往屠宰场的羔羊"。

戴安娜乘坐玻璃马车（来自皇家马厩）从克拉伦斯宫出发，由她的父亲、第八任斯宾塞伯爵陪同。马车对于两人来说有些拥挤，她婚纱的裙摆长 7.5 米，在圣保罗大教堂下车时皱巴巴的。她的两位高级伴娘——莎拉·阿姆斯特朗（玛格丽特公主的女儿）和英迪亚·希克斯（已故蒙巴顿勋爵的外孙女）——花了一些时间理顺裙摆，整理妥当后新娘方才挎着父亲的臂膀登上大教堂铺好红地毯的台阶。伯爵曾患中风，步伐不稳，但他坚持要陪同女儿走向圣坛完婚。

婚礼由坎特伯雷大主教主持，中途戴安娜略显紧张，念错了王子的名字，说成"菲利普·查尔斯·亚瑟·乔治"，而不是"查尔斯·菲利普·亚瑟·乔治"。王子最喜欢的三支交响乐团——英国爱乐乐团、英国室内乐团和皇家歌剧院在婚礼中演奏，世界著名女高音、出生于新西兰的基莉·迪·卡娜娃唱了一曲亨德尔的咏叹调。婚礼上吟唱的赞美诗之一是

10000 颗 **戴安娜婚纱上缝有珍珠的数量。**

《我宣誓向祖国效忠》，这首赞美诗 1997 年在戴安娜的葬礼上再度响起。

亲吻与蜜月

新婚夫妇向欢呼的民众微笑挥手，乘坐敞篷马车回到白金汉宫。稍后他们在阳台上露面，在人群的怂恿下当众亲吻。阳台之吻现已成为王室婚礼仪式的一个固定环节，但这个吻是第一次。与 120 位嘉宾亲友用过婚礼早餐后，新婚夫妇乘坐带有"新婚"标志的四轮马车前往滑铁卢火车站，准备乘坐火车前往蒙巴顿家族在汉普郡的布罗德兰兹庄园，当年女王和菲利普亲王蜜月的前半段也在那里度过。

绝非良配

刚结婚的那一段时间，人们认为查尔斯和戴安娜的结合以真爱为基础，如童话般浪漫。但是，两人年龄差距较大，兴趣迥异——查尔斯喜欢古典音乐，而黛安妮喜欢杜兰杜兰乐队；查尔斯热爱乡村，而戴安娜更爱城市生活；查尔斯循规蹈矩，而戴安娜离经叛道——这对夫妇绝非良配。

纪念邮票
婚礼前一周发行了查尔斯和戴安娜的纪念邮票。邮票由杰弗里·马修斯设计，照片由斯诺登勋爵拍摄。

此后

查尔斯和戴安娜的紧张关系直到 20 世纪 80 年代末才开始为人所知，戴安娜努力应对王室生活带来的压力，但这场婚姻显然并不顺利。

婚姻解体
1981 年 11 月，戴安娜怀孕的消息公布，白金汉宫恳请媒体留给她更多私人空间。现在我们知道当时她正受到抑郁症和暴食症的困扰。儿子威廉（1982 年出生）和哈里（1984 年出生）年纪尚幼时，查尔斯和戴安娜仍保持对外一致，但查尔斯似乎 1986 年就与卡米拉·帕克·鲍尔斯恢复了恋情。之后戴安娜与詹姆斯·休伊特有染。到了 1992 年这场婚姻实际已经结束。两人于 1996 年离婚（见 230~231 页）。

在阳台上露面
王室夫妇当众一吻。站在他们两边的人从左到右依次为菲利普亲王、王母太后、花童、伴娘、女王、爱德华王子和安德鲁王子。

访问梵蒂冈

英国多名王室成员先后访问梵蒂冈，女王自己身为公主和女王时也曾到访。1980 年伊丽莎白访问梵蒂冈却是首次英国君王的国事访问——她希望这次访问能够"支持全世界基督教教会加强团结的趋势"。

英国王室历史上最重要的时刻之一就是 16 世纪与罗马决裂（见 28~29 页）。几个世纪以来，英国君王一直与罗马教皇针锋相对——有时还兵戎相见。直到 1914 年双方才重建外交关系，此后温莎王朝付出极大努力修补与梵蒂冈的关系，看待女王 1980 年对梵蒂冈的国事访问必须结合这些历史背景。

女王作为本国元首与教皇首次会见是在 1961 年 5 月。她与菲利普亲王飞往撒丁岛，又乘船渡过地中海，访问了弗卡诺岛。在岛上，他们隐姓埋名，在渔民中间漫步，吃了烤虾、小牛肉和草莓。乘火车到达罗马时，民众欢呼着："美丽女王万岁！"当伊丽莎白和菲利普参加国宴、出席一场名流荟萃、有意大利上流社会 3000 人出席的招待会时，2 万民众在奎里纳尔宫外面欢呼，长达一个小时。第二天，特意安排在女王访问期间的意大利德比马术比赛举行。与教皇约翰二十三世会见后，1000 名修女和神父演唱了《天佑女王》，女王夫妇接着前往威尼斯，女王称"我想坐贡多拉"。贡多拉船夫们不禁为之倾倒。

1980 年女王会见教皇约翰·保罗二世时双方互赠礼物。教皇送给她一份爱德华四世时期的但丁《神曲》，上面绘有嘉德骑士插图。女王回赠一本圣约翰·霍普关于温莎城堡的一本著作以及两张签名照片。

"历次教皇与英国君王的会见可以克服……政治和双边关系上面的障碍……"

前任英国驻梵蒂冈大使马克·佩罗

国家元首与教会
女王按照梵蒂冈礼仪身着一身黑衣与教皇约翰·保罗二世交谈。会见时她邀请教皇到英国访问"大不列颠的罗马天主教徒群体"，称"有大概 400 万臣民属于罗马天主教会"。

纪念邮票

尽管 19 世纪英国海外属地发行了一些纪念邮票，但英国直到 1924 年才开始这样做。英国邮票第一次纪念王室活动是 1935 年乔治五世的登基银禧。

1 **维多利亚钻禧** 加拿大等 8 个英联邦领地为庆祝钻禧发行了纪念邮票。2 **乔治五世银禧** 整个大英帝国都发行了这些邮票，国王的头像以温莎城堡为背景。3 **乔治六世加冕** 共有 57 个英联邦国家推出了这些加冕纪念邮票。4 **乔治六世与伊丽莎白王后银婚** 这款英国邮票最初设计图上绘有著名地标，但是乔治六世更喜欢这种简洁头像风格。5 **伊丽莎白二世加冕** 68 个国家为纪念此事发行邮票。新西兰套票上绘有威斯敏斯特大教堂、皇冠与权杖、白金汉宫、黄金御用马车和女王头像。6 **伊丽莎白二世银禧** 这套邮票由英国设计师理查德·古亚特设计。7 **查尔斯与戴安娜结婚** 发行邮票庆祝王室婚礼的海外领地

为数不少。这张澳大利亚邮票也使用红色印制。8 **戴安娜的一生** 这些英国邮票在戴安娜去世一年后发行出版，一套 5 张，每张采用不同头像。9 **王母太后的一生** 这套邮票展现了王母太后从女孩到王室女家长的转变。10 **威廉 21 岁生日** 威廉王子是英国第一位 21 岁生日时有纪念邮票和纪念币发行的王室成员。11 **查尔斯与卡米拉结婚** 这些邮票发行普遍被视为女王同意这门婚事的标志。12 **伊丽莎白二世 80 岁寿辰** 这套邮票共有 8 张，都是女王愉快的生活照。13 **威廉与凯瑟琳订婚和婚礼** 整个英联邦都发行邮票纪念了这场王室婚礼。14 **伊丽莎白二世钻禧** 这些英国邮票展现了女王在位期间履行各类王室职责的情景。

6 伊丽莎白二世银禧（1977）

1 维多利亚钻禧（1897）

3 乔治六世加冕（1937）

7 查尔斯与戴安娜结婚（1981）

4 乔治六世与伊丽莎白王后银婚（1948）

8 戴安娜的一生（1998）

2 乔治五世银禧（1935）

5 伊丽莎白二世加冕（1953）

10 威廉 21 岁生日（英国纪念邮票，2003 年）

9 王母太后的一生（2002）

12 伊丽莎白二世 80 岁寿辰（2006）

10 威廉 21 岁生日（英属印度洋
领地纪念邮票，2003 年）

11 查尔斯与卡米
拉结婚（2005）

13 皮特凯恩群岛发行威
廉与凯瑟琳订婚和婚礼
纪念邮票（2011）

13 澳大利亚发行邮票纪念威廉
与凯瑟琳婚礼（2011）

14 伊丽莎白二世钻禧（2012）

生于1961年 卒于1997年

威尔士王妃
戴安娜

"**拥抱非常有好处**——特别是对**孩子**来说。"

威尔士王妃戴安娜

戴安娜·斯宾塞是奥尔索普子爵和子爵夫人的第四个孩子，也是最小的女儿。她的父亲爱德华·约翰·斯宾塞曾任乔治六世国王和伊丽莎白二世女王侍从武官，她的母亲弗兰西丝·罗切之母弗莫伊男爵夫人为王母太后侍女。戴安娜在公园屋长大，这所房子位于女王在诺福克郡的桑德林汉姆庄园。戴安娜8岁时父母离异。

1975年，戴安娜的祖父去世，她的父亲成为第8任斯宾塞伯爵，全家搬到北安普顿郡的奥尔索普家族宅邸。作为伯爵的女儿，戴安娜被尊称为戴安娜·斯宾塞小姐（此前称尊贵的戴安娜·斯宾塞）。1976年，她的父亲与达特茅斯女伯爵瑞恩再婚，瑞恩是畅销爱情小说作家芭芭拉·卡特兰的女儿。

戴安娜就读的第一所学校是诺福克郡迪思附近的瑞德沃斯-豪尔，后来她到肯特郡的威斯特西斯女子学校就读，但毕业时未能通过普通水平考试。在学校时，她展现出了音乐和舞蹈方面的特殊才华——她钢琴弹得很好，对芭蕾十分痴迷。在瑞士鲁日蒙的阿尔平维德马奈特学院女子精修学校短暂学习后，她来到伦敦，与3名女孩共租一间公寓，做了几份工作，也做过幼儿园助教。

订婚
戴安娜比查尔斯王子小13岁，两人第一次见面是在1977年，当时他正与戴安娜的姐姐萨拉约会。1980年，戴安娜19岁时两人再度相遇，两年多以前查尔斯和萨拉之间的感情已经结束。这一年的夏天他们的感情开始发展，同年女王邀请戴安娜前往苏格兰的私人假日别墅巴尔莫勒尔城堡。王室家族也对戴安娜表示认可。当媒体得知这段感情，摄影师在戴安娜的公寓外露宿，她开始尝到了身边

"……**独一无二**、**复杂难懂**而又**特别出众**的……**戴安娜**。"

斯宾塞伯爵查尔斯在戴安娜葬礼上致悼词，1997年

英国女学生
戴安娜儿时喜欢运动，特别是游泳，她曾梦想成为一名芭蕾舞演员，但后来个子太高不得不放弃。这张照片拍摄于她的父母离婚一年后。

狗仔队无处不在的滋味，这种滋味终其一生她也无法摆脱。

查尔斯王子在1981年2月6日求婚，2月24日订婚的消息正式公布。

订婚那天有记者问两人是否相爱，戴安娜佯嗔道："当然。"而查尔斯王子补充道："无论你对'相爱'怎么定义都可以。"

结婚生子
查尔斯和戴安娜的婚礼（见200~201页）得到公众大量关注。这对夫妇在肯辛顿宫和海格罗夫庄园

安家，后者是1980年查尔斯王子在格洛斯特郡购买的地产。婚后不久，戴安娜就开始行使王室成员的官方职责。

王室准新娘
这张著名的照片拍摄时，这位天真腼腆的幼儿园助教即将与王位继承人订婚。戴安娜和孩子在一起时一向热情而自然。

1981年11月5日，戴安娜首次怀孕的消息公布，这对夫妇的长子威廉在他们举行婚礼11个月后即出生。她违背传统，与查尔斯王子访问澳大利亚和新西兰时带上了9个月大的威廉，而不是将孩子留给保姆照顾。

两年后，他们的次子哈里1984年出生。戴安娜对孩子一心一意，呵护备至，曾说道："我为儿子们活着。没有他们我的生活会迷失方向。"

离婚与去世
这场一开始就压力重重的婚姻在20世纪90年代初即告解体（见230~231页）。戴安娜分居离婚后仍住在肯辛顿宫，把大多数时间放在慈

善活动上（见 208~209 页）。去世前 5 年，她利用国际名人的身份呼吁禁止制造使用地雷，这一举动被某些人视为与政府政策脱节。她年仅 36 岁就在车祸中惨死（见 242~243 页），全世界都为之震惊不已。

光芒四射的王妃
这张照片中威尔士王妃佩戴一顶美丽的王冠头饰，镶有钻石的情人结上垂下 19 颗璀璨的珍珠。这项王冠为王室收藏，由女王借与王妃佩戴。

> "我愿意成为人们心目中的王后、**人们爱戴的王后**，但是**我觉得自己不会**成为**这个国家的王后**。"

戴安娜在英国广播公司马丁·巴舍尔的《全景》访谈节目中说，1995 年

第9任斯宾塞伯爵
查尔斯·斯宾塞

查尔斯出生于 1964 年 5 月，是戴安娜兄弟姐妹中最小的一个，戴安娜还有两个姐姐——萨拉和珍。1992 年父亲去世后，查尔斯成为第 9 任斯宾塞伯爵。在威斯敏斯特大教堂，查尔斯作为戴安娜最亲近的男性亲属致悼词。他形容戴安娜体现了"同情心、责任感、品位和美丽的精髓"，并回忆了儿时辗转于父母各自家庭期间戴安娜给他的关爱。

Diana
Princess of Wales Memorial Fund
戴安娜签名

王室庇护源远流长。维多利亚女王曾庇护多家医院，包括大奥蒙德街医院和伦敦皇家慈济医院。

亚历山德拉王后玫瑰日

亚历山德拉王后在 1912 年 6 月 26 日发起亚历山德拉玫瑰日募捐活动，庆祝她来到英国嫁与威尔士亲王——后为爱德华七世（见 72～73 页）——为妻 50 周年。活动的宗旨是销售手工制作的玫瑰绢花

1914年7月11日 玫瑰日明信片

为医院募集善款。第一次活动成功募得 3.2 万英镑，从此形成一年一度的惯例。1920 年，玫瑰日已经为伦敦医院募集了 77.5 万英镑以上的资金。玫瑰日活动如今仍每年举行。亚历山德拉王后的曾孙女亚历山德拉公主是现任王室庇护人。传统上，应由首相买下第一朵玫瑰。

"无论何时何地，只要我看见有人**受苦**，我就想**尽我所能**去帮忙。"

威尔士王妃戴安娜，1997年

充满爱心的王妃

威尔士王妃对慈善事业的倾心投入极具个人风格。她给人们留下最深刻的印象就是那与生俱来的热情与同情心，以及为支持世界各地的人道主义事业付出的大量时间和精力。

关爱病童

这张照片拍摄于 1996 年全国心脏病周，戴安娜在伦敦一家儿童医院病房与小患者们合影。众所周知，王妃会花时间坐在病床旁，握住病人的手，听他们讲述自己的故事和难题。

既然与王位继承人结婚，戴安娜就有义务去支持慈善机构和慈善组织的工作。访问医院、为新建筑物揭幕、主办招待会，此类活动早已被视为王室的重要职能，也是王室与普通民众接触的途径。第一次世界大战以来更是如此。不少这样的工作引人注目——爱丁堡公爵菲利普是世界自然基金会主席；查尔斯设立了王子信托基金，1976年以来任主席；安妮公主为救助儿童会做了大量工作。不过，王室的慈善工作主要还是为募集善款抛头露面。对于公众来说，王室的工作似乎大多数情况下就是握手、发言、接受献花和剪彩。

个人风格

可这并非戴安娜的风格。她与病人自然而然的感情沟通打破了王室访问医院的固有模式。她有自己特殊的方法与脆弱的青少年沟通，这要归功于她父母离婚前后亲身感受的痛苦，以及她与暴食症和抑郁症的斗争。

曾有人认为，婚姻破裂后，戴安娜利用慈善工作来提升自己的形象，损害丈夫的形象。也有人指责她与媒体串通，让媒体能够抓拍到最好的照片。或许这两种说法都不无道理。不过，她去世后曝光的一些故事证明了她救助患者的能力，令人感动。她曾秘密探访伦敦皇家布朗普顿医院，一周最多去了3次，与那里病情最严重的患者交上朋友。她为一名依靠透析

维持生命的小姑娘涂指甲油，每周换一种颜色。得知另一位小姑娘迷恋芭蕾舞后，她专门订制了一个粉色芭蕾舞鞋形状的生日蛋糕给她。

戴安娜利用与媒体的关系改变公众态度。1987年4月，她为米德尔塞克斯医院英国第一个人类免疫缺陷病毒（HIV）感染和艾滋病（获得性免疫缺陷综合征）病房揭幕，与一名艾滋病患者握手的情景被摄入镜头。当时，人们对艾滋病抱有极大的恐惧和误解，她的举动帮助人们消除了偏见。

榜样

戴安娜坦承婚姻不幸，并公开曾因抑郁症和饮食紊乱寻求心理医生帮助。很多人视她为榜样，其他女性因此也愿意公开谈论这些问题。

选定慈善机构

作为公务在身的王室成员，戴安娜担任100多家慈善机构的庇护人。与查尔斯

会见特蕾莎修女

1997年，戴安娜在纽约南布朗克斯的仁爱传教会见到了特蕾莎修女。王妃1992年访问印度加尔各答时，特蕾莎修女主办的病患救济院给她留下了极为深刻的印象。

分居后，她几乎放弃了所有慈善机构的工作，只有这6家除外：中心点无家可归青少年慈善组织、英国国家芭蕾舞团、大奥蒙德街儿童医院、皇家马斯登癌症医院、全国艾滋病信托基金和麻风病慈善机构。

1989年戴安娜访问印度尼西亚的一家麻风病医院后成为麻风病慈善机构庇护人，这是她留下的唯一一家国际慈善机构。麻风病如果尽早治疗很容易治愈，但患者常常因为毁容而遭人厌弃。政府官员建议戴安娜不要访问这里，但是她并未听从。相反，她与麻风患者握手，触碰他们包扎的伤口，这些举动都被镜头记录，对于打破古老的禁忌极有帮助。后来出外巡访时，她特意安排访问了麻风病慈善机构在印度、尼泊尔和津巴布韦的项目。

国际明星

戴安娜利用自己的声望支持世界各地的人道主义事业。她在纽约哈莱姆一所儿童医院怀抱一位艾滋病患儿的情景被相机记录下来。1997年6月，她在纽约克里斯蒂拍卖行拍卖了自己的很多礼服，捐助艾滋病和癌症慈善机构。在生命的最后一年，她参加了大量宣传活动，呼吁禁止使用地雷。

地雷受害者

1997年1月，戴安娜访问安哥拉，与地雷致残的年轻人合影。她去世前两周访问了战火肆虐的波斯尼亚，呼吁禁止使用此类武器。

此后

戴安娜去世后，她的人道主义工作仍被铭记。公众自发捐款被用来设立了一项基金。

威尔士王妃戴安娜纪念基金的宗旨是支持针对弱势群体的慈善机构，以此永久纪念戴安娜的人道主义工作。歌手艾尔顿·约翰在戴安娜的葬礼上演唱《风中之烛》，销售这首歌曲的CD筹集了3800万英镑善款。大众捐款达到3400万英镑，王妃的弟弟查尔斯·斯宾塞捐出了《戴安娜：一场庆典》的展览收入，这场展览共有礼服和纪念品等150件展品。2012年这项基金关闭时，已经向471家组织机构先后发放727笔捐款，为慈善活动提供了1.12亿英镑的资金。

纪念戴安娜王妃音乐会

威廉和哈里主办的纪念戴安娜王妃音乐会于2007年7月在伦敦温布利体育场举行。组织这次音乐会是为了给戴安娜选择的慈善活动和她儿子的慈善活动筹款。

小心踩踏

威尔士王妃戴安娜在生命的最后一年中积极呼吁全球禁止使用地雷。这张著名的照片拍摄于 1997 年 1 月，她正走过安哥拉万博的一处雷区。

皇家宫殿
肯辛顿宫

肯辛顿宫原为一处规模不大的詹姆斯一世风格大宅，位于一个小村子，近70年来已成为王室家族最喜欢的伦敦居所。威廉和玛丽想要远离冰冷的白厅宫和泰晤士河的浓雾和洪水，所以购买了这座宅邸。

1688年，威廉三世和玛丽二世即位，国王身体状况不佳，白厅宫冰冷潮湿的房间让他的哮喘更加严重。1689年，他们终于找到了合适的房子，斥资2万英镑购买了诺丁汉府——肯辛顿村中一座两层大宅。国王工程鉴定官克里斯多弗·雷恩爵士受聘将这所大宅改造为宫殿。

国王夫妇急于搬家，因此工程速度极其关键。为降低成本，雷恩采用砖块而不是石材，第一步就是在大宅的两角修建三层宫室，用来容纳国王、王后及其随从人员，里面设有宽大房间——国事厅——用于国王接见来宾、举办国事活动。雷恩改变了房子朝向，面对西方，增修了北翼和南翼，围出的庭院可以经由穿过钟楼的拱道到达。大宅周围铺有草坪，对称式花园按照荷兰风格设计，有几何形状的小路和花圃。

到了1689年圣诞节——工程刚刚进行了6个月——王室已经可以搬入新居了，虽然建筑工程尚未完工。1694年，悲剧降临肯辛顿宫，玛丽死于天花，威廉在她的病床旁悲痛欲绝。过了8年，威廉落马受伤后在国王画廊休养，患上肺炎，1702年也离开人世。

威廉之后，安妮女王继续完善肯辛顿宫，请雷恩修建一处楼梯，把她的住所与花园连接起来。不过，安妮的成功之处在于宫殿院落：她重新设计了花园，改为巴洛克式花坛，对树木精心修剪造型，修建了一座宏伟的橘树温室，以便让她的橘树安全过冬。这座温室由尼古拉斯·霍克斯穆尔和约翰·范布勒设计，采用了格瑞灵·吉本斯的梨木和松木雕刻装饰，美轮美奂，王室招待会也曾在这里举行。

乔治王朝全盛时期

安妮女王1714年去世后，王位传给她血缘最近的新教徒亲属、汉诺威选帝侯乔治。调查表明肯辛顿宫需要修缮，不过新王"非常喜欢这里"，在这座宫殿上一掷千金。修缮过程中新建了3个国事厅——穹顶厅、密室厅和会客厅。现有国事厅由当时默默无闻的艺术家兼设计师威廉·肯特重新装修，他比最初人选——知名画家詹姆斯·桑希尔爵士——要价更低。

乔治二世和他的伴侣卡罗琳王后在位时，肯辛顿宫经历了一段辉煌灿烂的时光。国王夫妇喜欢招待宾客，宫廷吸引了知识分子、政治家、作家、哲学家和诗人来访，一时名人云集。院子里，老式的花圃被王室园艺师查尔斯·布里奇曼改为浪漫的"自然"风格花园。他设计的景观很多留存至今，如蛇形画廊、圆形池塘和宽阔步道。花园每周六在王室家族前往里奇蒙时对外开放；花园很快成为上流社会活动的中心，显要人物们共聚一堂展示最新时尚。

1737年卡罗琳去世后，肯辛顿宫渐渐衰落。乔治二世1760年在这里去世，继位的乔治三世选择住在温莎的克佑宫和新买入的白金汉宫。

宏伟庄园
宫殿建筑群坐落在肯辛顿花园边缘。路易丝公主为庆祝1887年母亲登基金禧而修建的维多利亚女王雕像位于主入口，而奥伦治的威廉铜像守卫着南面。

奥伦治的威廉铜像在南面矗立

从南面俯瞰肯辛顿宫

国王画廊

国王楼梯

肯辛顿从此成为未成年王室成员和未来君王的住所。其中比较有趣的一位是乔治三世第六子、苏塞克斯公爵奥古斯都·弗雷德里克王子，他养的各种鸣鸟在他的套房周围自由飞翔。他的哥哥肯特及斯特拉森公爵爱德华王子也在宫中有自己的房间；爱德华的女儿亚历山德琳娜·维多利亚1819年5月24日在肯辛顿宫出生，9个月后爱德华就去世了。她童年孤独：按照"肯辛顿系统"，她不能出宫，一举一动都由母亲和她的侍从武官约翰·康罗伊爵士监控，两人希望公主

日时对外开放，从此肯辛顿宫承担了双重职能，既是王室成员生活的地方，又是公共博物馆。

1940年，肯辛顿宫被炸弹击中，包括女王套房在内的多处建筑严重损坏。花园里到处都是高射炮、沙袋和战壕。战后，这座宫殿再度荒废，不过在20世纪60年代，玛格丽特公主和第一任斯诺登伯爵安东尼·阿姆斯特朗-琼斯入住，肯辛顿宫重现辉煌。他们先在10号套房落脚——玛格丽特称之为"娃娃屋"，同时在舞台设计师卡尔·汤姆斯的帮助下装修1A

国王国事厅
肯辛顿宫是乔治王朝时上流社会活动的中心：在通向豪华大厅的楼梯处，衣着华丽的朝臣们被肯特绘入壁画，名传后世。威廉三世的风速计与屋顶的气象风标相连，肯特重新设计国王画廊时得以保留。

花束献给王妃，留在大门处的花束堆积如山，高达1.5米。王妃灵柩在伦敦的最后一夜停放在肯辛顿宫，1997年9月6日晨用炮架运送至威斯敏斯特大教堂。

2011年，王室宣布剑桥公爵和公爵夫人将从肯辛顿宫院中的诺丁汉小屋搬入玛格丽特公主故居。次年，哈里王子也搬回肯辛顿宫：王室成员居住的同时也保留有公共空间，这一悠久传统看来仍将维持多年不变。

同时，国事厅也开始大修。2012年，国事厅再度开放，恰逢伊丽莎白二世钻禧庆典，这里成为博物馆，有数字展品、互动体验和音频片段，再现国事厅和曾在这里生活的人们，让来自世界各地的游客都能看到大量王室华服、古董家具和其他纪念品。

> "我在这里有过**痛苦和不愉快的经历**，这不假，但**我**还是**喜欢这个老旧的宫殿**。"

维多利亚女王，1837年

能够永远为他们所掌握。维多利亚满18岁时的第一个要求就是每天有1个小时独处时间，继位后首先做的几件事之一就是宣布康罗伊永远不得出入宫廷，她的母亲也被逐出宫。

多人居住过的宫殿
到了19世纪末，国事厅已严重荒废。砖墙破败，木建部分干腐返潮，很多人认为应该将宫殿拆除。不过，维多利亚女王宣布，只要她还活着，她出生时居住的宫殿就不会被拆除。最终，议会同意出资修复肯辛顿宫。随后，国事厅在1899年女王生

套房，采用玛格丽特最喜欢的粉色和翠鸟蓝色，为斯诺登勋爵加建了一个摄影暗房。

1981年，新婚的威尔士亲王和妻子戴安娜搬入宫中乔治一世为情妇修建的套房。威廉王子和哈里王子在那里长大，去诺丁山当地的幼儿园和学前班上学。他们偶尔可以尝尝"普通"童年的滋味，去当地发廊、肯辛顿电影院和肯辛顿大街上的麦当劳。威尔士王妃戴安娜1997年8月31日早逝之前，肯辛顿宫一直是她的正式寓所，后来公众的哀悼活动就集中在南入口的金色大门。共有100多万支

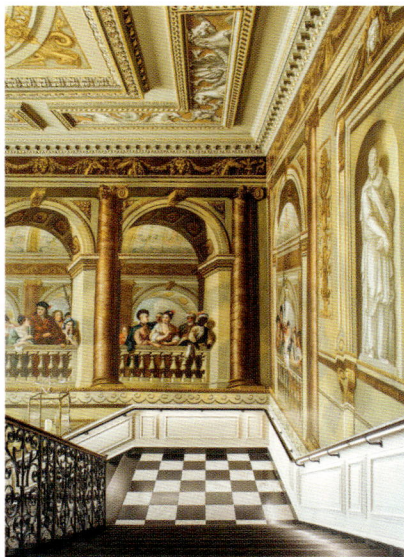

穹顶厅

维多利亚女王曾在宏伟的穹顶厅接受洗礼，这是威廉·肯特为乔治一世修建的第一个房间。国王非常欣赏他的工作，因此也将其他国事厅交给他装修。

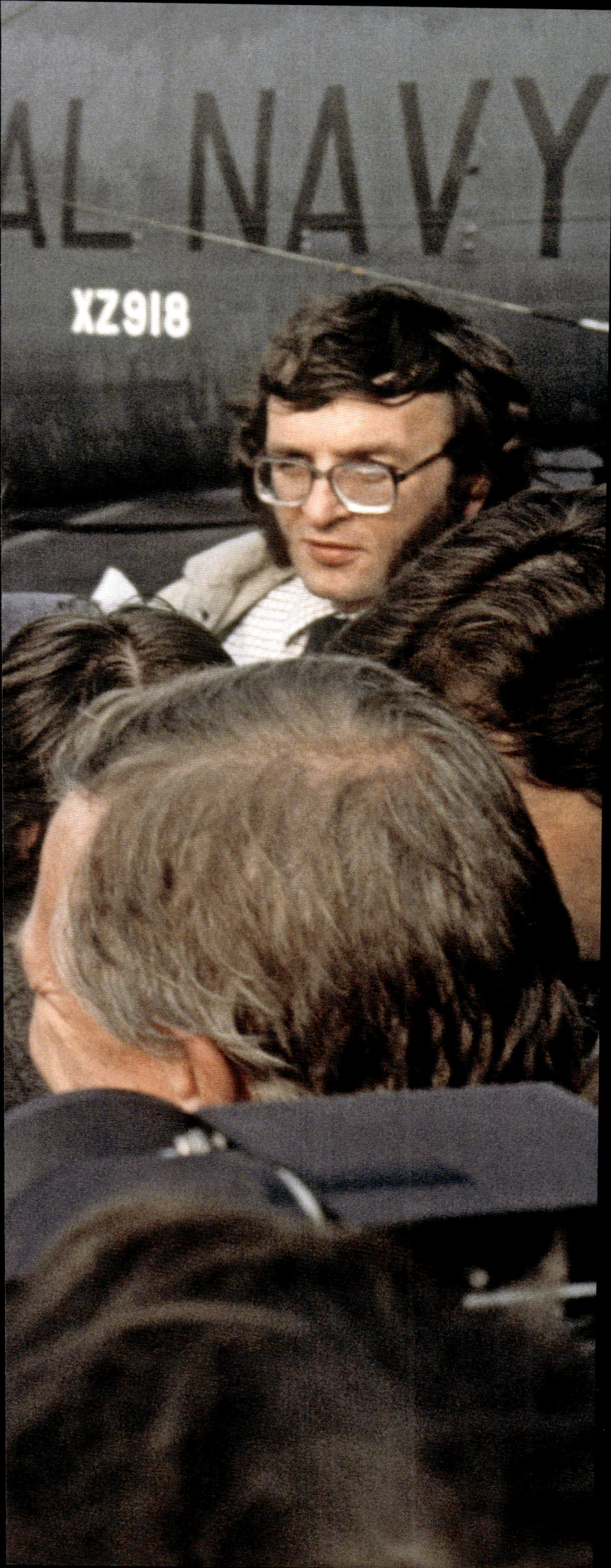

安德鲁王子在马尔维纳斯群岛

1982 年 4 月 2 日，阿根廷出兵马尔维纳斯群岛（与英国存在主权争议，英称福克兰群岛），该岛位于遥远的南太平洋，常年刮风。英国开始集结部队准备夺回群岛时，皇家海军中尉安德鲁王子正在英国皇家海军"无敌"号航空母舰上服役。

匆忙集结的舰队共有 127 艘军舰，4 月中旬起航，其中包括两艘航空母舰，"无敌"号位列其中。安德鲁王子担任海王直升机飞行员，曾接受作战培训。他也是王位第二顺位继承人。多数人认为不会让王子亲历险境，会给他安排一个安全的文职工作，这也是多名内阁成员的意见，不过安德鲁在女王的支持下，坚持留在军舰上。

战斗于 5 月 1 日打响。作为海王直升机副驾驶员，安德鲁王子参加了反潜艇战和反水面战等战斗任务。海王直升机的任务之一是在阿根廷喷气式战斗机向英国军舰发射可怕的飞鱼导弹时担任诱饵。直升机在航空母舰尾部盘旋，制造大目标欺骗雷达，将导弹从军舰处引开。安德鲁王子担任副驾驶员的那架海王直升机在海军征用的商船"大西洋运输者"号被两枚飞鱼导弹击中后救助了上面的船员。他后来形容那段经历"可能是他战时最令人恐惧的一刻"。他还透露自己最担心的就是被皇家海军自家的海狼防空导弹不幸击中："那些家伙中要是有一个把你当成目标可真不是什么好玩的事情。"

马尔维纳斯群岛首府阿根廷港（英称斯坦利港）于 6 月 14 日被英国夺回。当"无敌"号 9 月 17 日回到朴次茅斯时，女王、菲利普亲王和其他船员家属一同到港迎接，欢迎儿子回国。

"被人瞄准开火并不舒服，我可以证明。从此你会用不同的眼光看待生命。"

安德鲁王子谈到马尔维纳斯群岛战争时说道，2014 年 8 月

战斗英雄
这张照片中，安德鲁王子在马尔维纳斯群岛战争（英称福克兰战争）结束后乘坐"无敌"号回到朴次茅斯，照片背景中是海王直升机。他在皇家海军服役 22 年，是现代历史上第一位亲历前线战斗的王室成员。

1960年出生
约克公爵

"我甚至都**不会**说那是**小菜一碟**。这种事我**再也不会做了**。"

安德鲁王子从碎片大厦速降后说道，2012年9月

海军军官
在安德鲁王子22年的海军生涯中，他参加了马尔维纳斯群岛战争，指挥过皇家海军"科特斯莫尔"号军舰。2001年，王子退役。

安德鲁王子为伊丽莎白二世女王和菲利普亲王次子，在女王儿女中排行第三。1960年2月19日，他在白金汉宫出生，是1857年维多利亚女王最小的女儿比亚特里斯之后第一位君王在位时生下的孩子。出生时，他是王位第二顺位继承人；现在是第八顺位。他洗礼时得名安德鲁·阿尔伯特·克里斯蒂安·爱德华，安德鲁取自他1944年去世的祖父希腊王子安德鲁。

安德鲁王子8~13岁在伯克郡爱斯科的海泽顿预科学校就读，之后求学于苏格兰的高登斯敦学校，他的父亲和哥哥查尔斯都曾在那里学习。通过普通水平考试后，他在加拿大安大略雷克湖学校念了两个学期，然后回到高登斯敦参加高等水平考试。和兄弟们不同，他没有上大学，而是进入德文郡的达特茅斯皇家海军学院（BRNC，通称达特茅斯）接受培训，准备成为皇家海军军官。

海军生涯
离开达特茅斯后，安德鲁学习驾驶小羚羊直升机和海王直升机，被指派到820海军航空中队，在皇家海军"无敌"号航空母舰上服役。过了6个月，1982年4月他作为特遣部队的一员，受命跟随"无敌"号前

告别香港
安德鲁王子曾身负多项军事职责。这张照片摄于1997年英国准备将香港主权移交中国之际，他在视察英军驻香港昂船洲部队。

往南太平洋夺回马尔维纳斯群岛（见216~217页）。战斗归来后，他改飞山猫直升机。1999年他晋升中校，退役后被授予荣誉海军上校军衔。2010年，他晋升为荣誉海军少将，5年后升为海军中将。

婚姻和子女

安德鲁与莎拉·弗格森订婚之前曾有多位女友，包括美国女演员库·斯塔克。莎拉·弗格森这位红发女郎很受媒体欢迎，很快就被称为菲姬。安德鲁王子在1986年7月23日与莎拉结婚（见222~223页），被封为约克公爵，这一爵位传统上由君王次子继承。女王在伯克郡的森宁希尔庄园为他们修建了一座有12间卧室的牧场式宅邸。安德鲁和莎拉有两个女儿，比亚特里斯公主和尤金妮公主。

分居离婚

作为现役海军军官，安德鲁经常离家，有一次他不在家时莎拉学习了直升机飞机课程。这一经历启发她写出了一套儿童书，主角鹦鹉是一架小直升机，这套书后来被改编为电视动画片。莎拉的声望从此时起渐渐下滑，媒体开始公布她与其他男人的合影。这对夫妇在1992年3月分居，1996年5月离婚，比查尔斯和戴安娜离婚早3个月。和戴安娜一样，她不再被称为殿下。

安德鲁和莎拉同意共同监护两个女儿，并保留森宁希尔庄园作为家庭共同居所，直到2004年安德鲁搬入王母太后故居王室小屋。2008年起莎拉也在那里居住。她经常在纽约逗留，从事各种商业工作。2010年，她中了一份小报设下的圈套，被曝索取50万英镑引荐安德鲁，被迫道歉。她和安德鲁关系友好，常常彼此美言。

海军退役之后

离开海军时，安德鲁王子被任命为国际贸易投资特别代表，负责促进英国在海外的商业发展。2011年，因为与一些有争议的人士关系友好受到批评而辞职，其中包括利比亚领导人卡扎菲上校的儿子和一位受到性犯罪指控的美国富商。在被爆出更多个人生活丑闻并因严重不当行为受到指控后，2019年安德鲁宣布退出公共事务。

> **"出海有一些特别。需要有一点儿纪律和谦卑。"**
>
> 安德鲁王子接受采访时曾说道

安德鲁王子在日内瓦欧洲核子研究组织参观

约克公爵夫人

莎拉·弗格森

莎拉·弗格森出生于1959年，是已故罗纳德·弗格森少校和妻子苏珊之女，弗格森少校曾先后担任爱丁堡公爵和威尔士亲王的马球经理人。莎拉父母于1974年离婚，她的母亲嫁给阿根廷马球运动员霍克特·巴朗茨。莎拉和安德鲁儿时就已相识，但到了1985年皇家赛马会期间应邀到温莎城堡参加王室派对时才开始相恋，据说邀请她是威尔士王妃的主意。两人订婚时，莎拉在出版业工作。安德鲁为她设计的订婚戒指上有10枚钻石环绕一颗红宝石，特意与她火红的头发相呼应。

女王访问加拿大
女王 1984 年访问加拿大，在渥太华议会大厦
外检阅总督近卫步兵仪仗队。

此前

1923 年，女王之父（后为乔治六世国王）、前约克公爵在威斯敏斯特大教堂结婚。

新娘花束

那一天的新娘是伊丽莎白·鲍斯-莱昂小姐。1923 年，这位年轻的新娘在走过教堂中殿时突然停下，把手中的花束就那样放在了无名战士墓上，墓中安葬的是第一次世界大战时在欧洲战场阵亡的一位无名士兵。她亲爱的哥哥弗格斯 1915 年在卢斯战役中阵亡，这一举动就是为了纪念他。

追忆此情此景，新任约克公爵夫人莎拉也安排在正式婚礼照片拍摄完毕后把她手捧的花束放在这座墓上。后来凯瑟琳·米德尔顿 2011 年与威廉王子结婚时也依例而行。

> "那是我一生中**最美好的时刻**……就是我**嫁给他**那一刻。"
>
> 约克公爵夫人
> 接受采访时说道，2015年

安德鲁和莎拉的婚姻

1986 年 7 月 23 日，查尔斯王子的弟弟安德鲁王子在威斯敏斯特大教堂与莎拉·弗格森结婚。婚礼当天早上，女王封安德鲁王子为约克公爵、因弗内斯伯爵和基利里男爵。

婚礼队伍
新婚的约克公爵和公爵夫人穿过玫瑰和百合组成的拱门离开唱诗班席。花童威廉王子头戴水手帽，紧跟在公爵夫妇身后。

即将成为约克公爵夫人殿下的莎拉·弗格森与父亲罗纳德·弗格森一起乘坐镀金玻璃马车从克拉伦斯宫前往威斯敏斯特大教堂，途中有数以千计民众在街道两旁围观。约有2000名来宾在教堂中等候见证这一传统仪式，其中包括许多欧洲国家君王和名流要人，如南希·里根、艾尔顿·约翰和迈克尔·凯恩。

婚礼以航海为明确主题，呼应新郎的职业。莎拉的象牙色缎面婚纱由林卡·斯莱克设计，上面的银色珠饰组成锚和海浪的图案，裙尾上有夫妇两人名字首字母"A"和"S"交缠的图案。包括4岁的威廉王子在内的4位小花童身穿水手服，头戴硬草帽。安妮公主的儿子彼得·菲利普斯也是花童之一，他的妹妹扎拉·菲利普斯则是伴娘。安德鲁王子身穿海军中尉礼服，由弟弟爱德华王子担任伴郎。

坎特伯雷大主教罗伯特·伦西主持婚礼，查尔斯王子读了一段《圣经》。交换誓言时，新娘许诺服从她的丈夫（戴安娜5年前省略了这一句），因此受到女权主义者的严厉指责。

阳台之吻

在挥手与欢笑中，新婚夫妇乘坐敞篷马车离开大教堂，沿着林荫路向白金汉宫行进。约有10万人在白金汉宫前聚集，等待新婚夫妇在阳台露面。笑逐颜开的安德鲁和莎拉顽皮地假装不明白围观群众在要求两人接吻。两人终于拥抱时引来热烈的掌声。

稍后白金汉宫举办了一场招待会。公爵和公爵夫人乘坐敞篷马车开启蜜月之旅，爱德华王子在马车上放了纸质卫星天线和"给家里打电话"的标志（向电影《外星人》致敬）。

举止轻松自在
莎拉·弗格森在她和安德鲁王子的婚礼上相当放松，时常与丈夫一同开怀大笑。在通往圣坛的走廊上，她向嘉宾中的儿童眨眼，还对外面聚集的人群竖起大拇指。

1.6米 康沃尔罗利皇家海军基地的海军供给学校厨师制作的婚礼蛋糕的高度。

两人的马车上还有一个超大泰迪熊，这是威尔士王妃和玛格丽特公主、斯诺登伯爵夫人之子林利子爵偷偷放进去的。到达希思罗机场后，他们登上尾翼饰有"新婚"字样的皇家喷气式飞机前往亚速尔群岛。在那里，他们在皇家游艇"不列颠尼亚"号上度过为期5天的蜜月之旅。

广受欢迎的夫妻

尽管一些批评王室的人抱怨安德鲁和莎拉的婚礼铺张浪费，但总体而言这次活动很受欢迎，商店里到处都是婚礼纪念品。安德鲁王子在马尔维纳斯群岛战争中参与作战，公众形象仍旧积极正面。众所周知，他喜欢派对，曾交过不少女朋友。从这方面看，他时机抓得很好，早几年或晚几年都有可能受到媒体责难。媒体认为莎拉·弗格森是他的理想心灵伴侣。

菲姬——现在人人这样叫她——比威尔士王妃更随和、更脚踏实地，为人风趣，妙语连珠。她26岁，也比戴安娜结婚时更成熟，经验丰富得多。很多人都知道，莎拉在婚礼前就已经搬入安德鲁王子在白金汉宫的套房，而戴安娜婚前却在克拉伦斯宫隐居。同样广为人知的是在安德鲁之前，莎拉至少曾有过一个长期交往的男友。对此似乎无人予以指责。

使人耳目一新

观察家指出，莎拉可以为乏味的王室生活带来一丝令人愉悦的清新气氛。据说她得到了女王的欢心，因为女王喜欢她讲的笑话。人们还认为她能够成为威尔士王妃的好友，给王妃以支持，两人确实一度关系密切。

婚礼之前一周，有小报报道说莎拉和戴安娜与喜剧演员帕米拉·斯蒂文森一起伪装成警察，想要闯到安德鲁的单身派对上去。后来几人因为紧张放弃了，改去伦敦西区安娜贝尔夜总会喝香槟消磨时光。

这种恶作剧符合莎拉简单直白的性格，而同时也表明其他一些东西——王室家族与名流圈走得越来越近。这种关系最终会导致王室的神秘感消失殆尽，王室成员也因此越来越容易受到媒体的恶意攻击。

快乐的一家
安德鲁王子和莎拉离婚后仍然彼此友好，一起抚养女儿长大。据说女王仍然喜欢莎拉，认为她是一个好母亲。

此后

尽管莎拉和安德鲁几十年来一直彼此忠贞不渝，但两人的婚姻在公众聚光灯的无情照射下却无法维系。

一路艰难

莎拉饱受恶毒媒体报道的折磨，因体重受到无情的批评，在1987年好评寥寥的电视节目《超级淘汰赛》中的表现不甚光彩，人们将她与曾经的妯娌戴安娜对比时带有偏见。她受到残忍恶毒的攻击，加上安德鲁和莎拉双方的过失，导致两人1992年分居，并于1996年离婚。此后她拒绝远离头条新闻，经常令王室家族尴尬。然而，这对夫妇经历离婚和公众眼中蒙羞等种种坎坷后仍维持友谊，安德鲁和莎拉经常公开支持对方，一再表示两人互为良伴，感情深厚。他们仍然在一起生活，21世纪10年代经历一段艰难时期后，在2018年和2020年先后喜迎两个女儿大婚。

纪念邮票

此 前

皇家卫队阅兵式的历史可以追溯到1700年前后，当时，某军营的军旗在各级士兵中缓慢传递，以便他们看到并记住军旗的样子，因此阅兵式的字面意思就是传递军旗。

生日检阅

1748年，乔治二世在位时，皇家卫队阅兵式首次为庆祝君王生日而举行。从此，为保证天气良好，阅兵式在每年6月选一个周六举行，庆祝君王法定生日。

1925年乔治五世国王出席阅兵活动

女王 60 岁寿辰

女王每年庆祝两次生日——4月21日她的实际生日和6月初的法定生日。6月时她会出席皇家卫队阅兵式。1986年她庆祝60岁寿辰，英国和英联邦各国都有特别献礼。

1986年的两次王室活动——安德鲁王子与莎拉·弗格森7月结婚（见222~223页）和女王的60岁寿辰庆典——在王室困难重重的一年中可谓是令人愉悦的插曲。据传女王和首相玛格丽特·撒切尔在英国对于南非种族隔离制度的立场问题上有分歧。7月，一篇新闻报道声称女王对于前一年矿工罢工后政府苛刻的社会政策感到震惊，但王室立即予以否认。电视讽刺节目木偶剧《一模一样》常常嘲讽王室家族——几年前这种事简直无法想象。安全问题也令人担忧——1981年，女王在皇家卫队阅兵式举行时骑马走过林荫路，人群中忽然响起枪声，爱尔兰共和军在英国本土的恐怖活动阴云不散。不过，这些忧虑并没有阻碍人们涌上街头庆祝女王寿辰。

风笛与水仙花

1986年4月21日是伊丽莎白女王的60岁寿辰，早晨，女王风笛手在温莎城堡女王套房外吹起《祝你生日快乐》。风笛手是王室宫廷成员，他的主要职责是每天早上9点在女王窗下演奏，这是维多利亚女王传下的规矩。此后，温莎大公园鸣放21响礼炮，温莎的圣乔治礼拜堂举行感恩礼拜，一列马车队伍穿城巡游。

当天下午，女王乘车前往白金汉宫，在那里来自英国和英联邦各地的6000名儿童冒着绵绵细雨走过林荫道，每人手里一束水仙花。她站在白金汉宫阳台上倾听孩子们演唱专门创作的歌曲《女王生日快乐，上帝保佑您》，然后下楼走到宫殿前院，从他们手中接过水仙花束。即将在3个月后成婚的安德鲁王子和莎拉·弗格森协助女王接花束。晚上，整个王室家族出席了在英国皇家歌剧院由普拉西

用花表达心意

女王身着春天般的黄色衣服，容光焕发，面带微笑，在白金汉宫前院从一群孩子手中接过水仙花束。

生日巡游
2014年皇家卫队阅兵式结束时，在5位身着正式礼服的鼓乐队队长率领下，王室禁卫军乐队和士兵们沿着林荫路回到白金汉宫。

多·多明戈领衔的一场演出。节目中有一段芭蕾舞，描绘了女王和玛格丽特公主的少年时代。

"缅甸人"最后一次出场

6月14日举行的皇家卫队阅兵式

"我们看到你的车，万岁！万岁！我们看到你挥手，你微笑，我们看到你的马，不用说，不用说。"

克里斯托弗·罗格创作的女王生日歌歌词，1986年

有一点引人注目，女王最喜欢的黑色阅兵马"缅甸人"最后一次在公众面前亮相。这匹母马是1969年加拿大皇家骑警赠予女王的礼物，女王从来都是侧骑马，18年来每次皇家卫队阅兵式都骑"缅甸人"。1981年，人群中有人放了5次空枪，"缅甸人"前蹄腾空向后仰时女王就在马上。女王迅速控制住马，她的冷静大受好评。后来她解释说人群喧闹，"缅甸人"并没有听到枪声，是王室禁卫军骑兵的马转头要保护君王，"缅甸人"才对此做出反应。"'缅甸人'觉得王室禁卫军的马要攻击我，所以她先出击。"据说女王曾这样说。开空枪的人是一个17岁的男孩，他说："因为我想出名。我想成为大人物。"

"缅甸人"于1986年皇家卫队阅兵式后退役，放养在温莎城堡的公园里。1990年这匹马去世。女王决定不换新马。1987年，女王乘坐敞篷马车（轻型马车）出席皇家卫队阅兵式，在高台上接受卫队致敬，从此形成惯例沿袭至今。

纪念邮票

为庆祝女王60岁寿辰，英国和英联邦各国发行了纪念邮票和纪念币。英国的纪念邮票一套4张，每张上均有3张女王不同时期的头像，从2岁最早的一幅画像直到60岁的画像。另有11个英联邦国家也发行了纪念邮票。不过，7月24日女王在爱丁堡为第13届英联邦运动会揭幕时，有资格参赛的59个国家中有32个没有出席，抗议英国政府与南非在体育运动方面保持关系，并拒绝对种族隔离政权实施经济制裁。女王10月对

6000 名 女王60岁寿辰庆典中在林荫路上唱"生日快乐"歌的儿童数量。

中国进行了国事访问，60岁寿辰这一年圆满结束。这是英国君王首次访问中国。

参观兵马俑
1986年10月，伊丽莎白二世女王在陕西省西安市世界著名的兵马俑挖掘现场参观。她是第一位踏上中国土地的英国君王。

20年后，女王庆祝80岁寿辰时在温莎走入群众当中，数千名群众对女王表示祝贺。

电子邮件表达心意

白金汉宫宣布女王80岁寿辰网站收到2万张贺卡和1.7万封电子邮件。部署在印度洋的皇家海军"光辉"号发来视频祝贺女王生日，500名船员在船上排列出"80岁生日快乐"的字样。内阁赠予女王一套斯波德出品的瓷制茶具。寿辰当日，查尔斯王子在英国广播公司电台向女王致生日贺词，晚上又为女王在克佑宫举办了一场家宴，然后在伦敦西南的克佑花园举行了焰火及激光表演。6月25日，在白金汉宫花园中为全国投票选出的2000名儿童举办了派对。

2006年女王80岁寿辰

女王风雨无阻

1983 年皇家卫队阅兵式中,伊丽莎白冒着大雨骑马参加阅兵。这一仪式每年 6 月在她的法定生日举行。

戴安娜的礼服

戴安娜富有魅力的着装风格世界闻名。去世前不久，为支持慈善事业，她挑选了10件礼服拍卖。其他服装有时会在王室展览中展出。

1 维克多·埃德尔斯坦礼服 戴安娜1985年出席白宫国宴时身着这件午夜蓝色天鹅绒礼服。她在电影《周末夜狂热》配乐的伴奏下与美国演员约翰·特拉沃尔塔共舞，因此被称为特拉沃尔塔裙，在2013年拍卖会上拍得24万英镑。戴安娜1997年最后一张官方肖像照上也穿着这件裙子，照片由玛格丽特公主前夫斯诺登伯爵拍摄。**2 布鲁斯·奥德菲尔德礼服** 戴安娜1986年对沙特阿拉伯进行王室巡访时曾穿着这件礼服。2013年伦敦肯辛顿宫举办的"时尚统治"王室服饰展也展出了这件礼服。**3 穆雷·阿贝德礼服** 这条午夜蓝色礼服有星形人造钻石

装饰，层叠薄纱鱼尾裙摆十分引人注目。1986年戴安娜穿着它出席在克拉里奇酒店为希腊总统举办的晚宴。汤加发行了一枚邮票纪念王妃慈善工作，邮票上她也穿着这件礼服。**4 凯瑟琳·沃克礼服** 这件海绿色镶亮片礼服由戴安娜最喜欢的设计师之一凯瑟琳·沃克设计。她曾在多个场合穿过，包括1989年对奥地利的国事访问和1993年电影《消失的战线》首映式。**5 凯瑟琳·沃克礼服长裙配外套** 这件奢华礼服的设计受到了莫卧儿王朝风格的启发，1992年为戴安娜正式访问印度而制作。短外套和礼服裙的材质是粉色竹节丝，上面有精美刺绣。

1 维克多·埃德尔斯坦礼服

长裙上身绣有珠饰

2 布鲁斯·奥德菲尔德礼服

蓝色薄纱裙摆衬有紫色丝绸

3 穆雷·阿贝德礼服

礼服前片中缝处
从上至下打褶

短外套上有绳绣花朵图案，
用粉色亮片和彩珠装饰

长裙上身有链式缝
纫的金叶图案

4 凯瑟琳·沃克礼服

5 凯瑟琳·沃克
礼服长裙配外套

查尔斯与戴安娜离婚

威尔士王子和王妃的婚姻在 20 世纪 90 年代初公开破裂。两人互相指责——媒体猜测和谣言在一旁煽风点火——使人反感，娱乐大众，全国人民分为两个阵营。媒体称离婚为"威尔士家庭之战"。

威尔士王子和王妃婚姻出现裂缝的最初几年并没有引起媒体注意。在外人看来，夫妻同心，共同关爱两个儿子。不过他们一同露面的情况越来越少，如果一起出现的话，查尔斯也常常因民众喜欢戴安娜胜过喜欢他而面露不快之色。可是刚结婚时他会炫耀妻子，为她感到自豪。

1992 年 2 月查尔斯和戴安娜对印度进行正式访问时首次爆出两人婚姻失败的传言。戴安娜一个人前往泰姬陵参观，她在这座白色大理石陵墓前拍下一张独坐的照片。泰姬陵是莫卧儿皇帝沙贾汗为纪念妻子而修建的，被视为爱情纪念碑。这张照片暗示了她孤独而寂寞。

透露内情

过了 3 个月，英国作家安德鲁·莫顿出版《戴安娜：她的真实故事》一书。这本书透露了戴安娜身患暴食症的细节，以及她怀有威廉时在桑德林汉姆想要滚落楼梯自杀的事情。书中还曝光查尔斯与卡米拉·帕克·鲍尔斯长期保持不正当关系（见 264~265 页）。戴安娜无疑配合了这本传记的创作，也支持她的朋友配合。这本书所描述的王室家族冷漠、不正常，在公众舆论中造成毁灭性影响。

过去，王室家族可能想掩盖王室继承人的婚姻问题——这种情形并非没有先例——可是现在出现了新的因素要考虑：媒体。此后几个月，事实证明王子夫妇越来越疏远，矛盾重重，不可能瞒过媒体。

首先是戴安娜和密友詹姆斯·吉尔贝，然后是查尔斯和卡米拉，一系列泄露出来的双方通话内容使国人震惊迷惑。同时，流言传出，戴安娜与儿子前马术教练詹姆斯·休伊特有私情。

1992 年 12 月，首相约翰·梅杰向下院宣布查尔斯和戴安娜将友好分居，但尚无离婚计划，并补充道："适当时候威尔士王妃没有理由不应加冕成为英国王后。"

那年，戴安娜没有接受邀请前往桑德林汉姆与王室家族一起欢度圣

夫妻不和
1991 年 10 月，查尔斯和戴安娜参加议会开幕大典。合影中，两人越来越多地出现视线投向不同方向的情况，表明感情出现裂缝。

《 **此 前**

查尔斯王子与卡米拉·帕克·鲍尔斯结识于 20 世纪 70 年代初，当时她名叫卡米拉·尚德。他们常常在马球比赛中相遇，很快开始约会。

婚姻中的第三者

查尔斯与卡米拉的恋情 1973 年突然中断，她与安德鲁·帕克·鲍尔斯结婚，她与这位骑兵军官分分合合的感情已持续一段时间。那时即使卡米拉想与查尔斯结婚，也不大可能被视为他合适的结婚对象。

1975年查尔斯和卡米拉在一场马球比赛中

20 世纪 70 年代末或 80 年代初，查尔斯与卡米拉的友谊似乎在他与戴安娜·斯宾塞订婚之前死灰复燃，戴安娜大概就在结婚之前或婚后不久得知此事。卡米拉与安德鲁·帕克·鲍尔斯有两名子女。他们于 1995 年离婚，此前一年查尔斯在接受乔纳森·丁布尔比的采访时承认了他与卡米拉的恋情。

"呃，这段**婚姻**里我们有**三个人**，所以有点儿**拥挤**。"

戴安娜在英国广播公司《全景》节目中对英国记者马丁·巴舍尔说，
1995年11月20日

诞，但是两人仍继续联袂出席一些活动。对于已经在寄宿学校就读的两个儿子必须有所决断。他们商议后决定，学校放假时儿子们一半时间在海格罗夫庄园与父亲度过，另一半时间则在肯辛顿宫陪伴母亲。1993年12月，戴安娜宣布退出公众生活。

公众舆论摇摆不定

不少英国民众站在王妃一边——她年轻美丽，对孩子关爱备至。他们不能理解查尔斯为何偏爱一位年龄更大的女性，对他总是显得如此闷闷不乐感到奇怪。1994年6月，王子接受记者乔纳森·丁布尔比电视采访，作为素材用在讲述他生活工作的纪录片中，这显然是为了改善自己的形象。采访中，他公开承认，"婚姻破裂、无法挽救后"他即对戴安娜不忠。

《全景》采访

戴安娜一直对白金汉宫保密，直到最后一刻，此时英国广播公司《全景》节目这次有争议的采访才得以播出。

他的话立即引起轩然大波，通过节目恢复名誉的可能性完全破灭。11月，经过授权的丁布尔比《威尔士王子传记》出版，证实他与卡米拉有不正当关系。

一年后，戴安娜在英国广播公司的《全景》节目接受了1个小时的采访，报了一箭之仇。上千万人打开电视收看，戴安娜面色灰败，除眼影外未施脂粉，她承认与詹姆斯·休伊特私通，患有抑郁症和暴食症，查尔斯与卡米拉有染令她伤心。采访下半部分的内容影响最为严重，戴安娜说她觉得自己永远不会成为王后，而且她怀疑查尔斯不能调整自己，承担起国王的艰难职责。她还说自己不想离婚。

控制损失

不过，女王想法不同。王室已经受到过多伤害，儿子、儿媳这场有失

▌1700 万英镑 戴安娜分得财产价值。

体统的战争绝不能再继续下去。与首相和坎特伯雷大主教商议过后，她给王子和王妃写信，建议他们尽快离婚。查尔斯发表声明，称自己与女王

▌1500 万 收看戴安娜接受英国广播公司采访的观众人数。

王子传记

为完成传记创作，丁布尔比获准使用王子过去从未曝光的档案资料——1万多封书信、私人记录和日记。

意见一致，并宣布没有再婚的计划。戴安娜考虑的时间长一些，但最终宣布她已经通知律师开始起草离婚协议。1996年7月离婚协议达成一致，8月28日，这对夫妇在结婚15年后离异。

时代改变

60年前，爱德华八世决定与一位曾两次离婚的女性结婚（见90~91页），引发宪政危机。他选择退位而不是放弃女友。2022年查尔斯登基为王时，他的身份是离异后再婚人士——说明公众舆论和王室家族这些年变化很大。

宣布分居后，人们讨论的重点是戴安娜是否可以保留殿下这个专属王室家族成员的称呼。

失去头衔

1996年7月，白金汉宫和戴安娜的律师发表联合声明，宣布戴安娜将一次性分得她应得的财产。离婚在8月即将最终生效之前，王室发布关于离婚后王室头衔的制诰。戴安娜既然已不是威尔士王子的妻子，未来将被称为"威尔士王妃戴安娜"，不再使用殿下（HRH）的称号。她可以继续住在肯辛顿宫，作为王位第二和第三顺位继承人的母亲，仍"视为王室家族成员"。对母亲失去殿下的称号，威廉王子感到难过，据说曾表示自己成为国王时会把称号还给她。

温莎城堡起火
1992 年 11 月 20 日，温莎城堡高墙之上，一位消防员正在扑灭席卷整个城堡的大火。在数英里之外都能清楚看见火焰。

此前

"Annus horribilis"（灾难年）是女王前任私人秘书爱德华·福特爵士给她写信时提到的一句拉丁短语。

奇妙年

这个短语是个表达遗憾的文字游戏，与更常见的那句拉丁语 "annus mirabilis"（奇妙年）词义正相反。英国历史上，奇妙年通常指1759年，当时英国在七年战争（1756~1763）中连续在多次决定性战役中打败法国。其中最大的一场胜仗是在加拿大，詹姆斯·沃尔夫将军率领50艘军舰和5000名战士向圣劳伦斯河上游航行，围困防备森严的魁北克市，最终攻克该市，将军也战死沙场。

沃尔夫将军之死

> "回顾1992这一年时我不会感到多少喜悦……结果证明这是充满灾难的一年。"

伊丽莎白二世女王，1992年11月24日

灾难年

失火后温莎城堡遭到严重破坏，4天后女王称1992年是她的灾难年。当时她在伦敦市政厅庆祝继位40周年的午宴上发表演讲。

1992年11月24日，女王发表演讲时嗓音明显嘶哑。火灾当晚她在温莎城堡看消防员救火时得了感冒。她嗓音嘶哑，言辞悲观，这是她在位期间看起来最为脆弱的时刻。

女王有理由感到遗憾——1992年对于王室家族来说确实灾难连连。约克公爵和公爵夫人3月分居，接着安妮公主与马克·菲利普斯4月离婚，安德鲁·莫顿5月出书透露威尔士王子和王妃婚姻内幕，8月约克公爵夫人丑闻照片公布。戴安娜私密通话内容录音泄露后，查尔斯王子与卡米拉·帕克·鲍尔斯的通话内容也被曝光，八卦小报整个秋天都为之疯狂。没到年底，查尔斯和戴安娜就会宣布分居。安德鲁·莫顿所著《戴安娜：她的真实故事》一书在《星期日泰晤士报》连载，出版后公众对王室家族的谴责前所未有。这一次，接二连三的指责中连女王都未能幸免。女王子女中有3人婚姻失败，闹得沸沸扬扬，她和菲利普亲王培养孩子的能力因此饱受诟病。

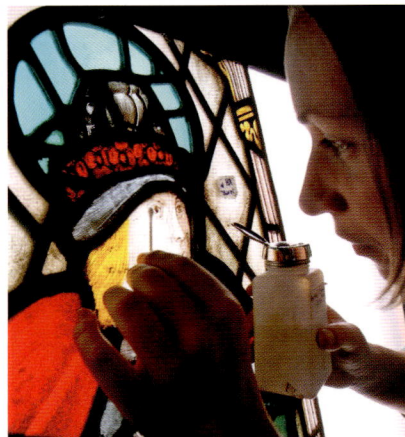

温莎城堡火灾

11月20日早晨，温莎城堡失火。这是女王个人的不幸——她把这里看作自己真正的家。大火从城堡东北翼的私人小教堂燃起，迅速蔓延到国事厅。包括35辆消防车和225名消防员在内的大量人手被调来灭火，大火最终在15个小时之后被扑灭。夜幕降临，吞没了城堡的火焰和烟雾在数英里之外依旧可见。

安德鲁王子当时就在城堡里，女王接到他通知后大约下午3点到达现场。那一年是她结婚45周年；菲利普亲王正在阿根廷开会，只能通过电话慰问。安德鲁王子与王室工作人员、王室禁卫军骑兵官兵和皇家卫队警察共同组成人链，抢救城堡中珍贵的艺术品和家具。火灾中损失了一幅巨大的乔治三世骑马画像——太大了无法从画框中抽出——和一个大餐具柜。

满目疮痍
15世纪的屋顶横梁被烧焦，散落在圣乔治礼拜堂大厅的地板上。大厅在火灾中完全损毁，不过重建后宏伟依旧。

重建过程
一位女工匠技艺精湛，正在修理一扇受损的彩色玻璃窗。修复城堡的工作提前6个月完成。

一些瓷器和几架枝形吊灯。温莎城堡建筑结构受损更为严重：圣乔治礼拜堂大厅、国宴厅和大迎宾厅均受到严重破坏，天花板全部或部分坍塌。

王室财务状况

火灾刚刚过去，英格兰历史建筑和古迹委员会官员彼得·布洛克称，城堡没有购买保险，因此政府需承担维修费用，预计在2000万~4000万英镑之间。虽然女王的境况得到人们的同情，但用纳税人的钱来补贴这座政府所有但主要个人使用的宫殿，公众显然并没有这样的心理准备。此前几个月，媒体已经在热烈讨论是否应取消女王免缴个人收入所得税的待遇，民意调查显示80%的民众赞成取消。政府很快放弃补贴维修费的计划。

女王在市政厅演讲时说，"任何

15000 块 火灾中抢救出来的石膏残片数量。
100 间 火灾中损毁房间数量。

机构——市政府、王室等——都要接受支持者的监督，更要接受不支持者的监督"，还说此类质询应该成为"推动改革的有效动力"。过了两天，11月26日，首相约翰·梅杰在下院宣布女王和威尔士王子自愿缴纳个人收入所得税。他说这一提议由女王本人提出，夏天时就已决定。不过，部分媒体显然认为这一改变是他们的功劳。《太阳报》此前一直推动舆论，自豪地声称"女王缴税，这是人民力量的胜利"。

改革计划全部细节于1993年初公布。除了缴纳收入所得税以外，女王同意只有自己、爱丁堡公爵和王母

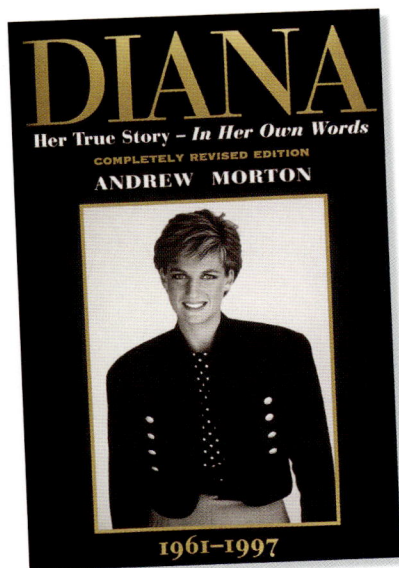

DIANA
Her True Story – In Her Own Words
COMPLETELY REVISED EDITION
ANDREW MORTON
1961-1997

太后继续享受王室年俸（政府拨款）。她会自己出钱补贴其他曾享受年俸的王室成员（她的4个孩子和玛格丽特公主）。她提出自己负担温莎城堡修

戴安娜传记
威尔士王妃戴安娜颇具争议的传记出乎王室家族意料之外。她与查尔斯王子困难重重的婚姻细节被公之于众。

复费用的70%，并计划向公众开放白金汉宫（见236~237页），筹集修复资金。

3650 万英镑 温莎城堡火灾损毁部分修复成本。

圣诞致辞泄密
灾难年结束之前女王不得不再次面对打击。圣诞节前两天，《太阳报》在中心页面公开了女王圣诞致辞全文，打破了禁令。据说女王"非常非常郁闷"，起诉《太阳报》侵犯版权。这份报纸十分罕见地做出让步，同意向女王选定的慈善机构支付20万英镑作为诉讼费用。

回顾困难的一年
女王在伦敦市政厅的灾难年演讲就在温莎城堡火灾4天之后发表。她对子女破裂的婚姻和城堡的毁坏表示悲伤。

此后 ▶▶

为监督温莎城堡的修复工作成立了修复委员会，由爱丁堡公爵菲利普亲王和查尔斯王子领导。

修复城堡
修复工人的第一项任务是让国事厅被浇湿的墙壁和地板干透。委员会决定部分火灾毁掉的房间——大迎宾厅、国宴厅和两间会客室应该恢复原状，但其他房间须重新设计。重新设计的部分有圣乔治礼拜堂大厅，改为哥特风格。修复工作及时完成，女王和菲利普亲王在修复的国事厅中庆祝了50周年结婚纪念日，他们为1500名承包商、工人和消防员举办了一场招待会。

白金汉宫向公众开放

白金汉宫之前从未向公众开放。火灾后迫切需要为修复温莎城堡筹措资金，女王因此决定每年夏天她到苏格兰逗留时，开放国事厅以及厅中珍贵的油画、家具和瓷器供民众参观，为期两个月。

邀请民众进入白金汉宫中心部分，这是温莎城堡火灾（见 232~233 页）以及灾难年（见 234~235 页）其他事件发生后王室内部经过深刻反省和激烈讨论后做出的决定。纳税人为修复城堡付钱这个想法遭到激烈反对时，女王的顾问们感到震惊，希望这一举动能够有助于拉近王室和人民的关系，表明王室与现代接轨的意愿。

白金汉宫开放首日，4314 名游客每人支付 8 英镑参观了国事厅，包括 47 米长的画廊、国宴厅、绿色会客厅和王座室。未来 3 年所有团体参观名额已报满——须提前预约。这一计划原本为期 5 年，开放后每年吸引约 40 万游客，取得巨大成功，因此王室决定温莎城堡修复成本收回后白金汉宫仍然继续开放。

开始几年，有人批评游览内容枯燥，没有提供多少信息。此后白金汉宫开放了更多房间，游客现在可以看到部分花园，每年还有一次主题特展。白金汉宫加上皇家马厩和展示女王精美艺术品收藏的女王画廊，现在是伦敦最受欢迎的旅游景点之一。门票收入通过皇家收藏信托再投资，用于保养维护王室宫殿及其内部物品。

"确实不容易想出任何更壮丽辉煌的设计了。"

艺术批评家艾伦·坎宁安谈论约翰·纳什给白金汉宫的设计，1830年

绿色会客厅
在建筑师约翰·纳什为乔治四世设计的国事厅，游客可以参观各个角落。他们通过绿色会客厅能进入王座室，女王在这里接待国宾，举行各种仪式。

ISABELLA CLARA EUGENIA, AND CATHARINA,
DAUGHTERS of PHILIP II. of SPAIN.

战争周年纪念

女王和王室家族率领全国民众庆祝两个重要的 50 周年：1944 年 6 月 6 日盟军部队在诺曼底登陆，1945 年 5 月 8 日第二次世界大战欧洲战场结束战斗。

1944 年 6 月 6 日，超过 15 万名美国、英国和加拿大士兵组成的盟军部队在法国诺曼底沿着 80 千米长的海岸线登陆。这次军事行动的官方代号为"霸王行动"，但通常人们称之为"D 日行动"，是现代历史上规模最大的两栖攻击战。盟军在高度保密的情况下动员了 5000 多艘船只和登陆艇运送士兵和军需品从英国渡过英吉利海峡。登陆标志着盟军开始占领纳粹控制的欧洲，1945 年 5 月最终击败德国。

朴次茅斯的纪念活动

1994 年是诺曼底登陆 50 周年，英吉利海峡两岸都展开了纪念活动。英国主要的纪念活动在朴次茅斯港举行，这里是 1944 年登陆舰队的主要出发点。

活动一开始是通常在战场上或战场附近举行的鼓面礼拜，一般用军鼓作为临时圣坛。这次纪念活动中，礼拜在海滨举行，数个翻过来的鼓组成圣坛。各盟国国旗鲜明，共同展示。女王、菲利普亲王和其他王室家族成员与曾在诺曼底作战的所有盟国首脑一起出席，包括美国总统比尔·克林顿、法国总统弗朗索瓦·密特朗、挪威国王哈拉尔五世、比利时国王阿尔贝二世以及加拿大、新西兰和澳大利亚各国总理。波兰总统莱赫·瓦文萨、斯洛伐克总统米哈尔·科瓦奇和捷克总统瓦茨拉夫·哈维尔也出席活动，向波兰和捷克军团致敬。1944 年两国有为数不少的陆军和空军士兵与盟军并肩作战。

当天下午晚些时候，女王和来宾们登上皇家游艇"不列颠尼亚"号观看军机飞行表演，然后检阅在海岸附近排列整齐的两队舰船。舰船中包括巨大的美国航空母舰、克林顿总统和

154 人 参加圣保罗大教堂感恩礼拜的世界领导人数量。

夫人临时下榻的"乔治·华盛顿"号、"伊丽莎白二世女王"号邮轮和一艘专门从加利福尼亚开来的战时自由轮，以及数百艘小型登陆艇和游船。检阅过后，以皇家游艇"不列颠尼亚"号为首的一支小型船队运送贵宾和老兵穿越英吉利海峡，准备参加第二天在法国举办的庆祝活动。

诺曼底的庆祝活动

6 月 6 日晨，女王和菲利普亲王参加了在贝叶军人公墓举行的追思礼拜，这处墓园里埋葬了 4000 多名在诺曼底阵亡的英国和英联邦军人。女王与其他国家领导人一同出席了在奥马哈海滩上举行的国际纪念仪式，超过 3.4 万名美军士兵当年 D 日在这里登陆。女王随后前往小镇阿罗芒什，在那里可以看到浮动桑树人工港的遗迹，整个诺曼底战役期间部队和军需物资都利用这个人工港登陆。数千名英国老兵回到诺曼底，其中很多人是战后第一次旧地重游，他们来到自己曾英勇作战的现场，与老友重聚，而最重要的则是充满

骄傲地回忆争夺诺曼底之战中牺牲的战友。女王在阿罗芒什海滩时，一大队老兵游行经过。

庆祝战争结束

英国和英联邦各国举办的战争结束 50 周年纪念活动庆祝气氛更浓。1995 年 5 月 6~8 日周末 3 天放假，纪念欧洲战场战争结束。5 月 5 日，纪念活动隆重开始，在威斯敏斯特教堂大厅，女王向两院议员发表演讲。她回忆了战争历史，敦促听众不要忘记那些离去的人们："没有他们的勇气和英勇牺牲，我们今天就不可能有这样的庆祝活动。"第二天在伦敦市政厅举办国宴。5 月 7 日——周日在圣保罗大教堂，女王携王室家族率全国人民进行了一场感恩、和解与祝福的礼拜仪式。德国总统赫尔穆特·科尔

纪念行为
1994 年 6 月 6 日，女王在贝叶战争公墓的墓碑间漫步，这是法国规模最大的第二次世界大战公墓。

等国家领导人一同出席。巴黎、柏林和莫斯科等地在周末都举行了类似仪式，各国领导人共聚一堂，表明为和平而奋斗的共同决心。

此 前

美军和英军在诺曼底的大型墓园可以说明第二次世界大战期间所付出的沉重生命代价。这些墓园成为盟军老兵们旧地重游、回忆往昔时集中的地方。

追忆 D 日

诺曼底登陆的首次官方纪念活动在 1984 年 40 周年时举行，当时美国总统罗纳德·里根在诺曼底奥克角向战争英雄致敬。女王和其他盟国领袖也出席了那次仪式。

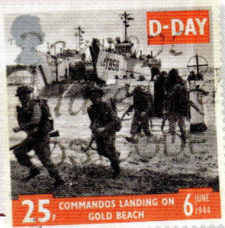

诺曼底登陆纪念邮票

小舰队
照片上，皇家游艇"不列颠尼亚"号（居中）在索伦特海峡航行，周围环绕着一些小船。美军"乔治·华盛顿"号在左，"伊丽莎白二世女王"号居右。

在英国，这个周末的大部分时间充满欢乐气氛，50年前庆祝胜利的那段记忆重又苏醒。大多数报纸翻印了1945年的头版内容，模糊的黑白照片上，伦敦人有的在特拉法尔加广场喷泉狂欢，有的爬上林荫路的路灯柱。伦敦海德公园大型节日场地举办了音乐会和野餐会，同时展出了第二次世界大战中使用的军车和飞机。5月8日周一迎来了庆祝活动的高潮，50年前的这一天，经过5年的可怕战争，英国民众在欧洲胜利日（VE）集体狂欢。英国各地，人们穿上20世纪40年代风格的服装走上街头狂欢，甚至

用战时食谱做饭。大量群众聚集在白金汉宫门外以及林荫路上，观看白金汉宫前院举办的音乐会，战时深受人们喜爱的歌手"战地甜心"薇拉·琳恩出演。王母太后、伊丽莎白二世女王和玛格丽特公主与群众一同唱起战时流行歌曲，如《我们会再相聚》《知更鸟会飞过多佛白色悬崖》和《滚酒桶》。50年前在白金汉宫阳台上，这3位王室成员曾站在国王和温斯顿·丘吉尔身旁，围观群众欢天喜地，掌声如雷，此刻当年那著名的一幕仿佛重现，3人显然感动不已。当晚，为纪念第二次世界大战中逝去的人们，全

2009年诺曼底登陆65周年庆祝活动时女王没有出席。法国总统尼古拉·萨科奇向首相戈登·布朗发出活动正式邀请。

最后的老兵
2014年女王回到诺曼底参加70周年庆典。出席的各国领导人中只有她曾亲历战争。70周年将是最后一次诺曼底登陆官方庆祝活动，因为在世老兵如今已寥寥无几。尽管年事已高，女王仍然参加了全部活动，从贝叶公墓的追思礼拜到奥马哈海滩的国际纪念仪式。此后她回到巴黎出席萨科奇继任者弗朗索瓦·奥朗德总统为她举办的正式国宴。

"我们记得**不列颠之战**的艰难时光……我们**记得**英国在欧洲**孤立无援**的那段日子。"

伊丽莎白二世女王在欧洲胜利日纪念活动开始时讲话，1995年5月5日

国默哀两分钟，随后女王点亮灯塔链的第一座灯塔，其他遍布全国各地的灯塔接连亮起。

感情流露
欧洲胜利日50周年时，王母太后在白金汉宫阳台上站在两个女儿中间，显然被人群的掌声打动，伸手擦去眼角的泪水。

抗日战争

1945年欧洲庆祝战争胜利时，盟国在太平洋战场还正在与日本进行艰苦斗争。1945年8月6日，美国在日本投下第一枚原子弹，后果极其恐怖。仅仅9天后，日本在8月15日宣布无条件投降，第二次世界大战宣告结束。

1995年8月19日，女王领导庆祝了上述事件的50周年全国纪念活动。大量人群聚集在白金汉宫外，观看一场有2.5万名老兵出席的纪念仪式，这些老兵曾在缅甸丛林中与日军作战，数千名英国和英联邦士兵在那里牺牲。还有更多的士兵在日本战

俘集中营或是修建铁路的奴役中死去。仪式结束后，女王观看老兵们列队游行，一架第二次世界大战时期的兰开斯特轰炸机在白金汉宫上空低飞而过，向老兵和人群撒下数千朵红色罂粟花，象征着所有战争烈士做出的牺牲。

纪念游行
英国老兵协会皇家军团的旗手走过黄金海滩，脚下是海浪冲刷的沙子，1944年英国部队就在此处登陆诺曼底。

戴安娜：
明星诞生

戴安娜在白宫的盛大晚宴中与好莱坞演员约翰·特拉沃尔塔步入舞池。王妃身着深蓝色天鹅绒贴身长裙在舞池中与世界上最受追捧的迪斯科明星翩翩起舞，这一情景标志着戴安娜在国际舞台上闪亮登场。

罗纳德·里根总统和妻子南希举办这场晚宴时，查尔斯和戴安娜婚后首次美国之行才刚刚开始。见面时，总统称她为"戴维王妃……呃，黛安王妃"，一时场面有些尴尬，但这一刻很快就被抛到脑后，因为在接下来的日子里，戴安娜风靡美国。

过去那个天真的幼儿园助教曾不肯直视镜头，新婚和初为人母时她喜欢绉边和泡泡袖衣服，对自己的穿着并无信心，而现在戴安娜已经摇身一变，成为美丽自信的时尚偶像，对自己的品位很有把握。她最喜欢的设计师是布鲁斯·奥德菲尔德、凯瑟琳·沃克、维克多·埃德尔斯坦和范思哲。20 世纪 80 年代中期，她采用得名于同名热播电视剧的"豪门恩怨"风格，宽肩设计加上夸张发型，但后来她喜欢纤细紧身连衣裙，有了自己独特的优雅风格。尽管她与狗仔队关系紧张，但她对个人形象力量的理解无人能及，也没有人像她那样有效地控制镜头。无论是在泰姬陵前独坐、盛大电影开幕式上耀眼的晚礼服长裙、会见特蕾莎修女时一身端庄白色套装，还是在安哥拉雷区里平整的条纹衬衫和卡其裤，十多年来她一直占据着世界各大媒体的版面。

> "（戴安娜）逐渐**成熟**，她对**时尚**的**关注少了**，更多的是追求**自己的风格**。"

> 服装设计师维克多·埃德尔斯坦

标志性长裙
1997 年 6 月戴安娜在纽约的礼服慈善拍卖中也有这件英国设计师维克多·埃德尔斯坦受爱德华七世风格启发设计的长裙。买家以 13.7 万英镑的价格买下。

戴安娜之死

1997 年 8 月 31 日周日，英国人一早醒来得知威尔士王妃戴安娜在巴黎因车祸受伤身亡。他们感到震惊、难以置信，无法理解这位充满活力的美丽女性为何结局如此悲惨。

戴安娜当时在巴黎与交往仅仅几周的男友多迪·法耶德在一起，法耶德是埃及富豪之子、电影制片人。法耶德的父亲穆罕默德·法耶德拥有伦敦哈罗德百货公司和巴黎丽兹酒店，两人刚刚从他的豪华游艇上度假归来。丽兹酒店保安部副主任亨利·保罗驾驶一辆梅赛德斯·奔驰轿车送他们从酒店前往多迪·法耶德的公寓。摄影记者乘坐摩托车和汽车追随戴安娜一行。大约凌晨 0 点 23 分，戴安娜的车进入一条地下通道，时速约 105 千米。保罗驾驶失控，汽车撞上柱子后打旋，冲向隧道内壁。法耶德和司机当场死亡。戴安娜几个小时后在巴黎萨伯特慈善医院去世。

人民王妃

悲剧传开，首先公开悼念戴安娜的人中有英国首相托尼·布莱尔。他在北部选区进入教堂做周日晨礼拜前对媒体说："我们全国都十分震惊……她是人民的王妃。"他的话立刻打动了成百上千悲痛的英国人民，很多人已经在肯辛顿宫外向戴安娜献上花束（见 244~245 页）。他们开始质疑王室家族为何留在夏季别墅巴尔莫勒尔城堡而不是返回伦敦，以及女王为什么要求威廉王子和哈里王子在得知母亲死讯后立即前往教堂（事实上那是两位王子自己的要求）。响应人民的心情，媒体——有些人前不久还在大肆批评戴安娜——也开始发起抨击。指责的焦点集中在白金汉宫为何没有举行下半旗仪式。根据王室礼仪，白金汉宫只能升王旗，并且仅有君王人

回家
装有戴安娜遗体的灵柩覆盖王旗到达伦敦附近的皇家空军诺霍特机场。查尔斯王子和戴安娜的姐姐与灵柩同机从法国起飞回国。

话，亲自表示哀悼，称戴安娜"非凡而富有才华"。她的庄重言辞受到好评，表明媒体激起的强烈敌意开始渐渐退去。

戴安娜的葬礼

戴安娜的葬礼在 9 月 6 日周六举行。当她的灵柩覆盖王妃旗帜从肯辛顿宫用炮架运往威斯敏斯特大教堂时，长 6 千米的路线上有上百万人沿街观看。爱丁堡公爵、威尔士王子和两个儿子，以及孩子的舅舅查尔斯·斯宾塞在圣詹姆斯宫加入送葬队伍，走在灵柩后面。遵照女王旨意，白金汉宫上空的英国国旗下半旗志哀。女王在宫门处与王室家族其他成员等候，灵柩经过时低头致意。

英国约有 3150 万观众收看了葬礼仪式，全球约 25 亿人观看了现场直播。在英格兰教会传统葬礼中，艾尔顿·约翰表演了自己的歌曲《风中之烛》献给戴安娜。查尔斯·斯宾塞在悼词中借机批评了媒体对他姐姐的态度，也间接批评了王室家族。不少

此 前

戴安娜与多迪·法耶德的绯闻据说始于 1997 年 7 月，当时王妃和儿子们在穆罕默德·法耶德的游艇上度假。

戴安娜在法耶德"JONIKAL"号游艇上

假日快照
8 月底戴安娜和多迪在后者父亲的游艇"JONIKAL"号上亲吻的照片上了全球新闻的头条。大多数人是第一次了解到这一绯闻。有人认为是戴安娜自己向狗仔队透露了她身在游艇的消息。

> "她的一生，她**去世**时民众**不同寻常的反应**令人感动，从中可以汲取经验**教训**。"
>
> 伊丽莎白二世在电视直播中说，1997年9月5日

在宫中时才升起。王旗从来不会下半旗。八卦小报对官方答复并不满意，他们认为王室脱离群众。

女王过去从未遭到如此直截了当的指责。一则新闻标题这样写道：《对我们讲话，夫人，请讲话》。另一则新闻要求"向我们证明您也关心"。9 月 5 日，女王回到白金汉宫，在大门外停下注视献给戴安娜的花束。进宫之后，她在中国会客厅中发表直播讲

献给戴安娜的花
女王和菲利普亲王在白金汉宫大门外观看民众献花。戴安娜去世后，据说两人被各种悼念王妃的行为深深打动。

一同悲伤
威廉王子和哈里王子走在母亲灵柩后面，旁边是他们的父亲、祖父和舅舅。母亲去世时两位王子分别为15岁和12岁。

听众为之鼓掌。此后，灵柩被送往斯宾塞家族宅邸奥尔索普，经过家族悼念仪式，戴安娜在一个湖心小岛入土为安。

事故原因

车祸刚刚发生时，追逐戴安娜汽车的狗仔队被视为罪魁祸首。不过，法国官方报告做出结论，是因司机亨

1250 万英镑 戴安娜死因调查成本。

250 人 调查中接受询问的证人数量。

利·保罗服有处方药和酒精驾车超速。车祸后被捕的摄影师都没有受到杀人罪指控。穆罕默德·法耶德对判决不满。他声称戴安娜和他的儿子即

将宣布订婚，英国特工为阻止订婚将两人杀害。他甚至指控是菲利普亲王策划了这场阴谋。2004年，英国针对两人死亡展开调查，但直到2007年才开始听证。2008年4月，陪审团做出裁决，戴安娜和法耶德的死因是亨利·保罗和追逐车辆司机驾驶过于疏忽。

戴安娜去世后几年，多地竖立纪念碑追忆戴安娜的生活和工作。

追忆戴安娜
位于肯辛顿花园的威尔士王妃纪念游乐场离她的故居不远，为纪念她对孩子的热爱而建。在这个游乐场，孩子们可以自由探索，发挥自己的想象力，一座木质海盗船是这里的亮点。游乐场也有玩具和游戏雕塑。

附近的海德公园设立了戴安娜纪念喷泉，康沃尔花岗岩板组成椭圆形水池。2004年，女王为这座喷泉揭幕。

自由火炬雕塑1989年建于巴黎，离戴安娜出车祸的那条隧道入口不远。王妃

死后不久，人们开始在那里献花留言，成为一处非正式纪念碑。

奥尔索普湖心岛墓地附近修建了一座古典式纪念亭，供人凭吊。最为特别的纪念碑之一是穆罕默德·法耶德在哈罗德百货设立的戴安娜与多迪铜像，2018年移除。

海德公园戴安娜纪念喷泉

Daily Mail
1961 1997

R.I.P.

告别戴安娜

戴安娜去世后，民众心情极其悲痛，程度前所未有。消息传出后几小时，人们就开始在肯辛顿宫门外留下花束等纪念品。有些地方，花束堆积成山，高达 1.5 米。

对于戴安娜之死，人们自然流露的悲痛非常强烈。很多人献花时附上诚挚留言，表示虽然与王妃素不相识，却感到似乎失去了一位亲人。在圣詹姆斯宫的吊唁簿上留言的排队时间从 5 小时增加到 11 小时，救世军为排长队的人们提供免费茶水。不仅仅是伦敦民众在表达感情——全国各个城市都有大量花束献给王妃，世界各国从悉尼到纽约都有人排队在吊唁簿上留言。巴黎群众在戴安娜车祸现场附近阿尔玛桥的自由火炬纪念碑脚下献花留言。葬礼当天，300 多万人在街头静静等待观看戴安娜灵柩运往威斯敏斯特大教堂。

回顾当年，似乎很难解释对戴安娜之死民众情绪为何如此激动。当时多位评论人将这种反应归因为群体性歇斯底里。毫无疑问，戴安娜表现出来的个性打动了民众的心，很多人确实感到了失去亲人般的痛苦。公众写下的大量留言将她的热情自然与王室的冷漠进行对比。媒体抓住了这个话题，有人指责王室家族无情，他们就添油加醋，质疑为何白金汉宫没有采取国旗降半旗的举措。

> "她甚至**从来**都**没有听说过我的名字**，我**不能理解**自己为何会因为她感到**痛苦**。"

数千份给戴安娜的手写留言之一

献花
数千人在戴安娜居住的肯辛顿宫外放下花束。后来有人估测，伦敦人购买了 130 万束花，花费 2500 万英镑。清理花束时底层已经开始腐烂。

皇家宫殿

巴尔莫勒尔城堡

巴尔莫勒尔城堡用当地花岗岩建成，塔楼和角楼林立，集中体现了维多利亚时期英格兰对苏格兰的浪漫想象。这片位于阿伯丁郡的产业 1852 年被阿尔伯特亲王买下，从此成为王室家族私产。

维多利亚女王和阿尔伯特亲王 1842 年首次访问苏格兰，当时两人结婚已有两年。阿尔伯特觉得此处美景"颇具日耳曼风格"，两人深深着迷，此后多次造访。多雨的天气也没有打消他们的热情，于是开始为自己寻找一处高地隐居之所。

高地天堂

御医建议在迪塞德寻址，因为那里气候较为温和。阿伯丁勋爵继承了兄长留下的产业租契，女王夫妇在他的建议下没有看过房子就买下了。1848 年，两人初次到达这里就立即爱上了巴尔莫勒尔。"一切都显得自由平静，让人忘却整个世界和种种忧愁纷扰。"维多利亚在日记中写道。阿尔伯特觉得这里的景色让他想起故乡图林根，很快，埃德温和查尔斯·兰西尔等著名画家受聘描绘巴尔莫勒尔的景色。

巴尔莫勒尔的宅子很漂亮，但地方太小，不能满足女王夫妇众多家庭成员和一拨一拨正式访客的需求。开始的扩建计划很快放弃：1849 年开始谈判，准备从地主那里买断产权，计划修建一座全新宅邸。阿尔伯特想到一个临时办法，可以解决空间问题。受 1851 年万国博览会某展品的启发，他定做了一个组装铁屋，充当临时宴会厅和餐厅，一直用到 1856 年。

1852 年，阿尔伯特和维多利亚最后彻底买下了巴尔莫勒尔以及邻近的柏克霍尔。1853 年 9 月 28 日，维多利亚在现宅邸北面为新居奠基。新居由阿伯丁当地设计师威廉·史密斯设计，阿尔伯特亲王提出了一些"修改意见"。最终建成的宅邸设计极其精巧，由两个四边形建筑群组成，呈对角线分布，各有一个庭院，由通道连接。一个建筑群容纳了厨房、王室工作人员办公室和宴会厅（唯一的公共空间）；另一个建筑群则由家庭成员和关系亲密的访客使用，保证了他们需要的私密空间。

王室套房及时完工，1855 年秋季女王夫妇驾临即可使用；旧房由佣人们暂居，直至次年工程完全竣工才告拆除。最后，伊桑巴德·金德姆·布鲁内尔设计了一座跨越迪河的桥梁，从巴尔莫勒尔可以直接到达克拉西村，不少工作人员在那里居住。

维多利亚和阿尔伯特对苏格兰的一切都有好感，城堡内部装饰风格因此而受到很大影响。格子图案随处可见：地毯是红色皇家格纹和绿色狩猎格纹，窗帘和家具盖布使用礼服格纹。他们甚至还自己设计格纹，女王设计的是维多利亚格纹，阿尔伯特设计的是巴尔莫勒尔格纹，这两种格纹今天仍为御用格纹。这种装饰风格并非人人喜欢：肯特公爵夫人侍女奥古斯塔·布鲁斯小姐 1855 年来访时对许多装饰品赞不绝口，却感觉"整体缺乏和谐"，还补充说，所有格纹图案"颇具特色、使用恰当，但是并不都那么悦目"。

度假屋
女王每年 8~10 月在巴尔莫勒尔城堡逗留大概 10 个星期，2022 年 9 月在此地去世。下方左上照片拍摄于 1967 年，在巴尔莫勒尔举行的北苏格兰猎犬协会公开投注寻回犬比赛中，她与裁判波切斯特勋爵和猎场总管詹姆斯·吉兰合影。

1967年女王出席猎犬比赛

1971年伊丽莎白二世在巴尔莫勒尔度假

角楼和雉堞常见于苏格兰贵族建筑

巴尔莫勒尔南面
20 世纪 20 年代玛丽王后布置的花园设有围墙，大门上有首字母图案，位于肯格姆国家公园核心地带，让城堡更富于童话色彩。

巴尔莫勒尔的规矩

维多利亚笃信新鲜空气有益健康，她极其享受这个与世隔绝的自由环境，阿尔伯特去猎鹿时她常常散步乡村生活。在亨利·坎贝尔-班纳曼看来，这里就像一座修道院："我们一起用餐，早餐9点45分，午餐下午2点，晚餐晚上9点，用餐完毕就各自回房。"俄国沙皇尼古拉二世1896年到巴尔莫勒尔做客时本想与新婚妻子（维多利亚的孙女）和小女儿一起共享天伦之乐，但他却不得不与威尔士亲王整天打猎，然后与女王和首相索尔兹伯里勋爵深入讨论欧洲形势。

如今，这片面积达2万公顷的产业仍然为王室家族私产，王室每年夏天仍旧在这里度假。这里的农场正常运转，野生动物众多，有松鸡猎场、森林和农田，饲养高原牛、小马和鹿，不过整个庄园园区、花园和宴会厅每年固定时间对外开放。这里地形多样，有迪河河谷、湖区，开阔山区中还有7座蒙罗丘——超过910米的小山，是苏格兰景色最美丽的地区之一。

> **"天气很糟糕，每天刮风下雨，而且完全没有好运——我一头鹿也没有打到。"**
>
> 俄国沙皇尼古拉二世给母亲的信，1896年

很长时间。女王每天生活极其规律，散步、回复公务信件、写日记，阿尔伯特去世后她在巴尔莫勒尔逗留的时间越来越长，仍坚持规律生活。城堡访客也要遵守同样严格的作息时间——维多利亚认为访客也同样喜欢

常驻画家

新城堡建成前后，维多利亚和阿尔伯特委托不少画家描绘城堡内部景观和山水风光，例如詹姆斯·吉列斯和詹姆斯·罗伯兹。巴尔莫勒尔旧宅于1856年拆除，草坪上有一块石头标记了旧宅前门的位置。

巴尔莫勒尔旧宅餐厅（詹姆斯·吉列斯绘于1855年）

巴尔莫勒尔旧宅桌球室兼图书馆（詹姆斯·吉列斯绘于1855年）

巴尔莫勒尔旧宅艾伯特亲王起居室（詹姆斯·罗伯兹绘于1860年前后）

维多利亚女王卧室，1880~1890 年前后
巴尔莫勒尔城堡按照私人住宅用途设计，装
修相当简单。既然无须取悦别人，维多利亚
和阿尔伯特就顺从自己对格纹的喜好来装饰
房间——从地毯到桌布全是格纹。

生于1964年

威塞克斯伯爵

"我喜欢……**演艺事业**。那是美好的**幻想世界**。"

爱德华王子，1987年

女王最小的儿子 1964 年 3 月 10 日在白金汉宫出生，受洗得名爱德华·安东尼·理查德·路易斯。出生时他是王位第三顺位继承人；现在是第 13 顺位。他 3 个月大时首次公开亮相，当时女王在皇家卫队阅兵式后怀抱爱德华在白金汉宫阳台上露面。

爱德华王子 13 岁时追随父兄的脚步，来到苏格兰高登斯顿学校读书。最后一个学期当选守卫者（班长），毕业时通过历史、英语文学、经济和政治学的高级课程考试。在新西兰旺加努伊一所学校教书一学期后，他到剑桥大学耶稣学院学习历史——录取他在当时引起一些争议，因为他的考试成绩低于标准录取分数线。在剑桥读书期间，他参演并制作了一些学生舞台剧。

职业选择

1986 年离开大学后，爱德华王子作为大学实习生加入皇家海军陆战队，为期 12 个月的训练十分艰苦，他刚刚学完三分之一就退出了。有些媒体指责他半途而废，据说菲利普亲王因为爱德华没有和兄长们一样进入军队服役，违背王室

迷恋戏剧的王子
爱德华王子没有按照王室惯例从军而是选择演艺事业，这在当时饱受诟病，但这一点说明他性情内敛坚忍。

室内网球运动员
爱德华在大学时开始练习室内网球。室内网球又称皇家网球，历史远比草地网球久远。他在自己组织的一次室内网球慈善赛上邂逅未来的妻子索菲。

传统而大发雷霆。

爱德华选择在娱乐界发展，不过 1987 年 6 月，他帮助策划英国慈善电视节目《超级淘汰赛》——戏称"王室大败"，初次尝试就再次引发争议。节目中，王室家族 4 名成员——爱德华王子、安妮公主、约克公爵和公爵夫人——每人率领一队名流，鼓励队友在一片混乱的游戏中求胜。这个节目媒体并不喜欢，成为失败之作，但节目成功募集了 100 万英镑善款。

1988 年 1 月，白金汉宫宣布爱德华王子即将加入真正好集团，这是作曲家安德鲁·劳埃德·韦伯创立

家中办公
阿尔当制片公司曾在萨里郡巴格肖特庄园马厩办公，巴格肖特庄园是威塞克斯伯爵和伯爵夫人的家。

婚姻

1999年1月，爱德华宣布与索菲·里斯-琼斯订婚。1993年两人相识，索菲是一名公关公司职员。6月19日，两人举行了一场比兄长们要低调的婚礼。婚礼地点是温莎城堡的圣乔治礼拜堂而不是威斯敏斯特大教堂，到场嘉宾人数也少得多——当时的首相托尼·布莱尔也没有接到邀请。另一件打破常规的事情是，结婚时，女王封爱德华为伯爵而非公爵。爱德华选择威塞克斯这个头衔也说明了他对戏剧的热爱——据说此头衔他借用于电影《恋爱中的莎士比亚》。

索菲结婚后即称威塞克斯伯爵夫人殿下，起初她继续在自己的公共关系公司工作，不过为了有更多时间履行王室职责，2002年她辞去工作。爱德华和索菲以往经常代表女王和外交部出国访问，常常在有外国皇族参加的活动上作为女王私人代表出席。近年他们曾访问加拿大、马拉维、挪威、文莱和斯里兰卡。2019年，女王加授给爱德华福弗尔伯爵爵位，他和苏菲在当年7月访问该镇，收到一条特别的格子裙。爱德华从父亲那里接手了一些事业和机构的工作，特别是爱丁堡公爵奖励计划。众所周知，女王希望他最终继承爱丁堡公爵爵位。

这对夫妇有两个孩子，路易丝·温莎小姐和塞文子爵詹姆斯。两人均在弗里姆利公园医院出生，这是一家国民保健服务（NHS）医院。他们是伯爵而不是公爵子女，因此没有殿下的称号。一家人住在巴格肖特庄园，这是爱德华王子从王室租用的皇家寝宫，位于萨里郡。维多利亚女王的儿子康诺公爵亚瑟曾在这座19世纪英印风格的乡村大宅居住。

威塞克斯伯爵夫人
索菲·里斯-琼斯

索菲·里斯-琼斯出生于1965年1月20日，是克里斯托弗和玛丽·里斯-琼斯之女。父亲经商，索菲在肯特郡长大。1993年认识爱德华时，她已经开始从事公共关系工作，但后来放弃事业，专注于王室职责，倡导妇女权力运动，支持残疾儿童教育。2019年她代表英国出席联合国妇女地位委员会会议。2020年，她成为访问南苏丹的第一位王室成员，在当地弘扬妇女和性别暴力受害者的权利。

爱德华、索菲与他们的子女

6
今日王室
2000年至今

今日王室

年表 2000年至今

2000年		2003年		2008年	

2000年1月1日
伊丽莎白二世女王为伦敦格林尼治千年穹顶正式揭幕。

2000年8月4日
王母太后庆祝百岁寿辰。

▶ 王母太后百岁寿辰纪念杯

2003年11月
一名《每日镜报》记者透露他伪造简历当上白金汉宫男仆。

2003年11月8日
威塞克斯伯爵和伯爵夫人之女路易丝·温莎小姐出生。

2005年6月23日
威廉王子毕业于苏格兰圣安德鲁斯大学。

2006年3月1日
女王为卡迪夫的威尔士国民议会大楼揭幕。

2006年4月12日
哈里王子进入英国王室禁卫军骑兵团服役。

2008年3月26日
女王欢迎法国总统尼古拉·萨科奇和妻子卡拉·布吕内对英国进行国事访问。

2008年4月7日
戴安娜死因调查结束，结论是意外死亡。

2010年6月15~21日
威廉王子和哈里王子首次共同访问南部非洲。

2010年11月16日
威廉王子与凯瑟琳·米德尔顿订婚。

2001年9月21日
为67名死于"911"纽约恐怖袭击的英国人举办的追悼仪式上，英国驻美大使克里斯托弗·梅尔爵士宣读女王悼词——"悲伤是我们为爱付出的代价"。

▼ 女王前往圣保罗大教堂出席金禧礼拜途中

2002年4月29日
女王与5位曾在她手下任职的首相共进晚餐。

2004年1月6日
伦敦法医开始调查戴安娜和多迪·法耶德死因。

2004年1月8日
女王为30多年来建造的第一艘跨大西洋大型邮轮命名为"玛丽女王2"号。

2006年12月10日
安妮公主之女扎拉·菲利普斯当选为英国广播公司年度体坛风云人物。

2006年12月15日
凯瑟琳·米德尔顿出席威廉王子在皇家军事学院的结业会操。

2009年1月
威廉王子开始受训，准备成为皇家空军直升机飞行员。

2010年12月9日
示威学生在伦敦袭击查尔斯王子和康沃尔公爵夫人所乘汽车。

2010年12月29日
女王第一个曾孙萨凡娜·菲利普斯出生。

2002年6月1~4日
女王金禧庆祝活动持续整个周末，包括在白金汉宫花园举办的"宫中派对"。

2002年7月25日
女王在曼彻斯特为英联邦运动会揭幕。

2004年7月6日
女王为伦敦海德公园戴安娜纪念喷泉揭幕。

2005年1月30日
媒体爆出哈里王子佩戴纳粹标志臂章参加私人化装晚会的照片。

2009年9月
两位王子成立自己的慈善基金会：威廉王子与哈里王子基金会，2011年重新命名为剑桥公爵及公爵夫人和哈里王子皇家基金会。

2011年2月
威廉王子在基督城地震后对新西兰进行一次特别访问。

2011年4月29日
威廉王子与凯瑟琳·米德尔顿在威斯敏斯特大教堂结婚。

▼ 威廉和凯瑟琳与伴娘花童的婚礼合影

2001年12月
卢西恩·弗洛伊德展出女王画像，颇具争议。画像有损女王形象，广受批评。

2002年2月9日
玛格丽特公主在睡梦中安然去世，享年71岁。

2002年11月1日
威尔士王妃戴安娜前任管家保罗·布雷尔洗清在王妃产业偷窃的罪名。

2005年4月9日
查尔斯王子和卡米拉·帕克·鲍尔斯在民事部门登记结婚，随后在温莎圣乔治礼拜堂举行祈福仪式，卡米拉成为康沃尔公爵夫人。

▼ 查尔斯王子和卡米拉婚礼后家庭合影

▲ 威廉王子和哈里王子主办纪念戴安娜王妃音乐会

2007年7月1日
威廉王子和哈里王子在温布利体育馆举办纪念戴安娜王妃音乐会，纪念即将到来的母亲去世10周年忌日。

2001年12月
（同上）

2002年3月30日
王母太后去世，享年101岁。

2002年4月9日
王母太后葬礼在威斯敏斯特大教堂举行，随后在温莎城堡圣乔治礼拜堂下葬。

2007年12月17日
威塞克斯伯爵和伯爵夫人之子塞文子爵詹姆斯出生。

2007年12月23日
英国王室官方频道——皇家频道在YouTube上线。

21世纪的前几十年，公众对伊丽莎白二世女王的敬爱随着她度过每一个重要日子而与日俱增——登基金禧年、钻禧年和白金禧年都举行了全国庆祝活动。她的儿子威尔士亲王查尔斯再婚，王室孙辈开始走向舞台中心，威廉王子和哈里王子承担了更多职责。两位王子都曾在军队服役。2011年威廉王子和凯瑟琳·米德尔顿的婚礼举世瞩目，长子乔治两年后出生，也受到全世界关注。2015年，女王成为英国历史上在位时间最长的君王。

2012年 | 2016年 | 2018年

2012年2月6日
庆祝女王登基 60 周年。

2012年6月2~5日
为庆祝女王登基钻禧在泰晤士河上举行船只巡游，白金汉宫外举办了一场流行音乐会。

2014年1月17日
扎拉·菲利普斯与麦克·廷道尔之女米亚出生。

⬇ 女王钻禧纪念收藏品

2016年4月21日
伊丽莎白二世年届 90。

2016年6月20~22日
女王法定 90 岁寿辰的庆祝活动持续整个周末。

2017年6月17日
女王在生日致辞中反思最近的两场悲剧，格伦费尔大楼大火和曼彻斯特体育馆爆炸。

2017年7月27日
威廉王子最后一次担任救护飞行员，此后为履行王室职责放弃事业。

2018年4月23日
剑桥公爵和公爵夫人第三个孩子路易·阿瑟·查尔斯王子出生。

2018年5月19日
哈里与梅根在温莎圣乔治礼拜堂结婚。

2012年7月
7 月 27 日，女王为伦敦夏季奥运会正式揭幕。扎拉·菲利普斯在 7 月 31 日作为英国马术代表队成员赢得一枚银牌。

⬇ 扎拉·菲利普斯在 2012 年伦敦奥运会参加比赛。

2018年6月14日
苏塞克斯公爵夫人梅根在柴郡第一次与女王共同参加王室活动。

2018年6月18日
麦克·廷道尔与扎拉第二个女儿莉娜·伊丽莎白·廷道尔出生。

⬆ 哈里和梅根参加英联邦纪念日活动后与儿童交谈，这是他们最后一次官方王室活动。

2020年3月9日
哈里和梅根最后一次作为高级王室成员出席活动，此前他们在 1 月份宣布将不再履行王室职责，财政独立，移居北美。

2014年6月5~7日
女王为庆祝诺曼底登陆 70 周年访问法国。

2014年7月23日
女王在格拉斯哥为英联邦运动会揭幕。

2016年6月23日
经过脱欧公投，英国投票决定离开欧盟，这一事件对宪法、尤其是苏格兰独立问题具有深刻影响。

2017年9月25日
梅根陪同哈里参加"永不屈服"运动会，这是两人首次共同出席公众活动。

2017年8月
菲利普亲王退出公共事务。

2018年10月12日
尤金妮公主与杰克·布鲁克斯班克在温莎圣乔治礼拜堂结婚。

2019年1月17日
菲利普亲王在桑德林汉姆附近发生车祸。

2020年7月
苏塞克斯公爵夫人梅根不幸流产，谈到她与哈里"难忍悲痛"时令人动容。

2020年7月17日
比亚特丽斯公主与爱德华多·马佩利·莫齐在温莎举行婚礼，仅有家人出席。

2012年8月30日
女王为伦敦残奥会揭幕。

2012年9月
哈里王子出征阿富汗，任阿帕奇直升机副驾驶兼炮手。

2014年9月10~14日
第一届伤残军人"永不屈服"运动会在伦敦举行。

2014年9月19日
苏格兰全民公投，放弃独立。

➤ 哈里和扎拉参加"永不屈服"运动会。

2019年5月6日
梅根与哈里的第一个孩子阿尔奇·哈里森·蒙巴顿－温莎出生。

2019年9月
梅根和哈里巡访南部非洲，会见德斯蒙德·图图大主教，宣传排雷行动。

2021年4月9日
菲利普亲王爱丁堡公爵在温莎城堡去世。

2021年6月4日
哈里和梅根的女儿莉莉贝特·戴安娜·蒙巴顿－温莎出生。

2013年4月17日
女王和爱丁堡公爵出席在圣保罗大教堂举行的玛格丽特·撒切尔葬礼。

2013年7月22日
剑桥公爵夫人长子乔治出生。

2014年10月24日
女王发送第一条推特消息。

2015年5月2日
剑桥公爵夫人第二个孩子夏洛特出生。

2015年9月9日
女王成为英国历史上在位时间最长的君王。

2017年2月6日
庆祝女王登基 65 周年蓝宝石禧。

2017年4月
威廉王子和哈里王子谈论母亲去世带来的心理伤痛，宣传"同心协力"心理健康活动。

2017年11月20日
女王与菲利普亲王庆祝结婚 70 周年。

2019年10月17日
威廉、凯瑟琳、梅根和哈里为国民心理健康活动"每颗心都重要"发声。

2019年11月20日
因与性犯罪者有关联而引起公愤，安德鲁王子宣布退出公众事务。

2021年9月18日
比亚特丽斯与爱德华多的第一个孩子西耶娜·伊丽莎白·马佩利·莫齐出生。

2022年2~6月
女王庆祝白金禧年。

2022年9月8日
伊丽莎白二世女王在巴尔莫勒尔城堡去世。

此前

1337 年，爱德华三世为长子黑王子爱德华创建康沃尔公国，黑王子年仅 7 岁就成为第一任康沃尔公爵。

黑王子

成年后，黑王子大多数时间在法国度过——为父亲收回法国王位而打仗。不过，在康沃尔他被视为仁慈的领主。当黑死病在康沃尔和英格兰其他地区肆虐时，他免去租户房租，缓解了人们艰难的生活，并下令将达特姆尔高原上放牧的公国牲畜都送给穷人。

锡利群岛
康沃尔公国拥有锡利群岛大部分领土，圣玛丽也是群岛港务局所在地。群岛上有不少度假屋，遵循环保原则运营。

> "我的全部**目标**就是**修复**受到**破坏**的乡村，**治愈**出现的**创伤**。"
>
> 查尔斯王子，2006年5月

康沃尔公国

查尔斯不仅是威尔士亲王，也是康沃尔公爵。康沃尔公国作为王储个人进项来源而创建，其收入用于支持亲王及其直系亲属的公众活动、个人活动和慈善活动。

尽管"公国"经常指代康沃尔，但这片产业实际上包括英格兰西南的大片土地——只有 13% 位于康沃尔。爱德华三世创建这份产业后，其规模随着土地买卖时有变化。如今公国占地 53134 公顷，遍及 24 个郡县。几乎半数以上财产位于德文郡，其他则分布在赫里福德郡、萨默塞特郡和威尔士。伦敦椭圆板球场也属于康沃尔公国——从前那里还是菜园市场时就是如此。公国还拥有耕作农场和饲养家畜的农场、居民小区和商业地产、森林、河流、采石场和海岸线——以及 20 世纪 90 年代新建的庞德布里镇。

公国许多财产和法律都要追溯到中世纪时期——事实上有些甚至起源于古代凯尔特和盎格鲁-撒克逊法律——因此得了过时封建主义的罪名。公国拥有无主财物权——康沃尔任何人一旦去世时没有留下遗嘱或没有健在亲属，其财产归公国所有。此类财产转入慈善账户，用于环保和社区项目。公国还有权任命当地郡长，负责锡利群岛港务局，拥有康沃尔郡大约五分之三的海滩。公爵拥有所有在康沃尔海滩上遇难船只的"沉船权"，以及所有冲到海滩上的"皇家之鱼"，如鲸鱼、海豚和鲟鱼。

公国起源

在撒克逊时代，康沃尔和威尔士并非由英格兰统治——事实上阿瑟尔斯坦国王（见12页）将英格兰边界定在塔玛河沿线——诺曼征服后仍旧保持独立。征服者威廉的同父异母兄弟、莫尔坦的罗伯特在 1072 年获得康沃尔，14 年后编纂的《英格兰土地志》显示康沃尔的地主仅对莫尔坦效忠，而不像英格兰其他地区那样对国王效忠。1337 年，爱德华三世为儿子黑王子以及所有未来"长子"及"英格兰王国法定继承人"创建康沃尔公国时，公国宪章即宣布国王放弃公国内税务收入，并表明王室大臣、郡长和镇长均不得进入公国领地。尽管查尔斯王子自愿缴纳收入所得税（见234页），但公国产业属于私产，因此无须缴纳企业所得税；公国保留了任命郡长的权力；尽管君王第一个孩子——无论男女——将继承王位，但女性不能继承康沃尔公国。如果君王没有儿子，公国的权利义务属于王室，不会有人被封为公爵。

今日公国

1952 年乔治六世国王驾崩后，查尔斯继承康沃尔公国，是在位时间最长的康沃尔公爵。女王继位时，他年仅 4 岁，受封第 24 任康沃尔公爵。1969 年，他年满 21 岁，开始负责管理公国——并可支配公国收入。

康沃尔公国的土地财产总价值为 7.63 亿英镑。2013 年，公国创

教育下一位公爵
威廉王子和查尔斯王子在海格罗夫庄园视察艾尔郡稀有品种奶牛。如今父亲继位为王，威廉王子已继承康沃尔公国。

收 2880 万英镑，查尔斯获益 1900 万英镑——比前一年多 4%。扣除成本后——2013 年成本约为 920 万英镑——王子缴纳所得税 440 万英镑。根据适用于公国的古代法律，只有王

531 平方千米 康沃尔公国拥有的土地总面积。

室家族及其顾问和皇家税务海关总署知道王子申报的税前成本。

查尔斯王子自愿缴税后，批评减少，但仍然有人要求提高透明度。下院公共账户委员会主席、工党议员玛格丽特·霍奇说："即使进行各种商业活动，公国也可免税。这种免税待遇对于缴纳企业所得税和资本利得税的竞争对手来说并不公平。"此后有人呼吁修改赋予公国免税待遇的古老宪章。

可持续农业

查尔斯酷爱可持续农业和有机耕作，康沃尔公国让他有机会将爱好付诸实践。位于海格罗夫庄园的公国家庭农场自 1985 年以来就实现了纯有机经营，王子是这一领域的领军人物。这个农场由他亲自管理，建造运营的原则就是兼顾商业成功与环境和社会责任。商业方面农场十分成功——公国收入在 2012 年和 2013 年间翻番。成功案例之一是"公国原创"这一品牌——1990 年为推广农产品而创立。如今品牌由英国连锁超市维特罗斯持有，名为"来自维特罗斯的公国原

创"。每年王子慈善基金会获得 100 万英镑左右的品牌使用费。

家庭农场是公国的旗舰项目，为保护塔姆沃思猪、爱尔兰无角牛、格洛斯特牛、设得兰牛和英国白牛，以及赫布里底绵羊和萨罗普绵羊等本地稀有家畜品种，发挥了重要作用。英国农民抱怨成熟绵羊不太好卖，查尔斯王子就领导了羊肉复兴运动，鼓励英国家庭消费更多羊肉。

公国里有许多地区自然风光绝佳，它大力支持自然保护项目。公国定期向一些项目捐款，如鼓励渔民将海上捕捞时渔网中收集的垃圾带上岸的"捞垃圾"计划。公国与英格兰历史建筑和古迹委员会合作，共同管理境内众多古代遗迹和历史名胜。锡利群岛大部分土地以及近三分之一住宅也属于公国所有，公国努力推动群岛发展可持续旅游业。公国还在锡利群岛、康沃尔和威尔士拥有自己的环保度假村。

公国未来

公国也让王子有机会实践自己的著作《英国愿景》中提到的建筑和社会理论。1994 年，公国在多切斯特郊

新海格罗夫农场商店
查尔斯王子与康沃尔公爵夫人为泰特伯里大街上的新海格罗夫农场商店揭幕。商店销售海格罗夫纪念品，还有康沃尔公国各庄园农场种植的有机农产品。

视察维特罗斯超市
2009 年 9 月 10 日查尔斯王子和康沃尔公爵夫人视察伦敦贝尔格雷夫的维特罗斯超市。查尔斯王子创立了"公国原创"品牌，推广可持续有机食品，为自己的慈善事业筹款。

区开发试验新区庞德布里镇。镇上建筑融合各种传统和古典风格，设计理念是"适宜散步的社区"，商店、休闲设施和住宅区融为一体，而不是像许多现代城镇那样分开。公国在特鲁罗和纽基也有类似项目，而伦敦肯宁顿区——那里的土地自 1337 年即归公国所有——物业租金冻结不变，老年租户也有能力支付。康沃尔公国将神秘的古老传统与当代的生态社会责任融合起来，错综复杂，2022 年 9 月其父继位后威廉王子被封为康沃尔公爵，接手公国。

带公国纹章的燕麦饼干
燕麦饼干是英国维特罗斯超市销售的有机食品之一。1990 年查尔斯王子成立"公国原创"公司。

此后

查尔斯王子继位后，威廉王子接手康沃尔公国。

兰开斯特公国
查尔斯登基后继承女王的兰开斯特公爵爵位。与康沃尔公国一样，兰开斯特公国为王室家族成员的代管资产，即君王本人。公国资产收入是君王的主要收入来源。

未来的公爵
查尔斯登基前已采取措施，协助威廉王子准备接管康沃尔公国。王子理事会管理公国事务，2011 年起威廉王子开始参加理事会一年两次的会议。克拉伦斯宫发言人称，威廉"……为了熟悉公国所有运营方式已经学习多年"。

"我**努力打破**传统**模式**，因为**我觉得**那些模式**不对**。"

查尔斯王子，2006年5月

《 此 前

长寿的王母太后受人景仰，每年8月4日生日时都会有祝福者聚集在克拉伦斯宫门外表示祝贺。

百岁寿辰

2000年王母太后百岁生日时，4万多人聚集在林荫路上等待她在两个女儿的陪伴下走上白金汉宫阳台。当天早上，女王先祝贺所有百岁寿星生日快乐，然后给王母太后寓所克拉伦斯宫发去手写贺电。当天包括王母太后在内共有12名百岁寿星庆祝生日。

王母太后百岁寿辰庆祝活动还有6月27日在伦敦市政厅举办的午宴。7月19日，皇家骑兵卫队阅兵场为她举行庆祝游行。游行队伍里有军乐队、花车、合唱团、赛马、阿伯丁安格斯牛，甚至还有骆驼。王母太后在查尔斯王子的陪同下乘坐敞篷马车到达游行现场。1个小时的游行结束后，她对所有参加人员表示感谢，称游行令她"非常愉快"。

母女们
1980年，王母太后庆祝80岁寿辰，著名时尚人像摄影师诺曼·帕金森为她拍摄了与女王和玛格丽特公主的合影。

两位王室成员
告别人世

2002年是女王在位的第50个年头，对于女王陛下来说开局不利。短短8个星期她就先后失去了妹妹和母亲：玛格丽特公主2月9日去世，随后王母太后3月30日去世，享年101岁。

玛格丽特公主比伊丽莎白二世女王年轻4岁，在医院去世时71岁。她已患病多年，1998年起多次中风。对于1960年以后出生的人来说，玛格丽特公主似乎遥不可及，但老一代人还记得20世纪50年代那位喜欢夜总会和戏院的年轻公主。看到近年王室的历次离婚和丑闻，很难相信她当年竟然因为彼得·唐森上校曾离异（见154~155页）而不能与他结婚。玛格丽特公主后来与富有成就的摄影师安东尼·阿姆斯特朗-琼斯（斯诺登勋爵）结婚，婚后二人关系紧张直至离婚。关于公主私生活的八卦消息在六七十年代常常占据报纸头条。玛格丽特有时似乎厌倦王室职责，有人指责她为人傲慢、生活奢侈，但是她对姐姐的忠诚始终如一。尽管两人生活方式不同，她和女王一直非常亲密。

玛格丽特的葬礼

玛格丽特公主的葬礼于2月15日在温莎圣乔治礼拜堂举行，当天也是其父乔治六世国王下葬50周年。女王、菲利普亲王、玛格丽特公主的儿女林利子爵和莎拉·查托夫人以及公主前夫斯诺登勋爵率众吊唁。王母太后自圣诞节以来胸部感染，前一天乘直升机从桑德林汉姆赶来，坐在轮椅上出席葬礼。玛格丽特公主葬礼的

百岁寿宴菜单
王母太后百岁午宴菜单上的圆形图案是与她生活有关的4个地点（左上角起顺时针方向）：克拉伦斯宫、皇家小屋、格拉姆斯城堡和梅伊城堡。

"我的**母亲**……**对生活的热爱**富于感染力。"

女王悼词，2002年4月5日

很多细节由她本人设计，包括圣歌的选择，她还要求遗体火化。仪式结束后，灵车运送公主灵柩前往斯劳市火葬场，她的骨灰后来被送回圣乔治礼拜堂安放在王室墓穴中。

王母太后去世

出席玛格丽特公主葬礼后，王母太后回到位于温莎的皇家小屋，1931年起这里就是她的乡间寓所。她的身体状况渐渐恶化，3月30日下午3点15分，她在睡梦中安然去世，伊丽莎白二世女王陪伴在她身旁。她享年101岁。长孙查尔斯王子与她关系特别亲密，当时他正与威廉王子和哈里王子在瑞士克罗斯特滑雪，即刻启程回国。

王母太后去世消息传出后，白金汉宫和她在伦敦的寓所克拉伦斯宫门外立即众人云集。尽管王母太后去世绝非突然，人们仍然非常悲恸。她出生于1900年，在世纪风云变幻中是稳定的象征。民众对她的爱戴始自第二次世界大战期间（见102~103页），恒久不变，数百万人热爱这位精神饱满、脸上总是挂着微笑的王母太后，敬佩她忠于职守的品格。上年11月22日她最后一次公务活动是作为贵宾出席"皇家方舟"号航空母舰再度下水服役仪式，仅仅4个月后王母太后就告别人世。公众及国内外领导人纷纷表示悼念，圣詹姆斯宫、爱

以各式帽子出名
这只百岁寿辰纪念杯的照片中，王母太后头戴一顶著名的羽毛装饰宽边帽。

丁堡荷里路德宫和温莎城堡等地设有吊唁簿供人留言。

遗体告别仪式与葬礼

4月5日，周五，王母太后灵柩用炮架运送，肃穆的送葬队伍从圣詹姆斯宫前往威斯敏斯特大厅，葬礼之前在那里进行为期4天的遗体告别仪式。50年前，乔治六世国王的遗体告别仪式也在这座威斯敏斯特宫最古老的中世纪大厅举行。王室家族14名成员在灵柩后随行。安妮长公主打破先例（过去只有男性在灵柩后随行），加入随行队伍。灵柩覆盖王母太后专属王旗，上面摆放着1937年她在乔治六世加冕典礼上佩戴的王冠。灵柩安放在大厅中两米高的灵柩台上，女王出席了简短的安放仪式。随后3天，20多万人排队经过灵柩台向遗体告别，守灵期间士兵分列四角守护。葬礼前夜，王母太后的4个孙辈——威尔士亲王、约克公爵、威塞克斯伯爵

默默守护
查尔斯王子身穿少将礼服，在王母太后灵柩台一角站岗。她另外3个孙子（外孙）站在其他地方，一起沉痛哀悼。

和林利子爵站岗守护，寄托哀思与敬意。

葬礼前夜，女王发表电视讲话，向母亲的"坚忍、奉献和对生活的热情"致敬。4月9日葬礼开始前，威斯敏斯特大教堂的低音钟响起101下钟声，象征着王母太后101年的一生。在128名风笛手的吹奏中，她的灵柩从威斯敏斯特大厅运往大教堂西大门。100多万人挤在教堂外及邻近街道上围观，2100多名来宾参加了55分钟的葬礼仪式，其中包括英国王室家族35名成员以及25个外国王室家族的代表，仪式中有两首王母太后最喜欢的圣歌：《永生神就是灵》和《伟大救主引导我》。

葬礼结束后，灵柩开始最后一段旅程，被送往温莎城堡，皇家空军纪念不列颠之战飞行编队的老式喷火式战斗机、飓风战斗机、达科塔运输机和兰开斯特轰炸机飞越白金汉宫和林荫路上空。大量民众在37千米长的道路两旁观看。当天晚些时候，经过家族下葬仪式，王母太后遗体被安放

在圣乔治礼拜堂北通道的乔治六世纪念堂黑色大理石墓穴中，在她丈夫身旁长眠。玛格丽特公主的骨灰与父母放在一起。

鸣放礼炮
第105皇家炮兵团从苏格兰斯特灵城堡的城墙上鸣放礼炮41响，向王母太后致敬。英国多个城市有礼炮响起。

此后 »

王母太后去世后，查尔斯王子搬入她在伦敦的故居克拉伦斯宫，安德鲁王子搬到温莎的皇家小屋。

艺术品
王母太后所有财产留给女王——她唯一健在的女儿。她曾为曾孙辈设立一项信托基金。王母太后的财产据估计价值7000万英镑，主要是一些油画、瓷器、珠宝和其他艺术品，包括她收藏的法贝热的珍贵作品。这些财产现在属于王室收藏，很多可以在女王画廊的展览中看到。

纪念雕像
2009年，在俯瞰林荫路的台阶上，一尊3米高的王母太后铜像在乔治六世雕像旁揭幕。铜像耗资200万英镑，资金来自2006年女王80岁寿辰发行的5英镑纪念币销售收入。

金禧

2002 年，英国及英联邦各国数百万人参加了女王登基金禧的庆祝活动。整整一年各类庆典不断，女王和菲利普亲王旅行里程超过 6.4 万千米，足迹遍布世界各地。

女王希望遍访国内外臣民，让更多人能看到她，以此庆祝登基金禧，感谢臣民在她在位的 50 年中给予的支持和忠诚。虽然 2002 年 2 月 6 日女王继位 50 周年纪念日刚刚过去，2 月、3 月玛格丽特公主和王母太后就相继去世（见 258~259 页），庆典伊始就如有阴云笼罩，女王仍按计划继续进行。妹妹去世仅仅 9 天后，女王君临牙买加，后来数月她和菲利普亲王又访问了新西兰、澳大利亚和加拿大等许多地方。

5~8 月，女王访问了联合王国四国的 70 多个城镇，多次走入群众"与人民会面"。此前数家英国报纸认为公众已经对王室活动丧失热情，金禧庆典会一败涂地，事实证明此类预言十分离谱。

此 前

参加金禧庆典的不少民众年龄不大，已经不记得女王的银禧庆典，或者银禧之年过后才出生。

25 年以前

金禧庆典重复了银禧庆典的很多内容（见 182~183 页），最著名的就是黄金御用马车从白金汉宫到圣保罗大教堂参加全国感恩礼拜的游行仪式。1977 年，全国充满喜庆气氛，当时街头狂欢是庆祝活动的主流。女王数次出现在白金汉宫阳台上与民众见面，数百万人向女王致意。泰晤士河上举行了皇家船只巡游和焰火表演。不过在世界范围内，当年电视还不像 2002 年这样普及，活动规模不及两次王室音乐会。

深情挥手
女王乘车前往圣保罗大教堂参加感恩礼拜途中向人群挥手致意。据说上街观看女王经过的人数之多令女王大为吃惊。

金禧周末

数以千计的成人和儿童在 6 月初的金禧周末参加了伦敦的庆祝活动，数百万人则通过电视观看。周末活动的重头戏之一是白金汉宫花园举办的两场音乐会。6 月 1 日的"宫中逍遥音乐会"有 1.25 万嘉宾出席，英国广播公司交响乐团和英国广播公司交响乐团合唱团演出了古典音乐曲目。6 月 3 日的"宫中派对"则展现了 50 年来英国的流行音乐，"皇后"摇滚乐队吉他手布赖恩·梅领衔演出，在宫殿屋顶上表演了他改编的一曲《天佑女王》。音乐会中表演的还有保罗·麦卡特尼、埃瑞克·克莱普顿、克利夫·理查德和托尼·班奈特，吸引了世界各地 2 亿多电视观众，特别受到王室家族年轻成员的欢迎。在保罗·麦卡特尼的两首曲子之间，女王点亮了林荫路维多利亚女王纪念碑前的国家灯塔。2000 多座分布在英国全境和英联邦各国的灯塔组成灯塔链，相继亮起。

金禧日

6 月 4 日，周一，女王乘坐黄金御用马车从白金汉宫行进至圣保罗大教堂出席坎特伯雷大主教主持的全国感恩礼拜。出席的嘉宾还有罗马天主教会、卫理公会、威尔士教会和苏格兰教会领袖以及英联邦领导人。

出席伦敦市市长在市政厅举办的午宴后，女王和王室家族回到白金汉宫，准备观看有 2 万多人参加的金禧游行。无数花车沿着林荫路经过白金汉宫门前，花车描绘了女王继位 50 年来英国生活的各个方面。此后，林荫路全线人山人海，几乎人手一面英国国旗。一天庆典结束，女王和王室家族在白金汉宫阳台上露面时众人齐声欢呼。

民众自发上街举行各种金禧庆祝活动，英国南极观测站成员在结冰的海面上打了一场板球赛。6 月 4 日晚，纽约帝国大厦为女王亮起紫色和金色灯光——向海外人士致敬极为罕见。

此 后

作为金禧庆典活动之一，女王设立志愿服务女王奖（原名女王金禧奖）。

帮助社区

志愿服务女王奖颁发给定期抽时间帮助社区民众、改善他人生活质量、为他人提供机会、提供优秀服务的志愿者群体，表彰他们的杰出成就。2003 年首次颁发该奖。内阁办公室每年在 6 月 2 日女王加冕纪念日宣布获奖群体名单。受到表彰的服务多种多样，如帮助犯罪行为受害者、为老人开车或组织社区体育活动等。

纪念盘
这个韦奇伍德青花瓷盘是为庆祝女王金禧特制的多种纪念品之一。

向王室致敬
林荫路和白金汉宫上空，飞机列队飞过，编队横跨 22 千米，由协和式飞机和红箭飞行表演队收尾。金禧日庆祝活动就此结束。

返校

威廉王子与未婚妻凯瑟琳·米德尔顿回到苏格兰圣安德鲁斯大学，启动该校 600 周年纪念活动。10 年前两人在这里读书时相识。他们第一次共同出席公务活动选择在爱情开始的地方相当合适。

　　威廉和凯瑟琳 2001 年 9 月在苏格兰东岸圣安德鲁斯大学读书时初识。圣安德鲁斯是一个海边小镇，有世界著名的皇家古老高尔夫俱乐部。这所学校是苏格兰历史最为悠久的大学，有 6000 名本科生，身穿与众不同的红色长袍。威廉和凯瑟琳就读的第一年住在大学最古老的宿舍楼圣萨尔瓦多堂（昵称萨莉）。两人都攻读艺术史专业荣誉学位，不过后来威廉转为地理专业。

　　大学时代，威廉与媒体达成协议，接受一次采访并拍照，然后就不再打扰他，让他正常求学。他喜欢在当地超市购物，去学生酒吧消闲。威廉任大学水球队队长，2004 年代表苏格兰国立大学参加凯尔特国家比赛。

　　据说凯瑟琳在大学第一年刚开始的学生时装表演中担任模特，引起威廉注意。第二年，他们与两个朋友一起在圣安德鲁斯中心共租一套公寓，最后一年时搬到近郊一座小屋。两人同日毕业：2005 年 6 月 23 日。

　　2007 年 1 月，凯瑟琳 25 岁生日前后两人即将订婚的传言愈演愈烈，因此他们暂时分开了一段时间。2010 年 10 月，两人在肯尼亚度假时终于宣布订婚。

"感觉像回到家中。"

威廉王子启动圣安德鲁斯600周年纪念活动时说道，2011年2月25日

首次以王室身份联袂进行正式访问
凯瑟琳身穿鲜红色大衣，呼应圣安德鲁斯本科学生穿着的鲜红色长袍，向善意的围观人群挥手致意。访问期间，这对未婚夫妇为一块牌匾揭幕后，大学 600 周年校庆正式启动。

戴安娜去世后，卡米拉鲜少公开露面。为恢复她在公众心目中作为查尔斯伴侣的形象，有关方面为她进行了精心的安排。

按部就班

查尔斯和卡米拉第一次联袂亮相是在伦敦丽兹酒店，当时正值卡米拉妹妹安娜贝尔50岁生日晚会。媒体得到消息，王子将出席晚会，20名摄影师到场拍下两人离去的镜头。2002年，卡米拉作为全国骨质疏松症协会主席在协会招待会上迎接查尔斯到达时与他亲吻——这是两人第一次公开接吻。卡米拉的母亲和祖母都患有骨质疏松症，她努力宣

查尔斯与卡米拉离开丽兹酒店

传关于这一病症的知识，这一点得到大肆宣传，以便美化她的公众形象。

查尔斯与卡米拉的婚姻

威尔士亲王与卡米拉·帕克·鲍尔斯30多年前开始恋爱，10年前感情首次曝光。两人在2005年4月9日终于成婚，此时戴安娜去世已近8年。

2005年2月10日，克拉伦斯宫宣布威尔士亲王与卡米拉·帕克·鲍尔斯订婚。查尔斯将伊丽莎白王母太后的一枚戒指作为订婚戒指送给未来的新娘。女王即刻发表声明，表达她和菲利普亲王对两人未来的美好祝福，据说威廉王子和哈里王子也感到高兴。

查尔斯王子离婚后，曾公开说他与卡米拉·帕克·鲍尔斯的关系"没有商量余地"，但是戴安娜人气很高，去世后民众情绪激动，他想要赢得民心并不容易。媒体团结一致，认定那个女人要对戴安娜的不幸负责，对她充满敌意。

2000年，两人关系曝光后女王首次会见卡米拉。这被视为她开始接受卡米拉的信号，2002年金禧庆典时，卡米拉应邀在王室包厢就座。2003年，查尔斯在克拉伦斯宫安家，那里成为他的正式寓所，卡米拉也搬入宫中，不过她保留了自己在威尔特郡的房子（直到今天）。舆论风向渐渐转变，使两人关系转为合法具有了可能性。

宪政问题

未来查尔斯将成为英格兰教会最高领袖，卡米拉的离异身份届时会引起宪政问题，让人想起1936年爱德华八世的退位危机（见92～93页）。卡米拉离异，前夫健在，这种情况下不可能举行英格兰教会的传统婚礼；

两次仪式

婚礼原本计划于4月8日举行，因查尔斯要代表女王出席教皇约翰·保罗二世葬礼而推迟一天。两人中午12点30分到达登记处举行私人仪式时，有2万多人围观祝贺。部分亲属乘坐租来的小型巴士从温莎城堡来到市政厅出席婚礼。女王和爱丁堡公爵没有参加——女王之前宣布，新郎、新娘希望低调结婚，为此她不会出席。威廉王子和卡米拉之子汤姆·帕克·鲍尔斯担任婚礼见证人。

新娘在民事婚礼上身穿米色裙装和外套，头戴米色宽边帽。圣乔治礼拜堂的祈福仪式有电视转播，女王和菲利普亲王出席，新娘换了一身蓝

> "威尔士亲王与帕克·鲍尔斯夫人准备**结婚**，爱丁堡公爵和我为此感到**非常高兴**。"
>
> 伊丽莎白二世女王在白金汉宫发表的声明中说

虽然查尔斯也是离异身份，但他的原配已不在人世，所以被教会视为鳏夫。最终两人决定在离温莎城堡最近的登记处温莎市政厅举行一场民事婚礼，随后在温莎圣乔治礼拜堂举行祈福仪式。坎特伯雷大主教罗恩·威廉斯博士发表声明，称再婚安排符合英格兰教会规定："威尔士亲王作为虔诚的国教信徒和未来的英格兰教会最高领袖完全遵守教会规定。"有些立宪派认为王室继承人举行民事婚礼不合法，不过大法官福尔克纳勋爵2月24日对上院发表的声明中明确指出，1998年人权法替代所有与王室婚姻有关的法律。

高地运动会

2003年8月，查尔斯和卡米拉出席苏格兰凯思尼斯高地运动会时合影。两人心情放松。此时公众已习惯看到两人出双入对。

色和金色搭配的丝质裙装配外套，头戴金色头饰。参加仪式的嘉宾还有查尔斯传记作者乔纳森·丁布尔比、节目主持人大卫·弗罗斯特和演员肯尼思·布拉纳和乔安娜·林莉。

查尔斯和卡米拉手挽手走入礼拜堂，面对坎特伯雷大主教重申婚礼誓言。随后，两人走入礼拜堂外聚集的人群中交谈，然后回到温莎城堡国事厅出席女王举办的招待会。伊丽莎白二世女王在招待会上致辞时，表达了对儿子的自豪之情："虽然有比彻溪流和障碍椅（指同日举行的英国国家越野障碍赛马大赛）以及其他各种可怕的障碍……他渡过了难关。"

康沃尔公爵夫人

卡米拉婚后称康沃尔公爵夫人殿

家庭合影
王室新婚夫妇与王室家族成员（左侧）和卡米拉的父亲布鲁斯·尚德少校及子女汤姆和劳拉（右侧）拍摄婚礼正式合影。

此 后 ≫

下（苏格兰罗斯西公爵夫人），而不是威尔士王妃。这样做是为了尊重公众舆论，在人们心目中这个头衔仍然与戴安娜联系在一起。出于类似原因，官方宣布查尔斯即位时卡米拉将称伴妃而不是卡米拉王后。当时民意调查显示，65%的民众赞成两人结婚，但只有7%认为卡米拉未来可以成为王后。

皇家维多利亚勋位大十字勋章
2012年女王封卡米拉为皇家维多利亚勋位大十字勋章女爵士。这一勋位通常由女王个人授予，表彰个人的杰出服务，彰显女王的慈爱与信任。

近年来卡米拉承担了不少重要的新职责，在钻禧和白金禧庆典活动中起到突出作用。

公爵夫人婚后几个月即与查尔斯首次出访海外，11月访问美国，在白宫会见乔治·W.布什总统。2005年6月她出席了伦敦皇家卫队阅兵式，在白金汉宫阳台上首次亮相。

未来的王后
随着威尔士亲王为女王承担的公务越来越多，卡米拉也越来越多地出现在国事活动中。2013年5月8日议会开幕大典上她身着全套礼服在查尔斯身侧就座。许多人认为这标志着她被视为未来的王后，在这个问题上舆论摇摆不定——2015年民意调查时有49%的民众支持这件事，但2017年调查时这个比例仅有

19%。

女王和菲利普亲王退出公共事务，而卡米拉开始登场亮相。例如2020年她接替菲利普成为步枪军团荣誉团长。2022年9月查尔斯在母亲去世后登基，卡米拉终于成为王后。

2013年卡米拉身着皇家礼服

钻石婚

女王成为英国历史上第一位庆祝 60 年钻石婚的君王，迈过又一个里程碑。她和菲利普亲王 1947 年结婚，当时英国正处于艰苦时期。过了 60 年，他们一同前往威斯敏斯特大教堂参加一场特殊庆典，重续婚礼誓言。

　　庆典 11 月 19 日举行，是结婚周年纪念日的前一天。有 30 多名王室家族成员与 2000 名嘉宾出席庆典。其中有 5 位 1947 年在威斯敏斯特大教堂唱诗班歌唱的歌手，以及 10 对同一天结婚的夫妇。演奏的乐曲有女王夫妇当年婚礼选用的圣歌和赞美诗，祈祷时，坎特伯雷大主教罗恩·威廉斯博士请女王和爱丁堡公爵 "在心中重申你们曾彼此做出的承诺"。威廉王子读了一段《圣经》，奥斯卡奖获得者朱迪·丹奇女爵士朗诵了桂冠诗人安德鲁·莫申专门为庆典创作的一首诗。随后，女王和公爵与议会广场上等待的民众稍做交谈。

　　庆典之前，女王夫妇重游已故蒙巴顿勋爵故居布罗德兰兹庄园，60 年前他们在那里度过蜜月。11 月 20 日，婚礼纪念日当天，女王和爱丁堡公爵飞往地中海马耳他岛，1949~1951 年菲利普亲王在皇家海军服役时两人曾在那里居住。女王对于岛上生活有着特别美好的回忆。她和菲利普只有这段时间里过着相对正常的生活，远离 "众目睽睽之下的生活……以及压力"。这些话是坎特伯雷大主教前一天所说，他感谢女王夫妇 60 年来为英国和英联邦倾力奉献，生活不得不暴露在大众面前。

"与别人相比，**某些夫妇**不得不**过着众目睽睽之下的生活。**"

罗恩·威廉斯博士布道，2007年11月19日

美好回忆
作为钻石婚庆祝活动的一部分，女王和爱丁堡公爵重回布罗德兰兹庄园，他们曾在那里度过蜜月。拍摄这张照片时，女王夫妇正在庄园里一起散步，回忆旧时光。

生于1982年

威尔士亲王

"我相当平凡。"

威廉王子与NBC新闻频道主持人马特·劳厄尔交谈，
2007年6月15日

白马王子
2003年6月21日威廉王子21岁生日时公布的官方照片。虽然凯瑟琳·米德尔顿出席了当年温莎城堡举办的生日宴会，但接受采访时他否认自己有女朋友。

1982年6月21日，威廉出生于帕丁顿的圣玛丽医院，当时威尔士亲王和王妃结婚不到一年。分娩时查尔斯在产房陪伴。新生儿当即成为王位第二顺位继承人。6周后，坎特伯雷大主教在白金汉宫音乐室为他施洗，得名威廉·亚瑟·菲利普·路易斯。他有6位教父、教母，如希腊前国王君士坦丁二世和南非作家兼探险家劳伦斯·凡·德·波斯特，后者被查尔斯视为精神导师。

威廉9个月大，刚刚会爬的时候就随父母对新西兰和澳大利亚进行正式访问，为期6周。此事尚属首例——当查尔斯这么大的时候，还是公主的母亲在1949年出访海外，为时不短，他被留在家中。威廉绰号袋熊，整段旅程中都如磁石般吸引着摄影师为他拍照，31年后他的儿子乔治也吸引了许多摄影师。

童年和学校时光

戴安娜怀着威廉时开始患上抑郁症和暴食症，但她与查尔斯紧张的婚姻关系尚不为外界所知。两人都决心保护两个儿子不要受到媒体的侵扰，尽可能正常地抚养他们长大。戴安娜给孩子们穿休闲衣裤，带他们去主题乐园和快餐店，让他们对生活有更多体验。后来，她视察医院和无家可归者收容中心时也带上他们，加深他们的情感认知。

威廉4岁开始上学，去了诺丁山的珍·迈纳斯幼儿园，离肯辛顿宫约有5分钟路程。后来他进入伦敦韦瑟比学校就读，8岁时到伯克郡的拉德格罗夫寄宿男校学习。1995年，威廉进入亨利六世国王1440年创建的伊顿公学，就在温莎郊外。常有人说是戴安娜决定送威廉去伊顿的，因为她的父亲和弟弟都曾就读于这所学校。不过，查尔斯讨厌自己母校高登斯顿的严苛制度，也支持选择伊顿。

1997年8月戴安娜不幸身亡时，威廉正与父亲和弟弟在巴尔莫勒尔度假。王妃去世后群情激

母与子
母亲戴安娜将威廉高高举起，胖宝宝高兴得咯咯直笑。威廉与母亲十分亲密，母亲去世时他年仅15岁。

愤，媒体指责王室家族麻木不仁，两位小王子受到沉重打击，却没有得到王室安抚，但这种说法并不公正。母亲去世令威廉万分悲痛，歌手艾尔顿·约翰在葬礼上演唱《风中之烛》是他的主意。由于之前与八卦媒体达成协议，向他们定期通报自己近况，作为交换，王子在伊顿求学期间可以不受干扰，这一安排在接下来艰难的时光里无疑保护了他和哈里。哈里在秋天也进入伊顿学习。

学生王子

2000 年，威廉通过地理、生物和艺术史 3 门高级课程考试，离开伊顿。他曾担任学校水球队队长。大学前的空档年，他在非洲、伯利兹和智利旅行工作一年，然后进入圣安德鲁斯大学学习。这所学校创立于 1413 年，是苏格兰最古老的大学。这再次违背了王室传统——之前上大学的王子都是去牛津或是剑桥（威廉

朋友兼同事
威廉王子和电视节目主持人广播员兼活动家大卫·爱登堡爵士出席"大卫·爱登堡爵士"号考察船命名仪式。两人曾在多个自然保护项目中合作。

父亲的母校），但坐落于苏格兰东海岸小镇上的圣安德鲁斯大学能让威廉享受更多隐私和自由。在那时，他只有一次受到媒体严重干扰。具有讽刺意义的是，干扰他的电影摄制组隶属于他叔叔爱德华王子的阿尔当制片

王室职责

2010 年 11 月 16 日，威廉与凯瑟琳·米德尔顿宣布订婚，婚礼于 5 个月后举行，成婚后两人受封为剑桥公爵和剑桥公爵夫人。2013 年 7 月他们的长子乔治出生，不久后威廉宣布他会结束全职军人生涯，用更多的时间履行王室职责，从事慈善工作。两人的第二个和第三个孩子分别出生于 2015 年 5 月和 2018 年 4 月。

> **"这不是想要做（国王）的问题，这是我的命运，也是我的职责。"**
>
> 威廉王子接受英国报联社彼得·阿切尔采访，2003 年 6 月 21 日

公司。威廉刚到圣安德鲁斯不久就认识了凯瑟琳·米德尔顿，大学最后一年他与她和另外两个朋友同租一所公寓。

2005 年，威廉获得文学硕士学位，随后从军，进入伯克郡桑赫斯特皇家军事学院，他的弟弟前一年已经先一步入校学习。2006 年 12 月，威廉以威尔士中尉的名义加入皇家近卫骑兵团和第一龙骑兵团服役。

虽然他希望能亲历战场，但对于王位第二顺位继承人来说这过于危险。2009 年 1 月，他被调入皇家空军（RAF），获得海王搜救直升机飞行员资格。

威廉在国内外代表女王履行各类职责，并支持大量慈善机构的工作。他对自然保护事业兴趣浓厚，特别是打击非法野生动物交易的项目。通过威尔士亲王及王妃皇家基金会，威廉和凯瑟琳也从事关于年轻人和心理健康问题的宣传活动。他们在 2017 年提出"同心协力"倡议，努力改变国民对心理健康的讨论交流。

对爱尔兰进行国事访问

应爱尔兰共和国总统玛丽·麦卡利斯邀请，女王对该国进行国事访问，这是 1911 年以来英国君王首次造访。这次访问标志着联合王国与爱尔兰共和国紧张关系发生历史性转折。

上一位访问爱尔兰的英国君王是女王祖父乔治五世，当时整个爱尔兰还属于联合王国。自那以后，两国长期处于敌对分裂状态，1916 年复活节起义，爱尔兰为争取独立浴血奋战，此后爱尔兰分裂为爱尔兰自由邦（后为爱尔兰共和国）和仍属于联合王国的北爱尔兰。1998 年，英国和爱尔兰政府签署《贝尔法斯特协议》，爱尔兰共和国放弃对北爱尔兰的领土要求，为女王访问奠定基础，该协议被视为和解的象征。

女王访问期间，都柏林一直处于最高安全警戒状态。第一天，伊丽莎白在纪念花园献上花圈，追忆"所有那些为了爱尔兰的自由献出生命的人"。她还去了克罗克公园体育场，1920 年，英军在那里举行的爱尔兰式足球赛上向爱尔兰平民开火。当天晚上在都柏林城堡的国宴演讲中，女王用以难学著称的爱尔兰语开场，"A Uachtarain agus a chairde（总统，朋友们）"。听到这里，人们看到玛丽·麦卡利斯做出"哇"的口型。女王充满感情地谈起动荡的过去，以及如何迈向更美好的未来。她还提及人们失去亲人的悲痛，显然是指 1979 年她的表亲蒙巴顿勋爵被爱尔兰共和军暗杀一事（见 192~193 页）。

"事后看来，我们都能发现，一些事情本来可以换个方式处理，或者顺其自然。"

女王在都柏林城堡国宴上的讲话，2011年5月18日

翠绿色大衣
女王访问蒂珀雷里郡凯瑟宫时身着爱尔兰翠绿色大衣。访问即将结束，这一天日程比较宽松，让女王有闲暇参观著名的库摩赛马培育场。

此 前

威廉是继祖父、父亲和叔叔约克公爵之后王室家族第 4 位飞行员。

有其父必有其子

威廉对飞行的热爱源自父亲。查尔斯王子 1971 年已经获得私人飞行执照,亲自驾驶飞机前往皇家空军克兰威尔基地,学习驾驶喷气式飞机的高级培训课程。1974 年,他又在约维尔顿接受皇家海军直升机飞行员培训。乘坐女王专用机队飞机时,他常常操纵飞行——1995 年之前,女王专用机队负责为王室家族出行驾驶飞机。

4 岁的威廉走下直升机

马尔维纳斯群岛的故事

约克公爵安德鲁在马尔维纳斯群岛战争中曾在皇家海军"无敌"号上担任海王直升机副驾驶员,当时他是王位第二顺位继承人。他将阿根廷飞鱼导弹引离英国特遣部队舰船的故事对威廉会有启发和鼓舞(见 216~217 页)。

飞行员王子

王室的血液中有飞行的因子。威廉从军时获得了皇家空军飞行员翼形徽章。他继续学习,成为专业搜救(SAR)飞行员。离开武装部队后,他计划在履行王室职责之余继续驾驶直升机。

2007 年,国防部宣布威廉将在皇家空军(RAF)服役 4 个月。他在军中用名威尔士中尉,此时刚刚完成装甲侦察部队指挥官培训课程。他本已报名在陆军服役 3 年,但知道在阿富汗前线作战的想法肯定不可能获准后,他决定要体验一下其他两个军种(皇家空军和皇家海军)。借调至皇家空军可以让他实现学习飞行的毕生志向,并了解现代空军力量的运用。

威廉在皇家空军林肯郡的克兰威尔飞行学院参加了为期 12 周的强化培训,学习驾驶直升机和固定翼飞机。经过 8 个半飞行课时,他首次单飞。他后来说"感觉非常奇妙"。2008 年 4 月 11 日,20 世纪 70 年代曾在克兰威尔培训过的查尔斯王子向威廉颁发皇家空军翼形徽章。借调结束之前,威廉还曾到过前线,当时他驾驶(并非主驾驶)C-17 环球霸王军事运输机往返飞行 30 个小时,从坎大哈空军基地运回一位阵亡士兵的遗体。他回到威尔特郡皇家空军莱纳姆基地时消息传出,他说自己参与执行运送遗体回国的飞行任务感到"非常荣幸"。

威廉也曾在皇家海军短期服役。随皇家海军"铁公爵"号派遣至加勒比地区时,他参加英军与美国海岸警卫队的联合行动,抓捕一艘快艇,缴获 900 千克可卡因,价值约 4000 万英镑。

搜救飞行员

2009 年,威廉延长服役,调至皇家空军接受搜救部队直升机飞行员培训。这支部队为英国、塞浦路斯和马尔维纳斯群岛提供 24 小时空中搜救服务。它的前身是第二次世界大战期间为救起坠海空勤人员而成立的海空营救中队。尽管仍属军方,但如今搜救部队的多数飞行任务是与英国海岸警卫队合作,在海上或山区出现紧急情况时营救平民。

威廉在搜救部队工作可以继续飞行,是不用参加作战行动的现役军人。晋升为空军上尉后,他在萨罗普郡的皇家空军肖伯里基地国防直升机飞行学校完成为期 12 个月的高级直升机飞行课程。在这段课程的学习中,他完成了 80 个小时左右的格里芬 HT1 直升机驾驶培训,学习了高级飞行操作、夜间飞行、紧急情况处理和战术飞行及编队飞行。

2010 年 1 月,空军上尉威尔士调至北威尔士安格尔西岛皇家空军谷地基地转学搜救课程。

搜救课程毕业生
2012 年 9 月,在皇家空军谷地基地完成搜救培训课程后,空军上尉威尔士(后排居中)与 6 位同学一起展示毕业证书。

前 6 周他继续接受格里芬直升机培训,然后开始转学海王直升机操作课程,在模拟飞行器和皇家空军海王直升机上交替训练。

最繁忙的搜救部队

2010 年 9 月,培训结束后,威廉分配至皇家空军谷地基地第 22 飞行中队 C 小队——英国最繁忙的搜救部队——驾驶海王马克 3 直升机。他的实战期预计持续 30~36 个月。

1765 次 2012 年威廉所在皇家空军谷地基地搜救部队响应的事故数量。

搜救部队每 24 小时轮班一次。机组人员必须在收到紧急呼叫后 15 分钟(夜间 45 分钟)以内做好起飞准备。每天早上有简报会,传达天气情况和其他军事行动因素的有关信息,汇报飞机状态。机组人员负责执行飞行前检查,但在基地时主要在机组人员室值班。

搜救机组通常有两名飞行员,其中 1 人为机长。此外,还有 1 名话务员负责操作绞盘,在搜救现场用绳索放下救援人员、救起伤员。救援人员一般接受护理训练,在搜救现场即时提供急救和复苏服务。威廉作为副驾驶在 2010 年 10 月 2 日首次执行任务,与同僚一起从海上钻井平台空运一位伤员前往医院。之后 3 年,王子共参加 C 小队 156 次搜救行动,救起 149 人。2012 年,他通过资格考试,成为作战机长,指挥 4 人机组。

小鱼比利
威廉在皇家空军名牌上使用的姓名是威尔·威尔士。训练期间因为"威尔士"一词与"鲸鱼"发音相近,绰号"小鱼比利"。

感觉无与伦比

威廉显然将直升机飞行视为乐

> "我**确实喜欢空军生活，希望能够继续为空军服役**。不过我的**另一个身份**给我带来的**压力越来越大**。"

威廉退役之前说，2013年

2014年8月，官方宣布威廉将接受训练，学习驾驶救护飞机，回归飞行事业。

空中新事业

经过一段时间的训练，2015年3月威廉开始为驻扎在剑桥和诺维奇机场的东盎格鲁空中急救队工作，不久后他的第二个孩子出生。在两年的时间里他在履行王室职责的余暇完成新工作，将薪水捐赠给慈善事业。这段时间他和剑桥公爵夫人大多数时间住在诺福克郡桑德林汉姆的安墨别墅。

2017年7月，威廉最后一次执行飞行任务后放弃事业，全身心投入王室职责和慈善工作中。空中急救队的同事们对他的形容是"备受爱戴""勤奋工作"和"性格极好"。

尽在掌控
威廉被称为"极其出色的专业飞行员"，他曾在爱尔兰海的惊涛骇浪中和北威尔士的斯诺登尼亚山区里参加过多次危险的营救行动。

事。在2013年英国广播公司电视纪录片《直升机营救》中，威廉担任机长执行飞行任务，从某采石场营救1名小男孩。片中，威廉谈到自己的工作："真的做了好事，救人一命的感觉无与伦比。"

婚前，威廉与凯瑟琳在安格尔西一间租来的农舍首次同居。凯瑟琳曾谈起自己在王子执行危险飞行任务时对他的安全感到担心。2013年9月，威廉结束皇家空军服役生涯，飞行总时间超过1300小时。

威廉与凯瑟琳的婚礼

一介平民、属于中产阶级的凯瑟琳·米德尔顿嫁给了威廉王子，这与传统背道而驰。凯瑟琳深得人心，2011年4月29日婚礼在威斯敏斯特大教堂举行后，100万人涌上街头向王子夫妇欢呼致意。

难免有人会把这场婚礼与30年前查尔斯王子同戴安娜·斯宾塞小姐的婚礼相提并论。那次婚礼也被称为"童话婚礼"，举办前人们就已热烈期盼多日。30年前，婚礼在壮丽恢宏的巴洛克式建筑圣保罗大教堂举行，举国关注。威斯敏斯特大教堂尽管也很壮观，与王室关系更为密切，却只能容纳不到2000人。威廉坚持应由他和凯瑟琳决定来宾人选。结果，半数以上的客人是两人的亲戚朋友，传统上分配给国家元首、政治家、外交官和其他高官显贵的请柬数量大幅减少。

婚礼当天早上，官方宣布女王封孙子为剑桥公爵、斯特拉森伯爵和卡里克弗格斯男爵，凯瑟琳成婚之后即刻获得剑桥公爵夫人殿下的头衔。威廉的新头衔分别来自英格兰、苏格兰和北爱尔兰。

此前

当时身为王位第二顺位继承人的威廉王子与凯瑟琳·米德尔顿于2010年11月16日宣布订婚。

戴安娜的戒指

威廉把威尔士王妃（见200页）的蓝宝石配钻石订婚戒指赠予凯瑟琳。威廉告诉记者，这枚戒指"对他而言非常特别"，这是"我保证母亲不会错过今天这个日子的方式"。

花朵主题

威斯敏斯特大教堂中世纪风格的中殿改作一条林荫路，有些树木高达7.5米，点缀有3万支来自温莎大公园的杜鹃等各式花朵。威廉王子身穿爱尔兰护卫队的全套鲜红色礼服，伴郎哈里王子则是一身艳蓝色皇家近卫骑兵团和第一龙骑兵团制服，在英格兰花朵背景下十分醒目。

首席伴娘是新娘的妹妹皮帕，此外还有4位伴娘和两名花童，新娘在他们的陪伴下挽着父亲的臂膀走过从教堂西大门到唱诗班席这段3分半钟的路程。她的婚纱由亚历山大·麦昆旗下的萨拉·伯顿设计，用象牙色缎子制成，上衣部分和裙子的蕾丝花朵图案由皇家缝纫学校的裁缝制成。裙子后身为维多利亚半裙撑式，曳地裙摆不长，不到3米。面纱用女王出借的头饰固定。凯瑟琳手捧一小束白色的春花。

威斯敏斯特大教堂教长约翰·霍尔主持传统英格兰教会仪式，坎特伯雷大主教罗恩·威廉斯为两人主持婚礼。伦敦主教理查德·查特斯布道，新娘的弟弟詹姆斯·米德尔顿朗读《圣经》。

新婚夫妇在响亮钟声中离开教堂。他们乘坐4匹温莎灰马拉的1902年御用敞篷马车（见136~137页）回到白金汉宫。女王与王室家族其他成员乘坐的马车紧随其后。

7200万 在YouTube上观看王室婚礼的人数。

午餐招待会

女王主办的午餐招待会邀请了600余名嘉宾，既有新婚夫妇的朋友，也有一些相关组织机构的代表。

威廉与凯瑟琳及双方亲属在白金汉宫阳台上露面，向下面聚集的数千民众致意。王室婚礼之吻如今已成惯例，新婚夫妇拥吻两次，民众高声喝彩，人声鼎沸，小伴娘中威廉3岁的教女格蕾丝·范·卡茨姆不禁捂上双耳。白金汉宫上空传统的皇家空军飞行表演有第二次世界大战期间的兰开斯特轰炸机、喷火战斗机和飓风战斗机参加。

下午3点30分刚过，威廉驾驶经典阿斯顿·马丁敞篷车载着新娘前往他的官方寓所克拉伦斯宫。新婚夫妇晚上回到白金汉宫参加查尔斯王子

| 3 小时 王室婚礼后威斯敏斯特大教堂鸣钟的时间。

为家人及密友举办的私人晚宴。此后有舞会，宫中举行了小型焰火表演。

公众庆祝活动

婚礼在周五举行，当天定为英国全国假日。数百万人在电视上观看了当天的活动。全世界收看电视直播的人更是不计其数。街头狂欢许可证共发放了5000多张，首相戴维·卡梅伦也在唐宁街举办聚会庆祝。无数国旗、彩旗装扮了伦敦等城市的大街小巷。婚礼庆典的成本约为2000万英镑，大部分由查尔斯王子负担，米德尔顿家也出了一部分。

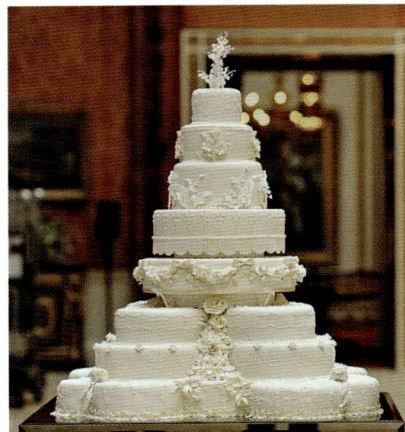

8层蛋糕
蛋糕师费奥纳·凯恩斯和她的团队用了5个星期时间制作了这款华丽的8层婚礼蛋糕。新郎还订制了一款巧克力饼干蛋糕，采用他最喜欢的配方。

婚礼照片
婚礼之后，新郎、新娘与凯瑟琳的小伴娘和花童一起在白金汉宫王座室合影。

夫妻

婚礼后，新婚夫妇准备率众走出威斯敏斯特大教堂时，威廉王子牵起凯瑟琳的手，凯瑟琳回以一个特别的微笑。

> "当我们全力以赴时，我们就会**真正地全力以赴**。"

英国首相戴维·卡梅伦
谈到王室婚礼庆祝活动

潇洒离去

招待会后，威廉王子驾驶父亲的经典阿斯顿·马丁敞篷车，载着妻子离去。汽车用气球装饰，车牌改装后写有"新婚"字样。

此后 »

威廉王子在婚礼后即回到皇家空军搜救飞行员的岗位上。这对夫妇直到 5 月 9 日才前往塞舌尔群岛欢度蜜月。

公务在身的王室成员

公爵夫人在蜜月后很快开始履行官方职责。5 月，她和威廉在白金汉宫出席与美国总统巴拉克·奥巴马和夫人米歇尔的私人会晤。7 月，两人前往加拿大和美国（见 294~295 页），这是他们首次联袂出访海外。

慈善基金筹款

凯瑟琳的婚纱整个夏天都在白金汉宫展出，吸引观众的人数破了纪录。婚纱展出为剑桥公爵夫人自己的慈善基金筹款 800 万英镑。

皇家纪念品

自维多利亚女王时代开始，很多人就对收藏皇家纪念品情有独钟，从纪念加冕典礼的精美瓷器到糖果罐、杯子和海报等批量产品不一而足。

1 婚礼纪念品 1863年威尔士亲王阿尔伯特与亚历山德拉公主的婚礼后颁发给一位皇家娱乐委员会成员的稀有银质镀金珐琅奖章。**2 爱德华七世加冕杯** 这件皇家道尔顿出品的瓷杯是赠予官方加冕晚宴来宾的礼物。**3 爱德华七世加冕花瓶** 这件1902年的花瓶底色为镀金与蓝，上绘花朵图案，也是皇家道尔顿出品。**4 乔治五世加冕杯** 这件迷你爱杯（双柄杯）由皇家皇冠德比为庆祝乔治五世加冕特制。**5 乔治五世银禧奖章** 这是考文垂的J.J.凯什公司颁发给雇员的纪念奖章。**6 乔治五世银禧别针绶带** 这件绣花绶带后面设计有别针，可以穿西装时佩戴。**7 乔治五世加冕纪念盒** 1911年罗楚礼公司推出这件款式特别的加冕纪念盒，内装巧克力。

8 乔治六世加冕杯 这件蓝色与金色相间的科尔波特爱杯为纪念1937年5月12日乔治六世与伊丽莎白加冕典礼特制。**9 伊丽莎白二世钻石婚纪念礼盒** 这件蛋糕盒内装蛋糕一块，为纪念伊丽莎白二世和菲利普亲王结婚60周年特制。**10 威尔士亲王婚礼蛋糕盒** 这件蛋糕盒带有威尔士亲王和康沃尔公爵夫人纹章，标有两人婚礼日期。**11、12 迷你爱杯** 威廉王子和哈里王子出生时各推出一款纪念版迷你爱杯。**13 伊丽莎白二世钻禧茶壶** 这件限量版骨质瓷茶壶属于一套女王御准的茶具藏品。茶具销售收益用于维护皇家艺术古董收藏。**14 皇家婚礼纪念杯** 这件纪念杯属于威廉王子与凯瑟琳·米德尔顿婚礼官方纪念骨质瓷套装。

两个"A"互相缠绕——阿尔伯特王子和亚历山德拉公主姓名首字母

爱德华七世国王和亚历山德拉王后双人肖像

1 婚礼纪念品

2 爱德华七世加冕杯

爱德华七世的皇家记号ERVII，指爱德华国王（原文为拉丁语）

3 爱德华七世加冕花瓶

5 乔治五世银禧奖章

6 乔治五世银禧别针绶带

22K镀金

4 乔治五世加冕杯

国王庞大帝国的场景，包括印度、非洲的部分地区和大洋洲

7 乔治五世加冕纪念盒

[8] 乔治六世加冕杯

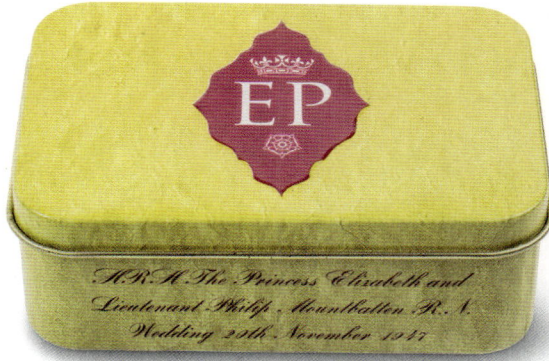

[9] 伊丽莎白二世钻婚纪念礼盒

[10] 威尔士亲王婚礼蛋糕盒

[11] 迷你爱杯——威廉

[12] 迷你爱杯——哈里

王室纹章

[13] 伊丽莎白二世钻禧茶壶

抛光黄金和白金装饰

凯瑟琳和威廉姓名首字母"C"和"W"印在威廉王子纹章小冠冕下方

[14] 皇家婚礼纪念杯

出生于1982年

威尔士王妃

"我真希望我能**有所作为**，即使以最微不足道的方式也可以。"

凯瑟琳·米德尔顿订婚后接受采访，2010年11月16日

凯瑟琳·伊丽莎白·米德尔顿1982年1月9日出生于伯克郡雷丁，是卡罗尔和迈克尔的长女，父母在英国航空公司（BA）工作时相识。1984年，米德尔顿一家移居约旦，迈克尔继续为英国航空公司工作，凯瑟琳在一家英语幼儿园就读。后米德尔顿一家回到英国，凯瑟琳在圣安德鲁斯预科学校潘伯恩分校就读。卡罗尔创立了聚会小品公司，这是英国首批网购企业之一，销售儿童派对用品。公司经营十分成功。

凯瑟琳个子高挑，为人腼腆，体育成绩出色。威廉王子9岁时到她的学校打曲棍球时她也在现场观看。1995年离开圣安德鲁斯预科学校后，她曾在伯克郡的精英女校唐屋学校短暂就读，在那里似乎并不快乐，因此父母为她办理了退学。此后她来到威尔特郡的马尔波罗学院学习。凯瑟琳在学校成绩不错，高级课程考试中得了两个A和一个B，获得爱丁堡大学入学资格，但她决定到意大利度过空档年，第二年又申请圣安德鲁斯大学改读艺术史。

大学生活

威廉和凯瑟琳都在2001年秋季进入圣安德鲁斯大学，被安排在同一个宿舍楼。尽管永远贪得无厌的媒体密切监视王子生活，却直到次年春天才注意到凯瑟琳。她同意在一次学生时装表演中客串模特，有人发现威廉花200镑购买了前排座位的门票。凯瑟琳在T台上亮相数次，着装时而是活泼宽松的休闲装，时而是透明黑色直筒连衣裙。据说王子极为倾倒。从此两人秘密相恋，次年他们与另外两名学生搬到圣安德鲁斯中心一座排屋中居住。

离开大学

2006年，已经毕业的凯瑟琳开始为吉格索时装公司做兼职工作。媒

出席钻禧庆典
这是凯瑟琳出席女王钻禧庆典时拍摄的照片，她已经成为时尚偶像，一举一动、穿着打扮，甚至是体重最轻微的波动都备受关注。

毕业日
凯瑟琳·米德尔顿2005年毕业，获得高级二等文学学士学位。此时她已给同学威廉王子留下印象，未来这位王子会成为她的丈夫。

与孩子亲密无间
2020年1月，凯瑟琳前往伦敦斯托克韦尔花园托儿所和学前班，在早餐时间与孩子们互动。她热衷于支持幼儿健康和福祉。

体一直狂热地猜测她与威廉感情的未来发展。吉格索公司创始人贝尔·罗宾逊记得有时办公室外的马路上挤满了电视台工作人员。"我们会说：'你要不要从后门走？'她会答道：'坦白讲，拍不到照片他们就会一直跟着我们。所以我不如干脆让他们拍好照片，这样他们就会让我们清静清静。'我觉得作为26岁的姑娘她相当成熟。"2007年4月，威廉和凯瑟琳暂时分手，媒体一片哗然。克拉伦斯宫拒绝做出评论，媒体众说纷纭。不过两人很快又公开出双入对。

王室婚礼
两人最终在2010年10月订婚，当时他们正在肯尼亚度假，庆祝威廉王子通过皇家空军直升机搜救课程考试。威廉王子把母亲威尔士王妃戴安娜的订婚戒指赠给凯瑟琳。2011年4月29日，他们在威斯敏斯特大教堂完婚，移居安格尔西岛上一座偏远的农舍，威廉在这个岛上担任搜救飞行员。他们没有佣人服侍，朋友称两人希望尽可能过上平常生活，凯瑟琳做晚饭，在当地商店里购物，待威廉回家时为他准备洗澡水。

他们极其需要逃离媒体的不断关注，因此刻意保护自己的隐私。虽然凯瑟琳背离王室传统，自己选择服装——既有英国主流时尚连锁店商品，也有独家设计师出品，她已经

成为时尚偶像。无论凯瑟琳穿什么衣服，那个款式都会立刻脱销。

新一代
凯瑟琳孕期曾因严重晨吐入院治疗，2013年7月22日乔治王子出生。一家三口在安格尔西又生活了一段时间，2014年10月移居肯辛顿宫。次年，威廉有了新工作，在诺福克担任空中急救飞行员，之后两年全家常居桑德林汉姆的安墨别墅。2015年5月2日，凯瑟琳和威廉的第二个孩子夏洛特·伊丽莎白·戴安娜公主在伦敦圣玛丽医院出生，2018年4月23日第三个孩子路易·阿

瑟·查尔斯王子出生。凯瑟琳支持的慈善机构和公益事业为数众多，尤其重视儿童早期成长、体育和视觉艺术。她是一名摄影爱好者，拍摄的照片经常被王室新闻发布会采用。

> **"我曾拥有过的最好的盛装是奶奶给我做的小丑工装裤。"**
>
> 凯瑟琳·米德尔顿在一次接受采访时说

新公主
2016年6月，13个月大的夏洛特公主与家人一起出现在白金汉宫阳台上，观看庆祝曾祖母90岁寿辰的皇家空军飞行表演。

此 前

除伊丽莎白二世外，英国历史上唯一一位曾庆祝过钻禧的君王是维多利亚女王，她在 1897 年庆祝了登基 60 周年。

纪念维多利亚女王金禧的花色丝质大手帕

维多利亚的钻禧

维多利亚女王钻禧庆典比金禧庆典更加隆重，但女王健康状况依然不佳（见 67 页）。因患关节炎而行动不便，她在出席感恩礼拜时无法走上圣保罗大教堂的台阶，礼拜只好改在外面举行。她和往常一样一身黑衣，全程坐在车厢中。

钻禧

2012 年，伊丽莎白二世庆祝登基钻禧。剑桥公爵与公爵夫人热闹的婚礼刚刚过去不到一年，又迎来女王钻禧，英国和英联邦沉浸在女王登基 60 周年的喜庆气氛之中。

钻禧让女王的臣民有机会追忆女王在这风云变幻的 60 年中为国家所做的贡献。首相戴维·卡梅伦也不例外，3 月 7 日他在下院讲话时说："文化变迁、政治潮起潮落，唯有女王如永恒之锚——永保我们确定不变。"

400000 枚 英国颁发给军队、狱警和应急服务人员的钻禧奖章数量。

周末庆典

1 月，政府宣布女王钻禧庆典的主要活动将于 6 月第一个周末举行。6 月 4 日和 6 月 5 日，即周一、周二两天作为公众假日，让全国人民有机会街头狂欢、野餐，或者参加数百场政府举办的公众活动。

女王钻禧庆典的首项庆祝活动是 6 月 2 日周六举行的叶森德比赛马会。伦敦的庆祝活动众多，最突出的是 6 月 3 日周日泰晤士河上壮观的巡游，这一活动的灵感来自 18 世纪画家卡纳莱托的一幅画《市长日的泰晤士河》，画上有镀金驳船和无数河船，背景是圣保罗大教堂。来自全国各地甚至更远的 1000 多艘新旧船只在泰晤士河上聚集。其中有的船在 1940 年第二次世界大战期间曾参加过敦刻尔克大撤退，还有一艘 19 世纪初的毛利战船和一条据说是维多利亚女王访问康沃尔时曾乘坐的木舟（手划船）。专为这次活动特制的手划驳船"格罗丽亚娜"号由 18 人组成的桨手划动，其中包括参加过奥运会的桨手斯蒂夫·雷德格里夫爵士和马修·品森爵士。

女王、爱丁堡公爵和王室家族其他成员乘坐皇家驳船——"MV 查特维尔精神"号，船上有金色天鹅绒奢华雨篷。在寒冷冰雨中他们观看了巡游的上半部分，各类船只的队伍长达 12 千米，然后皇家驳船加入队伍中一同驶往巡游终点伦敦塔桥。

泰晤士河巡游
无数手划小舟穿过威斯敏斯特桥，后面的高楼大厦证明伊丽莎白二世女王在位以来伦敦城市景观的巨变。

钻禧瓷器
这套官方钻禧纪念瓷器按照 1838 年维多利亚女王加冕宴会上首次使用的罗金厄姆瓷器的规格设计。

宫中音乐会

第二天，白金汉宫门前，歌手兼作曲家盖瑞·巴洛组织的音乐会在环绕维多利亚女王纪念碑修建的舞台上举行。总计 1 万张免费门票通过抽签方式向公众发放。在白金汉宫花园中有提前为持票观众准备的下午野餐，菜单由顶级厨师海斯顿·布鲁曼特尔设计。音乐会上明星云集，有艾尔

豪华女王驳船
为女王献礼而特别建造的手划驳船"格罗丽亚娜"号以卡纳莱托所绘泰晤士河油画中的市长镀金驳船为模型。

顿·约翰、斯蒂夫·旺德和保罗·麦卡特尼。菲利普亲王当天早些时候因膀胱感染入院治疗，无法出席音乐会。晚 10 点 30 分，女王将一枚水晶玻璃钻放入特别容器中，激活一束激光，从汤加、新西兰，到悉尼、新德里，再到加拿大，从苏格兰的路尽头到海峡群岛，遍布世界各地的 4000 多座灯塔依次亮起，组成灯塔链。

"在这特殊的一年……我再次宣布愿为你们服务。"

女王在继位60周年之际说道，2012年2月2日

庆典最后一天，女王和王室家族其他成员出席了圣保罗大教堂举行的

全国感恩礼拜。参加仪式的还有英联邦各国总督和首相，以及各行各业的代表。女王在威斯敏斯特大厅与 700 名嘉宾共进午餐后，乘坐敞篷马车回到白金汉宫。庆典结束，王室家族按惯例在白金汉宫阳台上露面，观看皇家空军红箭特技表演队及其他飞机进行的飞行表演。

出访海外

10 年前金禧庆典，女王与菲利普亲王访问了英联邦所有国家，但是现在年已 86 岁的女王需要其他王室家族成员的帮助。以女王名义的海外巡访有：威尔士亲王和康沃尔公爵夫人访问澳大利亚、加拿大、新西兰和巴布亚新几内亚；剑桥公爵和公爵夫人访问马来西亚、新加坡、所罗门群岛和图瓦卢；哈里王子访问伯利兹、牙买加和巴哈马。

钻禧年举办的其他活动还有 5 月 18 日女王在温莎城堡举行的外国君王晚宴。共有 22 位在位君王和前任君王出席，包括日本天皇、2 位女王、9 位国王、3 位王子、1 位大公和 1 位苏丹。

女王钻禧以多种方式庆祝，为她在位 60 年留下经久不衰的回忆。

钻禧献礼
向女王的永久献礼中包括林地信托种植的 60 片钻禧林地。大本钟所在的威斯敏斯特宫钟楼改名为伊丽莎白楼；克佑花园大门改名为伊丽莎白门；2012 年 12 月，英国外交部宣布英国南极属地的一部分将命名为伊丽莎白女王地。女王批准英格兰的柴姆福德、苏格兰的珀斯和威尔士的圣阿萨夫为自治市，北爱尔兰的阿马市可以拥有一名大市长。伦敦西南的里奇蒙区成为皇家直属区。

钻禧奖章
伊丽莎白二世女王钻禧奖章共有 3 种，英国、加拿大和加勒比英联邦领地各一种。奖章用来表彰军队、警察、监狱和应急服务人员的杰出贡献、各类突出成就或公众服务。

点亮国家灯塔
女王将水晶玻璃钻调到适合的位置，点亮国家灯塔。几秒钟后，明亮的白色光束高高射向白金汉宫门前的夜空。

为奥运会揭幕

7月28日凌晨，伊丽莎白二世女王走到话筒前宣布 2012
年伦敦奥运会正式开幕。她致辞简短，5 个小时前开始的开
幕式精彩纷呈，由奥斯卡获奖导演丹尼·鲍尔策划。

对于很多人来说，表演的高潮在晚 10 点 30 分到来，体育场挤满观
众，数百万人在家观看直播，他们看到一部短片，丹尼尔·克雷格扮演
的詹姆斯·邦德来到白金汉宫。他被带到女王书房，女王的威尔士矮脚
狗蒙蒂、威洛和霍利跟在他后面，女王背对镜头在书桌旁写字。真的是
她吗？当她转身向这位著名的间谍打招呼时，一切疑虑烟消云散："晚上
好，邦德先生。"

随后女王和间谍离开白金汉宫，显然登上了一架直升机，飞过伦敦
来到奥林匹克体育场上空跳伞。就在那一刻，现场有两位跳伞运动员出
现在体育场上空，其中一位打扮成女王的样子。几分钟后，在爱丁堡公
爵的陪伴下，女王身穿与电影中相同的服装就座。女王主演短片是当晚
保守得最好的秘密。奥运会组委会主席科勋爵、威廉王子和哈里王子和
众人一样看到女王首次出演电影无比震惊。跳伞运动员开始降落时，人
们听到两位王子喊道："奶奶加油！"

女王这段惊喜短片由丹尼·鲍尔执导，3 小时拍摄完毕，为这次极
其成功的夏季奥运会盖上皇家特准印章，大不列颠在奖牌榜上最终位列
第三。女王钻禧庆典在 6 月取得巨大成功（见 282~283 页），奥运会为
皇家这个胜利的夏天画上圆满的句号。

"我宣布**伦敦奥运会**开幕，庆祝**第 30 届**现代
奥运会。"

伊丽莎白二世女王为奥运会揭幕，2012年7月28日

焰火中的王冠
女王陛下身着桃色鸡尾酒小礼服，头戴手工陶瓷
花头饰，为伦敦奥运会正式揭幕。几秒钟后，焰
火燃起，体育场笼罩在闪烁焰火组成的王冠之下。

代表英国赛马

扎拉·菲利普斯在 2012 年伦敦奥运会中参加障碍马术决赛。她的母亲安妮公主 36 年前在蒙特利尔也曾参加奥运会。

生于1984年

哈里王子

> "我有 **3 个身份**——一个身着**制服**，一个是 **哈里王子**，还有一个……**私下的我。**"

哈里王子从阿富汗回国时说，2012年1月

哈里王子是威尔士亲王查尔斯和威尔士王妃戴安娜的幼子，目前为王位第五顺位继承人——前面是威廉王子和威廉的3个孩子。哈里1984年9月15日在伦敦中区帕丁顿圣玛丽医院出生，得名亨利·查尔斯·阿尔伯特·戴维。哈里儿时一头亮眼的红发，总是带着顽皮的微笑。这个漂亮的男孩似乎从小就养成了无所畏惧、随遇而安的生活态度，与更腼腆更严肃的兄长形成鲜明对比。

放肆大胆的外表
哈里王子从查尔斯王子的海格罗夫乡间别墅花园大门向外窥视。哈里和威廉的假期轮流在海格罗夫和戴安娜的肯辛顿宫套房度过。

戴安娜之死

母亲不幸去世时，哈里只有12岁。他个子不高，一身黑西服，勇敢地与祖父、父亲、哥哥和舅舅斯宾塞伯爵走在母亲灵柩后，跟随送葬队伍前往威斯敏斯特大教堂。长大后，哈里曾公开谈论失去母亲的悲痛——"对我们来说，她就是世界上最好的母亲"——无疑正是这段经历让他与慈善事业和公务活动中遇到的孩子心意相通。哈里在戴安娜去世后那年冬天与查尔斯王子前往博茨瓦纳和南非，这是他第一次亲历非洲，之后他多次访问这片大陆。

伊顿公学及之后的岁月

1998年9月，哈里追随威廉王子，也来到伊顿公学——这是伯克郡温莎附近的一所独立中学。虽然他学习成绩并不突出，体育方面却十分出色，特别是马球和橄榄球。他加入了学校的学生联合军训部队（CCF），晋升至实习生军官。他也没有逃脱青春期的困扰——媒体报道他未成年饮酒、吸大麻时，父亲安排他参观了伦敦南部一家戒毒中心。

2003年毕业后，哈里在参军前利用空档年前往澳大利亚、阿根廷和非洲旅行。在非洲，他制作了一部关于莱索托孤儿境况的纪录片。他还在这段时间里接受了橄榄球联盟教练培训，到英国各地学校和俱

人民的王子
民众对哈里王子的认同感高于其他任何王室成员。在众人的目光下，他从一个无所畏惧的小男孩成长为一个为慈善事业大声疾呼的男人，深受民众欢迎。

乐部宣传这一运动。

哈里王子 2005 年 5 月进入位于伯克郡桑赫斯特的英国皇家军事学院，结束培训课程后参加皇家近卫骑兵团和第一龙骑兵团，任少尉。他两次被派遣至阿富汗，具有阿帕奇武装直升机驾驶资格（见 290~291 页）。媒体采访他在前线的生活时，他说："我连续 4 天没有真正洗过澡，1 周没有洗衣服。"

与生俱来的同情心

和威廉一样，威尔士王妃戴安娜的影响体现在哈里支持的许多慈善事业之中。2006 年，他与莱索托王国的塞伊索王子共同创立森特巴尔基金会，森特巴尔在莱索托语中意为"勿忘我"，这家基金会帮助脆弱、被人遗忘的贫困儿童

和感染艾滋病毒的儿童。2007 年 7 月威廉和哈里在温布利体育馆为资助森特巴尔及其他戴安娜最为关注的慈善事业组织"纪念戴安娜王妃音乐会"。

哈里对军队生活有亲身体验，因此更加积极地帮助那些因公负伤的人，其中最主要的工作是 2014 年创办"永不屈服"运动会（见 300~301 页）。

热爱非洲
2014 年访问莱索托时，哈里王子向一些男孩展示他相机上刚刚为他们拍摄的照片。这些男孩在哈里王子的非洲慈善机构森特巴尔基金会修建的夜校上学。

新的方向

哈里与梅根的婚姻，以及他们第一个孩子阿尔奇的出生（见 292~293 页），彻底改变了哈里的生活轨迹。与媒体和清规戒律的王室越来越紧张的关系导致哈里和梅根在 2020 年与王室决裂。哈里放弃高级王室成员身份，移居加利福尼亚，走上经济独立的人生新道路。哈里继续支持自己重视的各项事业，而他融入现代生活的方式对君主制而言意味着巨大的挑战。

> "我们的**地位**让我们享有**很多特权**。但是……有了特权就要承担**重任**。"
>
> 哈里王子在CBS新闻频道接受采访，2012年3月13日

对他影响深远的个人经历还有母亲早逝后遭受的精神痛苦。这是他参与各类心理健康倡议的原因，如皇家基金会的"同心协力"活动，以及他在 2020 年推出的军人心理支持平台脑健康（HeadFIT）。

哈里年轻时因一些轰动小报的事件名声不佳。他佩戴纳粹标志臂章，身穿军服参加主题化装舞会的照片爆出时不得不为此致歉。他还曾在拉斯维加斯被拍到与不知名女子一丝不挂的照片，显然玩"脱衣台球"游戏。他给人留下的印象是一位喜欢玩乐的王子，特别是年少时；2014 年他也因此当选英国最受欢迎的王室成员。但公众对王子的喜爱很快面临严峻考验。

哈里王子纹章
女王在哈里王子 18 岁生日时授予他个人纹章。狮子、独角兽颈间和盾牌上的红色海扇贝（贝壳）来自母亲一方斯宾塞家族的纹章。

纪念戴安娜王妃音乐会

哈里儿时起就热爱军队生活。他在王室家庭中长大，有很多机会观察军队生活。

小兵

哈里8岁时陪同威尔士王妃戴安娜来到德国汉诺威，对轻龙骑兵团兵营进行正式访问，当时曾有人拍下他身穿全套迷你军装的照片。据说，他最喜欢的电影是迈克尔·凯恩主演的经典历史战争片《祖鲁战争》。

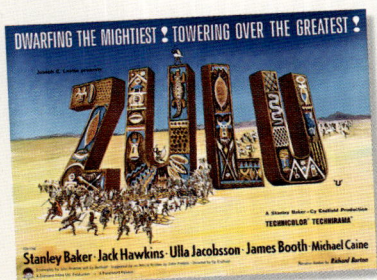

《祖鲁战争》1964年电影海报

学校军训生

哈里是学生联合军训部队（CCF）伊顿公学部的积极分子，学生联合军训部队在学校进行基本军训并开设领导能力课程。2003年，他晋升至最高等级的实习生军官，在年度阅兵中担任阅兵指挥官。

> "谁如果说**不喜欢军队**，那一定是**疯了**……（这是）你能**企求的最好工作**，**永远**永远。"

哈里王子在一次采访中说

阿帕奇战士

这张照片中，哈里王子身在阿富汗南部英军控制的堡垒营，穿着迷彩军服。王子担任阿帕奇武装直升机副驾驶员兼炮手，2012年在前线服役4个月。

哈里在军中

哈里王子在军中服役 10 年，两次被派遣至阿富汗——安德鲁王子在马尔维纳斯群岛服役后第一位在战争地区作战的王室家族成员。

哈里一直希望当兵。学业方面他不如哥哥威廉，在学校只通过两门高级课程考试。不过，他的成绩已经足够让他通过桑赫斯特皇家军事学院的入学考试，这是一所英国陆军军官培训学校。虽然如今多数入学者是研究生毕业，但哈里仍旧被录取，2005 年 5 月开始受训，化名见习士官威尔士。课程要求严格，既有军事、实践和理论科目，也有艰苦的体能

击塔利班的地面部队。因为国外媒体突破了英国官方的消息封锁，国防部不得不宣布这个消息并立刻中止王子任期。哈里回国后评论道："生气这个词并不恰当，但我确实略有失望。我本以为自己可以坚持到底，与战友一起回国。"

直升机飞行员

2008 年晚些时候，哈里开始在汉

2011 年 10 月，哈里被调至加州埃尔森特罗美国海军航空基地，完成最后的培训，学习在战场上驾驶阿帕奇武装直升机，还进行了实弹演习。培训后，他即获得在阿富汗前线作战的资格。哈里有飞行员的天分，在埃尔森特罗成绩名列前茅。

使用先进设备
哈里坐在阿帕奇武装直升机机舱中，头盔上配有单眼瞄准镜。有了这一装备，炮手只要把头对准目标，启动开关就可以给导弹指引方向。

> "经历了**桑赫斯特**的学习，我**不可能无所作为**……**留在家中**看着我的手下冲上前线**为国奋战**。"
>
> 哈里王子解释他去前线服役的原因

训练。完成培训后，哈里升为少尉，2006 年 4 月进入皇家近卫骑兵团和第一龙骑兵团。随后他学习了部队领导课程，获得指挥装甲侦察车的资格。

令人失望的决定

2007 年 2 月，国防部 (MoD) 和威尔士亲王办公室联合宣布，哈里将随军团被派遣至伊拉克，隶属第一机械旅。哈里已经公开声明，如果他隶属的军团去了战场，把他留下，那么他就准备退役。5 月，英国陆军总司令理查德·达纳特将军改变主意——哈里是重要作战目标，可能会给身边的其他士兵带来危险。虽然王子没有异议，但他并未掩饰自己的失望。

次年 2 月，国防部透露，哈里作为空军前进控制员已秘密前往阿富汗，负责调度联军空中力量，支援攻

普郡的中沃勒普陆军航空部队（AAC）学习驾驶军用直升机。2009 年 6 月，他来到萨罗普郡的皇家空军（RAF）肖伯里基地国防直升机飞行学校与威廉王子一同学习。兄弟俩在基地时同住一个宿舍。2010 年 5 月，威尔士亲王在中沃勒普举行的仪式上向哈里颁发飞行徽章（翼形）。

此后，哈里开始接受长期培训，学习驾驶阿帕奇武装直升机，2011 年升为上尉。阿帕奇武装直升机每架价值约 4500 万英镑，技术极其先进，是装备精良的军用直升机，设计用途是追捕并击毁装甲车，无论日间夜间，在各种天气条件下都可以锁定目标。每架阿帕奇武装直升机都装备有多种武器，如火箭弹、16 枚地狱火激光制导导弹和 30 毫米链式机炮。阿帕奇武装直升机配备两人机组，一位飞行员和一位副驾驶兼炮手。

皇家近卫骑兵团和第一龙骑兵团帽徽
皇家近卫骑兵团和第一龙骑兵团成立于 1969 年，由原近卫骑兵团和龙骑兵团合并而来。两个兵团的历史都可追溯至 17 世纪 60 年代。

堡垒营

2012 年 9 月，哈里到达英军在阿富汗南部的堡垒营空军基地，开始为期 4 个月的前线服役，在 AAC 第三军团 662 中队任阿帕奇武装直升机副驾驶兼炮手。他在赫尔曼德省执行多次任务，支援北约（北大西洋公约组织）地面部队，在伤员撤退行动中护送英军奇努克和美军黑鹰医疗直升机。在历次采访和纪录片中，哈里明确表示，军队生活对他而言意义重大，可以逃离公众视线，免去王室成员的种种压力和紧张。"在军队时很容易忘记自己的身份。每个人都穿着同样的制服，做着同样的事情。我和战友们相处融洽，也喜欢自己的工作。就这么简单。"他还承认在营救受伤军人时曾向塔利班战士开火，但认为这只是尽职工作而已。

2014 年哈里在 AAC 服役期满后任参谋，帮助组织伦敦的军队活动，如一年一度的皇家军队阅兵式（见 226~227 页）。后来他参与国防部康复能力计划，确保受伤人员获得充分的康复机会，这项工作启发他创办了"永不屈服"运动会。

此后

服役 10 年后，2015 年 3 月，哈里宣布同年 6 月将离开军队。

帮助伤残军人
虽然决定退役，哈里仍然与军队保持联系。通过努力，他创办了现已成为常规赛事的"永不屈服"运动会（见 300~301 页）——因公受伤退伍军人参加的体育比赛。他也继续从事康复计划的工作，并替代祖父承担一些礼仪方面的职责，但 2020 年离开王室也意味着他退出军方活动。

2014 年哈里出席福克斯通第一次世界大战纪念拱门揭幕式

《 此 前

梅根·马克尔加入王室时的生活阅历已经十分丰富；她是演员、名人，也是时尚偶像和人道主义者。

多姿多彩的职业生涯

梅根1981年出生于洛杉矶，父亲托马斯·马克尔是一位摄影灯光导演，去片场探班的经历让她从小就习惯于好莱坞的繁华。梅根在大学期间爱上了表演，她因主演长期连播的律政剧《金装律师》而名扬世界。作为平权和人道主义事业活动家她也略有名气。与哈里王子约会一事公开时，人们普遍感到梅根给王室带来了好莱坞的魔力、急需的多样性以及对公益事业的强大助力，令人兴奋。但最初的日子里媒体持批评态度，提及她此前的失败婚姻，并指出历史上王子与美国离婚人士的种种亲密关系最终会对王室造成不良影响。

哈里与梅根的婚姻

在富有感召力的婚礼之后，一个英俊王子和美丽女星之间童话般的爱情故事造就了这个星球上最知名的强强联姻夫妇，但这个年轻家庭同时感觉到家族和国家的排挤。

2016年夏，哈里王子经人介绍前往伦敦迪恩街时髦而低调的苏荷馆俱乐部（Soho Townhouse）赴约，看到梅根·马克尔时他的第一个念头是，"我必须得加把劲"。仅仅几次约会之后，他们就在博茨瓦纳野生动物园的星空下露营，深深陷入爱河。这对双方都很强势的组合非同凡响，有颜值，有魅力，也有倡导人道主义事业的热情。这对夫妇此后让全球媒体为之疯狂，尤其是那些渴望轰动新闻的英国小报媒体。

哈里2016年底首次公开承认这段关系时猛烈抨击无情的记者，说记者们"大肆谩骂和骚扰"他的新女友，种种诋毁王室家族首位混血女性成员的报道带有种族主义色彩。这对夫妇与媒体的关系从此再无好转。

魅力女郎
2012年梅根·马克尔与演员同行加布里埃尔·马赫特、莎拉·拉弗提和吉娜·托瑞斯一起参加一场电影圈盛大活动。梅根加入王室时已有较高知名度。

新婚
婚礼结束后，新婚夫妇乘坐马车巡游温莎，让公众有机会共同庆祝。

特别的地方
自从在博茨瓦纳的星空下坠入爱河，非洲南部就成为苏塞克斯公爵和公爵夫人心中一个特别的地方。婚礼后两人再度造访。

迈步向前

哈里和梅根的感情继续升温。2017年9月，梅根对《名利场》杂志说："于我而言，我喜欢伟大的爱情故事。"仅仅两个月后，在肯辛顿宫一起做烤鸡时，哈里单膝跪地，用自己

受到一系列小报新闻曝光的困扰，父女之间因此疏远。

苏塞克斯公爵和公爵夫人

哈里和梅根在婚礼上受封苏塞克斯公爵和苏塞克斯公爵夫人，获赐新宅弗罗格摩尔小屋——位于温莎城堡院内的一座大宅。2018年10月，哈里和梅根夫妇首次进行王室巡访，到访澳大利亚、新西兰、斐济和汤加。梅根在这次旅行中透露他们的第一个孩子即将出生。王位第六顺位继承人阿尔奇·哈里森·蒙巴顿－温莎是女王的第八个曾孙，生于2019年5月6日。

然而，这对夫妇本应幸福的时刻却因愈来愈感到在舆论场受到围攻而蒙上阴影。9月，在英国独立电视台为两人非洲之行拍摄的纪录片中，梅根畅所欲言，谈到加入王室后面临的压力以及心理健康因此受到的影响。"没有多少人问我是否还好，"她说，提起自己对哈里说过仅仅活着不够，"这不是生活的意义——必须活

阿尔奇受洗
哈里和梅根和刚受洗的阿尔奇，身边簇拥的家人有康沃尔公爵和公爵夫人、剑桥公爵和公爵夫人以及梅根的母亲多莉亚·拉格兰。

> "……**已为人父**，我想生活的全部意义就在于努力**让世界因我而变得更加美好**。"

哈里王子接受帕特里克·哈钦森采访，2020年

设计的订婚戒指向她求婚。戒指上有两颗曾为他母亲拥有的钻石，主钻则来自博茨瓦纳。承认加入王室将给生活带来巨变的同时，梅根承诺放弃演艺事业，并关闭社交媒体账号。这对幸福的夫妇期待着共同致力于两人珍视的重要事业。

但首先有一件小事需要策划，他们那场出名的皇家婚礼并未遵循古老仪式的传统，梅根和哈里由此真正开始表现出改变君主制形象的潜力。婚礼于2018年5月在温莎的圣乔治礼拜堂举行，由坎特伯雷大主教主持，福音合唱团、美国圣公会领袖迈克尔·库里激情澎湃的布道以及年轻黑人大提琴家谢库·坎纳－梅森的表演等元素的加入让婚礼仪式备受关注。梅根父亲的缺席给婚庆蒙上阴影。他

得精彩。"

他们与新闻界的斗争开始蔓延到法庭之上。例如，英国《每日邮报》刊登了她写的私人信件后受到梅根起诉。随着形势愈演愈烈，这对夫妇宣布重磅消息，用他们的话说这是"一个过渡……准备打造一个全新的身份"。

2020年1月，他们宣布计划"退出"，不再承担王室职责，与国库脱钩，实现"财政独立"，移居北美。女王发表声明，支持他们对更加独立和宁静的生活的渴望。

最后一次亮相
2020年3月9日，哈里和梅根在威斯敏斯特大教堂参加完英联邦纪念日活动后与小学生聊天。这是他们退出王室职责之前最后一次正式活动。

此后

哈里和梅根离开王室独立，移居加利福尼亚，但甩开麻烦并非容易。

退出之后
人们普遍猜测这对夫妇会搬到加拿大，因为梅根的演艺生涯大部分在那里度过，但他们最终移居美国加利福尼亚，离梅根的母亲不远。2020年7月，据说他们花费1400万美元（合1000万英镑）在明星云集的蒙特西托购入一处房产。两人计划在美国专注发展慈善事业，为支持环境和社会福利的阿奇威尔（Archewell）基金会制订计划——基金会的名称部分源于其子。他们还与网飞公司签署协议制作各类内容。

无孔不入的媒体
有人批评他们收到公共资金用于翻新弗罗格摩尔小屋，苏塞克斯公爵回应他和妻子将自掏腰包偿还全部费用。

这对夫妇仍然受到媒体无孔不入的关注。他们抱怨无人机从住所上空飞过，陷入越来越激烈的法庭诉讼难以脱身。2021年6月4日梅根在加利福尼亚生下第二个孩子莉莉贝特·戴安娜。这个孩子得名于她的曾祖母和逝世的祖母。

喂食时间
2016年巡访印度和不丹时剑桥公爵和公爵夫人在动物保护中心给小象喂食。

《 此 前

过去的王室巡访从礼仪到时间上都与今天有很多不同。

旅行经验丰富

以前王室成员的海外巡访持续时间相对较长，原因之一是当年交通工具的局限性。众所周知，女王加冕后在英联邦的巡访时间长达6个月。出访的王室成员会把孩子长期留在家中。过去，严格遵守王室礼仪对公众与来访王室成员的互动带来的限制比现在要多很多；要求公众保持距离。

1953~1954年女王巡访英联邦

王室使节

21世纪10年代和20年代，年轻一代的王室成员逐渐接班，在国内国外代表女王和王室家族承担了更多职责。他们利用了从亲自出场到社交媒体等所有现代渠道。

女王年届九旬时仍然相当活跃，但不可避免地逐渐减少公共职责和各种活动，海外旅行首当其冲；她在2015年最后一次乘坐长途航班。年轻一代的皇室成员已经开始接班，形成并发展出自己的方法应对现代的挑战和机遇。从当时的查尔斯王子及其弟妹到女王的孙辈和继承人，这些年轻的王室成员在女王去世前代表她出使异国。

联合行动

随着威廉王子和哈里王子逐渐成熟，结婚成家，他们负责的工作和事业日益发展，开始越来越多地代表父亲和祖母出场。起初，两位王子共同履行职责，例如2010年6月联袂对非洲南部进行友好访问。在这次访问途中，他们对待民众态度轻松友好，走到任何地方都受人爱戴。在博茨瓦纳，兄弟俩亲自考察了象牙信托的工作——这是威廉支持的一家野生动植物保护组织。随后他们来到莱索托，哈里向哥哥介绍了一些森特巴尔基金会开展的项目——这是他与莱索托的塞伊索王子共同创立的慈善机构，帮助无助的儿童和孤儿。访问结束前两人观看了英格兰队参与的一场世界杯比赛。

威廉结婚后，他与凯瑟琳和哈里的三人组合受到民众欢迎，他们支持心理健康慈善机构等各项事业。

2012年，哈里王子在女王登基钻禧年代表女王访问伯利兹、巴哈马和牙买加，这是他第一次正式单独出访海外。履行公共职责的同时，他全心投入欢庆的情绪——在街头派对上跳舞，与当地儿童踢足球，令东道国为之感到欣喜。在牙买加，他参加了一场与短跑冠军尤塞恩·博尔特的模拟比赛。哈里出访极为成功，威廉和凯瑟琳也广受欢迎，年轻的王室成员们获得独特的名人地位，影响巨大，给王室的对外关系带来新的力量。随着哈里的新伴侣苏塞克斯公爵夫人梅根的加入，这种力量进一步放大。一时间，未来核心王室成员与公众交流的模式似乎已经确定，查尔斯王子和康沃尔公爵夫人作为年长的中心人物表现得更为冷静，而威廉和凯瑟琳以及哈里和梅根作为辅助在不太正式的场合联袂出场。他们在婚后分别于2014年和2018年出访澳大利亚，受到民众热烈欢迎。哈里和梅根2018年出访时短短16天内就安排了76项活动，行程安排体现出王室访问的紧张和辛苦。

亮相带来信任

然而很快这种模式不得不再次改变。哈里和梅根决定退出王室职责，加上安德鲁王子被迫退出公共事务，以及新型冠状病毒感染大流行限制了女王的生活，王室核心成员活动的构成方式被迫重新评估。查尔斯和卡米拉以及威廉和凯瑟琳的地位比以往更加重要，而爱德华王子和威塞克斯伯爵夫人索菲开始发挥更大作用，同时长公主一如既往勤奋工作。这家"新公司"前景被一位宫廷消息人士这样

671 件

乔治王子访问新西兰和澳大利亚时收到的礼物数量。

接纳传统文化

查尔斯王子和康沃尔公爵夫人卡米拉在2016年的巴尔干之行中与身着传统服装跳舞的克罗地亚人合影。此次行程遍及克罗地亚、塞尔维亚、黑山等地。

形容："家族团结一致探索彼此合作的各种可能，重视自己最珍爱的事业，互相扶持的同时为国家尽力。"在幕后引导分工新方式的是女王本人。她曾反复提到一句格言，王室"需要亮相带来信任"，也就是说，正是通过与公众交流，王室才能维持在现代世界的影响力和存在的意义。

为此查尔斯和卡米拉参加了多项重要活动，在2020年11月国殇纪念日访问德国，代表女王出席阵亡将士纪念日仪式，与格蕾塔·通贝里会面讨论全球气候危机，发起可持续市场倡议。同时，威廉和凯瑟琳有时通过技术（线上）远程出席，有时亲临现场，在疫情大流行期间他们与医护人员视频通话，巡访威尔士和苏格兰。在更广

泛的层面，王室开始越来越多地尝试数字媒体带来的种种可能，配合女王提出的使命宣言，经常亮相。2016年，新的Royal.uk网站"王室之家"上线，重视与移动设备的兼容，与英联邦国家沟通时这一因素特别重要，因为这些国家近60%的人口年龄在30岁以下，移动通信占主导地位。全球平均每年有超过1200万人访问王室网站。

社交网络

王室成员对社交媒体也欣然接受。威尔士亲王和王妃及其皇家基金会的官方推特（Twitter）账号有260万粉丝，照片墙（Instagram）账号粉丝达到1450万。王室家族在推特上有570万粉丝，在照片墙上有1310万粉丝，其脸书网（Facebook）页面点赞达到630万。但凯瑟琳和梅根都没有个人社交媒体账号。甚至连女王晚年也接受了现代化沟通方式：2020年12月，女王举行了第一次虚拟外交会晤，在温莎城堡召见了到访白金汉宫的3位外国大使。在木柜上安装的视频屏幕让女王可以远程接见她的特别嘉宾。

"他很酷，非常务实……你觉得不容易，可他只是想开怀大笑而已。"

尤塞恩·博尔特谈到在牙买加会见哈里王子，2012年

此后

现代王室巡访往往时间相对较短，行程密集，也更加随意，有更多享乐和即兴的性质。

轻松随意

多年来，王室巡访的时间不断缩短。例如，1983年查尔斯和戴安娜的澳大利亚和新西兰之行历时41天，而威廉和凯瑟琳在2014年行程相似的巡访仅有18天。部分原因是飞机出行更加快捷，另外的原因是王室子女的需求。当年出访时女王将幼小的孩子留在家中数月，但现在王室的小成员通常会陪同父母出访，如果条件不允许王室成员有时会独自出访，以便父母中可有一人留在家里陪伴子女。此外，年轻王室成员与公众的互动方式对于祖父祖母们而言难以想象，他们会与公众拥抱，甚至摆姿势自拍。

新浪潮
2018年，苏塞克斯公爵和公爵夫人在澳大利亚悉尼南邦迪海滩与心理健康宣传组织浪潮（OneWave）的成员交谈时，展现出年轻王室成员更为随意的风格。

女王孙辈

伊丽莎白二世女王的孙辈有 8 人，曾孙辈 12 人。女王喜欢孩子们的陪伴，据说有他们在身边时女王"容光焕发"。

家庭生活对于伊丽莎白二世而言非常重要。每年夏天她的子孙们——后来又有曾孙——都会聚集在巴尔莫勒尔度假，孩子们会一起野餐、骑马远足，或是从事其他户外活动。圣诞节时全家也会在桑德林汉姆共聚一堂，复活节时则在温莎城堡。女王教会所有孙子孙女骑马，但年事已高的她难以继续教导曾孙。她喜欢

和孩子们讲笑话，和无数祖父母一样，比起自己的子女，也许会更娇惯第三代，据说作为母亲有时她对子女还相当疏远。

对于威廉王子（生于 1982 年）和哈里王子（生于 1984 年），祖父祖母给予的支持和保护，代表着稳定的生活，特别是在父母查尔斯和戴安娜离婚的艰难岁月以及失去母亲的痛苦

中，祖父母尤其重要。随着两人渐渐成年，女王在他们的生活里扮演了更为重要的角色，两位王子需要她的赞同和意见。"我与女王的关系越来越密切。"威廉王子说过，他年轻时偶尔觉得很难与女王探讨重大事宜，但是现在觉得容易多了。哈里王子与女王关系同样极为融洽，谈起女王时亲密无间。虽然他一家人已移居加利福

尼亚，但即使在新型冠状病毒感染大流行期间也保证小阿尔奇与曾祖母保持联系，比如在女王 94 岁寿辰时视频通话。

女王与孙子孙女
在这张家庭合影中——1998 年度假期间拍摄于巴尔莫勒尔——女王和菲利普亲王与 5 名孙子、孙女在一起，从左到右分别为：哈里、尤金妮、威廉、比亚特里斯和扎拉。

此前

英国历史上最出名的王室祖母是维多利亚女王，她总共有 20 个孙子和 22 个孙女，最年长的出生于 1859 年，最年幼的则是在 1891 年。

欧洲祖母

维多利亚的子女与欧洲多个王室家族联姻（见 51 页）。她的孙辈中有大不列颠乔治五世国王，德皇威廉二世，俄国最后一位沙皇尼古拉二世之妻，还有罗马尼亚、希腊、挪威和西班牙国王的伴侣。维多利亚女王携带血友病基因，这是一种凝血功能障碍的遗传疾病。女性会将这一基因遗传后代，但是发病者多数为男性。维多利亚的 3 个女儿携带这一基因，通过联姻将血友病传到欧洲许多王室家族中。

维多利亚与科诺特的亚瑟王子和玛格丽特公主

齐聚阳台
2019 年 6 月 8 日，奥特姆和彼得·菲利普斯与女儿萨凡娜和艾拉站在白金汉宫阳台观看皇家卫队阅兵式。这对夫妇几个月后宣布离婚，令人遗憾。

安妮公主的子女

女王孙辈中最年长的是安妮公主和第一任丈夫马克·菲利普斯上尉的儿子彼得·菲利普斯（生于 1977 年）和女儿扎拉·菲利普斯（生于 1981 年）。女王去世后两人分别成为王位第 17 顺位和第 20 顺位继承人，但因为是女王的外孙而没有王室头衔。两人的父母均参加过奥运会马术比赛——马克·菲利普斯 1972 年参加德国慕尼黑奥运会，安妮公主参加 1976 年加拿大蒙特利尔奥运会（见 186~187 页）——所以彼得和扎拉自然而然从小就十分热爱运动。儿时他们远离大众关注，迄今为止爱丁堡公爵的孙子孙女中只有这两人曾在他的母校苏格兰高登斯顿学校就读（见 124~125 页）。

彼得在埃克斯特大学学习运动科学，从事体育赛事赞助管理，曾为威廉姆斯一级方程式赛车队工作。他现在的工作是大型活动组织管理。2008 年，他与加拿大出生的商业顾问奥特姆·凯利结婚，两人是在蒙特利尔的加拿大大奖赛上相遇的。凯利原本信奉罗马天主教，但后来皈依英格兰教会，这样彼得就不用放弃王位继承权。当时 1701 年王位继承法仍旧有效，根据其中一项条款，与罗马天主教徒结婚的人不得继承王位；2013 年的王位继承法生效后取消了这一限制条件。彼得与奥特姆有两个女儿。2020 年两人宣布离婚，称做出这一决定时"感到悲伤（但）气氛友好"。

与父母一样，扎拉骑术精湛。她在 2006 年获得马术三项世界锦标赛冠军，2012 年伦敦奥运会上，包括她在内的英国代表队获得马术比赛团体银牌。她在王室堂表亲中与威廉和哈里年龄最接近，是威廉与凯瑟琳之子乔治王子的教母。这位年轻的王室成员性格叛逆（17 岁时，她在查尔斯王子 50 岁生日时打了舌洞），常常出现在八卦杂志中。2011 年，她与前国际橄榄球运动员、英国队队长迈克·廷道尔在爱丁堡的卡农盖特教堂结婚。他们已有两女一子，儿子卢卡斯 2021 年出生。

约克家的年轻人

约克公爵安德鲁和公爵夫人莎拉的两个女儿比亚特里斯公主（出生于 1988 年）和尤金妮公主（出生于 1990 年）目前分别为王位第 9 和第 11 顺位继承人。身为女王孙女，两人都有殿下称号。公爵和公爵夫人离异后同意共同监护两个女儿，一起抚养两人长大。比亚特里斯公主有阅读障碍，曾在爱斯科的独立女校圣乔治学校读书。后来她进入伦敦大学戈德史密斯学院学习历史，2011 年毕业。她是第一位跑完伦敦马拉松的王室成员，庇护了多家慈善机构，特别关注那些改善青年生活的项目。在威廉王子和凯瑟琳·米德尔顿的婚礼上她戴的帽子不同寻常，引起极大关注；后来她在易贝（eBay）上拍卖这顶帽子，筹得善款 8.1 万英镑。比亚特里斯曾在电影业和数字服务领域工作。2020 年 7 月，她与英国房地产开发商爱德华多·马佩利·莫齐结婚，2021 年生下第一个孩子西耶娜。

尤金妮公主曾在威尔特郡的马尔波罗学院寄宿求学。2012 年她毕业于纽卡斯尔大学，获得英国文学和艺术史学位。儿时她因先天性脊柱问题曾接受整形手术矫正，现在积极参与皇家全国整形医院的筹款计划。尤金妮是一名全职经理人，在伦敦著名的豪瑟沃斯（Hauser & Wirth）画廊工作。2018 年 10 月，她在温莎圣乔治礼拜堂与多年男友杰克·布鲁克斯班克结婚。2021 年，这对夫妇迎来第一个孩子，取名奥古斯特·布鲁克斯班克。

> **"女王**如果说**干得不错**，那可是**意义重大**。"

威廉王子接受罗伯特·哈德曼采访，2011 年

此后

女王和爱丁堡公爵于 2010 年首次成为曾祖父母。女王去世时已有 12 名曾孙子女。

下一代

伊丽莎白二世的曾孙辈中最年长的是奥特姆和彼得·菲利普斯的女儿萨凡娜·安妮·凯瑟琳，2010 年 9 月 29 日出生。女王在格洛斯特郡艾文宁的圣十字教堂参加了她的洗礼。菲利普斯夫妇的第二个女儿艾拉·伊丽莎白出生于 2012 年 3 月。女王的第一个曾孙是剑桥公爵和公爵夫人的儿子乔治王子，出生于 2013 年 7 月。米亚·格蕾丝·廷道尔是扎拉和迈克·廷道尔的女儿，出生于 2014 年 1 月。乔治的妹妹夏洛特生于 2015 年 5 月，弟弟路易生于 2018 年 4 月。扎拉和迈克·廷道尔的第二个女儿莉娜·伊丽莎白于 2018 年 6 月出生。苏塞克斯公爵和公爵夫人 2019 年 5 月生子，取名阿尔奇·哈里森·蒙巴顿-温莎，2021 年 6 月生下莉莉贝特·戴安娜。2021 年曾孙辈还有另外 3 人出生。

2018 年女王的曾孙们

塞克斯伯爵的子女

女王最年幼的孙辈还有路易丝·温莎小姐（出生于 2003 年）和塞文子爵詹姆斯（生于 2007 年）。他们是威塞克斯伯爵和伯爵夫人的子女，目前为王位第 14 和第 15 顺位继承人，但是两人没有王室头衔——这是他们父母结婚时的决定，当时爱德华王子选择受封伯爵而不是公爵（见 251 页）。

路易丝出生时早产，她的母亲因身体原因被紧急送往萨里郡的弗里姆利公园医院，她在那里出生。路易丝在威廉王子和凯瑟琳·米德尔顿的婚礼上担任伴娘。她常常出现在王室活动中，如皇家卫队阅兵式；曾与弟弟一起参加钻禧河上巡游。詹姆斯在同一家医院出生，为剖腹产。据说女王非常喜爱这两个孩子，会在温莎大公园陪他们骑马。

爱德华和子女们
2016 年 9 月，爱德华王子与 12 岁的女儿路易丝-温莎小姐和 8 岁的儿子塞文子爵詹姆斯一起等待威塞克斯伯爵夫人索菲完成艰苦的慈善骑行。

生于1926年 卒于2022年

伊丽莎白二世晚年

"经过**恰当培训**,你可以**做很多事情**。"

伊丽莎白二世女王

据说2002年金禧庆典时,公众对伊丽莎白女王表现出的敬爱程度令她吃惊。之前的20年对于王室、君主制和女王本人来说日子并不好过。众目睽睽之下,她有3个子女婚姻失败,而她本人则在威尔士王妃戴安娜1997年去世后受到前所未有的大量抨击。在种种困扰达到最高点时,王室家族受到讽刺木偶剧《一模一样》的嘲笑,这是20世纪八九十年代最受欢迎的电视喜剧节目。节目中,不仅王母太后和菲利普亲王,就连女王本人也被滑稽模仿,这在女王统治初期是完全不可想象的事情。

女王成功渡过所有这些难关,她恪尽为君之道,忠于职守,为人坚定幽默、谦恭有礼,随着时光推移,公众对她愈发敬爱。当然,部分原因是女王长寿——在96岁高龄时她仍每日辛勤工作,大多数人在这个年龄早已选择退休。不过,更重要的原因是女王本人愿意适应变化的世界。她对王室进行了大刀阔斧的改革。1992年,她提议自己的个人财富开始缴纳所得税和资本利得税。她将自己的正式寓所

向公众开放,包括白金汉宫在内,以便筹资维护这些宫殿。她支持废除长男继承权的法律,这意味着君王最年长的孩子可以继承王位,无论男女;也支持取消与罗马天主教徒结婚者不得享有王位继承权的禁令。

与女王共进晚餐
2011年5月24日,伊丽莎白女王和菲利普亲王在白金汉宫欢迎美国总统巴拉克·奥巴马和夫人米歇尔参加国宴。

| 295 已届93岁高龄的女王在2019年的公务活动次数。

个人风格

女王多年来形成了适合自己的独特着装风格。白天活动穿两件套套装或连衣裙加外套,通常为纯色,长度刚过膝盖。大号帽子的帽檐上翻露出面容,鞋跟不高,配一个手袋(无人知晓女王在手袋里放置哪些物品)。她几乎永远戴着一条珍珠项链,衣服翻领上别着一枚胸针。在国宴等正式场合上,身穿镶珠长裙搭配钻石珠

精神矍铄的君主
图为女王在2014年英国皇家赛马会金杯日抵达活动现场,耄耋之年她的生活依然活跃,日程繁忙。

追思
女王每年 11 月在白厅纪念碑前举行的全国追思仪式上向所有为国牺牲的烈士致敬。

女王60岁生日
纪念邮票

宝的女王左肩搭着嘉德饰带，光彩照人。

有时会有人指责伊丽莎白女王在公众场合显得性情乖戾——她说过自己的脸不笑的时候容易看起来心情不好。不过，近年来她比以前笑得更多。她在位期间画过 240 多幅正式肖像。

"我们所有行为的真正衡量标准在于其中的益处能够持续多久……我们所做的一切都是为了年轻人。"

伊丽莎白二世女王在诺曼底登陆70周年纪念日说，
2014年6月

农妇

1986 年，女王对正在拍摄王室家族纪录片的英国广播公司制片人埃迪·米尔佐夫说，她有时候确实对工作厌烦，希望可以去户外活动。这肺腑之言令人耳目一新——女王本质是农妇，最喜欢的莫过于在巴尔莫勒尔与她的狗一起在乡间长途漫步。2014 年起她不再让她的狗生育，到 2020 年时她身边只有一犬陪伴：这只矮脚狗与腊肠犬的混血犬名叫糖果。她喜欢孙辈和曾孙辈簇拥在她身边（见 296~297 页）。女王爱马众所周知，她 96 岁高龄时还在骑马，更喜欢骑来自英国北部的健壮山区小马——这种马以性情平和、步伐稳健而闻名。她还是山区小马协会的庇护人。大家都知道，女王从来不戴硬质骑马帽，更喜欢丝质头巾。她的女儿

安妮公主、马夫们和皇家预防事故学会（ROSPA）都对她这种习惯表示反对，但她置之不理。

女王喜欢赛马，对于马的培育和血统十分了解。她拥有 25~30 匹马，一有机会就去看它们比赛。参加赛马会是她最放松的时刻。她拥有的马赢过所有重大经典赛事，仅仅叶森德比除外。2011 年，她的马"嘉登行宫"是德比赛的大热门，但最后只得了第三名。女王观看比赛的兴奋之情，以及看到结果后的失望都溢于言表。

率先过杆
女王对赛马十分精通。这张照片上，她正在祝贺她的小雌马"估计"。2013 年 6 月，它在爱斯科赛马会上赢得金杯。

"永不屈服" 运动会

哈里王子推动了"永不屈服"运动会的发展，这是为男女伤残军人举办的赛事，类似残奥会。2013 年 5 月，哈里王子在美国参加战士运动会时，亲眼看到了参赛选手的勇气和决心，他决定在英国也举办类似赛事。

以战士运动会（这是美国每年为伤残军人和老兵举办的体育赛事）为蓝本创建的"永不屈服"运动会筹备时间仅用了 10 个月。资金由皇家基金会（剑桥公爵及公爵夫人和哈里王子创建）和财政部各出一半。

2014 年 3 月计划正式启动时，哈里说："我亲眼看到了体育对男女伤残病军人康复之路所产生的重大而积极的影响。"过了 6 个月，查尔斯王子、康沃尔公爵夫人、威廉王子和首相戴维·卡梅伦出席了在伦敦东部伊丽莎白女王奥运公园举行的这场运动会，创始人哈里迎来 13 个国家的 400 多名参赛选手。有 8 个欧洲国家、1 个亚洲国家、2 个北美洲国家和 2 个大洋洲国家参赛。所有这些国家在最近的军事行动中都曾与英国并肩作战。伊拉克拒绝了派队参赛的邀请。

"永不屈服"的原文是拉丁语。开幕式上，演员伊德瑞斯·艾尔巴朗读了维多利亚时期诗人威廉·埃内斯特·亨利所写的短诗《永不屈服》中鼓舞人心的诗句："我头上流血，但没有低头……我是自己命运的主人，是自己灵魂的主宰。"开幕后的 4 天中，比赛在 2012 年伦敦奥运会用过的 5 个不同场地举行。现役军人与战场上受伤的老兵一同参加射箭、室内划船、举重、公路自行车、坐式排球、游泳、轮椅篮球和轮椅橄榄球等比赛。哈里王子出席了每一场活动。2016 年、2017 年、2018 年、2021 年和 2023 年相继举办了这一赛事。

> "这个周末会有**生命从此改变**，我对此毫不怀疑。"
>
> 哈里王子在"永不屈服"运动会上的开幕词，2014年9月10日

赛事明星云集
哈里和安妮公主之女、堂姐扎拉·廷德尔一同参加轮椅橄榄球表演赛。其他参加永不屈服运动会的体育明星还有扎拉的丈夫迈克·廷道尔和英国奥运会传奇人物凯利·霍尔摩斯女爵士和丹尼斯·刘易斯。

庇护人女王

除了参加隆重的皇家仪式或国事访问，公众对女王最熟悉的是她作为庇护人的角色，她视察医院、学校或其他机构，或是为支持某个慈善事业举办招待会。

花园派对
女王在白金汉宫为"未遗忘"协会举办的花园派对上与在阿富汗受伤的老兵安迪·雷德打招呼，这个协会是帮助退伍军人的慈善机构。

伊丽莎白二世女王庇护600多家各类组织和慈善机构。其中有大型医疗慈善机构，如癌症研究会和英国红十字会，还有规模较小的组织，如老人之友和消防员慈善协会。许多科学机构和专业组织——如皇家学会、英国皇家建筑师学会和皇家鸟类保护协会——拥有皇家特许证，保证在位君王永远是他们的庇护人。同时女王也支持很多小型慈善机构，如瑞德汉姆信托，这家位于萨里郡的慈善机构关怀那些失去父母的儿童，还有鼓励英国西北部地区地理研究的曼彻斯特地理学会，以及基督教知识促进会——这是英格兰教会最早的传教协会，1698年为支持基督教教育而设立。

女王陛下还庇护全国妇女协会联合会，这家机构1915年成立，宗旨是复兴农村社区，鼓励妇女参与粮食生产。过去多年，她冬天在桑德林汉姆休假时曾经参加自己所属的诺福克郡西牛顿分支机构的新年活动。女王还支持许多动物福利慈善机构——犬类信托、皇家防止虐待动物协会（RSPCA）、山区小型马协会和拉布拉多寻回犬俱乐部。

不同方式的支持

女王给各类慈善事业提供支持的方式不同，取决于其类型、组织结构和从事的工作种类。作为庇护人，她允许受庇护机构在官方通信信头中使用她的姓名，以提升公众形象和进行宣传。受庇护机构的官员不时受邀与女王或女王私人秘书会面，汇报工作，或者女王派一位代表参加机构年

度大会——在百年纪念等重要场合女王甚至可能出席。她还会视察全国和地区总部，与员工和志愿者会面。

女王也会允许各慈善机构在白金汉宫、温莎城堡举办午间或晚间招待会，她在苏格兰时则在荷里路德宫。赞助慈善机构的富人有机会与庇护人会面，能吸引更多人捐款，宣传自己的事业。有时，女王给予慈善机构的帮助非常实用——例如，赠送伦纳德·切希尔信托基金一辆陆虎车协助工作，这家机构为津巴布韦的残疾人提供帮助。她每年夏天在白金汉宫举办的花园派对会邀请许多她赞助的机构代表，以此表达对他们工作的感谢。她也以个人名义向各类慈善事业大量捐款。

加强了解

女王出席任何活动、视察任何机构都会引起全国关注。例如，2013年，她与当时的康沃尔公爵夫人一起为巴纳多总部新址揭幕。女王一直庇护这家机构，自1983年起，这家机构每年帮助英国20万名弱势群体儿童，康沃尔公爵夫人为主席。两人在圣诞节即将到来之际出席活动，也应邀参加了机构年度的奉献树活动，捐助圣诞树装饰品。报纸、电视纷纷报道这一活动，有力地宣传了这家机构。

分工

王室家族约有14名成员与女王一起庇护各项事业，支持的机构在英国共有2415家，全世界近3000家。王室家族成员选择自己认为值得做的或是重要的慈善事业，或者选择那些自己感兴趣、关注的领域提供支持。他们对某项慈善事业的支持有助于让公众更多了解其工作。爱丁堡公爵退休时仅自己一人就庇护了700多家机构，其中250多家与体育娱乐有关，

100家与军队相关。国王查尔斯三世一直关注环境事业和人造环境，而卡米拉王后关心鼓励提高阅读和识字能力的组织，如书籍信托基金。她还是全国骨质疏松症协会主席，这家协会研究这种骨质脆弱易碎的疾病，她的母亲和祖母均患此症。

王室家族最勤奋的成员之一是安妮公主，她庇护了300多家组织机构。1970年起她担任救助儿童会主席，现仍为该机构庇护人，她在国内外为这家慈善机构及其工作做了很多宣传。每年她至少去两次非洲，见证救助儿童会的工作，常常冒险深入边远地区。

威廉王子和哈里王子都继承了威尔士王妃戴安娜的同情之心。威廉王

此 前 «

君王每年发放濯足节套币，这一王室慈善活动始自中世纪。

王室濯足节仪式
每个濯足节周四（教会历中耶稣受难节的前一天），女王访问一家教堂，向当地老人发放两个钱包，一个装有现代硬币，另一个里面是特别铸造的硬币（濯足节纪念币）。这一仪式来自耶稣基督在最后的晚餐时为信徒洗脚，要求他们互爱的指令（拉丁语为授权），13世纪起，君王会分发钱、食物和衣物，为接受者洗脚。

14 亿英镑
总额。
女王所支持的各类慈善事业每年筹款

乔治六世时期的濯足节套币

命名救生艇
作为皇家全国救生艇协会(RNLI)的庇护人，女王2002年5月金禧年访问康沃尔时，在法尔茅斯港为一艘全天候新救生艇命名为"理查·考克斯·斯科特"。

此后

女王和王室家族其他成员支持的慈善机构数量每年都在上升。

申请庇护

慈善机构知道有了王室庇护人可以吸引更多急需的公众关注和资金，获得更高声望和地位。白金汉宫每年会收到数百份庇护申请。各位王室家族成员接受新申请的数量有限，但是较年轻的王室成员更多关注一些知名度不高的事业，而不是那些主流慈善事业。

子接过了母亲最重视的一些慈善事业，如关注无家可归青少年的中心点组织和皇家马斯登医院。他和凯瑟琳结婚时，也选择赞助一些慈善事业作为庆祝方式。他们特别支持那些与儿童有关的慈善事业。凯瑟琳支持的慈善事业越来越多，如为学校提供心理健康早期干预的栖息之地(Place2Be)组织，以及体育援助(SportsAid)和草地网球协会(Lawn Tennis)等体育类慈善机构。哈里创办了"永不屈服"运动会，还支持自然环境保护和心理健康慈善事业，并与梅根成立了阿奇威尔(Archewell)基金会，致力于打造富有同情心的社区生活。

传统慈善事业
2014年，女王在布莱克伯恩大教堂发放濯足节套币。领取套币的人数按照她的年龄确定——那年她88岁，因此她向88位男性和88位女性发放了套币。

第一次世界大战百年纪念
2014 年，伊丽莎白二世女王来到伦敦塔参
观"血染的土地和红色的海洋"展览，共有
888246 支陶瓷罂粟花展出。每支罂粟花代表
一位第一次世界大战阵亡的将士。

此 前

一国之君的工作数百年来几经变迁。女王履行的职责中有许多在过去100年间发生了变化。

女王干预过多

维多利亚女王（见50~55页）干预政务的方式如今是不可能出现的。她给大臣们不断发去信件提出各种建议和告诫，其中关于外交事务和公职任命的想法居多。她不喜欢出席公众场合，1861年阿尔伯特亲王去世后，几乎从不露面，只参加过7次议会开幕大典。

恪尽职守的君王

虽然爱德华七世（见72~73页）担任了更多的公共角色，如为医院等机构揭幕，但君王工作这一现代概念还是在乔治五世（见78~79页）时期才真正出现的。乔治五世才智并不出众，他强调责任感，认为君王的主要作用在于维护传统价值和习俗。

女王的工作

年过九旬的女王每年仍然进行300多场公务活动，包括作为国家元首承担的礼节性工作。尽管逐渐退出公共事务，她所从事的工作依旧多种多样。

通常，女王的一天从早上处理来往信件开始。她每天会收到200~300封来信。女王会浏览这些信件，挑选一些阅读，告诉书信秘书或侍女她希望如何回信。几乎所有信件都有回复。

此后，女王与两位私人秘书开会，审阅每天装在带有王室记号的政府红匣子中的官方文件。其中有政策文件、内阁公文以及政府大臣和英联邦官员的信件。这些文件都要详读，必要时需要批准签字。她可能还要接见其他国家的外交官、英国大使、军队高官、主教、法官和科学艺术界的重要人物。每位来访者女王都单独接见，时间一般为20分钟。

女王在白金汉宫宴会厅每年举办约25次封爵仪式，但晚年次数有所减少，仪式在上午11点举行，她向生日或新年授勋名单上的人士授勋（每年大概2600名）。有时查尔斯王子、威廉王子或安妮公主会代表女王举办封爵仪式。

公务活动

女王通常把公务活动安排在下午，如视察学校、医院、社区中心

50000 人 的人数。 每年应女王邀请到白金汉宫做客

和各类工作场所。但有时需要全天工作。爱丁堡公爵2017年退出公共事务，而此前在这样的日子里他会陪同女王。每年女王都会通过郡治安长官——女王在联合王国各郡的代表——收到很多邀请，她从中挑选一些地方参观。

女王在伦敦时，与首相每周的会见定在周三晚6点30分。议会开会时，她每天收到政府组织秘书编写的当天会议纪要汇报。女王当晚就会阅读。再晚一些，女王可能会出席电影首映式、音乐会或她庇护的某家机构举办的招待会，但这种情况并不多见。她也在白金汉宫举办官方招待

王室盛大排场
印度首位女性总统普拉蒂巴·帕蒂尔进行国事访问时乘坐的马车队伍爬上陡坡前往温莎城堡。帕蒂尔夫人2009年10月应邀拜会女王。

去世之前，女王开始将某些公务移交其他王室成员，特别是海外出访的任务。

缩减

女王在钻禧之年（见282~283页）没有出访海外，这标志着出于年龄原因她开始减少长途旅行。最明显的一件事是她决定不出席2013年在斯里兰卡举行的英联邦政府首脑会议，这是40年来她首次缺席。尽管有人因东道国侵犯人权的问题呼吁抵制这次会议，查尔斯王子仍代替她出席了这次活动。2015年，女王进行了最后几次海外国事访问，6月访问柏林，之后在11月前往马耳他重温旧地。

会，例如每年为外交使团或女王企业奖（前身为行业奖）获奖者举行的招待会（女王企业奖表彰突出的商业成就）。

宫廷通函

女王及其他家庭成员的所有公务活动会在第二天的宫廷通函中公布。这张通函在《泰晤士报》《每日镜报》和《苏格兰人》上刊登，自1803年乔治三世任命一位"宫廷新闻官"时就有这一传统。新闻官的任务是向报

诺曼底公爵
在海峡群岛，女王称诺曼底公爵，海峡群岛是自治属地，有自己的立法机构，自1106年起隶属英国。这张泽西镑钞票上印有女王头像。

纸提供宫廷的准确信息，以便纠正当时媒体上许多错误流言。宫廷通函由女王新闻办公室准备，送往报纸发表前须经女王审阅批准。

国事访问

根据外交和联邦事务部的建议，女王会邀请外国国家元首对英国进行正式访问，以便加强双边关系，建立经济来往。通常每年有两次这样的国事访问。访问开始时，一般由女王或

其他高级王室成员主持欢迎仪式。如果在伦敦，来访元首在皇家骑兵卫队阅兵场检阅仪仗队，然后乘坐马车前往白金汉宫。晚上，女王为来访元首举办国宴。女王生前最后几年会见的主要的国家元首有2018年到访的荷兰国王和王后以及2019年、2021年到访的两任美国总统和夫人。

军队统帅

作为一国之君，女王为军队统帅，对这一职责她极其重视。根据王室特权，只有君王在政府的建议下可以宣战或者宣布和平。自1939年以来英国没有正式宣战，所以女王从未使用过这一特权，但她在位期间英军部队多次卷入武装冲突。女王对英国和英联邦的军队十分关注。她视察陆军、海军和空军基地，会见各级男女军人，并接见国防参谋长和其他军队高官。她和家庭成员在军队中任职，拥有荣誉军衔。女王还出席每年11月在白厅举行的阵亡将士纪念仪式。

女王作为国家元首还有很多其他活动要参加，如议会开幕大典（见308~309页）。许多活动充满象征意义，如每年6月在温莎城堡举行的嘉德勋位仪式。嘉德是英国最高等级的骑士勋位，1348年由爱德华三世创立，仪式开始之前，所有嘉德骑士身着蓝色天鹅绒披风、头戴羽毛帽列队

最后检阅
女王来到肯特郡坎特伯雷的阿盖尔和萨瑟兰高地军团兵营。她作为军队统帅来见证这个军团最后一次接受她的检阅。

"我……向**这些岛屿**奉上我的全部**忠心**。"

伊丽莎白二世女王在广播圣诞致辞中说道，1957年

而过。

女王一直喜欢的一项活动是切尔西花展。1913年起，在切尔西皇家医院的院子里由皇家园艺学会主办的切尔西花展已经成为王室的一项固定活动。每年夏天，女王在白金汉宫至少举办3次花园派对，在爱丁堡荷里路德宫举办1次。每次花园派对约有8000人参加，他们可以享用茶点，也许还能见到女王。派对来宾来自各行各业，通常对自己的社区或行业有所贡献。

通过这些活动，以及无数其他方式，女王履行自己作为国家元首的职责。当然她还要准备出席一些额外的活动，如伦敦奥运会揭幕。对于任何人来说，这样的工作量都绝不轻松，何况女王已年过九旬。

嘉德勋位
在温莎城堡举行的嘉德勋位仪式上有4位皇家骑士（安德鲁、爱德华、威廉和查尔斯）出席。女王为嘉德骑士团领主，除皇家骑士和夫人外，只有24位嘉德骑士。

307

议会开幕大典
在议会开幕大典上，伊丽莎白二世女王作为国家元首发表王座演说，这一职责她通常每年履行一次。

女王生日快乐
在温莎，女王生日时走入群众，祝福的队伍中有数百名儿童，其中一些向女王献上鲜花祝贺。

2015年9月9日，伊丽莎白二世成为英国历史上在位时间最长的君主，超过高祖母维多利亚女王。

打破纪录

其父乔治六世去世的具体时间不明，因此无法确定伊丽莎白二世超过维多利亚统治时间的准确时刻。但可以确定的是，截至9月9日17点30分，她已经在位至少23226天16小时30分钟，超过维多利亚。

泰晤士河上，塔桥为小舰队打开通道

只不过是另一个重要时刻

女王本人坚持继续日常工作，只是说道："漫长生活中会有许多重要时刻——我也没什么特别。"当她和菲利普亲王乘坐蒸汽火车前往苏格兰特威德班为一条新建铁路揭幕时，一些古旧船只、休闲游船和客船组成小型舰队，在伦敦泰晤士河上巡游。

女王 90 岁寿辰庆祝活动

英国本土、英联邦和世界大多数地区都参与到庆祝活动之中，共同纪念这位伟大女性生命中两大重要事件：成为英国历史上在位时间最长的君主后不久，女王又迎来 90 岁寿辰。

2016年4月20日，女王在生日前一天访问了温莎皇家自治区的皇家邮局，开始了一系列活动，为期两个月。会见邮局职员并参观纪念女王治下邮政服务史展览后，因英国广播公司电视节目而组建的皇家邮政合唱团为她演唱了一首小夜曲。女王与爱丁堡公爵随后前往温莎的亚历山德拉公园为一座新建室外音乐厅揭幕，再次聆听合唱：这次由儿童表演，是莎士比亚节活动之一。

美好的一天

女王90岁寿辰当天在温莎举行了各类庆祝活动，首先是女王标志性的活动之一——走入群众。她和菲利普亲王从温莎城堡的亨利八世门出发，

寿辰灯塔
标志女王90岁寿辰活动的一座灯塔被点亮。灯塔共有1000座或更多，上面饰有王室的交织字母。4月21日晚，女王亲自点亮了温莎的第一座灯塔。

步行前往城堡山脚下的维多利亚女王雕像，在那里她为女王步道铭牌揭幕，这条小路连接了温莎镇63处重要景点。步道由户外信托设计，长度和路标象征着女王统治时间所创造的纪录。除了这条温莎步道之外，还有数百条经规划设计或新修的步道遍布英联邦各地。户外信托董事长雨果·维克斯称，女王陛下"参加这次有趣的活动，又碰上好天气，感到非常高兴。她说自己度过了愉快的一天"。2015年英国广播公司热点电视节目《英国烘焙大赛》获胜者纳迪亚·侯赛因将自制的生日蛋糕献给女王。侯赛因展现了英国穆斯林社群的风采，为此广受赞誉，有评论说，她参与这次庆祝活动恰恰反映了女王长期统治下英国社

会的变迁。21日傍晚，女王陛下点亮灯塔，1000多座灯塔随之纷纷亮起，组成的灯塔链遍布英国各地乃至全世界，其中既有特制的燃气结构灯塔，也有简单的篝火。

6373米 这是女王步道的长度，代表了步道完工时女王在位时间——63年7个月零3天，比维多利亚女王在位时间多1天。

与奥巴马夫妇共进午餐

生日后第二天，巴拉克·奥巴马和夫人米歇尔来到温莎，女王和爱丁堡公爵为美国总统和第一夫人举办午餐会。奥巴马夫妇从伦敦乘坐"海军陆战队一号"直升机抵达，女王夫妇

的车"，但"可以说一路十分平稳"。两对夫妇共进午餐，气氛轻松友好，之后奥巴马总统向女王致辞，称女王是他"最喜欢的人之一"，并说道，"女王一直激励着我，以及世界上千千万万的人……如果我们足够幸运，能够活到90岁，希望届时能够和她一样充满活力"。

温莎露天表演

每年温莎皇家庄园都会举行温莎

我想您就是总统先生

美国总统巴拉克·奥巴马走下总统专用直升机"海军陆战队一号"踏上温莎城堡草坪时，受到女王与爱丁堡公爵迎接。

期间的历史，演员有海伦·米伦女爵士，歌星雪莉·贝西女爵士和凯瑟琳·詹金斯，还有许许多多马匹参演。在其中的一个场景中，年仅13岁、爱马成痴的金瓦拉·特纳扮演年轻的伊丽莎白公主，学习驾驭一匹黑色小型马，这是女王最喜欢的一种马。来自阿曼、智利、加拿大和阿塞拜疆的马术演员表演了精彩的特技。当女儿安妮长公主和曾经参加过奥运会马术比赛的孙女扎拉·廷道尔等女王家人骑着女王自己养的马匹出场时，演出达到高潮。演出解说员之一、电视名人兼作家艾伦·蒂施马奇这样说道："这真是一场绝无仅有的盛会，如此场面今后再难重现。"

> "她是一位**不可思议的人物**，如同一颗真正的宝石，对于英国乃至整个世界都是如此。"
>
> 巴拉克·奥巴马，2016年4月22日

在温莎庄园的草坪上欢迎这对贵宾，四人乘车回到城堡，菲利普亲王亲自驾驶，过程中笑料不断。首先，来访的美国媒体团忘记英国为右舵驾驶，误以为是总统开车，后来奥巴马笑称，尽管他"从未坐过爱丁堡公爵开

悠长步道露天表演
沿着温莎大公园的悠长步道，在这里布置的场地上举行了一次美轮美奂的表演，结合了焰火、激光和视频技术，包括阿曼皇家骑兵团在内的人与马匹联袂演出。

皇家马术表演。2016年5月，为庆祝女王90岁寿辰而举行的活动别具特色，令人炫目，将马术表演推向高潮。尽管一开始这场庆典音乐会出了不少问题，如预定彩排因大雨被迫取消，但到了5月15日傍晚，群星云集现场，与技艺高超的马术演员们共同献上精彩表演，成就了女王在位期间令人最为难忘的盛会之一。在专门修建的场地中，数千名观众看到了一场90分钟的表演，有900匹马、1500多名演员

参加。

女王在爱丁堡公爵的陪伴下乘坐苏格兰御用马车抵达现场。她身穿外饰一层蕾丝的海绿色连衣裙，搭配同款外套（均由女王御用裁缝师安吉拉·凯利制作），并佩戴一枚青绿色钻石胸针。在6000多名观众的欢呼声中，女王在皇家包厢就座，威尔士亲王与约克公爵夫人以及剑桥公爵夫妇、哈里王子也在座。这场令人感动、振奋人心的表演回顾了女王在位

25000张 为期4晚的温莎皇家马术表演门票几小时内售罄。

17420件 4月，女王生日那一周收到的邮件数量，其中包括生日贺卡和礼物。

此后

5月23日，女王参加皇家园艺学会的切尔西花展，同行的剑桥公爵夫妇是首次出席。

一抹绿色
女王陛下第51次出席切尔西展，这是英国社交生活的知名惯例，年年如此。女王和剑桥公爵夫人均着绿色服饰，剑桥公爵夫人引人注目的绿色外套由凯瑟琳·沃克设计，这位服装设计师也在切尔西工作，而女王穿着由安吉拉·凯利制作的淡薄荷绿色套装。

生日拱门
在爱丁堡公爵、威塞克斯伯爵夫人和哈里王子等王室家族成员的陪伴下，女王观赏了花展入口处专为庆祝她的寿辰设立的华丽鲜花拱门。在切尔西皇家医院的院落中展出近30万朵钩织罂粟花向武装部队的男女军人们致敬，名为"5000朵罂粟花"的展览打动了剑桥公爵夫人。

圣保罗大教堂
感恩礼拜

2016年6月10日正值女王法定90岁寿辰，在伦敦地标圣保罗大教堂举行了全国感恩礼拜，纪念伊丽莎白二世的生活与工作，气氛感人而又欢快。

爱丁堡公爵陪伴女王出席仪式，这一天也是他95岁寿辰，在场的还有51位家族成员，包括剑桥公爵夫妇和哈里王子。女王身着标志性的鲜亮裙装——这次是黄色，因堵车而没能如往常一样按时到达。号角响起欢迎女王，出席嘉宾共2000多人，包括政治家、宗教领袖以及因公受到政府嘉奖的公众代表。

向女王致敬的嘉宾中有圣保罗教长大卫·艾森，他感谢女王"温文尔雅而又坚定不移、充满皇家尊严和仁慈的人道主义精神"。首相戴维·卡梅伦朗诵《圣经》片段，而女王同龄人、广播节目主持人大卫·爱登堡爵士则读了一段另一位同龄人、《帕丁顿熊》作者迈克尔·邦德的文章。邦德的这篇文章题为《时光流逝》，以幽默而不失严肃的笔触反映出1926年生人的种种经历。苏珊·赫西夫人任女王侍女的时间超过半个世纪之久，她称这次礼拜"美好得正如女王所愿"。礼拜结束后，女王在白金汉宫举办午宴，招待英联邦各属地总督，而剑桥公爵夫妇和其他王室成员则与1800位嘉宾一起出席了伦敦市政厅招待会，伦敦市市长茅杰飞向女王致敬："尽管社会风云变幻，女王陛下始终温文尔雅、风趣幽默而又通情达理，非常完美地体现了立宪君主制的优点。"

"回顾陛下为我国服务的 **90年**，我们充满**钦佩**和**感激之情**。"

坎特伯雷大主教贾斯汀·韦尔比

回廊一瞥

从教堂回廊俯视下方，可以看到穿过圣保罗大教堂正厅的队伍，2000多名嘉宾观看仪式，其中包括三代王室家族成员、历任首相，以及数百名资深公职人员代表。

女王 90 岁法定寿辰

纪念女王法定寿辰的活动极尽英国国家盛典之豪华排场，从圣保罗大教堂礼拜到皇家卫队阅兵式应有尽有。庇护人午餐街头派对遇上雨天，面对英国变幻莫测的夏日天气，人们的反应非常具有英国特色。

此 前

女王寿辰正日和法定生日前后，无数贺词与表示支持的信件自英联邦各地、全世界甚至外太空如潮水般涌来！

杰出服务

女王陛下收到的生日祝贺来自个人、机构和英国首相戴维·卡梅伦等公众人物，以及宗教领袖和武装部队。首相称，"为公众服务时间如此之长而且表现如此杰出的人十分罕见"。皇家卫队则发布推特消息称："谨此恭祝我们的名誉团长、女王陛下90岁寿辰之禧。"

猫爪贺词

甚至连英国外交部的猫帕默斯顿也发了推特消息："希望你今天快乐。"白金汉宫称之为"猫爪贺词"。在地球上空400千米处环绕轨道航行的英国宇航员蒂姆·皮科在推特上发了一张自己在国际空间站（ISS）中飘浮的照片，手拿贺卡，上书"陛下生日快乐"。

蒂姆·皮科
在国际空间站

确定女王法定生日的时间要尽量保证遇上适宜的天气，不过英国夏日的天气向来变幻无常，陛下90岁寿辰这一年也不例外。6月10日，各项活动拉开序幕，首先是圣保罗大教堂的感恩礼拜（见312页）；第二天，在皇家骑兵卫队阅兵场举行了一年一度的皇家卫队阅兵式特别仪式。

夏洛特公主与飞行表演

女王60多岁时还亲自骑马参加阅兵式，身着与阅兵军团旗帜颜色相同的制服。现在这一荣誉由她的儿子孙辈接手，在6月11日的阅兵式上，威尔士亲王、长公主和剑桥公爵身着礼仪制服骑马参加，他们分别作为威尔士卫队上校、皇家近卫骑兵团和第一龙骑兵团上校以及爱尔兰卫队上校，加入1600多名士兵及300匹马组成的队伍。

阅兵式又称女王生日游行，她在位期间每年都会举行，唯有一次（1955）因铁路罢工而取消。不过，对于最年轻的王室成员、女王曾孙女夏洛特公主来说，2016年是她第一次出席，她与家人一同出现在白金汉宫阳台上，观看游行传统压轴戏皇家空军飞行表演。当两架"狂风"超音速喷气式飞机从头顶掠过时，夏洛特公主举起双手捂住耳朵。仪式接近尾声时，在白金汉宫前围观的民众欢呼3次。当天晚些时候，在健全桨手和残障桨手齐心协力的划动下，皇家驳船"格罗丽亚娜"号带领一组小舰队沿着泰晤士河航行，女王登基以来每10年下水的船只都有代表参加。

篮中的美食仍令民众大快朵颐。王室家族成员们沿着林荫路漫步，向嘉宾们致意。午餐后举行了嘉年华游行，展示了女王在位期间各历史时期的风情。嘉年华游行创意总监艾伦·劳埃德形容这次活动气氛"亲切而友好"。

英国最佳
发放给庇护人午餐会嘉宾的野餐食盒中有来自英国四面八方的美食，如"英国最佳"三明治、迷你辣泡菜猪肉馅饼和皇家树莓甜点。

> "女王……在历届领导人需要一个面对过去60年**历史**的**直接视角**时……正是可以帮助他们的国家元首。"

剑桥公爵在庇护人午餐会上的讲话

此 后

根据惯例，女王生日时会向英国及英联邦各属地应予特别表彰的臣民授勋。

生日授勋名单

女王90岁寿辰授勋名单中的主角无疑是被封为爵士的苏格兰歌手洛·史都华，他因对音乐和慈善事业的贡献而获封。蒂姆·皮科少校在外太空收到消息，他因对科学教育做出杰出贡献而获封圣迈克尔和圣乔治三级勋位（通常授予"在海外为英国服务者"）。同样荣获勋位的还有"战地甜心"薇拉·琳恩女爵士。据内阁办公室称，这次的生日授勋名单是1917年大英帝国勋位制度设立以来"最为多元化"的一份。女性占到总人数的47%，有8.2%的黑人及少数族裔，还有5.2%的残障人士。

庇护人午餐会

法定生日庆祝活动的高潮是林荫路上举行的盛大街头派对：庇护人午餐会，借以赞颂女王庇护的600多家机构所做的工作和相关工作人员。女王外孙彼得·菲利普斯负责组织这次活动，共有1万名嘉宾（每人需付150英镑买票出席，所得利润用于慈善事业）参加，因天气不佳还发放了雨衣。不过一场小雨无伤大雅，食

靓丽粉色装扮
前一天的亮绿色服饰令群众赞叹不已，第二天女王再次惊艳亮相，身着她最喜欢的设计师之一卡尔·路德维希出品的桃粉色外套，配与安吉拉·凯利设计的同色帽子。

林荫路上
女王与菲利普亲王乘坐御用检阅车驶过林荫路，向参加庇护人午餐会的嘉宾们致意。行驶的终点是海军拱门附近的舞台，他们在那里与威廉、凯瑟琳和哈里会合，发表讲话。

伊丽莎白二世女王 1952 年继位时，英国与现在截然不同。

战时供给制

当时第二次世界大战的食物供给制仍然实行。1954 年 5 月取消肉类供给制后方告结束。

更快捷的电话

英国的长途电话过去必须通过一位交换台操作人员人工接通。1958 年，女王直接从布里斯托给爱丁堡市长打电话，宣传了全新的自动电话拨号系统（STD）。

货币十进制

1 英镑原本等于 20 先令、240 便士。1971 年 2 月 15 日，英国转而实行十进制货币。为此铸造了新硬币，50 便士硬币取代了 10 先令纸币。

1961年的10先令纸币

45000 个 截至 2012 年女王发出的圣诞卡数量。

175000 封 截至 2012 年女王向英国和英联邦的百岁老人发送的电报数量。

"她希望**交接**时确认**自己**已经**尽力而为**。"

威廉王子谈到女王时说道，2011年

伊丽莎白长期统治

伊丽莎白二世女王是英国历史上最长寿和在位时间最长的君主。她精彩的一生奉献为公，应对各种考验和变革的同时不失尊严和优雅，留下的遗产后人永难比肩。

从很多方面来看，女王的生活似乎多年来没有什么变化。她每年出席的常规活动——从议会开幕大典到圣诞广播致辞——和 1953 年一样。她通常在巴尔莫勒尔度过暑假，复活节在温莎，圣诞节在桑德林汉姆。她依然爱马，喜欢赛马，她仍然喜欢马匹、赛车以及她的矮脚狗和多基犬——王室偏爱的宠物犬种。自女王加冕以来，这个国家经历了巨大的变化，女王则代表着稳定与连续性。1953 年，英国社会主要由白人基督徒组成；如今则是多种信仰和多种文化并存。

特别纪录

女王钻禧之年白金汉宫公布的统计数据见证了女王履行公务的特别纪录。截至当时，女王已经颁发过 40.45 万个各类勋位和奖章，亲自举行了 610 多次封爵仪式。

她经历过的政治风云无人能及。她曾对 3500 多项议会法案给予御准，参加了历年议会开幕大典，只有 1959 年和 1963 年分别因怀上安德鲁王子和爱德华王子，以及 2022 年因行动不便缺席。

共有 15 位英国首相曾在她手下任职。第一位是温斯顿·丘吉尔爵士，他出生于 1874 年，当时还是维多利亚女王时代；最后一位首相丽兹·特拉斯则出生于 1975 年。女王海外出访 265 次，其中有 82 次国事访问，共访问了 116 个国家。她是第一位访问中国和俄罗斯的英国君王。

在变化无常的世界里，女王岿然不动，因此赢来不少人的衷心仰慕。2016 年，美国总统巴拉克·奥巴马说

披头士在宫中

1965 年，女王向披头士乐队所有成员授予 MBE 爵位（大英帝国骑士勋章）。不少人对这些头发蓬乱的流行歌手受封感到义愤填膺。

出很多人的心声，称女王"一直激励我和世界上千千万万的人"，是"我最喜欢的人之一……是一位不可思议的人物，如同一颗真正的宝石，对于英国乃至整个世界都是如此"。

世界变迁

女王认可君主制有必要适应社会

头发上不是王冠，而是月桂花环

1952年肖像，玛丽·吉里克绘

1968年肖像，阿诺德·马辛绘

的变迁。她已经接受了王室年俸的削减，同意自己的收入缴税，向公众开放白金汉宫，放弃皇家游艇，甚至还精减了侍从人员和出行开支。某些观察家认为她在位晚期比二三十年前更容易接受新思想。年过九旬的老人没有多少像女王一样拥有自己的推特账号，或是允许自己的住所用于举办流行音乐会。

女王本人深受欢迎，在所有年龄段的民众心中都极受尊重，帮助君主制经受公众舆论起伏而不倒。一个特殊的巅峰出现在 2012 年，女王登基钻禧年激发了人们的巨大热情。同年伦敦奥运会开幕式上女王的出镜让公众对她更加爱戴，现场播放的詹姆斯·邦德恶搞电影中有女王配合表演跳伞，空降体育场。女王向来喜欢和孙子孙女们说笑，但对于公众而言这是一个难得的机会，窥见她仅为最亲近的人所熟知的活泼幽默。

女王在整个英联邦也享有极高威望，然而这一政体在女王统治的历史时期内变化很大。1953 年英联邦内部只有 8 个独立国家。在 20 世纪 60 年代和 70 年代的去殖民化运动后，现在有 53 个独立国家，但如今其中只有 15 个奉英国君王为国家元首。1999 年澳大利亚举行全民公决，反对共和制一方以微弱优势胜出。女王无疑对这个结果感到

跨越世代

2022 年 6 月，祖孙四代在白金汉宫的阳台上共同参加了女王白金禧庆典。

满意，但她明确表示这个问题应由澳大利亚人民自行决定。她在宪政事务上极为老练，维持沉默的同时不失尊严，这一点在英国表现得更加明显。尽管一些派别试图拉拢她支持自己的观点，但她对近期苏格兰权力下放和英国脱欧等政治问题一直保持沉默。

女王最后的岁月

2022 年 2 月 6 日，女王登基满 70 年，开始为期数月的白金禧庆典活动。过去 70 年她一直坚守 21 岁生日时立下的誓言，终生为她的人民服务（见 130 页）。2022 年 9 月 6 日，尽管明显身体虚弱，她仍在履行公务，接见英国新当选首相。仅仅两天后，女王于 9 月 8 日——她挚爱的丈夫菲利普亲王去世一年多之后——在巴尔莫勒尔城堡告别人世，享年 96 岁。

服丧
2021 年 4 月，女王抵达温莎城堡参加菲利普亲王的葬礼。因新型冠状病毒感染大流行采取限制措施，葬礼仅邀请 30 名宾客参加。

女王去世令人深感失落。她对于很多人而言是所知的唯一君主——他们一生中始终坚定不移的存在。而今新王登基，她的长子成为国王查尔斯三世。

看来在查尔斯的统治下，君主制可能会进一步改变。查尔斯之后已有两代继承人作为后备，完全有理由认为君主制将继续演变，而王室与民众的关系可能会以新的方式定义。

此后 »

英国历史上王位从未空悬。君王去世后新一代君王立刻即位。

王位传承

2022 年 9 月女王去世后，枢密院大臣等人在圣詹姆斯宫召开继位会议，正式宣布查尔斯王子登基为王。尽管他可以选择新的王号，但他没有这样做，决定称查尔斯三世国王。根据 2015 年通过的法案，君王长女可以继承王位，但查尔斯之后的顺位继承人（威廉王子和乔治王子）均为男性。

2022 年 9 月 10 日举行的继位会议上宣布查尔斯三世登基为王

女王加冕时佩戴的王室钻石王冠

女王肖像的变化
自女王即位以来，英国硬币上共出现过 5 种女王肖像。左边一枚是最早的肖像，最右边的是最新肖像，2015 年 3 月公布。多数女王硬币上的拉丁文都是"Dei gratia regina fidei defensor"，意为"蒙上帝、宗教信仰的维护者女王恩惠"。

1985 年肖像，
拉斐尔·马克洛夫绘

1998 年肖像，伊恩·兰克-布罗德利绘

2015 年肖像，装迪·克拉克绘

快乐而光荣

2016 年 5 月，伊丽莎白二世离开威尔特郡拉克希尔的皇家守卫部队教堂时，向公众挥手致意。这只是她身兼各类官方或礼仪性头衔和职务出席的诸多活动之一，体现出女王 70 年在位期间尽忠职守，坚定不移。

女王去世

2022 年 9 月 8 日，女王伊丽莎白二世去世，享年 96 岁。在她漫长的统治期间，世界发生了许多重大变化，但 70 年来女王始终在位。

在家人的陪伴下，伊丽莎白女王于苏格兰巴尔莫勒尔安详离世。众所周知，女王身为国家元首尽职尽责，去世前两天还接见了保守党政府领袖、新任首相丽兹·特拉斯，留下照片。女王看起来身体虚弱，用拐杖助行，但始终面带微笑。她是英国历史上在位时间最长的君主。

母亲去世后，新君查尔斯宣告即位，称查尔斯三世。根据女王去世前的要求，他的妻子卡米拉受封为王后。在即位后的第一次演讲中，查尔斯赞颂女王的一生和女王所做的工作，称女王为"亲爱的妈妈"。在演讲的最后他引用莎士比亚作品《哈姆雷特》中的一句台词："愿成群的天使们用歌唱抚慰你安息。"

"我**挚爱**的母亲**女王陛下**去世那一刻，我和所有家人**至悲至痛**。她是**受人爱戴**的君主，也是**儿女深爱**的母亲，我们**深切哀悼**她的逝世。"

查尔斯三世

国王的演讲
女王去世翌日，查尔斯发表新君第一次电视演讲。他时年 73 岁，是英国历史上即位时最年长的君主，他立下怀着"忠诚、尊重和爱"为国家服务的誓言。

独角兽行动

诺福克公爵爱德华 · 菲兹兰－霍华德是英国地位最高的贵族，过去 20 年来一直与女王商讨她的葬礼细节。包括路线和来宾在内的细节均经过讨论并获得女王批准，赞美诗也由女王选定。葬礼计划代号为"伦敦桥行动"，如果女王在苏格兰去世，则启动"独角兽行动"。

9 月 11 日星期日，女王灵柩从阿伯丁郡巴尔莫勒尔经陆路运往爱丁堡荷里路德宫，供工作人员瞻仰。随后运至爱丁堡的圣吉尔斯大教堂以供瞻仰，由皇家弓箭手连队守护。灵车穿过村庄城镇，一路有成百上千的哀悼者向女王致哀。全国降半旗，威斯敏斯特大教堂、圣保罗大教堂和温莎城堡鸣钟，全国各地多处鸣放礼炮。官方宣布为期 10 天的服丧期，悲恸的民众哀悼女王。女王国葬于 2022 年 9 月 19 日星期一举行，当天设为法定假日。

▼ 花圈与王冠
在苏格兰的圣吉尔斯大教堂，女王入殓橡木灵柩，供人瞻仰，灵柩上摆放苏格兰王冠并覆以苏格兰皇家旗帜。白色花圈里有玫瑰、小苍兰和巴尔莫勒尔的白色石楠。

◀ 第一次守灵
查尔斯三世国王、安妮公主、安德鲁王子和爱德华王子与苏格兰的女王护卫队皇家弓箭手连队共同守护，参加圣吉尔斯大教堂守灵。

▼ 皇家英里大道
女王子女国王查尔斯三世、安妮公主、安德鲁王子和爱德华王子在皇家苏格兰军团的护卫下跟随送葬队伍前往圣吉尔斯大教堂。前来悼念的民众挤满了街道。

▲ 皇家苏格兰军团派出的抬棺队伍将女王灵柩抬上灵车，沿皇家英里大道行至圣吉尔斯大教堂，供民众瞻仰。

▲ 女王灵柩在爱丁堡由皇家空军派出的抬棺队伍抬上飞机。据报道，共有 500 多万人同步关注了飞往伦敦诺索尔特空军基地的航班。

▲ 女王最后一次前往白金汉宫。尽管天气阴暗潮湿，但新的皇家灵车经过时仍有数以千计民众在街道两侧送别女王。

公众送别

女王灵柩穿过白金汉宫大门，开始向威斯敏斯特大厅行进，在那里供民众瞻仰。在秋日的灿烂阳光下，灵柩由国王御用皇家骑炮队驭使炮车运送。

▲ 9月14日星期三，送葬队伍从白金汉宫前往威斯敏斯特大厅，国王查尔斯三世、安妮公主以及威廉王子、哈里王子、理查德王子

▲ 新晋威尔士亲王威廉和王妃凯瑟琳与前来祈福的民众交谈。许多人连夜排队，向深受爱戴和尊重的女王致哀。

◀ 女王最年长的孙女扎拉·廷道尔翻阅巴尔莫勒尔城堡门前民众献花的附言。

▼ 国王查尔斯三世及其弟妹在威斯敏斯特大厅为母亲灵柩守灵。1936 年和 2002 年这里分别为乔治五世国王和伊丽莎白王母太后举行了类似的守灵活动。

送别
女王的 8 名孙辈为其守灵。立于高台守护的是英军荣誉部队，身着红色裙式制服的是皇家卫队。

▲　国家元首和外国皇室成员等 2000 多人在威斯敏斯特大教堂参加女王国葬。威斯敏斯特大教堂唱诗班 30 名男童和 12 位成人专业歌手的歌声在这座宏伟的中世纪建筑穹顶下回响。

▲ 王后、威尔士王妃、夏洛特公主（哥哥乔治身旁）、苏塞克斯公爵夫人和威塞克斯伯爵夫人佩戴的一些珠宝为女王所赠。

▲ 查尔斯在灵柩上摆放的花圈由来自白金汉宫、克拉伦斯宫和海格罗夫庄园的鲜花组成。其中包括代表怀念的迷迭香和代表快乐回忆的桃金娘。

▲ 查尔斯和卡米拉在威斯敏斯特大教堂垂首而坐。这是自 1952 年上一位君主乔治六世的葬礼以来，首次举办如此规模的葬礼。

▲ 掷弹兵卫队抬棺队在葬礼开始前将女王灵柩放在灵柩台上并整理王室旗帜。据称这具铅制灵柩重达四分之一吨。

▲ 坎特伯雷大主教贾斯汀·韦尔比简短致辞。他谈到女王尽忠职守，称她感动"众生"。

▲ 女王的御用风笛手、风笛乐队队长保罗·伯恩斯在威斯敏斯特大教堂演奏。随着他缓步离开，乐声渐远无踪，这个具有象征意义的时刻令人倍感哀伤。

悠长的一英里——还有艾玛
送葬队伍沿着悠长步道向温莎城堡
前进，女王最喜欢的小马艾玛和马
夫特里·潘德利在路旁目送主人经
过。温莎的工作人员在道路两旁布
置了数万朵鲜花。

最后的安息处

　　穿过伦敦街道的壮观送葬游行和威斯敏斯特大教堂动人的葬礼经过多年精心策划，进行顺利。民众展现的哀伤、敬意和悼念之情有时令满怀悲痛的查尔斯及其他王室成员难以自抑。

　　威斯敏斯特大教堂的葬礼完成后，灵柩运往温莎城堡的圣乔治礼拜堂举行下葬仪式，女王遗体从此安息。这场仪式规模较小、更为私密，女王身边最亲近的人——庄园工作人员、好友、侍从和特殊友人出席。灵柩上放有君王的王冠、宝球和权杖，以及查尔斯献上的花圈和手写卡片，上书"深情而忠诚缅怀，查尔斯·R"。

▲ 女王养的最后两只威尔士矮脚狗桑迪和穆克在温莎城堡等待女王归来，2021 年送到女王身边时它们尚为幼犬。

▲ 宫务大臣将他的权杖折为两段，象征着尽忠女王的使命终结。查尔斯之前在灵柩上放置了掷弹兵卫队旗帜，灵柩在仪式结束后下葬于皇家墓穴。

王室家族的未来

　　国家迎来了新的君主，而国王在为新的职责准备。查尔斯三世宣布将削减执行公务的王室成员数量，顺应民意，减少王室成员给国家造成的财政负担。对女王的爱戴和对查尔斯的支持在服丧期有目共睹，民众无疑对王室仍然怀有深切的敬意，但查尔斯的职责之一将是表现出与时俱进的态度，与年轻一代共情。

　　官方活动的重担将落在查尔斯和卡米拉以及凯瑟琳和威廉身上。威廉和凯瑟琳已经赢得不少人心，两人履行王室职责时毫不拘谨的态度打动了民众。尽管未来定然会有诸多变化和挑战，但掌握英国延续千年的君主制的人依然可以胜任。

▲ 举国哀悼即将结束时，一名卫队军官独自走过摆满献祭花束的温莎城堡下区。

▲ 新王后的作用将是支持国王。在伊丽莎白二世去世后第二天播出的演讲中，查尔斯指出这一点的重要意义时说道："期望爱妻卡米拉给予我充满爱心的帮助。"

继承人
威廉现在正式成为王位第一顺位继承人，其后为威廉的长子乔治王子和另外两名子女夏洛特公主和路易王子。

索引

致谢

Dorling Kindersley would like to thank: Stefan Podhorodecki and Paul Self for photography, Sneha Sunder Benjamin, Arpita Dasgupta, Helen Bridge, Suefa Lee, Isha Sharma, Fleur Star, and Sonia Yooshing for editorial assistance, Devika Awasthi, Paul Drislane, Parul Gambhir, Roshni Kapur, Shahid Mahmood, and Amit Malhotra for design assistance, Monica Byles for proofreading, Colin Hynson for indexing, and Gill Pitts, Karen Self, Helen Spencer, and Sharon Bartlett for allowing us to photograph their royal memorabilia. Special thanks go to Agata Rutkowska, Picture Library Assistant, Royal Collection Trust; Chris Barker, Assistant Curator, Royal Mint; and John Loughery for help and advice. The publisher would also like to thank James Grinter at Reeman Dansie Auctioneers for allowing us to photograph their collections.

Reeman Dansie Auctioneers
No. 8 Wyncolls Road
Colchester CO4 9HU
www.reemandansie.com/

Picture Credits
The publisher would like to thank the following for their kind permission to reproduce their photographs:

(Key: a-above; b-below/bottom; c-centre; f-far; l-left; r-right; t-top)

1 Royal Mint Museum. 2–3 Corbis: Reuters / Luke Macgregor. **4 Corbis:** Hoberman Collection (cra). **5 Corbis:** Bettmann (br); Hulton-Deutsch Collection (tr). **Dorling Kindersley:** Reeman Dansie Auctioneers (cla, bl). **Getty Images:** Hulton Archive (tl). **The Royal Collection Trust © Her Majesty Queen Elizabeth II 2015:** (cra). **6 Alamy Images:** Holmes Garden Photos (ca). **Corbis:** Ralf-Finn Hestoft (br). **Getty Images:** Hulton Archive (bl); Central Press (tl); Chris Jackson (tr). **Royal Mint Museum:** (cra). **7 Corbis:** Chris Ison / epa (br); Pool Photograph (tl). **Getty Images:** WPA Pool (tr). **The Royal Collection Trust © Her Majesty Queen Elizabeth II 2015:** (cla) **8–9 Corbis:** Hoberman Collection. **10 Bridgeman Images:** National Archives, UK (ca); Alecto Historical Editions, London, UK (bc); The Trustees of the Weston Park Foundation, UK (cr). **By permission of The British Library:** (cla). **Dorling Kindersley:** Ashmolean Museum, Oxford (cl) **11 Corbis:** The Gallery Collection (clb); Leemage (bc). **Dorling Kindersley:** Reeman Dansie Auctioneers (cr). **The Art Archive** Ashmolean Museum (cla). **12 Dorling Kindersley:** National Maritime Museum, London (b); Ashmolean Museum, Oxford (tr). **13 By permission of The British Library:** (cr). **The Art Archive:** Musée de la Tapisserie Bayeux / Gianni Dagli Orti (c). **14–15 The Art Archive:** Musée de la Tapisserie Bayeux / Gianni Dagli Orti. **16 Bridgeman Images:** Chetham's Library, Manchester, UK. **17 Bridgeman Images:** Alecto Historical Editions, London, UK (crb). **Corbis:** The Gallery Collection (t). **Photo SCALA, Florence:** British Library board / Robana / Scala, Florence (bl). **18–19 Getty Images:** DeAgostini. **20 By permission of The British Library:** (tr). **Dorling Kindersley:** The Trustees of the British Museum (b). **21 Alamy Images:** travelibUK (bl). **Bridgeman Images:** National Archives, UK (cr); Bibliothèque Nationale, Paris, France (tc). **22–23 Bridgeman Images:** Bibliothèque Nationale, Paris, France. **24 Alamy Images:** Mary Evans Picture Library (bl). **24–25 Bridgeman Images:** The Trustees of the Weston Park Foundation, UK; National Portrait Gallery, London, UK (Henry V). **25 Corbis:** Leemage (tr). **26–27 Bridgeman Images:** De Agostini Picture Library. **28 Alamy Images:** The Art Archive (cl). **Corbis:** Gianni Dagli Orti (r). **29 Corbis:** Hoberman Collection (bc); Miles Ertman / All Canada Photos (tl); Leemage (cr). **30–31 Bridgeman Images:** Musée de Blois, Blois, France. **32–33 Corbis:** The Gallery Collection. **33 Bridgeman Images:** Hoefnagel, Joris (1542–1600) / Private Collection (cb). **Corbis:** (tl, bc). **34–35 Corbis:** Farrell Grehan (b). **34 National Museums of Scotland:** (tr). **35 Bridgeman Images:** His Grace The Duke of Norfolk, Arundel Castle (tr); National Library of Scotland, Edinburgh, Scotland (cl); Scottish National Portrait Gallery, Edinburgh, Scotland (cb). **36–37 The Royal Collection Trust © Her Majesty Queen Elizabeth II 2015. 37 Alamy Images:** Realy Easy Star / Giuseppe Masci (bc); Rolf Richardson (crb). **Corbis:** Andrew Milligan / PA Wire / epa (br). **38 Corbis:** Gianni Dagli Orti. **39 Alamy Images:** Mary Evans Picture Library (bc). **Corbis:** The Gallery Collection (cl). **Getty Images:** DEA / G. Nimatallah (tr). **40 Corbis:** (cra). **40–41 Bridgeman Images:** Cheltenham Art Gallery & Museums, Gloucestershire, UK (b). **41 Alamy Images:** The Art Archive (tl). **42–43 The Royal Collection Trust © Her Majesty Queen Elizabeth II 2015. 44–45 Corbis:** Jason Hawkes (t). **44 Rex Features:** Jonathan Hordle (bl). **45 Corbis:** Philip Craven / Robert Harding World Imagery (bc). **Dreamstime.com:** Aagje De Jong (br). **46 Alamy Images:** Steve Vidler (b). **Getty Images:** Tim Graham (tr, cra). **47 Rex Features. 48 Alamy Images:** GL Archive (b). **Getty Images:** Apic (tr). **49 Corbis:** The Gallery Collection (r).**50 Corbis:** The Gallery Collection (bl); Hulton-Deutsch Collection (r). **51 Dorling Kindersley:** Royal Green Jackets Museum, Winchester (crb); Thackray Medical Museum (cl). **The Royal Collection Trust © Her Majesty Queen Elizabeth II 2015:** (bc); (t). **52–53 akg-images:**Archie Miles. **ley:** Reeman Dansie Auctioneers (cra). **54–55 The Royal Collection Trust © Her Majesty Queen Elizabeth II 2015. 55 The Royal Collection Trust © Her Majesty Queen Elizabeth II 2015:** (br); (tl). **56–57 Bridgeman Images:** De Agostini Picture Library / W. Buss. **57 Alamy Images:** Graham Prentice (cb). **Bridgeman Images:** Historic England (br) **Corbis:** Corrie: Nigel / Arcaid (bc). **58–59 Corbis:** Historical Picture Archive. **60 Corbis:** (r). **Getty Images:** Universal History Archive (bl). **61 Getty Images:** Davide Cioffi (c). **The Royal Collection Trust © Her Majesty Queen Elizabeth II 2015:** (cra). **62–63 Bridgeman Images:** Haig, Axel (1835–1921) / British Library, London, UK. **64 Alamy Images:** The Art Archive (cl). **Bridgeman Images:** Harris, Albert E (fl.1917) / Roy Miles Fine Paintings (b). **Getty Images:** Arkivi (ca). **65 Alamy Images:** David Coleman (br). **Getty Images:** Popperfoto (cb). **Mary Evans Picture Library:** Illustrated London News Ltd (t). **66 Dorling Kindersley:** Reeman Dansie Auctioneers (t, bl, cr, br). **67 Corbis:** (tr). **Getty Images:** Hulton Archive (b). **68 The Royal Collection Trust © Her Majesty Queen Elizabeth II 2015:** (cl, clb, bl). **68–69 The Royal Collection Trust © Her Majesty Queen Elizabeth II 2015. 69 The Royal Collection Trust © Her Majesty Queen Elizabeth II 2015:** (tl, bl). **70–71 The Royal Collection Trust © Her Majesty Queen Elizabeth II 2015. 72 The Royal Collection Trust © Her Majesty Queen Elizabeth II 2015:** (l). **V&A Images / Victoria and Albert Museum, London:** (br). **73 Dorling Kindersley:** Reeman Dansie Auctioneers (tl, tc, cla, cr). **Getty Images:** Elliott & Fry (bc). **74–75 Dorling Kindersley:** Reeman Dansie Auctioneers. **76 123RF.com:** Scott Clarke (cb). **Dorling Kindersley:** Reeman Dansie Auctioneers (cla, cr). **77 Dorling Kindersley:** Reeman Dansie Auctioneers (cl); The Wardrobe Museum, Salisbury (ca). **Getty Images:** Keystone (bc). **Press Association Images:** Topfoto / Topham Picturepoint (crb) **78 Alamy Images:** (l).**Corbis** Hulton-Deutsch Collection (cr). **79 Corbis:** Hulton-Deutsch Collection (br). **Getty Images:** Hulton Archive (bl). **The Royal Collection Trust © Her Majesty Queen Elizabeth II 2015:** (tc). **80 Getty Images:** The Print Collector (cla); Central Press / Hulton Archive (tr). **80–81 Getty Images:** Popperfoto (b). **81 Alamy Images:** Universal Art Archive (bc). **Mary Evans Picture Library:** (tr). **Royal Artillery Historical Trust:** (c). **82–83 Corbis:** Hulton-Deutsch Collection. **84 Getty Images:** Tim Graham (b). **84–85 The Royal Collection Trust © Her Majesty Queen Elizabeth II 2015. 86 Press Association Images:** Fiona Hanson (b). **The Royal Collection Trust © Her Majesty Queen Elizabeth II 2015:** (tr, cra). **87 The Royal Collection Trust © Her Majesty Queen Elizabeth II 2015. 88–89 Getty Images:** Hulton Archive. **90 Bridgeman Images:** Look and Learn / Elgar Collection (r). **The Art Archive:** Private Collection MD (bl). **91 Alamy Images:** Hilary Morgan (bc); Ivan Vdovin (crb). **Getty Images:** Keystone (tc). **92 Corbis:** Hulton-Deutsch Collection (br). **Dorling Kindersley:** Reeman Dansie Auctioneers (tr). **The Art Archive:** Mondadori Portfolio (bl). **93 Alamy Images:** Keystone Pictures USA. **Getty Images:** Hulton Archive (crb). **94 Dorling Kindersley:** Reeman Dansie Auctioneers (tl, tc). **Getty Images:** Fox Photos (cra). **95 Getty Images:** Topical Press Agency (tc); Keystone. **96 Corbis:** (r). **Getty Images:** The Print Collector (bl). **97 Dorling Kindersley:** Reeman Dansie Auctioneers (tl). **Royal Mint Museum:** (bc). **The Stanley Gibbons Group plc:** (cr). **98 Getty Images:** Lisa Sheridan / Studio Lisa / Hulton Archive (cl). **Press Association Images:** (br). **The Royal Collection Trust © Her Majesty Queen Elizabeth II 2015:** (ca). **99 The Royal Collection Trust © Her Majesty Queen Elizabeth II 2015. 100–101 Corbis:** Hulton-Deutsch Collection. **102 Corbis:** Hulton-Deutsch Collection (tr). **102–103 Getty Images:** Fox Photos / Hulton Archive. **103 Alamy Images:** Pictorial Press Ltd (tc). **Press Association Images:** Topfoto / Topham Picturepoint (br). **104–105 Mirrorpix. 106 Getty Images:** Topical Press Agency / Hulton Archive (bl). **The Royal Collection Trust © Her Majesty Queen Elizabeth II 2015:** (cra). **107 Getty Images:** David E Scherman / The LIFE Picture Collection.**108–109 Corbis:** Hulton-Deutsch Collection. **110 Corbis:** Bettmann (r). **Getty Images:** Rita Martin (bl). **Mirrorpix:** (bc). **111 Alamy Images:** Heritage Image Partnership Ltd (bl). **Corbis:** Matthew Polak / Sygma (tc). **Dorling Kindersley:** Reeman Dansie Auctioneers (tl). **112–113 Getty Images:** Popperfoto. **114 Getty Images:** Popperfoto. **115 Getty Images:** Popperfoto (bc). **Mirrorpix:** (cr). **Press Association Images:** AP Photo (tl). **116–117 The Royal Collection Trust © Her Majesty Queen Elizabeth II 2015. 118 Dorling Kindersley:** Reeman Dansie Auctioneers (ca). **Getty Images:** Central Press (br); E Round / Fox Photos (cr). **Mirrorpix:** (cl); NCJ – Kemsley (bl). **119 Alamy Images:** Vintage Image (cla). **Corbis:** Bettmann (bl). **Getty Images:** Topical Press Agency (cl). **Press Association Images:** AP (cr). **120 123RF.com:** tommroch (cl). **Mirrorpix:** NCJ – Kemsley (bl). **Rex Features:** Associated Newspapers / Daily Mail (cr). **121 123RF.com:** © Stamp Design Royal Mail Group Ltd (br). **Rex Features:** Daily Mail. **122–123 Alamy Images:** Arcaid Images. **123 Alamy Images:** Arcaid Images (bl); Prixpics (bc); worldthroughthelens-UK (br). **124–125 Getty Images:** Central Press. **124 Christopher Hogue Thompson:** (bl).**125 Getty Images:** Central Press (crb). **Leo Reynolds:** (c). **Victor Kusin:** (tc). **126 Dorling Kindersley:** Reeman Dansie Auctioneers (bl).**126–127 Dorling Kindersley:** Reeman Dansie Auctioneers. **127 Dorling Kindersley:** Reeman Dansie Auctioneers (br). **128–129 Press Association Images:** AP Photo / Max Desfor. **130 Corbis:** Henri Bureau / Sygma (br). **Getty Images:** Lisa Sheridan / Studio Lisa (tr). **131 The College of Arms:** The royal arms (the arms of Queen Elizabeth II). Reproduced by permission of the Kings, Heralds and Pursuivants of Arms (cr). **The Royal Collection Trust © Her Majesty Queen Elizabeth II 2015. 132 Dorling Kindersley:** Reeman Dansie Auctioneers (br). **Mirrorpix:** NCJ – Topix (t). **133 Dorling Kindersley:** Reeman Dansie Auctioneers (tl). **Getty Images:** E. Round / Fox Photos (br). **134 Getty Images:** Central Press (bl). **134–135 The Royal Collection Trust © Her Majesty Queen Elizabeth II 2015. 135 Corbis:** Pool Photograph (br). **Press Association Images:** Barratts / S&G Barratts / EMPICS Archive (tr). **136 The Royal Collection Trust © Her Majesty Queen Elizabeth II 2015:** (tl, cra, tr). **136–137 The Royal Collection Trust © Her Majesty Queen Elizabeth II 2015. 137 The Royal Collection Trust © Her Majesty Queen Elizabeth II 2015:** (t, c). **138–139 Corbis:** David Boyer / National Geographic Creative. **140 Dorling Kindersley:** Reeman Dansie Auctioneers (clb, bl). **Getty Images:** Topical

Press Agency. **141 Corbis:** Bettmann (ca). **Dorling Kindersley:** Paul Self. **142–143 Alamy Images:** V&A Images. **144 The Royal Collection Trust © Her Majesty Queen Elizabeth II 2015:** All Rights Reserved (cla, bl, r). **145 The Royal Collection Trust © Her Majesty Queen Elizabeth II 2015:** All Rights Reserved (tl, tr, r). **146 Alamy Images:** Justin Kase (bl). **Getty Images:** Max Mumby / Indigo (bc); Picture Post (clb). **146–147 Alamy Images:** The Print Collector (bc). **Rex Features:** Peter Richardson / Robert Harding (tl). **147 Alamy Images:** Krys Bailey (bc); The Foto Factory (cb). **148 Bridgeman Images:** English Photographer, (20th century) / Museum purchase with funds donated by Michael D Wolfe (br). **The Royal Collection Trust © Her Majesty Queen Elizabeth II 2015:** (bl). **The Art Archive:** Victoria and Albert Museum London / V&A Images (cl).**149 Bridgeman Images:** English Photographer, (20th century) / © Country Life. **150 Getty Images:** Cornell Capa / The LIFE Picture Collection. **151 Dreamstime.com:** Creativehearts (c). **Getty Images:** WPA Pool / Arthur Edwards (br). **The Art Archive:** Ashmolean Museum (clb). **152 Alamy Images:** Vintage Image (cl). **152–153 Getty Images:** Central Press (c). **153 Corbis:** Bettmann (tc); Gideon Mendel (br). **154 Rex Features. 155 Corbis:** Bettmann (bl, tr). **Getty Images:** Popperfoto (cl). **156–157 Press Association Images:** AP. **158–159 Royal Mint Museum. 160 Alamy Images:** V&A Images (ca). **Bridgeman Images:** Armstrong-Jones, Antony (b.1930) / Private Collection / Photo © Christie's Images (cr). **Press Association Images:** PA / PA Archive (bc). **161 123RF.com:** © Stamp Design Royal Mail Group Ltd (c).**Corbis:** Norman Parkinson / Sygma (bl). **Rex Features:** Mike Hollist / Associated Newspapers (crb). **Royal Mint Museum:** (cra). **162 Alamy Images:** V&A Images (cl). **Corbis:** Teresa Dapp / dpa (tr). **TopFoto.co.uk:** (bc). **163 Corbis:** Norman Parkinson / Sygma (tr). **Rex Features:** Joan Williams (bl). **164–165 Getty Images:** Jim Gray. **166 Getty Images:** Mark Cuthbert (l); Tim Graham (cr). **167 The College of Arms:** the arms of HRH the Prince of Wales. Reproduced by permission of the Kings, Heralds and Pursuivants of Arms (cr). **Getty Images:** Mark Cuthbert (bl); WPA Pool / Pool (c). **Rex Features:** Reginald Davis (tl). **168–169 Press Association Images:** PA / PA Archive. **170 Corbis:** Adam Woolfitt (cb). **Rex Features:** Joan Williams (cla). **171 Bridgeman Images:** Armstrong-Jones, Antony (b.1930) / Private Collection / Photo © Christie's Images (bl). **Corbis:** Bettmann (crb). **TopFoto.co.uk:** PA (tl). **172–173 Getty Images:** Hulton Archive. **174 Corbis:** Norman Parkinson / Sygma (t) **Getty Images:** Central Press (bl). **Press Association Images:** Khan Tariq Mikkel / Polfoto (cr). **175 Corbis:** Norman Parkinson / Sygma (c). **176–177 Rex features:** Reginald Davis. **178–179 Getty Images:** Lichfield. **180 Getty Images:** Central Press (cla); WPA Pool / Pool (b). **181 Rex Features:** (br). **The Prince's Trust:** (tc). **182 Getty Images:** Graham Wiltshire (t). **Royal Mint Museum:** (br). **183 Getty Images:** Serge Lemoine (bl); Central Press (tr); Fox Photos / Hulton Archive (c). **184–185 Corbis:** Hulton-Deutsch Collection. **186–187 Rex Features:** Reginald Davis. **188 Corbis:** Norman Parkinson / Sygma (br). **Getty Images:** Jacques Gustave (tr); Popperfoto (bl). **189 Alamy Images:** Trinity Mirror / Mirrorpix. **Getty Images:** Hulton Archive (b). **190 Getty Images:** Guildhall Library & Art Gallery / Heritage Images (bl). **Press Association Images:** John Stillwell / PA Archive (br). **190–191 Corbis:**Stapleton Collection. **192 Alamy Images:** Robert Estall photo agency (bc); Keystone Pictures USA (cra). **Corbis:** Hulton-Deutsch Collection (bl). **193 The Random House Group Ltd:** (cr). **Rex Features:** Mike Hollist / Associated Newspapers (b) **194 Rex Features:** Associated Newspapers (tr). **TopFoto.co.uk:** Topham / AP (br). **195 Corbis:** Stephen Morrison / epa (br). **196–197 Royal Mint Museum. 198 123RF.com:** © Stamp Design Royal Mail Group Ltd (bl). **Alamy Images:** Trinity Mirror / Mirrorpix (c). **Corbis:** Bettmann (cr); Quadrillion (cl).**199 Getty Images:** Tim Graham (clb). **Rex Features:** (cb). **The Royal Collection Trust © Her Majesty Queen Elizabeth II 2015** (ca). **200 Corbis:** Atlan-Bureau-Dejean-Graham-Guichard-Karel-Melloul-Nogues-Pavlovsky-Rancinan. **Getty Images:** Tim Graham (cl). **201 123RF.com:** Andy Lidstone / © Stamp Design Royal Mail Group Ltd (tr). **Corbis:** Douglas Kirkland (br). **202–203 Getty Images:** Anwar Hussein. **204 123RF.com:** © Stamp Design Group Ltd (8). **Dorling Kindersley:** © Stamp Design Royal Mail Group Ltd (t). **The Stanley Gibbons Group plc:** (14, 15); (1, 2, 3, 4, 5, 6, 7, 9, 10, 11, 12, 13). **205 Dorling Kindersley:** © Stamp Design Royal Mail Group Ltd (1, 2, 3, 4, 5, 6, 7, 8, 9, 12, 13, 15). **Dreamstime.com:** © Stamp Design Royal Mail Group Ltd (10, 11, 14). **206 Getty Images:** Central Press (bl). **Rex Features:** (tr). **207 Getty Images:** Sion Touhig (bl). **Press Association Images:** PA Archive (br). **Rex Features:** David Levenson. **208 Alamy Images:** Trinity Mirror / Mirrorpix (c). **Rushden Research:** (cla). **209 Mirrorpix:** Gavin Kent (tr). **Press Association Images:** Bebeto Mattews / AP (bl). **210–211 Getty Images:** Tim Graham. **212 Getty Images:** Jason Hawkes (br); DEA / W. BUSS (bl). **213 SuperStock:** Steve Vidler / Steve Vidler. **214 Alamy Images:** Prisma Bildagentur AG (tl). **Press Association Images:** David Jensen / EMPICS Entertainment (tc). **215 Getty Images:** Samir Hussein / WireImage. **216–217 Getty Images:** David Levenson. **218 Rex Features:**Glenn Harvey. **219 Corbis:** Denis Balibouse / Reuters (crb); Michel Setboun (t); Hulton-Deutsch Collection (bc). **220–221 Corbis:** Quadrillion. **222 Alamy Images:** Trinity Mirror / Mirrorpix. **223 Getty Images:** Tim Graham (tr). **Rex Features:** Glenn Harvey (bl). **224 Rex Features:** Associated Newspapers (ca); Illustrated London News (b). **225 Getty Images:** Chris Jackson (tl). **Rex Features:** Mauro Carraro (bc); (cr). **226–227 Corbis:** Quadrillion. **228 Rex Features:** Nils Jorgensen (l, c, r). **229 Rex Features:** Tim Stewart News (tr, r). **230 Rex Features:** (clb). **230–231 Press Association Images:** Tony Harris / PA Archive. **231 Rex Features:** (tc, cr). **232–233 Getty Images:** Tim Graham. **234 Alamy Images:** Heritage Image Partnership Ltd (bl). **Bridgeman Images:** National Gallery of Canada, Ottawa, Ontario, Canada / Phillips, Fine Art Auctioneers, New York, USA (cl). **Press Association Images:** Anthony Devlin / PA Wire (ca). **235 Alamy Images:** Terry Fincher (b). **Rex Features:** Simon & Schuster US (tl). **236–237 The Royal Collection Trust © Her Majesty Queen Elizabeth II 2015. 238–239 Rex Features:** Steve Back / Associated Newspapers. **238 123RF.com:** © Stamp Design Royal Mail Group Ltd (bl). **Rex Features:** Jeremy Selwyn / Associated Newspapers (tr). **239 Rex Features:** (tl, cr). **240–241 Corbis:** Courtesy of Ronald Reagan Library. **242 Getty Images:** Anwar Hussein (ca). **Mirrorpix:** (bl). **Rex Features:** SIPA Press (cl). **243 Corbis:** Jason Hawkes (br). **Getty Images:** AFP (t). **244–245 Corbis:** Ralf-Finn Hestoft. **246 Alamy Images:** Dennis Hardley (bc). **Getty Images:** Cowper / Central Press (cla); Lichfield (bl). **247 Corbis:** Roger Antrobus. **248 Mary Evans Picture Library** (b). **The Royal Collection Trust © Her Majesty Queen Elizabeth II 2015:** (cl, c). **249 Bridgeman Images:** English Photographer, (19th century) / Private Collection. **250 Getty Images:** Tim Graham (l, cr). **251 Getty Images:** UK Press / Mark Cuthbert (br). **Rex Features:** Glenn Harvey (bl); Tim Rooke (bc). **252–253 The Royal Collection Trust © Her Majesty Queen Elizabeth II 2015. 254 Corbis:** Pool Photograph (cl, bl). **Dorling Kindersley:** Paul Self (tl). **Getty Images:** Stephen Hird / AFP (c). **Rex Features:** Hugo Burnand / Clarence House (br). **255 Alamy Stock Photo:** PA Images / Yui Mok (tr). **Getty Images:** Alex Livesey (l). **Mirrorpix:** Phil Harris / Daily Mirror (bc). **The Royal Collection Trust © Her Majesty Queen Elizabeth II 2015:** (c). **256 Alamy Images:** Skyscan Photolibrary (cl). **Corbis:** Michael Crabtree / Reuters (br). **257 Corbis:** Demotix / Amer Ghazzal (tc). **Getty Images:** Matt Cardy (br). **Rex Features:** (tl). **258 Corbis:** Norman Parkinson / Sygma (t). **Dorling Kindersley:** Reeman Dansie Auctioneers (br). **259 Corbis:** Jeff J Mitchell / Reuters (bl); Reuters (tr). **Dorling Kindersley:** Paul Self (cla). **260 Rex Features:** Tony Kyriacou. **261 Corbis:** Pool Photograph (ca). **Rex Features:** (br). **262–263 Getty Images:** Carl De Souza. **264 Corbis:** Reuters (bl). **Photoshot:** UPPA (cl). **265 Corbis:** Dave Evans / Demotix (br); Pool Photograph. **266–267 Getty Images:** AFP. **268 Getty Images:** Tim Graham (bl). **268–269 Corbis:** Reuters (c). **269 Getty Images:** UK Press / Mark Cuthbert (tr). **270–271 Corbis:** POOL / Reuters. **272 Corbis:** Phil Noble / Reuters (crb). **Getty Images:** Tim Graham (cl). **Rex Features:** SAC Faye Storer (bl). **273 Corbis:** POOL / Reuters. **274 Corbis:** John Stillwell / PA / POOL / epa (tr). **Rex Features:** Hugo Burnand / Clarence House (bl). **275 Corbis:** Chris Ison / epa (cr). **Press Association Images:** Dave Thompson / PA Archive (l). **276 Dorling Kindersley:** Reeman Dansie Auctioneers (tl, cla, cl, bl, bc, fbr, br). **276–277 The Royal Collection Trust © Her Majesty Queen Elizabeth II 2015. 277 Dorling Kindersley:** Reeman Dansie Auctioneers (tl, tc, tr, ca, cra, br). **278 Getty Images:** Tim Graham (bl). **278–279 Getty Images:** Max Mumby / Indigo (c). **279 The College of Arms:** The conjugal arms of the Duke and Duchess of Cambridge. Reproduced by permission of the Kings, Heralds and Pursuivants of Arms (cr); **Getty Images:** Max Mumby / Indigo (bc); AFP / Phil Harris (tc). **280-281 Getty Images:** WPA Pool / Pool / Aaron Chown. **282 Corbis:** (tl); Kerim Okten / epa (b). **283 Corbis:** Rune Hellestad (crb). **Rex Features:** Vickie Flores / LNP (bl). **The Royal Collection Trust © Her Majesty Queen Elizabeth II 2015:** (t). **284–285 Getty Images:** WPA Pool / Pool. **286–287 Getty Images:** Alex Livesey. **288 Getty Images:** Tim Graham (bl). **288–289 Getty Images:** Chris Jackson (c). **289 The College of Arms:** The arms of HRH the Prince Henry of Wales. Reproduced by permission of the Kings, Heralds and Pursuivants of Arms (bc). **Getty Images:** AFP (cr); Chris Jackson (tc). **290 Alamy Images:** AF archive (cla). **Corbis:** John Stillwell / PA Wire / epa (r). **291 Getty Images:** Max Mumby / Indigo (br). **Press Association Images:** John Stillwell / PA Archive (tr). **Roland Smithies / luped.com:** (clb). **292 Alamy Stock Photo:** PA Images / Kirsty O'Connor (b). **Getty Images:** WireImage / George Pimentel (cla). **293 Alamy Stock Photo:** PA Images / Yui Mok (cb); REUTERS / POOL New (tr). **Getty Images:** AFP / David Harrison (tl). **294 Getty Images:** AFP / Adnan Abidi (t); Rolls Press / Popperfoto (bl). **295 Getty Images:** Chris Jackson Collection (tr, bl). **296 Alamy Images:** Globe Photos / ZUMA Press, Inc. (br). **Getty Images:** Hulton Archive (bl). **297 Getty Images:** Indigo / Max Mumby (cr, bc); WireImage / Anwar Hussein (tl). **298 Getty Images:** Anwar Hussein (cr); Samir Hussein (l). **299 Dorling Kindersley:** © Stamp Design Royal Mail Group Ltd (tr). **Getty Images:** Chris Jackson (tl). **Rex Features:** Tim Rooke (bc). **300–301 Mirrorpix:** Phil Harris / Daily Mirror. **302 Dorling Kindersley:** Reeman Dansie Auctioneers (bc). **Getty Images:** WPA Pool / Pool (tl). **302–303 Getty Images:** WPA Pool / Pool (br). **303 Getty Images:** Tim Graham (tl). **304–305 Getty Images:** Chris Jackson. **306 Getty Images:**WPA Pool / Pool (b). **307 Dorling Kindersley:** Bank of Jersey (clb). **Getty Images:** WPA Pool / Pool (tl, br). **308–309 Corbis:** Pool Photograph. **310 Alamy Stock Photo:** Amer Ghazzal (clb). **Getty Images:** John Stillwell - WPA Pool (t); Samir Hussein / WireImage (bc). **311 Getty Images:** Alastair Grant - WPA Pool (tc). **Rex by Shutterstock:** Ben Cawthra (b). **312–313 Getty Images. 314 ESA:** NASA (cl). **Getty Images:** Danny Martindale / WireImage (bl); Jeff Spicer (cra). **315 Getty Images:** Oli Scarff / AFP. **316–317 Getty Images:** Toby Melville - WPA Pool. **318 Corbis:** Hulton-Deutsch Collection (cra). **Royal Mint Museum:** (br, bc). **319 Getty Images:** WPA Pool / Leon Neal (tr); WPA Pool / Victoria Jones (crb); WPA Pool / Pool (c). **Rex Features:** Royal Mint (br). **Royal Mint Museum** (bl, bc). **320–321 Getty Images:** Chris Jackson Collection. **322-323 Getty Images:** AFP / POOL / Yui Mok. **324 Getty Images:** WPA Pool / Jane Barlo. **325 Getty Images:** WPA Pool / Lesley Martin (b). **Shutterstock.com:** UPI / The Royal Family (t). **326 Getty Images:** Chip Somodevilla (b); WPA Pool / Paul Ellis (tr). **Shutterstock.com:** UPI / UK Minister Of Defense (tl). **327 Getty Images:** AFP / POOL / Chip Somodevilla. **328-329 Getty Images:** WPA Pool / Jonathan Buckmaster. **329 Getty Images:** AFP / POOL / Kirsty O'Connor (tr); WireImage / Karwai Tang (br). **330 Alamy Stock Photo:** Delphotos (t). **Getty Images:** WPA Pool / Eddie Mulholland (b). **331 Getty Images:** WPA Pool / Yui Mok. **332 Getty Images:** WPA Pool / Danny Lawson. **333 Getty Images:** Jeff Spicer (tr); WireImage / Karwai Tang (tl); WPA Pool / Dominic Lipinski (cl); WPA Pool / Gareth Fuller (cr, bl); WPA Pool / Phil Noble (br). **334 Getty Images:** WPA Pool / Aaron Chown. **335 Getty Images:** Justin Setterfield (tr); AFP / POOL / Joe Gidden (b). **336 Getty Images:** Matthew Horwood (b); WPA Pool / Adrian Dennis (tr). **337 Getty Images:** Indigo / Max Mumby.

All other images © Dorling Kindersley

For further information see: www.dkimages.com